MANAGEMENT INFORMATION SYSTEM

管理信息系统

徐会杰 等编

中国财经出版传媒集团
经济科学出版社
Economic Science Press

图书在版编目（CIP）数据

管理信息系统 / 徐会杰等编. —北京：经济科学出版社，2021.11
ISBN 978-7-5218-3211-2

Ⅰ.①管… Ⅱ.①徐… Ⅲ.①管理信息系统 Ⅳ.①C931.6

中国版本图书馆 CIP 数据核字（2021）第 245173 号

责任编辑：杨　洋　卢玥丞
责任校对：杨　海
责任印制：王世伟

管理信息系统

徐会杰　等编

经济科学出版社出版、发行　新华书店经销
社址：北京市海淀区阜成路甲 28 号　邮编：100142
总编部电话：010-88191217　发行部电话：010-88191540
网址：www.esp.com.cn
电子邮箱：esp@esp.com.cn
天猫网店：经济科学出版社旗舰店
网址：http://jjkxcbs.tmall.com
北京季蜂印刷有限公司印装
787×1092　16 开　24.25 印张　520000 字
2021 年 12 月第 1 版　2021 年 12 月第 1 次印刷
ISBN 978-7-5218-3211-2　定价：72.00 元
（图书出现印装问题，本社负责调换。电话：010-88191510）
（版权所有　翻印必究　举报电话：010-88191586
　电子邮箱：dbts@esp.com.cn）

河南科技大学教材出版基金资助

编委会

主　　编：徐会杰

副 主 编：赵　丹

编写人员：谢　博　张攀科　李　杰

前 言

从20世纪70年代末和80年代初我国开始对管理信息系统的研究开始，经过四十多年的发展，管理信息系统在理论上日趋完善，已经发展成为一门多学科交叉的边缘性学科，并在理论研究和实践中取得了丰硕的成果。随着大数据、人工智能、物联网、云计算等新兴技术的不断涌现和广泛应用，管理信息系统正向集成化、智能化、网络化的方向不断发展，并深刻影响着组织的经营和管理模式。管理信息系统已成为当前不同类型组织参与竞争、应对挑战的基础和提升管理与决策水平、实现价值增值的主要手段。

在大智移云时代，社会急需具有计算机网络技术应用基本技能，能运用管理理论、系统科学方法和信息技术解决信息系统建设、维护和信息管理实际问题的人才。为促进此方面人才的培养，也为促进管理信息系统在不同类型组织当中的应用普及与提高，我们根据多年从事该领域的教学和科研工作经验，在充分学习、借鉴国内外同类教材先进教学思想和教学内容的基础上编写了此教材。

本书共分为五个部分，第一部分是理论基础篇，主要介绍了管理信息系统的基本理论以及其在提高企业效率与效益方面的作用，让读者能够系统地了解管理信息系统的概念、结构、与其他学科的关系以及理论基础。第二部分是技术基础篇，主要介绍了与管理信息系统技术领域相关的信息技术基础设施、数据和信息管理以及通信、网络与无线技术。第三部分是系统开发篇，重点介绍了基于生命周期法的管理信息系统开发全过程，包括系统规划、系统分析、系统设计、系统实施与运行管理，使读者掌握信息系统设计的基本原理、开发方法，具备系统分析、设计、实施的能力，同时作为拓展介绍了面向对象的开发方法。第四部分是典型应用篇，主要介绍了几种常用的信息系统及其概念、结构和运行机制，包括电子商务、决策支持系统、商业智能和企业资源计划，使读者能够将理论与实际应用相结合，深刻领会管理信息系统的应用场景。第五部分是管理信息系统新技术篇，主要介绍了该领域有关的信息安全和新兴技术及其发展趋势，帮助读者了解在系统运行过程中存在的系统安全隐患及其防御技术、作为主导因素的人应承担的责任和应坚守的道德标准以及新兴的技术和未来发展趋势。

本书是我们根据多年教学实践经验和新时期管理信息系统课程教学的要求，结合当前大数据发展趋势和信息技术前沿编写完成的，是课程组成员多年传承、共同努力与通力合作的结晶。

本书每章都由案例引入，注重相关新理论、新技术、新观点的融入，力求做到数据新、技术新、案例新。书中每章都有总结，并对章节中涉及的关键术语进行了提炼。本书第1章、第2章、第3章、第4章、第13章由赵丹编写；第5章、第6章、第12章由谢博编写；第7章、第8章、第9章、第10章由徐会杰编写；第11章、第14章、第15章、16章由张攀科编写；第17章由李杰编写。徐会杰负责全书的规划、统稿和校对，李杰负责全书配套电子课件的制作。

  本书的编写过程中我们参考了许多国内外的文献资料，并引用了一些好的案例，在此对相关的作者表示深深的谢意。

  在本书的编写过程中，经济科学出版社给予了大力帮助和支持，在此表示真诚的感谢。

  受作者水平所限，书中可能存在错误和遗漏之处，敬请读者批评指正。

目录 · CONTENTS

第1篇 理论基础篇

第1章 信息系统与当代企业   003
    1.1 信息系统的概念   004
    1.2 应用信息系统实现企业竞争优势   009
    1.3 信息系统的发展和挑战   013
    1.4 本章小结   017
    1.5 本章关键术语   018

第2章 管理信息系统概论   019
    2.1 管理信息系统的概念   020
    2.2 管理信息系统的结构   024
    2.3 管理信息系统的学科内容及与其他学科的关系   029
    2.4 本章小结   030
    2.5 本章关键术语   031

第3章 管理、信息和系统   033
    3.1 管理理论的回顾   035
    3.2 信息理论的回顾   037
    3.3 系统理论的回顾   041
    3.4 本章小结   048
    3.5 本章关键术语   049

第2篇 技术基础篇

第4章 信息技术基础设施   053
    4.1 计算机的发展   054

4.2	计算机系统的组成	060
4.3	程序设计语言	066
4.4	软件开发和工具	071
4.5	本章小结	072
4.6	本章关键术语	073

第 5 章 数据和信息管理 074

5.1	数据管理	075
5.2	关系数据库模型	078
5.3	数据库管理系统	081
5.4	数据仓库与数据挖掘	087
5.5	本章小结	097
5.6	本章关键术语	098

第 6 章 通信、网络与无线技术 099

6.1	当今商业世界的通信和网络	102
6.2	通信网络	104
6.3	全球互联网	108
6.4	无线革命	116
6.5	本章小结	123
6.6	本章关键术语	123

第 3 篇　系统开发篇

第 7 章 管理信息系统的战略规划 127

7.1	管理信息系统战略规划	128
7.2	管理信息系统战略规划的方法及步骤	131
7.3	管理信息系统战略规划的步骤	138
7.4	本章小结	140
7.5	本章关键术语	141

第 8 章 管理信息系统的系统分析 143

8.1	管理信息系统分析概述	146
8.2	现行系统分析	150
8.3	新系统逻辑方案的建立	164

8.4　系统分析报告	167
8.5　本章小结	169
8.6　本章关键术语	170

第9章　管理信息系统的系统设计　　172

9.1　系统设计概述	173
9.2　代码设计	176
9.3　子系统的划分	180
9.4　信息系统流程图设计	182
9.5　系统物理配置方案设计	183
9.6　数据存储设计	186
9.7　输出设计	192
9.8　输入设计	194
9.9　编写系统设计报告	199
9.10　本章小结	201
9.11　本章关键术语	202

第10章　管理信息系统的系统实施与运行管理　　203

10.1　系统实施	204
10.2　程序设计	206
10.3　程序和系统调试	211
10.4　系统切换、运行与维护	215
10.5　本章小结	218
10.6　本章关键术语	219

第11章　面向对象的系统开发　　220

11.1　面向对象的基本理论	221
11.2　面向对象方法的建模工具	226
11.3　面向对象的信息系统开发实例	230
11.4　本章小结	240
11.5　本章关键术语	241

第4篇　典型应用篇

第12章　电子商务系统　　245

12.1　电子商务的概念与功能	247

12.2	电子商务模式	249
12.3	电子商务安全	252
12.4	电子商务的货币支付	254
12.5	电子商务与物流系统	264
12.6	电子商务与CRM	266
12.7	电子商务的发展趋势	270
12.8	本章小结	275
12.9	本章关键术语	276

第13章 决策支持系统   277

13.1	决策支持系统概述	278
13.2	决策支持系统的结构	282
13.3	群体决策支持系统	283
13.4	智能决策支持系统	285
13.5	本章小结	289
13.6	本章关键术语	289

第14章 商业智能   290

14.1	商业智能的概念	292
14.2	商业智能的价值	297
14.3	商业智能的功能与技术	300
14.4	商业智能工具	303
14.5	商业智能生态系统	305
14.6	本章小结	307
14.7	本章关键术语	308

第15章 企业资源计划   309

15.1	企业资源计划的概念	314
15.2	企业资源计划的发展过程	315
15.3	ERP系统	320
15.4	ERP实施	326
15.5	本章小结	331
15.6	本章关键术语	332

第 5 篇　管理信息系统新技术篇

第 16 章　信息安全　　335

　16.1　信息系统安全　　336

　16.2　人与信息的保护　　344

　16.3　本章小结　　347

　16.4　本章关键术语　　348

第 17 章　新兴技术及其发展趋势　　350

　17.1　互联网的变化　　351

　17.2　生理交互方式的变革　　360

　17.3　无线领域　　363

　17.4　纯技术　　366

　17.5　本章小结　　371

　17.6　本章关键术语　　372

参考文献　　373

第1篇

理论基础篇

第1章

信息系统与当代企业

【引导案例】

联合包裹服务公司用信息技术在全球竞争

联合包裹服务公司（United Parcel Service，UPS）是世界上最大的空中和地面包裹快递公司。1907年成立时，只有很小的一间地下室，两个来自西雅图的少年吉姆·凯西（Jim Casey）和克劳德·瑞恩（Claude Ryan）的全部资产是两辆自行车和一部电话，当时他们承诺"最好的服务，最低的价格"。联合包裹公司成功地运用这个信念已经100年了。如今联合包裹公司仍然遵守着这个承诺，它每年向美国各地和全球185个以上的国家和地区递送的包裹和文件近30亿件。

公司不仅胜过传统包裹递送方式，并且可以和联邦快递（Federal Express）的"包裹不过夜"快递业务相抗衡。公司之所以成功的关键就是应用先进的信息技术建立管理信息系统（Management Information System，MIS）。1992～1996年，联合包裹公司投资于信息技术1.8亿美元，这使公司在全世界市场处于领先地位。信息技术帮助联合包裹公司在低价和改进全部运作的同时，提升了客户的满意度。

由于使用了一种叫做发货信息获取装置（DIAD）的手提式计算机，联合包裹公司的司机们可以自动地获得有关客户签名、运货汽车、包裹发送和时间表等信息，然后司机把DIAD接入卡车上的车用接口，即一个连接在移动电话网络上的信息传送装置。接着包裹跟踪信息被传送到联合包裹公司的计算机网络上，在联合包裹公司位于新泽西州Mahwah的主计算机上进行存储和处理。在那里信息可以通达世界各地向客户提供包裹发送的证明。这个系统也可以为客户的查询提供打印信息。

依靠全程监控——即公司的自动化包裹跟踪系统，联合包裹公司能够监控整个发送流程中的包裹。从发送到接收路线的各个站点上，都有一个条形码装置扫描包裹标签上的货运信息，然后信息被输入到中心计算机上。客服人员能够在与主机相连的桌上计算机上检查任何包裹的情况，并且能够对客户的任何查询立刻做出反应。联合包裹公司的客户，也可以使用公司提供的专门包裹追踪系统，直接从他们自己的 PC 上获得这种信息。

联合包裹服务公司的商品快递信息系统始建于 1991 年，可以为客户存储产品并在一夜之间把它们发送到客户所要求的任何目的地。使用这种服务的客户能够在凌晨 1:00 以前把电子货运单传送给联合包裹服务公司，并且在当天上午 10:30，货物的运送就应当完成。

联合包裹服务公司正在加强其信息系统的功能，以便能保证某件包裹或若干包裹，能按规定的时间到达其目的地。如果客户提出要求，公司将会在送达之前拦截包裹，并派人将其追回或更改送货路线。而且，联合包裹服务公司还可以使用信息系统，直接在客户之间传送电子邮件。

问题

1. 联合包裹服务公司的包裹跟踪系统的输入、处理和输出分别是指什么？
2. 联合包裹服务公司采用了什么技术？这些技术同联合包裹服务公司的经营战略是怎样相联系的？假如这些技术不存在，情况又会怎样？
3. 联合包裹服务公司的系统给该公司及其顾客带来了哪些价值？

资料来源：[美] 斯蒂芬·哈格. 信息时代的管理信息系统（原书第 9 版）[M]. 北京：机械工业出版社，2019.

1.1 信息系统的概念

1.1.1 信息系统的定义

信息系统是一个人造系统，它由人、硬件、软件和数据资源组成，其目的是及时、正确地收集、加工、存储、传递和提供信息，实现组织中各项活动的管理、调节和控制。

信息系统包含组织内或组织所处环境中的重要人员、地点和事情的信息。信息（information）在不同的学科中有不同的定义，人们从不同的角度理解"信息"，可以得出不同的定义，在管理学中，通常认为"信息是经过加工和处理的数据"。而数据（data）则是表达发生于组织及环境中事件的原始事实的符号串。

关于信息和数据的关系如图 1-1 所示。超市的收银台收集有百万计的数据片段，如产品的编码或售出商品的价格等。这些数据片段可以被汇总和分析，以提供有用的信息，如店铺里清洁剂的总瓶数，或哪一品种在本店或本区域卖得最快，以及在该区的销售总额等。

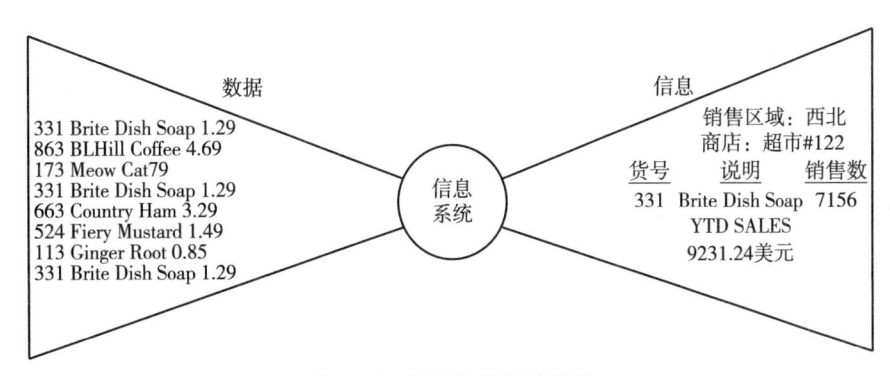

```
         数据                                      信息
   331 Brite Dish Soap 1.29                销售区域：西北
   863 BLHill Coffee 4.69                  商店：超市#122
   173 Meow Cat79               信息
   331 Brite Dish Soap 1.29     系统       货号    说明              销售数
   663 Country Ham 3.29                    331  Brite Dish Soap   7156
   524 Fiery Mustard 1.49                  YTD SALES
   113 Ginger Root 0.85                    9231.24美元
   331 Brite Dish Soap 1.29
```

图 1-1　信息和数据的关系

在一个信息系统中，生产信息有三项主要活动，分别为输入、处理和输出（见图 1-2）。输入是在组织内部或外部环境中捕捉或收集原始数据；处理是把这些数据转换为较有意义的形式；输出是将处理后的信息转交给使用它的人或其他活动。信息系统通常要求反馈，反馈是将输出返回到组织中合适的成员，去帮助他们评价和校正输入。

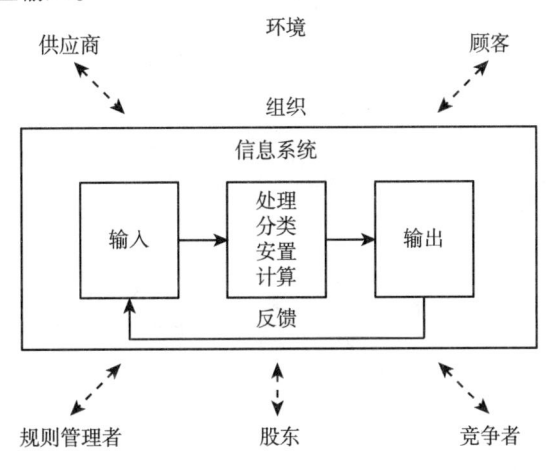

```
                        环境
   供应商                                      顾客
      ↕           组织
      ┌─────────────────────────────────────┐
      │             信息系统                  │
      │   ┌──────┐   ┌──────┐   ┌──────┐    │
      │   │      │→  │ 处理  │→  │      │    │
      │   │ 输入 │   │ 分类 │   │ 输出 │    │
      │   │      │   │ 安置 │   │      │    │
      │   │      │   │ 计算 │   │      │    │
      │   └──────┘   └──────┘   └──────┘    │
      │       ↑        反馈                  │
      └─────────────────────────────────────┘
           ↕          ↕              ↕
        规则管理者    股东          竞争者
```

图 1-2　信息系统的活动

信息系统可以是基于计算机的也可以是手工的。手工信息系统采用的是纸和铅笔的技术，不是本书的主题。基于计算机的信息系统（computer based information system，CBIS）依赖于计算机的硬件和软件技术去处理与分发信息。在本书后续章节中，当用信息系统这个术语时，均指的是基于计算机的信息系统，即依赖于计算机技术的正式组织信息系统。

1.1.2　信息系统的企业视角

由于信息技术和系统给企业提供了经济价值，因此企业会对它们进行投资。建立和维护信息系统的决策是假设其回报将优于其他投资，如房子、机器和其他财产。这些超额的回报来源于生产率的增加、收益的增加（增加企业股票市价），或者在一定市场中企业优越的战略位置（它将给企业带来长远的超额收益）。

但是，在某些情况下，企业建立信息系统只是为了从事这个行业的需要。例如，有些小的银行被迫投资于自动柜员机（ATM）或需要大量技术投资的银行服务，简单地说，就是从事该行业所必需的投资。然而，本书中我们还是假定大多数信息系统的投资将会被证明是有丰厚的回报的。

从企业的视角看，信息系统就是为企业创造价值的工具。信息系统可以向决策者或管理者提供信息，帮助他们正确决策和改善企业过程①的执行，从而增加收益或减少成本。例如，分析超市销售数据的信息系统，如图1-1所示，可以帮助超市运营商做好存货和促销决策而增加利润，因此增加了企业价值。

每一个企业都有一个价值链，如图1-3所示，原始信息被系统采集。然后经过各阶段的转换，附加的价值被加载于这些信息上。信息系统对企业的价值及投资于任何信息系统的决策，大部分取决于建立信息系统的目标，这些目标包括较好的管理决策、更好的企业效率、更高的企业利润等，虽然还有其他理由说明为何要建立系统，但首要的理由是为企业的价值做贡献。企业试图强调注意信息系统的组织和管理性质。信息系统表明，应对环境挑战是基于信息技术，并辅助组织和管理决策。要充分理解信息系统，必须了解系统较重要的组织、管理和技术维（见图1-4）及其解决企业环境中挑战和问题的能力。把这种概括性的理解定义为信息系统文化（information literacy），它既包括管理维和组织维，也包括技术维。信息系统文化包括研究信息系统的行为方法和技术方法；计算机文化则相反，主要集中于信息技术的知识。

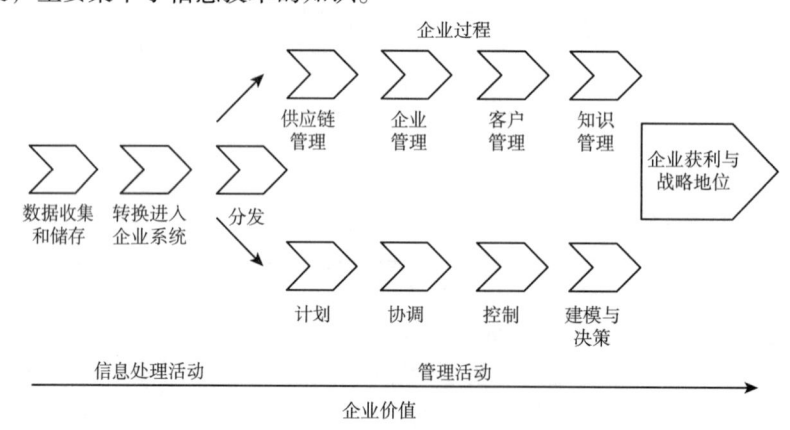

图1-3 企业价值链

1.1.3 信息系统的维度

为全面地了解信息系统，必须了解系统更广泛的组织、管理和信息技术维

---

① 企业过程是指组织结构和人员，遵循管理原则，运用管理信息、技术和方法来实现企业目标的活动过程。

度,以及它们解决商企环境中的挑战和问题的能力,如图1-4所示。

图1-4 信息系统的维度

1. 组织维

信息系统是组织整体的一部分。一个组织的关键因素是它的人员、结构、企业过程、政策和文化。组织是由不同的层次和专业任务组成的,它的结构展示了清晰的劳动分工,主要的职能或组织执行的专业任务,由销售和市场、制造和生产、财务和会计及人力资源等组成,如表1-1所示。

表1-1 主要的企业职能

职 能	用 途
销售和市场	销售组织的产品和服务
制造和生产	生产产品和提供服务
财务和会计	管理组织的财产,维护组织的财务记录
人力资源	吸收、开发和维护组织的劳动力,维护员工记录

在一个企业中权利和责任的组成是有层次的,或者是金字塔式的,如图1-5所示。高层管理进行企业的产品、服务及财务绩效的长期战略决策;中层管理对于高层管理的决策制订计划和实施过程;知识工作者如工程师、科学家或建筑师为企业设计产品和服务,以及创造新知识;运行管理负责监控企业的日常工作;基层的生产和服务工人实际生产产品和提供服务;资料工作者,如秘书或文员,帮助企业完成所有层次的纸面工作。

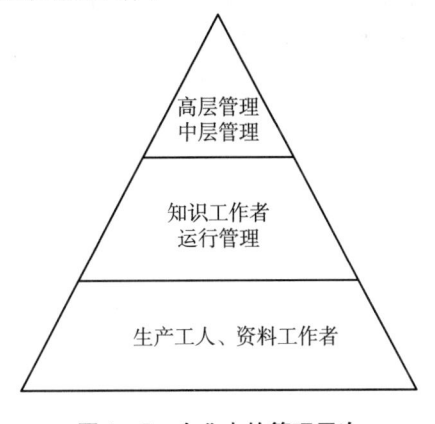

图1-5 企业中的管理层次

在企业的不同职能部门聘请和培训了许多专家，主要的职能部门或组织执行的专业任务，由市场、制造和生产、财务和会计及人力资源等组成。

一个组织通过结构化的层次和一些企业过程来协调，过程是完成工作逻辑上相关的任务和行为的集合。开发新产品、履行订单、雇佣员工都属于企业过程。

大多数组织的企业过程由一些正式规则组成，这些规则是完成任务的长期积累总结。这些规则指导员工处理各种事务。其中一些处理事务的手续正式化，并写成文件，而另一些是非正式工作的经验，如要求给合作者或顾客回电，这些没有正式文件化。许多企业过程被信息系统自动化了，如客户信用分析、对供应商付款等，常常由信息系统决定，其中融入了一组正式的企业过程。

每个组织都有独特的文化，该文化是理念、价值、做事方法的基本集合，它为组织的大多数成员所接受。组织文化的许多部分可以在其信息系统中展现。

组织中的不同层次和专业形成不同兴趣和观点，这些观点往往体现为企业运作及资源与奖励应如何分配上的矛盾，矛盾是组织政治的基础，信息系统在这些观点、矛盾、妥协和一致中诞生，是所有组织的自然现象。

2. 管理维

管理工作要对企业所面临的许多情况进行感知，做出决策，列出解决企业问题的正式计划。管理者必须比管理当前事务做得更多。他们也必须创造新产品和新服务，甚至还要不断地再创造他们的组织。管理的责任很大一部分是创造新技术和信息驱动的工作，信息技术在再指挥和再设计组织上起到强有力的作用。

3. 技术维

信息技术是管理者应对变化的众多工具中的一个。计算机硬件是在信息系统中进行输入、处理和输出的物理设备，它包括各种形式的计算机（包括移动手持设备）及各种输入、输出和存储设备，并通过物理介质把它们连接到一起。

计算机软件由详细的预编指令组成，用它在一个信息系统中协调和控制计算机软件。

数据管理技术包括管理物理存储介质上数据的软件。

网络和通信技术由物理设备和软件组成，连接各种硬件、部件，由一个地点到另一个地点传送数据。为了共享声音、数据、图像甚至影像，计算机和通信设备可以连成网络，一个网络可以连接两个或两个以上的计算机共享数据和资源，如打印机等。

世界最大和应用最广泛的网络是因特网。因特网是一种国际互联网，既有商业单位，也有公共事业单位。因特网联结成百上千个不同的网络，遍及世界上200多个国家。在科学、教育、政府、企业等领域中，超过10亿人应用因特网在世界范围与其他组织交换信息和进行商务活动。相关技术详见第6章。因特网的弹性很大，无论是网络的接入或移出，还是局部网络的故障，其余部分仍可以正常运行。通过特殊的通信和技术标准，任何计算机都可以通过普通的电话线与连接在因特网上的几乎所有计算机进行通信。

因特网创造了一个新的"万能"的平台，利用它可以建造几乎所有类型的新产品、新服务、新战略和新的企业模式。因特网技术也可以用于企业内部去连接不同的网络和系统。基于因特网技术的企业内部网络叫作内联网（intranet）。专用的内联网扩展到组织外部叫作外联网（extranet），企业利用这种网络与其他企业进行协调，如进行采购、合作设计和其他跨组织的工作。

由于因特网为商务活动提供了许多新的可能，组织和管理者对其特别感兴趣，这就是人们所熟悉的万维网（world wide web）。实际上，万维网只是一种在网络环境中储存、提取、格式化、分发信息的标准。信息是以电子页面的形式储存和显示的，页面中可以包括文本、图形、动画、声音、影像等。这些网页（web page）可以用电子方式与其他网页相链接，不管它们在哪里，无论用什么计算机都可以观看。单击一个突出的词或网页上的按钮，可以链接到相关的网页而获得更多的信息，甚至再链接到更多的网点。Web 可以用作新型信息系统的基础，如 UPS 的基于 Web 的包裹跟踪系统，或 Cemex 的客户订单登记和运输监控系统。

所有网页由一个组织或个人维护时，就称之为网站（Website）。企业创建网站时，使用时髦的排版、彩色图形、按钮式交互及声音和影像去广泛地分发信息，播放广告和消息给顾客，收集电子订单和客户数据，协调驻外的销售力量和在全球范围的组织。

所有这些技术，以及要求运行和管理它们的人员，代表了遍及组织共享的资源，组成了企业的信息技术基础设施。IT 基础设施提供了一个基础或者平台，企业可以在这个基础或平台上建立自己特殊的信息系统。每个企业必须精心设计和管理其信息技术基础设施，从而使自己能够有一组技术可以服务于其信息系统需要完成的工作。

1.2　应用信息系统实现企业竞争优势

1.2.1　波特五力模型

在一个行业中，如果一家企业做得比其他企业好，我们认为它们具有超越其他企业的竞争优势，即它们或者是具有其他企业得不到的特殊资源，或者是能高效率地使用易得到的普通资源，这通常源于它们有前沿的知识和信息资产。在回报增长、利润、生长率增长（效率）等任何方面，它们做得很好。在分析和识别企业战略优势，尤其是在信息系统如何为企业战略优势做出贡献方面，美国哈佛商学院著名战略学家迈克尔·波特（Michael Porter）提出的五力模型可以很好地解释这个问题（见图 1-6）。该模型给出了企业、企业竞争者及企业总体环境的总览，在此模型中，五种竞争力塑造了企业的命运。

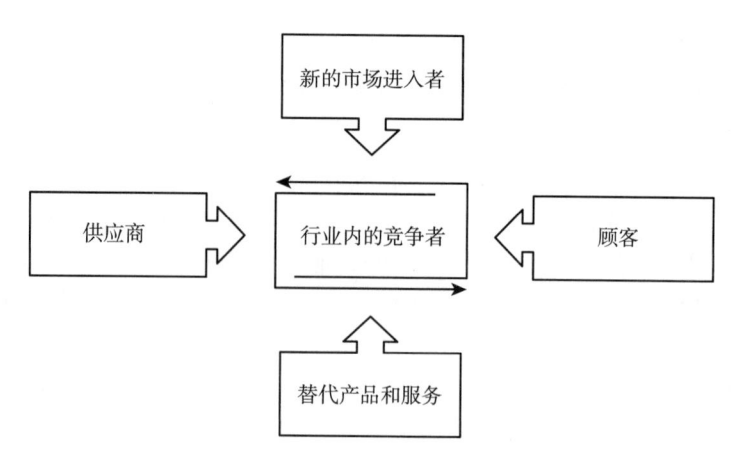

图 1-6　迈克尔·波特的五力模型

1. 行业内的竞争者

所有的企业和其他行业内的竞争者分享市场空间，竞争者们连续以更新、更高的效率生产，引入新产品、新服务，开发品牌吸引顾客，减少顾客的转移。

2. 新的市场进入者

在劳动力和财务资源具有流动性的自由经济中，新企业总是不断进入市场。有些行业，进入的门槛很低，但有些却很难进入。例如，做披萨生意或者其他小的零售生意会很容易，但是进入计算机芯片行业就会很难且费用高昂，它要求高额的资金成本及丰富的经验和知识。新企业有几个可能的优势包括：它们没有老旧的厂房和设备；它们常雇佣年轻的员工，这些人经验虽少但较喜欢创新；它们没有被过时的品牌拖累；它们与现有的行业占有者相比，有较高的积极性。这些优势也是它们的缺点，即它们需要外界的财力建造厂房和购买设备，这可能导致费用高昂，其员工队伍经验较少，只有很少的品牌认可度。

3. 替代产品和服务

几乎每一个行业，如果企业产品的价格过高，其顾客都有替代品可以选择。新技术总是在创造新的替代品，甚至石油也有替代品，如乙醇可以替代轿车用汽油，植物油可以替代卡车柴油，而风力、太阳能、煤炭能源和水力可以替代工业电能。类似地，互联网电话可以替代传统电话，进入各家的光缆电话线可以替代同轴电缆线；同理，互联网音乐服务可以让音乐下载到 iPad，即 CD 唱片的替代。在某产品所处的行业中，替代品越多，其控制价格的能力就越低，边际利润也越少。

4. 顾客

一个获利的企业在很大程度上取决于它吸引和留住顾客（同时阻止他们走向竞争者），以及索要高价的能力。如果顾客很容易选择竞争者的产品和服务，或者企业和竞争者的产品差异很小，所有价格均能及时地在透明市场中竞争，则顾客的权利就会增加。例如，互联网上的大学旧书市场，学生（顾客）能找到现在大学教科书的多个供应商。在这种情况下，在线顾客与旧书公司相比就具有极强大的权力。

5. 供应商

供应商的市场权力对公司的利润有重大的影响，尤其是在它不能像其他供应商那样快地提升价格时。一个公司的供应商越多，它在价格、质量、供货时间上就能更大地控制供应商。例如，笔记本电脑的制造商都有多个键盘、硬驱和显示屏等相互竞争的供应商。

1.2.2 提高企业竞争力的信息系统战略

当一个企业面对所有竞争力时，可以应用信息系统抵消一些竞争力。概括而言，常用的战略有四种，分别是低成本、产品差异化、聚焦市场定位及维护企业与顾客、供应商的关系。

1. 低成本

利用信息系统可以达到最低的运营成本和最低的价格，如沃尔玛。通过应用强大的库存补充系统，沃尔玛保持着最优存货和低价，成为美国零售业的领导者。当顾客在收银台付款以后，沃尔玛的连续补充系统直接送新货订单给供应商。销售点终端记录每一个通过结账台的商品条码，并直接传送一个购买订单给公司总部的中央计算机，这台计算机收集所有沃尔玛分店的订单并传送给供应商。供应商也可以运用网络技术存取沃尔玛的销售和库存数据。

由于系统快速补充库存，因此沃尔玛无须在自己的仓库中保存大量的货物，也无须投入过多的资金，这个系统使沃尔玛能够迎合顾客的需求调整库存。竞争对手，如西尔斯（曾经是美国也是世界最大的私人零售企业），投入的管理费高达总销售的27%。而沃尔玛应用系统降低成本，其管理费只占总销售的16.6%，而零售行业的平均运营成本为20.7%[①]。沃尔玛的连续补充系统是一个高效率的顾客响应系统的实例，直接连接顾客的行为至分销、生产和供应链。戴尔公司的按订货组装系统是高效率顾客响应系统的另一个实例。

2. 产品差异化

应用信息系统使新产品、新服务的应用成为可能，大大提高了应用现有产品和服务的方便性。例如2003年，eBay购入了一个电子支付系统PayPal为顾客支付时提供了方便，从而扩大了拍卖市场。苹果创造了iPod，这是一个独特的掌上

---

① 资料来源：沃尔玛官网。

数字唱片机，并配以独特的网络音乐服务，通过不断创新，苹果推出了掌上 iPod 影像机和多媒体智能手机 iPhone。

制造商和供应商正在利用信息系统创造产品和服务，以满足个别顾客的个性化需求。戴尔公司按订单组装生产的方式向顾客推销计算机，个人、企业和政府代理机构可以直接从戴尔公司购买计算机，站在顾客的角度满足他们对计算机特性和部件的特殊需求。顾客既可以拨打免费电话下订单，也可以利用戴尔网站在网上下订单，一旦戴尔的生产控制系统收到订单，它就指挥组装厂装配这台计算机，根据顾客要求由网上仓库提供零部件。

Lands' End[①] 的顾客可以通过公司网站订购牛仔裤、西裤、斜纹布裤和衬衣，公司可以按照他们的说明进行个性化裁剪。顾客将其服装尺寸输入网站上的一个引表，然后通过网络将顾客的说明发送到一台计算机中，该计算机为顾客按尺寸制作电子样本，该个人样本通过网络送到制造厂，在那里用设备进行裁剪加工。由于过程不要求附加的仓储和库存，故而公司几乎没有额外的生产成本，而向顾客收取的费用只是略高于大批量生产的服装价格。现在 Lands' End 销售的 14% 的衬衣和裤子都是个性化生产的。应用和大批量生产一样的资源，提供个性化裁剪的商品和服务的能力被称为大批量顾客化。

表 1-2 列出了一些已开发出的基于 IT 的产品和服务的公司，其他公司很难模仿，或至少需要很长时间才能模仿。

表 1-2　　　　　　　IT 驱动的新产品和服务提供的竞争优势

单击采购：亚马逊	亚马逊掌握了单击采购技术专利，并以特许经营的方式授权给其他的零售商
在线音乐：苹果 iPod，iTunes	一个集成的手持唱片机，有 600 多万首歌的在线歌库的支持
高尔夫俱乐部顾客化：Ping	顾客可以在 100 多万个不同的高尔夫俱乐部中选择，按单定制系统会将该选择在 48 小时内传送到高尔夫俱乐部
在线账单支付：CheckFree.com	2008 年有 6300 万家庭主妇在线支付账单
在线个人间支付：PayPal.com	能在个人银行账户间进行转账，也能在银行账户和信用卡账户间转账

资料来源：[美]斯蒂芬·哈格. 信息时代的管理信息系统（原书第 9 版）[M]. 北京：机械工业出版社，2019.

3. 聚焦市场定位

应用信息系统能够做到聚焦市场定位，并在这个定位的目标市场上比竞争者做得更好。信息系统利用生产和分析数据精细地调整销售以支持这种战略。信息系统帮助公司分析顾客购买模式、品味和偏好，从而，公司能在目标市场有效地投放广告，开展市场竞争活动，这些数据的来源包括信用卡业务、人口数据、超市和零售点结账台扫描的采购数据，以及顾客和网络互动、存取时收集到的数

---

① 世界上规模最大的服装直销商。

据。复杂的软件工具能发现大量数据中的模型和处理规则，使其帮助决策，这些数据的分析推动了一对一营销，创造了基于个人偏好的个人信息。例如，希尔顿酒店的需求提示（On-demand Cue，OnQ）系统分析其所有酒店收集到的常客的详细数据，从而可以确定每一个常客的偏好及其盈利能力。希尔顿酒店利用这些信息给最具有盈利能力的顾客额外的优惠，如延迟退房等。客户关系管理系统具有分析这些庞大数据的能力。

4. 维护企业与顾客、供应商的关系

运用信息系统有利于维护企业与顾客、供应商的亲密关系。克莱斯勒公司利用信息系统使供应商直接存取生产调度日程，甚至允许供应商决定何时、如何将供应品运至克莱斯勒工厂从而将订货期提前提供给供应商；在顾客方面，亚马逊保存顾客购买书籍和其他商品偏好的记录，并能把其他顾客购买的目录推荐给供应商。企业与顾客、供应商的紧密联系增加了转换成本（switching cost，从一个产品转换到竞争者的产品的成本），也增加了顾客、供应商对企业的忠诚度。

表1-3总结了上述的竞争策略。某些公司集中于其中一个策略，有些公司同时追求几种策略，如戴尔公司试图同时强调低成本导向策略及其个人电脑客户化的能力。

表1-3 基于信息系统的四种基本竞争战略

战　略	描　述	举　例
低成本	利用信息系统提供物美价廉的产品和服务	沃尔玛
产品差异化	利用信息系统使产品差异化，提供新产品、新服务	eBay、苹果、Land's End
市场定位	利用信息系统进行市场定位	希尔顿酒店、哈利士拉斯维加斯赌场酒店（Harrah's Las Vegas Hotel & Casino）
企业与顾客、供应商的联系	利用信息系统开发企业与顾客、供应商之间的紧密联系	克莱斯勒公司、亚马逊

1.3 信息系统的发展和挑战

1.3.1 信息系统的发展历程

虽然信息系统和信息处理在人类开始时就已存在，但直到电子计算机诞生后，随着信息技术的飞跃发展和现代社会对信息需求的增长，信息系统才迅速发展起来。第一台电子计算机于1946年诞生，70多年来，信息系统经历了由单机到网络，由低级到高级，由电子数据处理系统（EDPS）到管理信息系统（MIS）、再到决策支持系统（DSS），由数据处理到智能处理的过程，如图1-7所示。

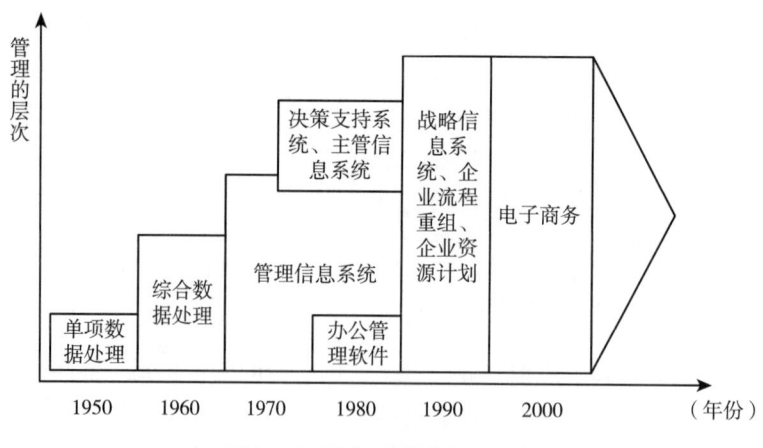

图 1-7 信息系统的发展历程

1. 电子数据处理系统（electronic data processing system，EDPS）

电子数据处理系统的特点是数据处理的计算机化，目的是提高数据处理的效率。从发展阶段来看，它可分为单项数据处理阶段（automatic data processing，ADP）和综合数据处理阶段（integrated data processing，IDP）。

（1）单项数据处理阶段（20世纪50年代中期到60年代中期）。单项数据处理是电子数据处理的初级阶段，主要是利用计算机代替部分手工劳动，进行一些简单的单项数据处理工作，如工资计算、统计产量等。1954年，通用电气公司利用计算机进行工资计算成为基于计算机的企业信息系统应用的开端。

此阶段的数据处理方式一般为批处理（即用人工收集原始数据，间隔一定时间集中一批数据，记录在信息载体上再输入到计算机处理）。此阶段的基本特征是：数据不是独立的，是应用程序的组成部分；修改数据必须要修改程序；数据之间是独立的、无关的；程序之间也是独立的，不能共享数据，在功能上不能对数据进行管理。

利用计算机进行数据处理，计算机被用到了企业信息管理之中，由此产生了最早的管理软件，即最简单的信息系统。

（2）综合数据处理阶段（20世纪60年代中期到70年代初期）。计算机技术有了很大发展，出现了大容量直接存取的外存储器，同时一台计算机能够带动若干终端，可以对多个过程的有关业务数据进行综合处理，为若干分散的单个计算机数据处理终端用联机方式进行综合处理提供了可能，这时各类信息报告系统应运而生，即按事先规定的要求提供各类状态报告。此阶段的数据处理方式以实时操作为主，并随机对数据进行存取和处理（即把输入数据从发生地直接输入到计算机，经运算后将输出数据直接传送给用户）。此阶段的基本特征是：数据不再是程序的组成部分，修改数据不需要修改程序；数据有结构、有组织地构成文件，存储在磁带、磁盘等外存储器上，可以反复地使用和保存；程序已构成一个系统，其作用是对数据进行内、外存交换，通过一套复杂的文件处理技术，如排序、合并、检索等对数据进行管理、处理和计算，同时也出现了一套可靠性、准确性的技术，出现了广泛利用人机对话和随机操作技术的实时操作功能。文件系统由于使用上的灵活性和不需要更复杂的数据库管理系统软件，因此可以广泛地应用于各种领域。

2. 管理信息系统（management information system，MIS）

管理信息系统是一个由人、计算机及其他外围设备等组成的能进行信息的收集、传递、存储、加工、维护和使用的系统。它是一门新兴的科学，其主要任务是最大限度地利用现代计算机及网络通信技术加强企业信息管理，通过对企业拥有的人力、物力、财力、设备、技术等资源的调查了解，建立正确的数据，加工、处理并编制成各种信息资料及时提供给管理人员，以便进行正确的决策，不断提高企业的管理水平和经济效益。目前，企业的计算机网络已成为企业进行技术改造及提高企业管理水平的重要手段。管理信息系统最大的特点是高度集中，能将组织中的数据和信息集中起来，进行快速处理，统一使用。

管理信息系统另一个特点是利用定量化的科学管理方法，通过预测、计划优化、管理、调节和控制等手段来支持决策。

完善的 MIS 具有以下四个标准：确定的信息需求、信息的可采集与可加工、可以通过程序为管理人员提供信息、可以对信息进行管理。具有统一规划的数据库是 MIS 成熟的重要标志，象征着 MIS 是软件工程的产物。通过 MIS 实现信息增值，用数学模型统计分析数据，实现辅助决策。MIS 是发展变化的，MIS 是有生命周期的。

3. 决策支持系统（decision support system，DSS）

决策支持系统是辅助决策者通过数据、模型和知识，以人机交互方式进行半结构化或非结构化决策的计算机应用系统，是管理信息系统（MIS）向更高一级发展而产生的先进信息管理系统。它为决策者提供分析问题、建立模型、模拟决策过程和方案的环境，调用各种信息资源和分析工具，帮助决策者提高决策水平和质量。

DSS 的概念是 20 世纪 70 年代提出的，并在 80 年代获得发展。它的产生基于以下原因：传统的管理信息系统（MIS）没有给企业带来巨大的效益，人在管理中的积极作用要得到发挥；人们对信息处理规律的认识要提高，面对不断变化的环境需求，要求更高层次的系统来直接支持决策；计算机应用技术的发展为 DSS 提供了物质基础。

管理信息系统是一个不断发展的概念。20 世纪 90 年代以来，DSS 与人工智能、计算机网络技术等结合形成了智能决策支持系统（intelligent decision support system，IDSS）和群体决策支持系统（group decision support system，GDSS）。此外，还出现了不少信息系统方面的新概念，如主管信息系统（executive information system，EIS）、战略信息系统（strategic information system，SIS）和计算机集成制造系统（computer/contemporary integrated manufacturing system，CIMS）和其他基于知识的信息系统等。

EDPS 的特点是数据处理的计算机化，目的是提高数据处理的效率，分为单项数据处理和综合数据处理两阶段。MIS 的最大特点是高度集中，能将组织中的数据和信息集中起来进行快速处理，统一使用；另一特点是利用定量化的科学管理方法，通过预测、计划优化、管理、调节和控制等手段来支持决策。DSS 是 MIS 发展的新阶段，而 DSS 是把数据库处理与经济管理数学模型的优化计算结合起来，具有管理、辅助决策和预测功能的管理信息系统。EDPS、MIS 和 DSS 各自代表了信息系统发展过程中的某一阶段，但至今它们仍各自不断地发展着，而且是相互交叉着。

1993 年，万维网（www）在 Internet 上出现，为信息系统的网络化创造了前所未有的条件。近年来，管理信息系统依托互联网正从企业内部向外部发展，随之出现了电子商务、电子政务、供应链管理信息系统、虚拟企业、网上交易谈判支持系统等许多新的概念。电子商务在信息系统网络化中占据了重要地位。

1.3.2　信息系统的挑战

虽然信息技术获得了迅速地发展，但构建和使用信息系统仍然是不容易或难以结构化的。管理者面对的挑战主要有如下四个。

1. 信息系统的投资挑战：组织如何从它们的信息系统中获取价值

本章的 1.1.2 节介绍了信息系统的企业视角，并指出了其投资可以给企业带来的价值。同时，还指出，并不是所有企业都能从信息系统的投资中获得好的回报。显而易见，目前的管理者面临的最大挑战是保证他的企业从信息系统的投资中获得实实在在的回报。用信息技术去设计、生产、递送和维护新产品是一回事，对信息技术的投资是另一回事。如何使组织在其投资中划出可观的部分用于信息系统建设；管理者如何保障信息系统会给企业带来价值？

高层决策者可能会提出以下问题：我们如何评价我们的信息系统投资？与评价其他投资一样，我们正在获取信息系统投资带来了应得的回报吗？我们的竞争对手是否得到更多？许多企业仍然很难回答这些问题。它们的决策者或许都难于确定技术投资到底应该有多少或者如何测量技术投资的回报。大多数企业缺乏一个清晰的决策程序去确定什么技术应该投资，并管理这些投资。

2. 企业战略的挑战：为了信息技术的有效利用，哪些辅助资产是必需的

尽管有大量的信息技术投资，但许多组织缺乏或没有评估必需的辅助资产去保证技术资产工作。计算机硬件和软件能力的增长快于组织的应用能力及这些技术的应用。为了充分利用信息技术实现真正的生产率、竞争力和效益，许多组织实际上需要进行再设计。它们必须在员工和管理行为上进行根本的转变，发展新的企业模式，废除过时的规则，删除无效和过时的企业过程与组织结构。单纯的新技术将不可能产生有意义的企业利益。

3. 全球化的挑战：企业如何了解全球经济环境对企业和系统的要求

快速增长的国际贸易和全球经济的出现需要信息系统来支持不同国家的产品生产和销售。过去，需要多国（或跨国）公司集中在一个地区办公室去解决它自己的专用信息问题。由于国家之间语言、文化、政治的不同，这种集中常常会形成混乱，从而失去中央控制。开发集成的、多国的信息系统，企业必须开发适合全球的硬件、软件和通信的标准，创造跨文化的会计和报告制度，设计跨国的企业过程。

4. 信息技术基础设施的挑战：当企业的环境和技术发生迅速变化时，企业如何开发它的信息基础设施以支持它的目标

许多企业昂贵的和无法广泛应用的信息技术平台不能适应创新和变革的需要。它们的信息系统过于复杂和脆弱，成为企业战略及其执行的约束。为了适应新的企业和技术挑战，可能需要组织进行再设计和建设一个新的信息技术基础设施。

为数字化企业创建信息基础设施是一项困难的任务。支离破碎和不兼容的硬件、软件、通信网络与信息系统导致大多数企业运行瘫痪，妨碍了信息在企业各部门之间的自由流动。虽然因特网解决了一些类似的连接问题，但是，在企业范围内及与外部的合作者之间，创建的数据和计算平台根本没有达到所承诺的那样无缝连接。许多企业还在努力去集成它们的信息和技术孤岛。

1.4　本章小结

第一，定义信息系统并描述了信息和数据的关系。信息系统是一个人造系统，它由人、硬件、软件和数据资源组成，其目的是及时、正确地收集、加工、存储、传递和提供信息，实现组织中各项活动的管理、调节和控制。在管理学中，信息（information）是经过加工和处理的数据，而数据（data）则是表达发生于组织及环境中事件的原始事实的符号串。

第二，从组织、管理和信息技术维度描述了信息系统。从组织维度而言，信息系统是组织整体的一部分；从管理维度而言，管理的责任很大一部分是由创造新技术和信息驱动的工作，信息技术在再指挥和再设计组织上起到强有力的作用；从技术维度看，信息技术是管理者应对变化的众多工具中的一个。

第三，描述了运用迈克尔·波特的五力模型解释信息系统如何为企业战略优势做出贡献。迈克尔·波特的五力模型从五个方面进行行业分析：①行业内的竞争者；②新的市场进入者；③替代产品和服务；④顾客；⑤供应商。

第四，描述了提高企业竞争力的信息系统战略。分别是：①低成本；②产品差异化；③聚焦市场定位；④维护企业与顾客、供应商的关系。

第五，描述了信息系统的发展历程。从1946年第一台电子计算机诞生开始，

50多年来，信息系统经历了由单机到网络，由低级到高级，由电子数据处理系统（EDPS）到管理信息系统（MIS），再到决策支持系统（DSS），由数据处理到智能处理的过程。

第六，描述了信息系统的挑战。①信息系统的投资挑战：组织如何从它们的信息系统中获取价值；②企业战略的挑战：为了信息技术的有效利用，哪些辅助资产是必需的；③全球化的挑战：企业如何了解全球经济环境对企业和系统的要求；④信息技术基础设施的挑战：当企业的环境和技术发生迅速变化时，企业如何开发它的信息基础设施以支持它的目标。

1.5　本章关键术语

信息（information）
数据（data）
管理（management）
信息系统文化（information literacy）
技术（technology）
内联网（intranet）
组织（organization）
外联网（extranet）
万维网（world wide web）
网页（web page）
网站（website）
信息技术（information technology）
转换成本（switching cost）
五力模型（five forces model）
单项数据处理（automatic data processing）
综合数据处理（integrated data processing）
决策支持系统（decision support system）
管理信息系统（management information system）
智能决策支持系统（intelligent decision support system）
主管信息系统（executive information system）
群体决策支持系统（group decision support system）
战略信息系统（strategic information system）
计算机集成制造系统（computer/contemporary integrated manufacturing system）
电子数据处理系统（electronic data processing system）
基于计算机的信息系统（computer based information system）

第 2 章

管理信息系统概论

【引导案例】

一切皆是可口可乐：供应链管理、客户关系管理、IT 你做主

如果我们告诉你可口可乐公司在全球 50 个国家均有运营单位，你可能不会感到吃惊；如果我们告诉你可口可乐公司已经有 125 年的历史，你可能也不会感到吃惊；但是，如果你问可口可乐公司生产多少种饮料？100 种？500 种？2000 种？你还不吃惊吗？世界范围内，可口可乐竟然生产了 2800 种不同的饮料。

当一个组织达到如此庞大的规模，成为一个全球性的企业，拥有着最著名的品牌，我们可以肯定幕后一定有着大量的 IT 系统在持续运行，从而在保证组织平稳运营的同时，使之在竞争中遥遥领先。

为了支持内部协作，可口可乐创建了一个共用创新框架系统，这个基于 Web 的系统将项目管理能力与商业智能结合起来。通过使用创新框架，世界范围内的每个运营单位的每个员工都可以搜索、查找、使用组织中已在别处应用过的各种想法、策略、成功开发的实例和营销方法。例如，当在澳大利亚推广 Georgia 茶时，当地的可口可乐公司员工可以研究哪种营销策略已经在类似的市场中（如在新西兰）比较有效。可口可乐公司的首席信息官（CIO）让·迈克尔·阿里斯（Jean-Michel Ares）解释道："当你已经聚合了那些创新渠道，目标就变为评估并确定组织内资源最优分配的顺序。"

除内部员工外，可口可乐公司正迈着崭新及富有创新性的 IT 步伐将信息化伸展开来。最近，可口可乐为它的罐瓶公司大家族铺设了一条新的基于上百个商业流程的软件服务线。这些软件服务线每个都发挥着公司特定的商业功能，通过 IBM 的数据中心传送，在思爱普的 ERP 软件中运行。目标是建立一个贯穿可口可乐所有罐瓶公司的标准商业和技术平台，这些罐瓶公司大多拥

有独立的特许经营权。如果可口可乐公司和它所有的罐瓶公司讲同种语言并使用同种技术，那么供应链管理的应用将会更加流畅有效。本例中，标准化就相当于通过减少与供应链活动有关的开销，来为企业节省资金。

甚至，除了罐瓶公司大家族外，可口可乐公司也正在使用技术来吸引客户和增加客户忠诚度。它的兑奖网站 My Coke Rewards（www.mycokerewards.com），是第二大受欢迎的包装消费品网站，仅次于 www.kraftfoods.com。My Coke Rewards 每天吸引着大约 30 万位访客。通过提供从杂志订阅到电子奖品的各种促销活动，My Coke Rewards 再次将可口可乐公司与忠诚客户联系起来。网站同时与流行文化合作，如美国偶像、橄榄球和汽车拉力赛，从而吸引更多的客户。你甚至可以在 iTunes 上找到标签含有"可口可乐"的歌曲。

问题

1. 描述本案例中所讨论的 IT 技术所实现的方案，并将它们按照线上、线下、两者相结合这三种形式进行分类。

2. 为什么标准化在供应链管理中如此重要？可口可乐公司正在开发它自己的一套软件服务为罐瓶公司所使用，你认为可口可乐公司是否该向罐瓶公司收费？为什么？

3. My Coke Rewards 如何成为一个转换成本的实例？如何能使开发成本没有与之相关联的罚金？

4. 分析自己周围所熟悉的企业，其核心的业务活动哪些最需要 IT 支持，怎样支持？

资料来源：[美]斯蒂芬·哈格. 信息时代的管理信息系统（原书第 9 版）[M]. 北京：机械工业出版社，2019.

2.1 管理信息系统的概念

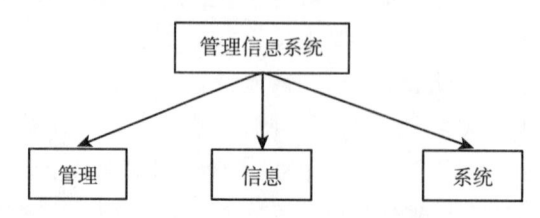

2.1.1 管理信息系统的定义

管理信息系统的概念包含管理、信息和系统（见图 2-1），它绝不只是信息，更不只是计算机。它是从管理出发或者说是为管理的目的，通过信息手段来进行计划和控制的系统。

图 2-1 管理信息系统的概念

管理信息系统发展至今，其定义已有很多种。有的比较抽象，有的比较具体，有的比较科学，有的比较艺术。早在20世纪30年代，柏德就在书中强调了决策在组织管理中的作用，从而产生了管理信息系统概念的萌芽；50年代，西蒙提出了管理依赖于信息和决策的概念。同一时代维纳发表了《控制论与管理》，他把管理过程当成一个控制过程，而控制要依赖于信息。20世纪50年代计算机已用于会计工作，这些都预示着管理信息系统的出现。

管理信息系统一词最早出现在1970年，由瓦尔特·肯尼万（Walter T. Kennevan）给它下了一个定义：以书面或口头的形式，在合适的时间向经理、职员及外界人员提供过去的、现在的、预测未来的有关企业内部及其环境的信息，以帮助他们进行决策。这个定义说明了管理信息系统的主要功能是提供信息。什么时候的信息？是过去、现在和未来的。什么形式的信息？书面的或口头的。关于什么的信息？企业内部和外部环境的信息。什么时间提供？在合适的时间。向谁提供？经理、职员及外界人员。用来做什么？帮助他们进行决策。很明显，这个定义是出自管理的，而不是出自计算机的。它没有强调一定要用计算机，它强调了用信息支持决策，但没有强调应用模型、应用数据库。所有这些均显示了这个定义的初始性。直到20世纪80年代，1985年管理信息系统的创始人之一，明尼苏达大学卡尔森管理学院的著名教授高登·戴维斯（Gordon B. Davis）才给出管理信息系统一个较完整的定义：它是一个利用计算机硬件和软件、手工作业，分析、计划、控制和决策模型以及数据库的用户——机器系统。它能提供信息，支持企业或组织的运行、管理和决策功能。这个定义说明了管理信息系统的目标、功能和组成，而且反映了管理信息系统当时已达到的水平。它说明了管理信息系统的目标是在高、中、低三个层次，即在决策层、管理层和运行层上支持管理活动；它不仅强调了要用计算机，而且强调了要用模型和数据库；它反映了当时的水平，即所有管理信息系统均已用上了计算机。

管理信息系统一词在中国出现于20世纪70年代末80年代初，根据中国的特点，许多最早从事管理信息系统工作的学者给管理信息系统也下了一个定义，记载于《中国企业管理百科全书》。该定义为：管理信息系统是"一个由人、计算机等组成的，能进行信息的收集、传递、存储、加工、维护和使用的系统。管理信息系统能实测企业的各种运行情况；利用过去的数据预测未来；从企业全局出发辅助企业进行决策；利用信息控制企业的行为；帮助企业实现其规划目标。"朱镕基主编的《管理现代化》一书中定义说："管理信息系统是一个由人、机械（计算机等）组成的系统，它从全局出发辅助企业进行决策，它利用过去的数据预测未来，它实测企业的各种功能情况，它利用信息控制企业行为，以期达到企业的长远目标。"这些定义指出了当时中国一些人认为管理信息系统就是计算机应用的误区，再次强调了管理信息系统的功能和性质，再次强调了计算机只是管理信息系统的一种工具。对于一个企业来说没有计算机也有管理信息系统，管理信息系统是任何企业不能没有的系统，因此对于企业来说管理信息系统只有优劣之分，不存在有无的问题。

现在，我们又要面临信息系统定义的挑战。许多学者标新立异，总想分裂管理信息系统，从而使他们的小枝可以壮大。例如，在20世纪70年代末，有人说管理信息系统已经过时，现在应当提出决策支持系统（decision support system，DSS）；80年代初美国麻省理工学院（MIT）又提议以信息技术（information technology，IT）替代管理信息系统，这些均未能得到普遍的支持。以后又有人以信息系统来代替管理信息系统，这种替代在美国得到了普遍的流行，说明美国信息系统应用最多的领域是管理方面，所以管理信息系统就可简化为信息系统。但在中国不行，因为从事无线电技术的专业早已抢先占用了信息系统这个名词。也有人用业务信息系统（business information systems，BIS）来替代MIS，中文翻译成商业信息系统，那显然窄化了我们的定义，即它不包括政府信息系统、学校信息系统等。况且把Business翻译成商业，本身翻译得也不合适。如今，管理信息系统领域出现的许多新名词，如电子商务（electronic commerce）、电子企业（electronic business）、企业资源管理（enterprise resources planning，ERP）等，按照管理信息系统的定义，这些都不外乎是管理信息系统在新的环境下新的表现形式，全部属于管理信息系统的范畴。关于管理信息系统定义的这些说法，总的来说可以分为两种，一种是广义的，一种是狭义的。主张狭义的学者把管理信息系统想象成20世纪60年代的主机带终端的集中式的信息系统，从而认为管理信息系统已经过时；主张广义的学者认为，20世纪60年代的系统过时，不等于管理信息系统过时，管理信息系统的定义仍然有效。美国著名学者肯尼斯·C. 劳顿（Kenneth C. Laudon）和简·P. 劳顿（Jane P. Laudon）教授在2002年出版的《管理信息系统》（Management Information System）一书中就再次强调管理信息系统的定义："信息系统技术上可定义为互联部件的一个集合，它收集、处理、储存和分配信息以支持组织的决策和控制。"劳顿又说："由管理的观点，一个信息系统是一个基于信息技术的，针对环境给予的挑战的组织和管理的解答。"这样说来，任何用信息技术解决管理问题的解答均是信息系统。当代信息系统定义之广可想而知。劳顿（Laudon）还说："企业信息系统描述了企业经理的希望、梦想和现实。"实际的情况也确实如此。当代的企业要想实现任何期望和梦想，实现任何新战略，没有信息系统的支持是不可能实现的。

2.1.2 管理信息系统的性质

由上述管理信息系统的定义，可以看出管理信息系统具有以下特性。

1. 它是一个人机结合的系统

管理信息系统的目的在于辅助决策，而决策只能由人来做，因而它必然是一个人机结合的系统，并且人占主体地位。我国过去许多企业领导接受的是工业化时代的教育，对信息知之甚少，对管理信息系统的性质不清楚，因而不善于领导信息系统的建设，他们总以为信息系统就是用计算机而已。在启动时，他们就请一些计算机专家来讲计算机知识；在应用时，他们既不改变作业流程，又不改变组织，应用效果就很不明显。这里所说的管理信息系统不只是计算机应用，其区别如表 2-1 所示。

表 2-1　　　　　　　　　　管理信息系统和计算机应用的区别

计算机应用	管理信息系统
必须有计算机	不一定有计算机
是个技术系统	是个社会-技术系统
主要内容为软、硬件	主要内容为信息
专家队伍建设	管理系统队伍建设

在管理信息系统中，各级管理人员既是系统的使用者，又是系统的组成部分。因而，在管理信息系统的开发过程中，要根据这一特点，正确界定人和计算机在系统中的地位和作用，充分发挥人和计算机各自的长处，使系统得到整体优化。

2. 它是一个为管理决策服务的系统

它必须能够根据管理的需要，及时提供信息，帮助决策者作出决策。

3. 它是一个对组织乃至整个供应链进行全面管理的综合系统

一个组织在建设管理信息系统时，可以根据需要逐步应用个别领域的子系统，然后进行综合，最终达到应用管理信息系统进行综合管理的目标，管理信息系统综合的意义在于产生更高层次的管理信息，为管理决策服务。

4. 它是一个需要与先进的管理方法和手段相结合的信息系统

人们在管理信息系统应用的实践中发现，只简单地采用计算机技术提高处理速度，而不采用先进的管理方法，管理信息系统的应用仅仅是计算机系统模仿原手工管理系统，只是减轻了管理人员的劳动，其作用发挥得十分有限。管理信息系统要发挥其在管理中的作用，必须与先进的管理手段和方法结合起来，在开发管理信息系统时融入现代化的管理思想和方法。

5. 它是多学科交叉形成的边缘学科

管理信息系统是一门新的学科，其理论体系尚处于发展和完善的过程中。早期的研究者从计算机科学、应用数学、管理理论、决策理论、运筹学等相关学科中抽取相应的理论，构建了管理信息系统的理论基础，从而形成了具有鲜明特色的边缘学科。

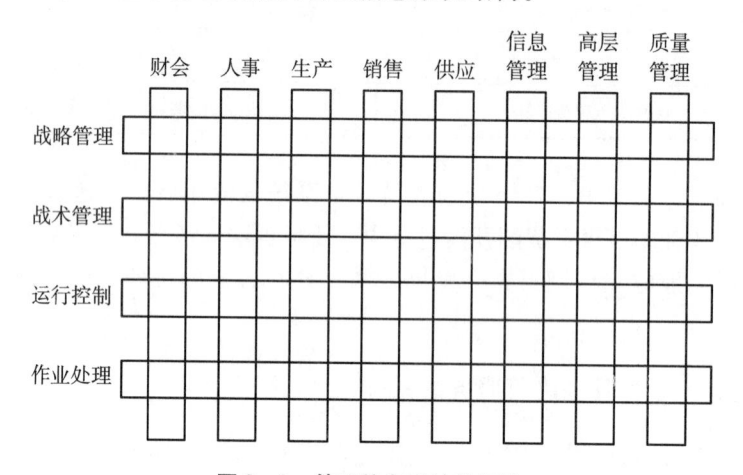

2.2 管理信息系统的结构

管理信息系统是企业信息系统的核心,贯穿于企业管理的全过程,同时又覆盖了管理业务的各个层面,因而其结构必然是一个包含各种子系统的广泛结构。下面我们着重从广义的概念上介绍管理信息系统的结构。

图 2-2 是管理信息系统的结构矩阵。纵向概括了基于管理任务的系统层次结构;横向概括了基于管理职能的管理信息系统结构。

图 2-2 管理信息系统的矩阵

2.2.1 基于管理任务的系统层次结构

管理信息系统的任务在于支持管理业务,因而管理信息系统可以按照管理任务的层次进行分层。一般地,不同管理层次的管理任务是不相同的,如表 2-2 所示。

表 2-2　　　　　　　　　　管理任务的层次

层　　次	内　　容
战略管理	规定组织的目标、政策和总方针
	确定组织的管理模式
	确定组织的任务
管理控制(战术管理)	包括资源的获取与组织、人员的招聘与训练、资金的监控等
运行控制	有效地利用现有的设备与资源,在预算限制内活动
业务管理	企业最基本的活动,它涉及企业的每一项生产经营和管理活动

战略管理涉及企业的长远计划,处理中、长期事件,如制订市场战略、确定

产品品种等；管理控制（战术管理）属于中期计划范围，包括资源的获取与组织、人员的招聘与训练、资金的监控等方面；运行控制涉及作业的控制（如作业计划和调度等）；业务处理是企业最基本的活动，它涉及企业的每一项生产经营和管理活动。其他组织的管理与企业的管理一样，存在着类似的层次关系。

在实际工作中，有时同一问题可以属于不同的管理层次，只是每个层次考虑问题的角度不同而已，如对于库存控制问题，运行控制层关心的是日常业务处理能否准确无误；管理控制层考虑的是如何根据运行控制数据，确定安全库存量和订货次数；而战略管理层关心的是如何根据运行控制和管理控制的结果及战略目标、竞争者行为等因素，做出正确的库存战略决策。

从管理决策问题的性质来看，在运行控制层上的决策大多属结构化的问题，而在战略管理层的决策大多属非结构化问题，管理控制层所作决策问题的性质，介于结构化和非结构化之间。

战略管理层的决策内容关系组织的长远目标，以及制定获取、使用各种资源的政策等方面，大多数属于非结构化问题的决策，决策者是组织的高层管理人员，除需要根据组织的外部环境和内部条件来做出决策外，还需要他们具有一定的知识、阅历、经验和胆识。业务管理层的决策内容是关于如何有效利用组织的资源，并按照既定的程序和步骤进行工作，大多数属于结构化问题的决策，决策者是基层管理人员，要求他们具有组织实施的能力；而战术管理层的决策内容介于战略管理层和战术管理层之间，既有结构化问题的决策，也有非结构化问题的决策，决策者是组织的中层管理人员。

从信息处理的工作量上来看，信息处理所需资源的数量随管理任务的层次而变化。一般业务管理的信息工作量较大，而在系统结构中所处层次越高，其所需信息量越小，呈金字塔形，如图 2-3 所示。金字塔的底部表示结构化的管理过程和决策，而顶部则为非结构化的管理过程和决策，中间则是介于结构化和非结构化之间的半结构化问题，其所处层次越高，结构化程度也越低，反之亦然。

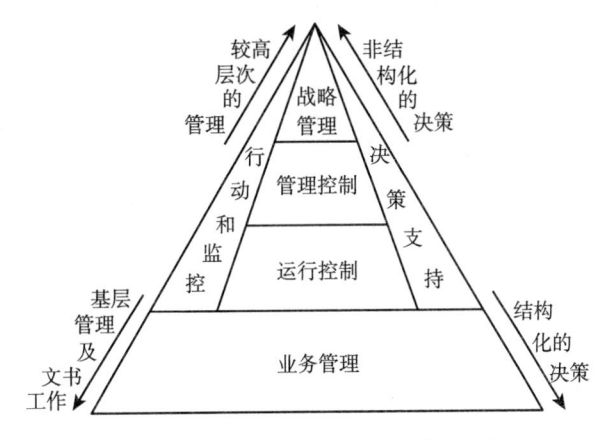

图 2-3 管理信息系统的金字塔形结构

图 2-4 是安东尼等通过对欧美制造企业的长期研究提出的管理信息系统的金字塔形系统结构。安东尼等不仅考察了企业内部的业务流程和信息系统基本结构，而且把企业放在整个经营环境中考察，把企业内外部环境结合起来，系统地描述了企业内外信息流、资金流、物流的传递和接收过程，反映了包含整个供应链信息管理的全景。

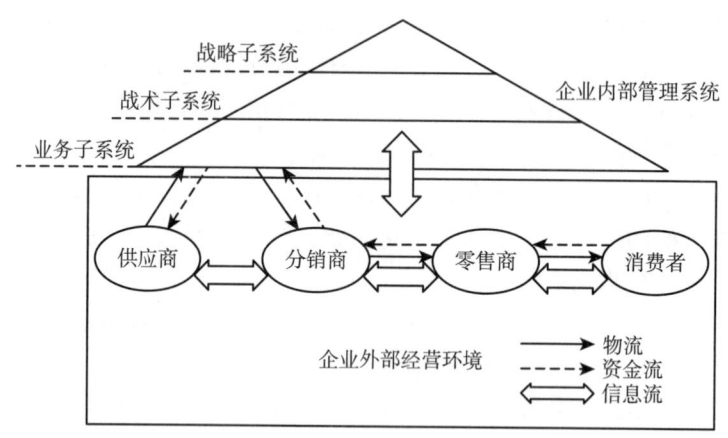

图 2-4 安东尼金字塔形系统结构

安东尼金字塔形系统结构描述了物流、资金流和信息流的双向流动及其基本规律。物流的流程一般体现在从采购部件到产品销售出去的整个过程之中，是自上游向下游方向流动，先从供应商流到企业，再到分销商、零售商和消费者，即企业需要经过零部件采购、调拨、生产加工、发送、销售等业务流程；资金流的流程与物流相反，是从下游向上游方向流动，即从消费者流到零售商及分销商，然后到企业（或直接到企业），再流到供应商；信息流比物流、资金流的流程复杂得多，企业信息主要包括订货信息、发货信息、收支信息等，信息流在与物流、资金流互补的同时，又起着管理企业整体活动的作用。

2.2.2 基于管理职能的管理信息系统结构

管理信息系统的结构，也可以按照使用信息的组织职能加以描述。系统所涉及的各职能部门都有着自己特殊的信息需求，需要专门设计相应的功能子系统，以支持其管理决策活动，同时各职能部门之间存在着各种信息联系，从而使各个功能子系统构成一个有机结合的整体，管理信息系统正是完成信息处理的各功能子系统的综合。以制造型企业的管理信息系统为例，图 2-5 是企业管理信息系统的功能结构，每个子系统下面还有二级子系统。

（1）财务子系统。财务子系统主要目标是保证企业的财务要求，包括财务计划、资金的使用、账务处理、财务预算和成本分析等。具体的工作处理有会计核算、收款凭证、支付凭证、账簿、报表等的处理。管理控制主要是财务预算计

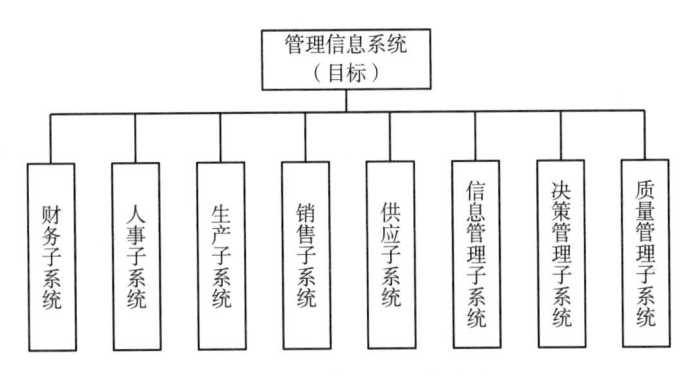

图 2-5 管理信息系统的功能结构

划和成本数据分析,以及预算和成本数据的输入。战略管理主要包括财务战略计划、企业投资理财的效果、保持资金的充足等。

(2) 人事子系统。人事子系统包括人员的招聘、培训、业绩考核、岗位调配、人力资源需求计划、员工的档案管理等。业务管理主要是人员基本数据的处理,有工资变化、聘用的需求说明、工作时间、培训情况说明和所有员工的基本数据等;运行控制主要包括雇佣、培训、岗位终止、变化工资率、劳动生产率、安全情况等;管理控制主要是进行事情与计划比较,包括雇佣数、招聘费用、培训费用、支付的工资与实际情况的分析,如有出入要进行调整和控制;战略管理关心的是人力资源的战略计划、人力资源的情况分析和人力资源政策的制订。

(3) 生产子系统。生产子系统在需求和能力之间进行平衡的基础上,制订出中长期的生产计划大纲,根据计划大纲制订出主生产计划、资源需求计划,并编制下达的计划任务书等。其业务管理包括生产订货、装配订货、成品数据、废品数据、工时数据,以及装配计划的编制下达;运行控制要求把实际进度和计划进行比较,发现瓶颈环节,并采取措施进行控制;管理控制主要包括需求能力和可用能力之间的平衡,制订主生产计划和资源需求计划。战略管理主要考虑的是如何使所有的生产资源优化配置。

(4) 销售子系统。销售子系统包括销售和推销。在业务管理和运行控制方面包括人员的招聘和培训销售人员、销售和推销的日常调度,还包括区域、产品、用户的销售数量的定期分析等;在管理控制方面,分析销售的成果与销售计划之间有什么问题,并采取措施进行修正,所用的信息有用户、竞争者、竞争产品和销售力量要求等;战略管理包括新市场的开拓和新市场的战略计划,它使用的信息包括用户分析、竞争者分析、用户评价、收入预测、人口预测和技术预测等。

(5) 供应子系统。供应子系统主要包括物资的采购、物资收货、库存控制、物资的出库发放等管理。其业务管理包括物资的采购申请、订货单、收货报告单、库存数据、运输数据、装货数据等;运行控制要求把物资供应实际情况与计划相比较,产生出库存水平、采购成本和库存等分析报告;管理控制包括每一项供应工作的实际情况与计划的比较，如计划库存与实际库存的比较、采购成本、缺货情况分析及库存周转率等；战略管理主要是制订物资采购计划、制订对供应商的政策，以及物资是采购还是自制的成本分析等。

（6）信息管理子系统。信息管理子系统主要是给企业的各个部门提供信息资源共享和信息的处理服务。业务处理是请求、收集所有数据、改变数据和程序请求、报告硬件和软件的问题，并制订新的规划和建议等；运行控制包括日常任务调度、差错率、设备故障等；管理控制主要是对计划和实际的比较，如设备成本、程序员的能力、新项目的进度和计划对比等；战略管理最主要的是制订信息系统的总体规划，确定硬件和软件的总体结构，以及功能的组织是集中还是分散等。

（7）决策管理子系统。每个企业都有一个最高决策层，如公司的总经理和各职能管理部门的副总经理组成的决策委员会，而决策子系统就是为他们提供所需要的服务。业务管理包括信息查询和支持决策、编写文件和信函、向公司下属的所有部门发送指令；运行控制层的内容包括会议安排、控制文件、联系文件等；管理控制要求各功能子系统实际执行计划与计划相比较等；战略管理需要广泛的内、外部信息，而外部信息很关键，主要有竞争者的信息、区域经济指数、顾客喜好、企业所提供的服务质量等。

（8）质量管理子系统。质量管理子系统主要有产品质量的检查和控制，以及产品质量分析。在业务管理和运行控制层次，主要包括生产过程中产品质量的记录，并及时发现问题进行控制；管理控制要在产品记录的基础上分析质量管理的问题，及时进行调整和修正；战略管理主要是制订全面质量保证体系。

2.2.3 管理信息系统结构的综合

以上从管理任务和组织职能两方面对管理信息系统的结构进行了描述。由上述系统的组成和决策支持的要求，可以综合形成管理信息系统的概念结构，综合的形式有以下几种情况。

（1）横向综合——把同一管理层次的各种职能综合在一起，横向综合正向着资源综合的方向发展。

（2）纵向综合——把不同层次的管理业务按职能综合起来。这种综合沟通了上下级之间的关系，便于决策者掌握情况，进行正确分析。

（3）纵横综合（总的综合）——使一个完全一体化的系统得以形成，能够做到信息集中统一管理，程序模块共享，各子系统无缝集成。

图 2-6 是综合形成的管理信息系统的概念结构，人们可以用它来描述有关现有的或进化中的管理信息系统，同时，它也是一个确定管理信息系统的实施方案的物理结构。

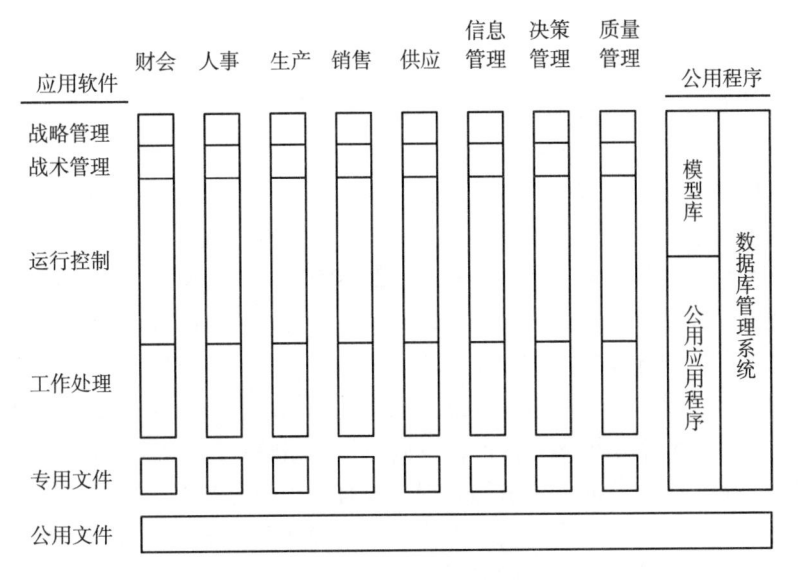

图 2-6 管理信息系统的概念结构

2.3 管理信息系统的学科内容及与其他学科的关系

管理信息系统是一门边缘性、综合性、系统性的交叉学科，它涉及社会和技术两大领域，应用了管理科学、现代技术（计算机、通信等）及数学、运筹学等的研究成果而形成的一个新的学科体系。图 2-7 为管理信息系统与其他学科之间的关系。

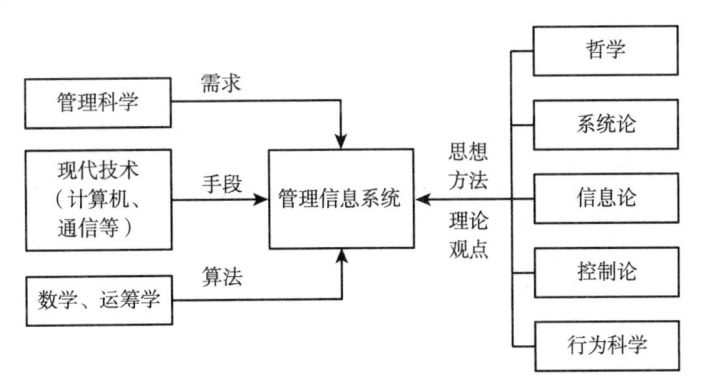

图 2-7 管理信息系统与其他学科的关系

管理信息系统首先是管理科学的发展，也就是说，管理科学向管理信息系统提出了要求，它是管理信息系统学科产生的直接原因。管理科学的狭义理解是运筹学加计算机，即用计算机收集信息，用运筹学列出模型，然后再用计算机求解。管理科学强调定量，把管理过程数量化，用计算机求解达到系统的目的；管理科学的应用说明管理已由以艺术为主的阶段发展到以科学为主的阶段；这是管理现代化的标志，概括起来就是系统的观点、数学的方法和计算机的应用。没有这3条就不能称为实现真正的管理现代化。如果不了解管理科学，管理信息系统的研究和开发将缺乏明确的目标和基本的评价原则。

　　计算机科学是与管理信息系统最密切的学科之一。管理信息系统是依赖于现代信息技术而形成的。从第一台计算机1946年诞生，到1954年短短9年时间，计算机已经用于工资计算，即用于管理；20世纪70年代末80年代初开始，管理信息系统已经和计算机辅助设计（CAD）、计算机辅助制造（CAM）结合构成统一的信息系统，即计算机集成制造系统（CIMS）；20世纪90年代开始，由于微机技术的进步，成本大大降低，性能大大提高，加之网络技术、多媒体技术的成熟，因此计算机科学在更大更深的范围内对管理信息系统产生重大的影响。面向现代化管理活动中大量的、复杂的数据，没有现代信息技术的支持难以完成数据的加工处理，更谈不上对管理进行预测、控制和辅助决策了。目前计算机技术的成熟已为管理信息系统的发展创造了良好的条件。

　　数学学科与管理信息系统也有很大的关系。数学是关于数与形的科学，它不但在过去对管理科学、运筹学、计算机的发展起到了推动作用，而且在今天也直接对管理信息系统产生着影响。运筹学虽然不是数学，但与数学的关系密切，管理信息系统中的预测和决策功能，必须运用数学和运筹学的方法和模型来解决。"老三论"——信息论、控制论和系统论已成为管理信息系统的理论基础。之后，模糊数学、新三论（突变论、耗散结构论和协同论）及非线性科学（包括分形、分维和混沌理论）等对管理信息系统产生了极大影响。此外，管理信息系统还从哲学等学科汲取了有用的观点、概念和方法。

2.4　本章小结

　　第一，描述了不同学者、著作给出的管理信息系统的定义。总的来说其定义分为两种，一种是广义的，一种是狭义的。主张狭义的学者把管理信息系统想象成20世纪60年代的主机带终端的集中式的信息系统，从而认为管理信息系统已经过时；主张广义的学者认为，20世纪60年代的系统过时，不等于管理信息系统过时，管理信息系统的定义仍然有效。

　　第二，描述了管理信息系统的性质。分别是：（1）它是一个人机结合的系统；（2）它是一个为管理决策服务的系统；（3）它是一个对组织乃至整个供应链进行全面管理的综合系统；（4）它是一个需要与先进的管理方法和手段相结合的信息系统；（5）它是多学科交叉形成的边缘学科。

　　第三，描述了管理信息系统的结构。通过管理信息系统的结构矩阵，概括了基于管理任务的系统层次结构（纵向）和基于管理职能的管理信息系统结构（横向）。其中，基于管理任务的系统层次结构分为战略管理、管理控制（战术管理）、运行控制和业务管理；基于管理职能的管理信息系统结构即系统所涉及的各职能部门都有着自己特殊的信息需求，需要专门设计相应的功能子系统，以支持其管理决策活动，同时各职能部门之间存在着各种信息联系，从而使各个功能子系统构成一个有机结合的整体，管理信息系统正是完成信息处理的各功能子系统的综合。

第四，描述了管理信息系统的概念结构，即基于管理信息系统的结构矩阵的综合。分别为：（1）横向综合——把同一管理层次的各种职能综合在一起，横向综合正向着资源综合的方向发展；（2）纵向综合——把不同层次的管理业务按职能综合起来。这种综合沟通了上下级之间的关系，便于决策者掌握情况，进行正确分析；（3）纵横综合（总的综合）——使一个完全一体化的系统得以形成，能够做到信息集中统一管理，程序模块共享，各子系统无缝集成。

第五，解释了基于安东尼金字塔形的管理信息系统结构。该系统结构描述了物流、资金流和信息流的双向流动及其基本规律。物流的流程一般体现在从采购部件到产品销售出去的整个过程之中，是自上游向下游方向流动，先从供应商流到企业，再到分销商、零售商和消费者，即企业需要经过零部件采购、调拨、生产加工、发送、销售等业务流程；资金流的流程与物流相反，是从下游向上游方向流动，即从消费者流到零售商及分销商，然后到企业（或直接到企业），再流到供应商；信息流比物流、资金流的流程复杂得多，企业信息主要包括订货信息、发货信息、收支信息等，信息流在与物流、资金流互补的同时，又起着管理企业整体活动的作用。

第六，描述了管理信息系统的学科内容及与其他学科的关系。管理信息系统是一门边缘性、综合性、系统性的交叉学科，它涉及社会和技术两大领域，应用了管理科学、现代技术（计算机、通信等）及数学、运筹学等的研究成果而形成的一个新的学科体系。

2.5 本章关键术语

管理信息系统（management information system）
决策支持系统（decision support system）
信息技术（information technology）
电子商务（electronic commerce）
电子企业（electronic business）
信息流（information flow）
资金流（fund flow）
物流（logistics）
企业资源管理（enterprise resources planning）
供应链（supplier chain）

供应商（supplier）
分销商（distributor）
零售商（retailer）
消费者（consumer）
计算机辅助设计（computer aided design）
计算机辅助制造（computer aided manufacturing）
计算机集成制造系统（computer integrated manufacturing system）

第 3 章

管理、信息和系统

【引导案例】

中国石油化工集团公司统一信息平台实施方案

中国石油化工集团公司（以下简称"中国石化"）作为国家的支柱企业，要提高整体效益，满足国际竞争以及企业发展战略对信息系统的要求，建设中国石化信息平台以及进行企业信息整合具有现实的紧迫性和必要性。随着门户技术、数据集成技术、应用集成技术、信息整合解决方案与相关产品的不断成熟，以及国际先进企业成功案例的不断涌现，通过建设企业信息平台，整合企业信息资源，消灭信息孤岛，实现信息共享，提高企业信息化水平，已经具备了现实的可行性。

正是在此背景下，中国石化从战略高度提出了中国石化总部信息平台建设及信息整合项目，整合中国石化总部经营管理工作所需的信息资源，逐步建立符合国际化经营的数字化企业，提高中国石化在国际市场中的综合竞争力。

1. 需求决定信息整合

中国石化总部目前已经拥有丰富的信息资源，这些信息为公司的经营决策提供重要依据，提高了各级管理人员的决策水平。需要建立综合的信息处理系统，针对各类分散、异构的信息资源，对其进行有效分类，通过各种信息接入手段，建立统一的信息平台，集成企业门户、内容管理、数据平台、搜索引擎等功能，进行信息整合，为中国石化总部领导、各部门提供信息服务。

2. 目标源于集团整合

中国石化是国有特大型企业集团，组织结构复杂，信息化建设时间比较长，在公司各层次都有许多传统的应用系统在运行。无论在信息、数据、应用系统、基础设施还是业务流程，抑或是公司总部还是延伸到企业，都需要逐步进行整合。中国石化信息平台建设与信息整合的过程是长期的、循序渐进的，在这个过程中应该遵循以下原则：总体规划，分步实施；重点突破，追求实效。具体目标为：

(1) 构建中国石化总部统一信息平台，整合总部信息系统。

(2) 建立各部门信息门户。

3. 技术解决方案

(1) 企业门户。

企业门户包括界面管理、信息目录、Portlets Server、用户与授权管理、身份认证、个性化定制、协作组件等组成部分，通过企业门户组织、展现各种结构化、非结构化的信息内容和相关的 Web 应用页面，为最终用户提供了统一的信息访问渠道。

(2) 内容管理。

在中国石化信息平台的建设中，内容管理是很关键的软件系统，它担负信息的编辑和发布的重任，并可以提供大量的软件模块，供信息平台使用。这些信息内容包括：公司的文件、图片等办公信息、搜索软件搜索整理的信息、翻译系统翻译的信息、定期发布的报表和分析预测报告等。

(3) 数据平台。

数据平台包括两个部分：元数据管理和报表模块。

4. 方案特点

(1) 统一交换管理。

(2) 统一接入管理。

(3) 统一目录管理。

(4) 统一授权管理。

(5) 统一视图管理。

5. 项目实施之后的效果

项目的实施在中国石化取得了良好的效果，经过广泛调研和与用户的充分研讨，分析石化业务模型，建立了中国石化统一信息资源管理平台，规范了非结构化信息、结构化数据和应用系统整合方法。具体表现在：

(1) 统一信息资源管理建成了总部信息资源管理架构，统一管理非结构化信息、结构化数据和应用系统页面信息，实现信息资源统一授权。

(2) 统一入口访问所有信息资源整合进入信息平台，用户通过统一入口访问授权信息资源，不用关心信息资源的形式和存在位置。

(3) 个性化信息根据不同级别、不同部门、不同用户的需求，建立不同的视图展现信息资源，满足信息资源组织个性化需求。

经过一段时间的试用，中国石化信息平台已经稳定运行，逐渐成为中国石化总部各部门的日常工作平台。各部门逐渐将已有应用系统整合进入信息平台，新建应用直接以信息平台为发布平台，实现无缝整合。

> **问题**
> 1. 本案例中中国石化基于什么战略和步骤来实施信息平台的统一与整合的？
> 2. 通过本案例中所描述的各信息系统，你认为中国石化实施信息平台统一战略成功的关键因素有哪些？
>
> 资料来源：邢喜荣，等. 管理信息系统［M］. 北京：电子工业出版社，2010.

3.1 管理理论的回顾

管理是管理信息系统三大基本概念之一，管理的主要任务就是利用已有的和可以争取到的各种资源（如人、财、物、技术等），以最少的投入来获得最大的产出。

3.1.1 管理的定义

自从有了人类历史以来，便产生了有组织的活动，因而产生了管理活动，管理活动的出现促使人们对这种活动的经验进行不断总结，逐渐形成了许多朴素、零散的管理思想。从已有的文献中，有大量中外思想家关于管理思想的记载，许多学者都对管理思想进行了描述。但真正把管理作为概念和理论来进行大量研究的还是从20世纪初工业革命时代开始的，并逐步形成了现代的管理理论。由于研究的角度和侧重点不同，出现了许多关于管理方面的经典概念。

美国著名学者罗宾斯（S. P. Robbins）给管理下了一个定义：管理是通过他人既有效率又有效益地完成活动的过程。效率（efficiency）是指又好又省地完成工作，可以通俗地想象成单位产品的资源消耗最少，单位时间的产出最大。而效益（effectiveness）是指很好地达到目标，其产出是有效的、有用的。效益要求我们做正确的事情（doing the right things）；而效率则要求我们正确地做事情（doing things right）。

以上定义是从管理的目标来说明的，如果从另外的角度，可以得到另外的说法。例如，可以从功能、角色和技能出发来得出不同的定义。

从功能出发的定义是由著名的法国实业家亨利·法约尔（Henri Fayol）给出的，他在20世纪20年代所著的《一般工业管理》一书中，把管理的职能定义为计划、组织、指挥、协调和控制。计划包括定义目标、建立战略、制订计划；组织包括确定由谁来进行何种工作、应用什么样的组织结构、谁来决策、向谁汇报等；指挥包括向下属发令、激励下属、选择最有效的沟通手段、解决矛盾冲突等；协调包括与外单位的沟通，签订协议和合同，保证各自按时按质完成相关工作，以确保总体任务的完成；控制包括监控工作的进行，不断和已定目标相比，保证实现的工作和计划相符。

20世纪40年代,决策理论学派的代表人赫伯特·西蒙(Herbert A. Simon, 1916~2001)在其著名的《管理行为》一书中给出管理的定义是:管理就是决策。他指出:以决策者为主体的管理决策过程主要经历情报(intelligence)、设计(design)和抉择(choice)三个阶段。

从角色出发的定义是由亨利·明茨伯格(Henry Mintzberg)给出的,他在20世纪60年代末经过大量仔细的研究发现,大多数经理经常是处于变化的、无模式的、短期的活动中,其决策不可能是系统的。亨利以管理角色来表示某种管理行为。他把角色分为三类十种,三类是人际关系角色(interpersonal roles)、信息角色(informational roles)和决策角色(decisional roles)。人际关系角色包括三种:一是形象代表者(figurehead),二是领导者(leader),三是联络者(liaison);信息角色包括三种:一是监视者(monitor),二是传输者(disseminator),三是发布者(spokesperson);决策角色包括四种:一是创业者(entrepreneur),二是麻烦处理者(disturbance handler),三是资源分配者(resource allocator),四是谈判者(negotiator)。

技能论的代表是罗伯特·卡茨(Robert L. Katz),他在20世纪70年代初把管理技能分为三种:一是概念技能(conceptual skills),二是技术技能(technical skills),三是人际技能(human skills)。概念技能是对事物从总体上的抽象思考的能力,使之能全面长远地掌握事物的发展;技术技能是指一些科学的管理技术和把IT用于管理的能力;人际技能是指善于做人的工作,具有沟通、激励、领导等能力,善于动员、组织、带领和控制群众去完成既定目标的工作。

我国的一些学者在吸收国外管理思想和总结我国管理活动的基础上,也对管理活动进行了定义。杨文士(1994)认为:"管理是指组织中的管理者通过实施计划、组织、人员配备、指导与领导、控制等职能来协调他人的活动,使他人同自己一起实现既定目标的活动过程。"该定义强调了管理的职能,包括计划、组织、指导与领导、控制等职能活动,管理活动是要实现企业的既定目标,而该定义则主要强调组织的人力资源,而忽视了其他资源的作用。

周三多(2000)则对管理作了如下定义:"管理是指组织为了达到个人无法实现的目标,通过各项职能活动,合理分配、协调相关资源的过程。"对这一定义可作进一步的解释。

薛华成(2012)给管理下了一个综合的定义:"管理是为了某种目标,应用一切思想、理论和方法去合理地计划、组织、指挥、协调和控制他人,调度各种资源,如人、财、物、设备、技术和信息等,以求以最小的投入去获得最好或最大的产出目标。"

3.1.2 管理的性质

由于知识的不全面,有关管理是艺术还是科学,是定性还是定量,是文科、理科还是工科的争论已延续了几个世纪。我国著名管理科学专家薛华成教授对管理的性质作了如下界定：

1. 管理既是艺术又是科学

当我们对某种事物不甚了解时，往往把它纳入"艺术"的范畴；如果我们对事物的规律和原理有所知时，就把它纳入"科学"的范畴；如果我们对某种事物完全了解并掌握了它的规律，那么它就变成一种"技术"或"工程"。

2. 管理既定性又定量

当我们对一个事物不了解时只能定性，例如，只要能赚钱这个生意就可以做。定性分析往往依赖于经验，但经验有时不仅给出定性，也可能给出量的估计，如成功率大约为70%等。定量多依赖于科学，依赖于数学计算，管理科学和一般管理的一个主要区别就是强调定量方法。随着科学技术的进步，应用科学的方法也可以处理定性的问题。管理科学的定量方法虽然能给出很确定的解答，但这种解答是否一定正确，还是个复杂问题。

3. 管理既不是文科、理科，也不是工科，而是一门独立的学科

在我国，现在已经把管理学当成一个独立的学科，这意味着理、工、农、医、文、法、管都是平行的学科。

3.2 信息理论的回顾

信息是管理信息系统的最重要的成分。管理信息系统能起多大作用，对管理能作出多大贡献，都取决于有没有足够的和高质量的信息，而能否得到高质量的信息又取决于人们对信息的认识。

3.2.1 信息的定义

在1.1.1节，我们从管理学的角度，给出了信息的定义：信息是经过加工和处理的数据。同时，1.1.1节也描述了信息和数据间的关系。有的学者把数据和信息的这种关系形象地描述为原材料和产品的关系。但需要说明的是，信息和数据的区别不是绝对的，有时同样的对象对于一个人来说是信息，而对于其他人来说则是数据。例如图1-1所示，每笔交易对于超市收银员而言是信息，它记载了交易的价格、数量和金额；而对于超市管理者而言，他需要了解的是超市的整体销售状况、盈利状况，因此每笔销售记录仅仅是数据，他需要将所有的销售记录加工汇总，同时加以分析，成为他进一步决策的依据。总之，销售记录对于收银员来说是信息，而对于管理者来说则是数据。

3.2.2　信息的价值

许多组织没有认识到信息的重要性，导致了它们没有努力收集相关数据，并对数据进行加工分析，而其中的主要原因是由于收集数据需要付出成本，数据转换成信息也需要费用；但有用信息的价值又是非常巨大的，从管理学的角度看，信息的价值在于能够消除决策的不确定性，从而提高管理决策的质量，因而信息是具有价值的。所以管理者在决定是否获取信息时，先要对信息获取的成本与价值进行评估，以判断获取这样的信息是否值得。当信息获取的成本高于收益时，就没有必要进行数据的收集和信息的处理。由此可以看出，信息评估的关键在于对信息的收益和成本进行权衡。

从信息的存在形式来划分，可以将信息成本分成两个部分：第一部分是有形成本，这部分成本具有一定物质表现形式，可以被精确量化，如收集数据需要的硬件和软件成本就是有形成本；第二部分是无形成本，这部分成本是没有物质形态，或不能被量化的成本，也不能预测结果，它包括收集信息可能导致的组织绩效下降、员工士气下挫或对工作流程造成影响。

因信息而产生的收益也可以按照表现形式分为有形收益和无形收益两个部分。有形部分可以进行准确度量，包括因利用信息而进行正确的决策，从而导致销售额的增加、库存成本的降低或者劳动生产率的提高等；无形收益则包括信息使用而导致的工作效率的提高、员工士气的上升及良好的顾客服务等。

而在实践中，要进行正确的信息收益与成本评估是非常困难的，在大多数情况下，由于数据统计和处理的成本比较容易计算，但收益却困难得多，主要原因是由于信息的价值要在决策的未来才能显示出来，而且收益又要受多方面因素的影响，要区分出哪部分是受信息的影响、哪部分是受其他因素的影响是十分困难的，因此对信息的价值判断也很困难，只有在相关条件非常清晰的情况下，才能对信息的收益进行客观准确地衡量。

3.2.3　信息的特征

1. 事实性

事实性是信息的中心价值，不符合事实的信息不仅没有价值，而且可能价值为负，既害别人，也害自己。从这个角度而言，事实是信息最基本的要求，它能够为管理者的决策提供必要的基础，在此基础上所采用的正确决策方式一般都会产生价值，而缺乏事实性的信息则导致决策的失误，致使组织出现损失。维护信息的事实性，就是要确保信息的真实性、准确性和客观性，使信息能够真正地反映事物的属性，对于以信息作为决策基础的管理者而言，其意义不言而喻。

2. 时效性

信息是对客观事物的反映，而事物在不同时间内可能有不同的表现形式，但信息从数据的接收、加工、传递和利用的过程中都需要消耗一定的时间，而过程中的时间间隔越短，则信息越能够真实地反映出事物的本质属性，因此有用的信息应该具有一定的时效性。特别是在组织的管理工作中，许多日常工作对时间是非常敏感的，管理者需要迅速地根据环境的变化及时做出应对策略，这就要求信息具有时效性。时间间隔越短，使用信息越及时，使用程度越高，时效性越强。

3. 不完全性

由于人们对事物的认识程度有限，以及对事物的反映形式有限，因此客观事实的信息是不可能全部得到的，而且要全面完整地反映事物的整体全貌需要较高的成本，导致人们只能用有限的信息量反映事物部分属性。因此，人们在运用信息进行决策时，需要利用自己所掌握的知识，对信息进行分析和判断，尽量根据已有的信息认识事物本质，而舍弃对决策无用的信息和次要的信息，这也符合信息的价值权衡。因而，通常人们所掌握的信息并不完全，但这不一定就会对管理决策产生不良影响。

4. 等级性

在企业的组织机构中，管理层被分成不同的等级，不同等级的管理层要求不同的信息，因而信息也是分等级的。一般组织的管理系统分为高、中、低三层，如图 3-1 所示，不同层级管理层要求的信息也分为高、中、低三层，即战略信息、战术信息和作业信息。

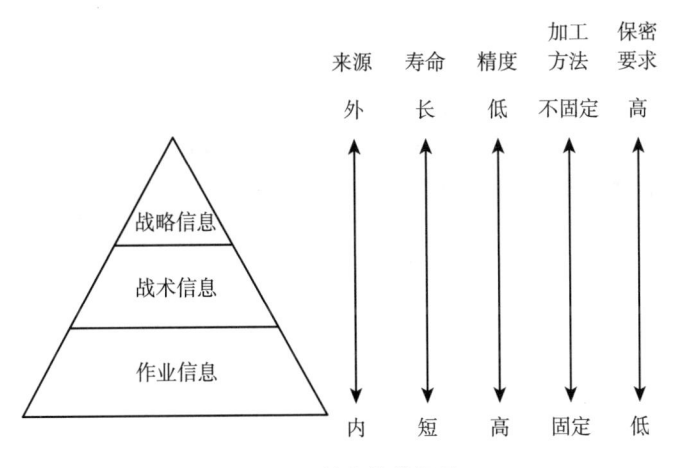

图 3-1 信息的等级性

（1）战略信息。它是上层管理部门为达到组织的战略目标，在进行决策时所依据的信息资源。战略信息关系到企业的长期目标和全局，主要是针对实现企业战略所需要的资源获取、资源分配等指导性的决策信息，如企业长期规划、产品规划、厂址选择、市场开拓等，战略信息通常来源于组织外部和内部的综合信息，管理者需要将内外部信息结合在一起，并进行决策。

（2）战术信息。它是中层管理部门为实现组织的战略目标，而对组织的资源运用状况进行控制的信息资源。通常是将实际运行信息与计划信息进行比较，从而了解组织能否达到预定目标，是否偏离组织计划，在此基础上根据实际情况，指导采取必要的措施，通过修订或调整计划，以实现组织的战略目标，如企业的短期计划、生产报表、财务报表等。管理控制信息一般来自所属部门，通常是对收集数据的处理和转换。

（3）作业信息。也称为执行信息，是基层管理部门对组织日常活动的反映，通常用来解决经常性问题，用以保证切实完成组织的具体任务，执行信息关系到组织的日常业务活动，如员工考勤状况、每天的质量统计表、生产领料表等。

5. 变换性

信息是可变换的，可以由不同的方法和不同的载体来载荷。这一特性在多媒体时代尤为重要。

6. 价值性

管理信息是经过加工并对生产经营活动产生影响的数据，是一种资源，因而是有价值的。索取一份经济情报，或者利用大型数据库查询文献所支付的费用是信息价值的部分体现。信息的使用价值必须经过转换才能实现。鉴于信息寿命消失得快，转换必须及时。对管理者而言，要善于转换信息，去实现信息的价值。

3.2.4　信息的度量

众所周知，质量、能量和信息量是三个非常重要的量。人类很早就知道用秤或者天平计量物质的质量，而热量和功的关系则是到了19世纪中期，随着热功当量的明确和能量守恒定律的建立才逐渐清楚的。"能量"一词就是它们的总称，而能量的计量则通过"卡""焦耳"等新单位的出现而得到解决。然而，关于文字、数字、图画、声音的知识已有几千年的历史。但是它们的总称是什么，它们如何统一地计量，直到19世纪末还没有被正确地提出，更谈不上如何去解决。20世纪初期，随着电报、电话机、照片、电视机、无线电、雷达等的发展，如何计量信号中信息量的问题被提上日程。

1948年，美国科学家克劳德·艾尔伍德·香农（Claude Elwood Shannon，1916～2001）在《通信的数学原理》中首次提出了信息熵的概念，为信息论和数字通信奠定了基础。在他的通信数学模型中，清楚地提出了信息的度量问题，即信息量的大小取决于信息内容消除人们认识的不确定程度，消除的不确定程度大，则发出的信息量就大，消除的不确定程度小，则发出的信息量就小。如果事

先就确切地知道消息的内容,那么消息中所包含的信息量就等于零。信息量的公式为:

$$H(X) = -\sum P(X_i)\log_2 P(X_i) \qquad i = 1,2,3,\cdots,n$$

其中,X_i 代表第 i 个状态(总共有 n 个状态),$P(X_i)$ 代表出现第 i 个状态的概率,$H(X)$ 就是用以消除这个系统不确定性所需的信息量。

信息量的单位叫"比特"(Bit,是计算机二进制数字 Binary Digit 的缩写),比特的出现标志着人类知道了如何计量信息量。香农的信息论为明确什么是信息量概念作出了决定性的贡献,因此香农被称为"信息论之父"。

3.3 系统理论的回顾

作为管理信息系统三大基础概念之一,系统的观点最早可以追溯到 20 世纪 30 年代,当时人们在一些学科的研究中(生物学、心理学和社会科学)发现系统的一些固有性质与个别系统的特殊性无关,也就是说,若以传统的科学分类为基础研究,则无法发现和搞清系统的主要性质。在第二次世界大战前,美籍奥地利科学家路德维希·冯·贝塔朗菲提出了一般系统概念和一般系统理论,系统才逐渐被人们认为是一种综合性的学科。1954 年一般系统理论促进协会成立,系统的研究从此进入了一个蓬勃发展的时代。1957 年美国的 H. H. 古德和 R. E. 麦克霍尔合作发表的《系统工程》一书公开出版,使"系统工程"一词被广泛地确认下来。20 世纪 70 年代,随着电子计算机的应用,系统工程的思想有了充分实现的可能性,因而在更多的领域得到应用。

3.3.1 系统的定义

系统是由一些部件组成的,这些部件间存在着密切的联系,通过这些联系达到某种目的,或者说是为了达到某种目的而相互联系的部件的集合。

系统的概念可以是抽象的,也可以是实际的。一个抽象的系统可以是相关的概念或思维结构的有序组合,如凯恩斯所创立的凯恩斯经济学派等;一个实际系统是为完成一个目标而共同工作的一组元素的有机组合,上至国家,下至一个小单位、一个家庭及一个人内部的血液循环都是系统。

3.3.2 系统的性质

虽然现实世界存在各种各样的系统,各系统的结构和功能各不相同,但一般系统都具有整体性、目的性、关联性、环境适应性、层次性、集合性和动态性。

1. 整体性

由于系统是由相互依赖的若干部分组成的，各要素之间相互关联、相互影响，并构成一个整体，具有一定的功能。因此，虽然系统中的每个要素都有自己的目标，但必须服从整体性的要求，以追求整体最优。

2. 目的性

任何系统的存在都具有一定的目的性，它决定着系统的基本作用，并通过系统的功能实现其存在的价值。而且系统的功能是通过子系统的功能来体现的，子系统的目标之间相互联系，有时又存在矛盾，其解决的途径是在子目标之间权衡，以达到总目标。

3. 关联性

系统的组成部分虽然是相对独立的要素，具有各自的特点，但它们同时又是由一定的机制才成为系统的组成部分，各要素既相互作用又相互联系，组成部分之间相互作用和影响，任何一个要素的变化都会对其他要素产生影响，具有一定的相关性。

4. 环境适应性

任何系统都存在于一定的环境中，系统和该系统的环境之间通常都有资源的交换。外界环境的变化会引起系统的改变，同时还引起系统内各要素相互关系和功能的变化。同时，系统还具有对环境的适应能力，它能够根据环境调整系统的结构和运行方式。

5. 层次性

系统的每个元素本身又可看成一个系统，即要素还可以成为该系统的子系统，拥有自己的组成要素，这种分解实质上是系统目标的分解和系统功能、任务的分解，而各子系统还可以分解为更低一层的子系统。

6. 集合性

就是在认识系统时，通常把具有某种属性的对象看作一个整体，这个整体就是一个集合。集合里的组成部分称为集合的元素或要素。系统的集合性表明，一个系统至少要由两个或更多的可以互相区别的要素组成。

7. 动态性

由于系统存在于一定的环境中，系统内部与外界产生相互联系，而且系统还可以与其他系统组成更大的系统，随着环境或者其他具有影响的变化，系统本身也产生变化，因此，系统的发展是一个具有方向性的动态过程。

3.3.3 系统的结构

系统的结构是指系统各组成要素之间的相互联系、相互作用的方式，即各要素之间在时间或空间上的排列和组合的具体形式。没有无结构的系统，也没有离开系统的结构。无论是在宏观世界还是微观世界中，一切物质系统都以一定的结构形式存在，并且经常发生运动和变化。系统的结构具有稳定性、层次性、开放性和相对性等特点。从系统的构成部分来看，可以把系统分成五个基本要素，即输入、输出、处理、反馈和控制等，这些基本要素之间的关系如图 3-2 所示。

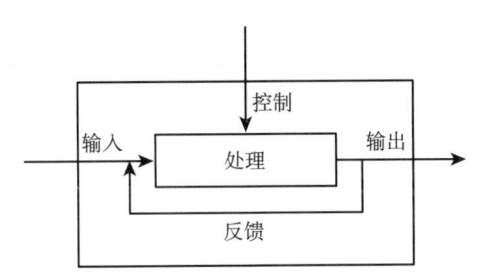

图 3-2　系统的转换形式

从图 3-2 可以看出，系统结构一般由 5 个基本部分组成，分别是输入、输出、处理、反馈和控制。

（1）输入：系统外部环境向系统输入资源。
（2）输出：经过系统处理之后得到的结果。
（3）处理：按照一定的方式，对输入的资源进行加工处理的过程。
（4）反馈：系统与环境的交流，系统从环境获取资源，进行处理后产生输出，对环境产生影响，环境将影响结果反馈给系统，系统判断与标准的差异，以确定系统的行为方式。
（5）控制：决定系统运行的过程，该过程是系统与系统环境进行交互的一个重要环节。

3.3.4 系统的分类

从不同的程度出发，系统分类有不同的方法。

1. 按系统的复杂性分类

从系统的综合复杂程度方面考虑可以把系统分为三类九等，即物理、生物和人类三类。物理类分为框架、钟表和控制机械三等；生物类分为细胞、植物和动物三等；人类分为人类、社会和宇宙三等，如图 3-3 所示。

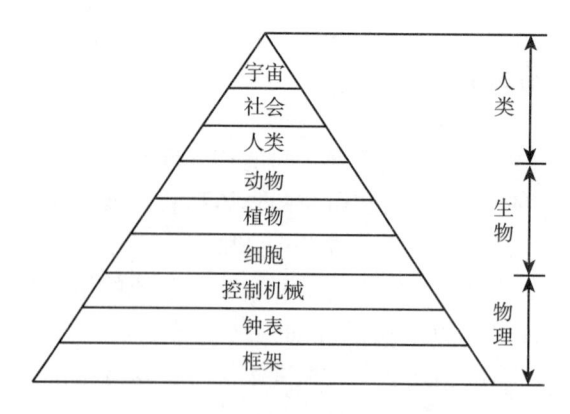

```
         宇宙
        社会
       人类        人
      动物         类
     植物
    细胞         生
   控制机械        物
  钟表
 框架            物理
```

图 3-3 按系统的复杂性分类

由图 3-3 可以看出，系统的复杂性由下向上不断变化。

（1）框架：是最简单的系统。如桥梁、房子，其目的为交通和居住，其部件是桥墩、桥梁、墙、窗户等，这些部件有机地结合起来提供服务。它是静态系统，虽然从微观上说它也在动。

（2）钟表：按预定的规律变化，什么时候到达什么位置是完全确定的，虽动犹静。

（3）控制机械：能自动调整，如把温度控制在某个上下限内或者控制物体沿着某种轨道运行。当因为偶然的干扰使运动偏离预定要求时，系统能自动调整到原来状态。

（4）细胞：有新陈代谢的能力，能自我繁殖，有生命，是比物理系统更高级的系统。

（5）植物：是细胞群体组成的系统，显示了单个细胞所没有的作用，是比细胞复杂的系统，但其复杂性比不上动物。

（6）动物：动物的特征是可动性。有寻找食物、寻找目标的能力，对外界是敏感的，也有学习的能力。

（7）人类：人有较强的存储信息的能力，人说明目标和使用语言的能力均超过动物，人还能懂得知识和善于学习。人类系统还指人作为群体的系统。

（8）社会：是人类政治、经济活动等上层建筑的系统。组织是社会系统的形式。

（9）宇宙：不仅包含地球以外的天体，而且包括一切我们所不知道的任何其他的东西。

这里前三个是物理系统，中间三个是生物系统，最高层三个是最复杂的系统。管理系统处于什么位置呢？我们说，管理系统是社会系统，它是属于第八等的系统，是很高级的系统。

2. 按系统的抽象程度分类

按照系统的抽象程度分类，可以把系统分为三类，即概念系统、逻辑系统和实在系统。

（1）概念系统：是最抽象的系统，是人们根据系统的目标和以往的知识初步构思出的系统雏形，在各方面均不够完善，有许多地方很含糊，也有可能不能实现，但是它表述了系统的主要特征，描绘了系统的大致轮廓，从根本上决定了以后系统的成败。

（2）逻辑系统：是在概念系统的基础上构造出的原理上可行得通的系统，它考虑到总体的合理性、结构的合理性和实现的可能性。它确信，现在的设备一定能实现该系统所规定的要求，但它没有给出实现的具体元件，因此逻辑系统是摆脱了具体实现细节的合理的系统。

（3）实在系统：也可以叫物理系统，是完全确定的系统，如果是计算机系统，那么机器是什么型号，用多少终端，放在什么位置等，应当完全确定。这时系统已经完全能实现，因此称为实在系统。

3. 按系统的功能分类

按照系统功能，即按照系统服务内容的性质分类，系统可以分为社会系统、经济系统、军事系统、企业管理系统等。不同的系统为不同的领域服务，有不同的特点。系统工作的好坏主要看这些功能完成得好坏，因此这样的分法是最重要的分法。

4. 按系统和外界的关系分类

按系统和外界的关系分类，可以分为封闭系统和开放系统。封闭系统是指可以把系统和外界分开，外界不影响系统主要现象的复现，如我们在超净车间中研究制造集成电路。开放系统是指不可能和外界分开的系统，如商店，若不让进货，不让顾客来买东西就不称其为商店。或者是可以分开，但分开以后系统的重要性质将会变化。封闭式系统和开放式系统有时也可能互相转化。我们说企业是个开放系统，但如果把全国甚至全球都当成系统以后，那么总的系统就转化为封闭系统。

5. 按系统内部结构分类

按系统内部结构分类，系统可以分为开环系统和闭环系统。开环系统又可以分为一般开环系统和前馈开环系统，如图 3-4（a）所示。闭环系统又可以分为单反馈闭环系统和多重反馈闭环系统，如图 3-4（b）所示，闭环中既可能包括反馈，又可能包括前馈。

3.3.5 系统的集成

系统集成是为了达到系统目标将可利用的资源有效地组织起来的过程和结果。系统集成的结果是将部件或小系统联成大系统。单个计算机一般不能算是系

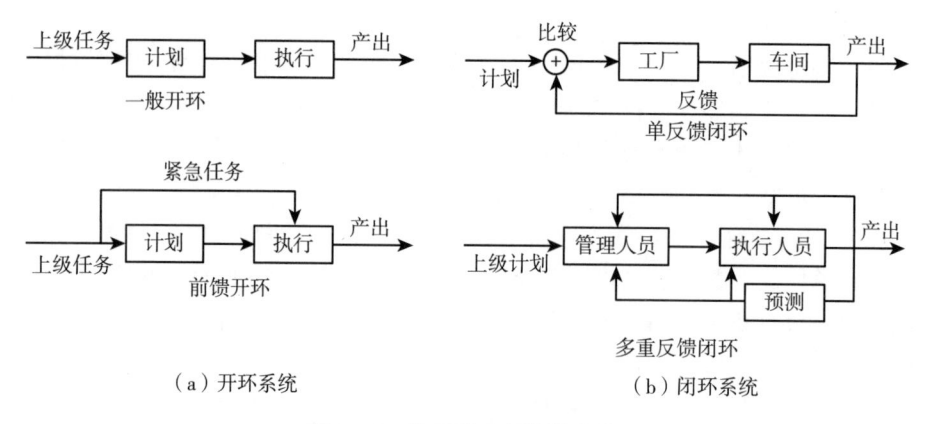

图 3-4　按系统内部结构分类

统集成，把多个计算机用网络连接起来才可以算是系统集成。把计算机辅助设计（CAD）、计算机辅助制造（CAM）和 MIS 连通，这属于系统集成，而且是比计算机联网更高级的集成。

系统集成在概念上绝不是连通，而是有效的组织。有效的组织意味着系统中每个部件都得到有效的利用，反过来说，为了达到系统的目标所耗的资源最少，包括开始的设备最少和以后的运行消耗最少，系统集成要达到系统的目标，这个目标应要达到 $1+1>2$，即系统的总体效益大于各部件效益的总和。事实上，对于信息系统而言，集成的系统所完成的效益是每个分系统独立工作所无法完成的，因而是 $1+1>2$。

系统集成之所以流行，关键在于它的重要性。如上所述，如果没有系统集成，各部件的效益均无法发挥，因此它成了实现系统效益的瓶颈。另外，它是系统上的系统，是复杂的系统，关系全局的系统，因而它影响面大。我国现在大多数企业的信息系统没有发挥应有的效益，企业买了各种各样的软件、硬件，可是没有发挥系统的作用，有的只把它作为一个大的打字机使用，这都是因为集成不好所致。

1. 系统集成的分类

从不同的角度，可以把系统集成分为不同的类型。按涉及的范围可将系统集成分为技术集成、信息集成、组织人员集成和形象集成；按照系统优化的程度不同，可将系统集成分为联通集成、共享集成和最优集成；按照具体程度分，可将系统集成分为概念集成、逻辑集成和物理集成。下面主要以最后一种分类描述系统集成。

按照具体程度可将系统集成分为概念集成、逻辑集成和物理集成。形象地说，概念集成是看不见摸不着的；逻辑集成是看得见摸得着的；而物理集成更是看得见摸得着的。它们一个比一个更具体，但从重要性来说，概念集成是最重要的、是决定一切的。

概念集成是最高层抽象思维的集成，一般来说，它是定性的、艺术的，它确定了解决问题的总体思路。例如，公司想搞自己的办公自动化，有的说仿照 IBM，有的说仿照 HP 公司，但到底仿照谁，很难用科学公式证明谁最好。这与该公司的环境有关，甚至与非技术环境有很大关系。例如，两家公司关系好，相互信任等。所以构成概念集成的依据是经验和知识。可以将这个过程用如图 3-5 所示的概念集成来说明，由图 3-5 可以看出，现实问题总要经过人的表达，并根据这种表达提取经验与知识，接着就要进行概念的集成，首先是定性地给出问题的思路，若有可能，给出定量的边界，勾画出系统集成的模型或框架，然后再利用深入的知识，包括规则和公式，将其深化为逻辑集成模型，利用逻辑集成模型和现状表达比较，以确定集成方案能否很好地解决问题，进行物理集成和实现。只有由概念到逻辑，再到物理集成，才能真正做到最优集成。

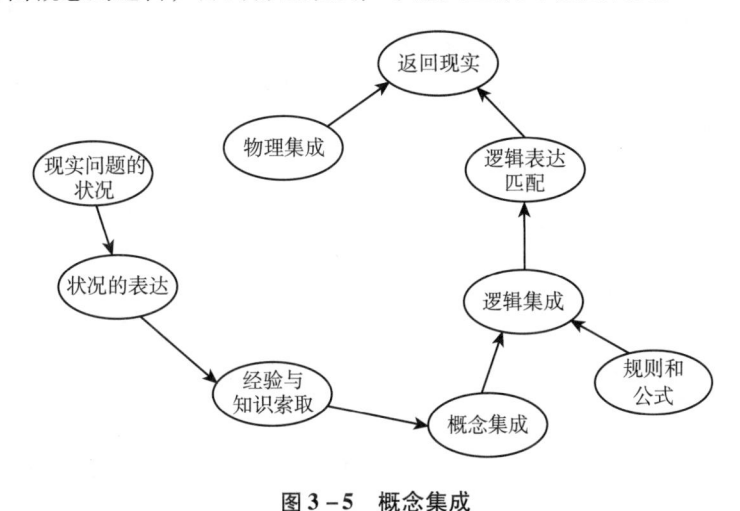

图 3-5　概念集成

2. 集成策略

集成策略是进行集成的执行途径。由于集成策略的不正确，很好的集成思想无法得到实现。什么是集成策略，我们可以举几个例子来说明。例如，某信息系统公司向用户推行其系统，其策略可能有以下五种。

第一，共同开发：用户介入到启动、开发及集成各个阶段。

第二，服务于用户：用户只介入启动和集成。

第三，推向用户：用户介入开发和集成。

第四，卖给用户：用户只介入集成。

第五，征用用户：用户只介入开发。

由此可以看出，不同策略差别很大，不同策略将导致不同的结果。这里指的集成策略包括三个阶段的组合，即教育用户、系统装设、应用集成。

（1）教育用户。

教育用户是系统集成的最重要的阶段。首先是开发者和用户的沟通，让开发者了解和熟悉用户，用户了解系统知识和信息技术的潜能。培训过程是思想接近的过程，培训过程是建立概念集成共识的过程，当然，培训也包括知识传授的过程。教育方式不同，其内容不同，将决定集成策略的成功与否。

（2）系统装设。

系统装设是技术集成、信息集成的主要阶段，它不仅要实现联通，而且要实现信息集成。这里既有总体上的问题，也有技术上的细节问题，即使一个很小的细节，如汉字系统不兼容，也可能造成系统的巨大缺陷。这里有很多具体的做法，组成不同的策略。

（3）应用集成。

应用集成是组织集成、人员集成的主要阶段。通过这个阶段做到组织和系统的无缝结合，组织和人员会感到系统应用得心应手，各种功能得到发展。应用集成一般要求规定一些评价指标，通过这些指标可以检验是否达到集成，这种衡量涉及系统运营过程的改变，系统对企业生产率的改善，以及系统本身的一些指标，如响应时间、运行成本的改善等。

3.4 本章小结

第一，描述了不同学者、学派给出的管理的定义及管理的性质。管理的性质包括三个方面：①管理既是艺术又是科学；②管理既定性又定量；③管理既不是文科、理科，也不是工科，而是一门独立的学科。

第二，描述了信息的定义、价值和特征。信息是经过加工和处理的数据；信息具有价值是由于收集数据需要付出成本，数据转换成信息也需要费用。从管理学的角度看，信息的价值在于能够消除决策的不确定性，从而提高管理决策的质量，因而信息是具有价值的；信息的特征包括：①事实性；②时效性；③不完全性；④等级性；⑤变换性；⑥价值性。

第三，解释了信息如何度量。信息量的大小取决于信息内容消除人们认识的不确定程度，消除的不确定程度大，则发出的信息量就大，消除的不确定程度小，则发出的信息量就小。信息量的公式为：

$$H(X) = -\sum P(X_i) \log_2 P(X_i) \qquad i = 1,2,3,\cdots,n$$

其中，X_i代表第 i 个状态（总共有 n 个状态），$P(X_i)$代表出现第 i 个状态的概率，$H(X)$就是用以消除这个系统不确定性所需的信息量。

信息量的单位叫"比特"（Bit，是计算机二进制数字 Binary Digit 的缩写）。

第四，描述了系统的定义、性质、结构和分类。系统是由一些部件组成的，这些部件间存在着密切的联系，可以将其看成通过这些联系达到某种目的，或者说是为了达到某种目的而相互联系的部件的集合。系统的概念可以是抽象的，也可以是实际的。虽然现实世界存在各种各样的系统，各系统的结构和功能各不相同，但一般系统都具有以下特性：①整体性；②目的性；③关联性；④环境适应性；⑤层次性；⑥集合性；⑦动态性。

从不同的程度出发，系统分类有不同的方法：①按系统的复杂性分类；②按系统的抽象程度分类；③按系统的功能分类；④按系统和外界的关系分类；⑤按系统内部结构分类。

系统的结构是指系统各组成要素之间的相互联系、相互作用的方式，即各要素之间在时间或空间上的排列和组合的具体形式。没有无结构的系统，也没有离开系统的结构。系统结构一般是由5个基本部分组成的，分别是：

① 输入：系统外部环境向系统输入资源。
② 输出：经过系统处理之后得到的结果。
③ 处理：按照一定的方式，对输入的资源进行加工处理的过程。
④ 反馈：系统与环境的交流，系统从环境获取资源，进行处理后产生输出，对环境产生影响，环境将影响结果反馈给系统，系统判断与标准的差异，以确定系统的行为方式。
⑤ 控制：决定系统运行的过程，该过程是系统与系统环境进行交互的一个重要环节。

3.5　本章关键术语

效率（efficiency）
效益（effectiveness）
信息量（amount of information）
比特（binary digit）
熵（entropy）
输入（input）
输出（output）
处理（process）
反馈（feedback）
控制（control）

第2篇

技术基础篇

第 4 章

信息技术基础设施

【引导案例】

沃尔玛的成功

1962年山姆·沃尔顿在本顿维尔小镇上建立了第一家沃尔玛商店。经过60年的发展,这家设立在农村的小超市沃尔玛已经发展为在世界拥有5000多家连锁店的巨大商业帝国,并连续几年蝉联福布斯500强排行榜之首,我们不禁要问,是什么让沃尔玛如此成功?

整个公司的计算机网络配置在1977年完成,可处理工资发放、顾客信息采集、整理和订货—发货—送货流程,并实现了公司总部与各分店及配送中心之间的快速直接通信。先进的电子通信系统让沃尔玛占尽先机。曾有一种说法是,沃尔玛的电子信息系统是美国最大的民用系统,甚至超过了电信业巨头AT&T公司。在沃尔玛本顿威尔总部的信息中心,1.2万平方米的空间装满了计算机,仅服务器就有200多台。在公司的卫星通信室里看上一两分钟,就可以了解一天的销售情况,可以查到当天信用卡入账的总金额,可以查到任何区域或任何商店、任何商品的销售数量,并为每一商品保存长达65周的库存记录。

1981年,沃尔玛开始试验利用商品条码和电子扫描器实现存货自动控制,又走在了其他零售商前面。采用商品条码代替了大量手工劳动,大大缩短了顾客结账的时间,更便于利用计算机跟踪商品从进货到库存、配货、送货、上架、售出的全过程。据沃尔玛方面说,在对商品的整个处置过程中总计节约了60%的人工成本。

20世纪80年代,沃尔玛开始利用电子数据交换系统(EDI)与供应商建立自动订货系统。到1990年,沃尔玛已与它的5000余家供应商中的1800家实现了电子数据交换,成为EDI技术的美国最大用户。到20世纪80年代末,沃尔玛配送中心的运行已完全实现了自动化。每个配送中心约10万平方米面积，每种商品都有条码，由十几公里长的传送带传送商品，由激光扫描器和计算机追踪每件商品的储存位置及运送情况。到90年代，整个公司销售的8万种商品中，85%由这些配送中心供应，而竞争对手只有大约50%~65%的商品集中配送。信息化装备先进的沃尔玛还不断开拓新的技术应用，该公司此前对100家最大的供货商提出，要求他们在2005年1月之前向其配送中心发送货盘和包装箱时使用RFID（无线射频）技术，2006年1月前在单件商品中使用这项技术。

综上所述，信息化正是沃尔玛迈向成功的重要原因之一。一方面，沃尔玛通过供应链信息化系统实现了全球统一采购及供货商自己管理上架商品，使得产品进价比竞争对手降低10%之多；另一方面，沃尔玛还通过卫星监控全国各地的销售网络，对商品进行及时的进货管理和库存分配。当凯马特也意识到信息化的重要性并效仿前者开始起步时，沃尔玛早已在全球4000个零售店配备了包括卫星监测系统、客户信息管理系统、配送中心管理系统、财务管理系统、人事管理系统等多种技术手段在内的信息化系统。分析人士指出，当时最强的连锁零售企业的信息化水平至少已落后于沃尔玛5年，也正是这5年的差距使得他们步伐越来越缓慢，最终被沃尔玛远远甩下。

问题

1. 本案例中沃尔玛公司使用了哪些信息化设备？其对公司的发展起到了什么作用？
2. 通过本案例，你认为信息技术基础设施和企业信息化的关系是什么？

资料来源：沃尔玛中国官方网站文章：《解析沃尔玛的成长史和成功的秘密》。

4.1 计算机的发展

通常所说的计算机，实际上是指电子计算机，它是一种现代化的信息处理工具，是一种不需要人工直接干预，能够对各种信息进行处理和存储的电子设备。利用计算机，可以方便地管理个人资料、浏览、存取和查找个人信息，绘制精美的图片、处理个人照片，通过互联网可以畅游精彩的网上世界。

目前，人类社会生活的各个领域，无不受信息技术的影响。毫无疑问，在信息化社会中，由于计算机科学及通信技术的应用，人类处理信息的能力将成百上千倍地增强，人类脑力劳动的一部分将被信息处理系统取代。

通过学习本章，了解计算机的产生和发展，计算机的特点及应用，数据在计算机中的表示，计算机系统的组成，计算机软、硬件知识等内容。为进一步学习打下良好的基础。

4.1.1 计算机发展历程

1946 年 2 月，在美国宾夕法尼亚大学，世界上第一台电子数字计算机电子数字积分和计算机（electronic numerical integrator and computer，ENIAC）诞生了，它标志着计算机时代的到来。

第一台计算机是为计算弹道和射击特性表而研制的。它的主要元器件采用的是电子管。该机使用了 1500 个继电器，18800 个电子管，占地 170 平方米，重量达 30 多吨，耗电 150 千瓦，耗资 40 万美元。这台计算机每秒能完成 5000 次的加法运算，300 多次乘法运算，比当时最快的计算工具快 300 倍[①]。用今天的标准看，它是那样的"笨拙"和"低级"，其功能远不及一个掌上可编程计算器，但它使科学家们从复杂的计算中解脱出来，它的诞生标志着人类进入了一个崭新的信息革命时代。

1. 第一代电子管计算机

这一阶段计算机的主要特征是采用电子管元件作基本器件，用光屏管或汞延时电路作存储器，输入与输出主要采用穿孔卡片或纸带，体积大、耗电量大、速度慢、存储容量小、可靠性差、维护困难且价格昂贵。在软件上，通常使用机器语言或汇编语言来编写应用程序，因此这一时代的计算机主要用于科学计算。

2. 第二代晶体管计算机

20 世纪 50 年代中期，晶体管的出现使计算机生产技术得到了根本性的发展，由晶体管代替电子管作为计算机的基础器件，用磁芯或磁鼓作存储器，在整体性能上，比第一代计算机有了很大的提高。同时，程序语言也相应出现了，如 Fortran、COBOL、Algol60 等计算机高级语言。晶体管计算机被用于科学计算的同时，也开始在数据处理、过程控制方面得到应用。

3. 第三代中小规模集成电路计算机

20 世纪 60 年代中期，随着半导体工艺发展，成功制造了集成电路。中小规模集成电路成为计算机的主要部件，主存储器也逐步过渡到半导体存储器，使计算机的体积更小，大大降低了计算机运行时的功耗，由于减少了焊点和接插件，进一步提高了计算机的可靠性。在软件方面，有了标准化的程序设计语言和人机会话式的 Basic 语言，其应用领域也进一步扩大。

4. 第四代大规模和超大规模集成电路计算机

随着大规模集成电路的成功制作并应用于计算机硬件生产过程，计算机的体

---

① 资料来源：《第一台计算机/计算机发展史》，2018 年 12 月 15 日。

积进一步缩小，性能进一步提高。集成度更高的大容量半导体存储器作为内存储器，发展了并行技术和多机系统，出现了精简指令集计算机（RISC），软件系统工程化、理论化、程序设计自动化。微型计算机在社会上的应用范围进一步扩大，几乎在所有的领域都能看到计算机的"身影"。

4.1.2 计算机的发展趋势

计算机应用的广泛和深入，对计算机技术本身提出了更高的要求。目前，计算机的发展表现为巨型化、微型化、网络化、智能化和多媒体化五种趋势。

1. 巨型化

巨型化是指高速运算、大存储容量和超强功能的巨型计算机。巨型化的计算机主要应用于天文、气象、地质、核反应堆等尖端科学技术领域，也是记忆巨量的知识信息，以及使计算机具有类似人脑的学习和复杂推理的功能所必需的。巨型机的发展集中体现了计算机科学技术的发展水平。

2. 微型化

微型化是进一步提高集成度，利用高性能的超大规模集成电路，研制质量更加可靠、性能更加优良、价格更加低廉、整机更加小巧的微型计算机。

3. 网络化

网络化是指将各自独立的计算机使用通信线路连接起来，形成各个计算机用户之间可以相互通信并能使用公共资源的网络系统。网络化能够充分利用计算机的宝贵资源并扩大计算机的使用范围，为用户提供方便、及时、可靠、广泛、灵活的信息服务。

4. 智能化

智能化是指使计算机具有模拟人的感觉和思维过程的能力。智能计算机具有解决问题和逻辑推理的功能、知识处理和知识库管理的功能等。人与计算机的联系是通过智能接口，用文字、声音、图像等与计算机进行自然对话。目前，已研制出各种"机器人"，有的能代替人劳动，有的能与人下棋等。智能化使计算机突破了"计算"这一初级的含义，从本质上扩充了计算机的能力，可以越来越多地代替人类脑力劳动。

5. 多媒体化

多媒体计算机是计算机综合处理文字、图形、图像、声音、动画等媒体信息，使多种信息建立有机联系，集成一个具有交互性的系统。集成的多媒体计算机系统具有全数字式、全动态、全屏幕的播放、编辑和创作多媒体信息的功能，具有控制和传播多媒体电子邮件、电视视频会议、视频点播控制等多种功能。

4.1.3 计算机的分类

随着大规模集成电路的迅速发展，计算机进入快速发展时期。根据人类对计算机功能需求的不断细化，巨型机、大型机、小型机、微型机及工作站都得到了发展。

1. 巨型机

巨型机的运算速度每秒超过千万亿次，存储容量大，主存容量甚至超过几千兆字节。其结构复杂，价格昂贵，研制这类巨型机是现代科学技术，尤其是国防尖端技术发展的需要。核武器、反导弹武器、空间技术、大范围天气预报、石油勘探等都要求计算机具有很高的速度、很大的容量，一般的计算机远远不能满足需要。

2. 大型机

大型机的运算速度一般每秒在千万至几亿次，字长 32～64 位，主存容量在几百兆字节以上。它有比较完善的指令系统，丰富的外部设备和功能齐全的软件系统。其特点是通用，有极强的综合处理能力，主要应用于大银行、政府部门、大型制造厂家等。

3. 小型机

小型机规模小、结构简单，因此设计试制周期短，便于及时采用先进工艺、生产量大、硬件成本低，由于软件比大型机简单，因此软件成本也低。小型机打开了在控制领域应用计算机的局面，小型机应用于数据的采集、整理、分析、计算等方面。

4. 微型机

微型机采用微处理器、半导体存储器和输入输出接口等芯片组装，使微型机具有设计先进、软件丰富、功能齐全、价格便宜、可靠性高、使用方便等特点。微型机是目前发展最快的计算机。根据它所使用的微处理器芯片的不同而分为若干类型：首先是使用 Intel 芯片 386、486、586 及奔腾 Ⅰ、Ⅱ、Ⅲ、Ⅳ 等微处理器芯片的美国 IBM 公司的 PC 及其兼容机；近几年四、六、八核微处理器已经得到长足发展并流行；其次是使用 IBM – Apple – Motorola 联合研制的 PowerPC 芯片的机器，苹果公司的 Macintosh 已有使用这种芯片的机器；PC 已由桌面型向便携式的膝上型甚至笔记本型发展。它还能将光盘（音频、视频）、电话机、传真机、电视机等融为一体，成为多媒体个人计算机，而且都能连接到有线或无线网络上。在日常生活工作中，绝大多数使用的计算机都是微型机，即人们通常所称的"电脑"。

5. 工作站

工作站是20世纪80年代兴起的面向工程技术人员的计算机系统，其性能介于小型计算机和微型计算机之间。一般具有高分辨率显示器、交互式的用户界面和功能齐全的图形软件。

4.1.4 计算机的应用领域

计算机的应用已渗透到社会生活的各个领域，不仅在科学研究、工农业生产等自然科学领域内广泛应用，而且已进入社会科学领域及人们的日常生活之中。目前微型计算机的用途主要有工作、学习和娱乐。

根据计算机的应用特点，可对其应用范围划分为以下几点。

1. 科学计算

科学计算也称为数值计算，是计算机最早的应用领域。计算机发展的初期，是为数值计算而研制的，第一台计算机 ENIAC 就是美国国防部为弹道计算而研制的。数值计算能有效地使用计算机技术求解数学问题近似解，有很强的实用性。目前这方面的应用仍然很广，如火箭运行轨迹的计算、天气预报、大型工程计算等。

2. 数据处理

数据处理也称非数值计算，是指对大量数据进行加工处理，如统计分析、合并和分类等。与科学计算不同，数据处理涉及的数据量大，但计算方法较简单。

早在20世纪五六十年代，大银行、大公司和政府机关就纷纷用计算机来处理账簿，管理仓库或统计报表，从数据的收集、存储和整理到检索统计，应用范围日益扩大，很快超过了科学计算，成为最大的计算机应用领域。

数据处理是现代化管理的基础。它不仅用于处理日常事务，而且能支持科学的管理与决策。以一个企业为例，从市场预测、经营决策、生产管理到财务管理，无不与数据处理有关。实际上，许多现代应用仍是数据处理的发展和延伸。

3. 电子商务与电子政务

所谓电子商务（electronic commerce）是利用计算机技术、网络技术和远程通信技术，实现整个商务（买卖）过程中的电子化、数字化和网络化。人们不再是面对面、看着实实在在的货物，依靠纸介质单据（包括现金）进行买卖交易。而是通过网络，通过网上琳琅满目的商品信息、完善的物流配送系统和方便安全的资金结算系统进行交易（买卖）的。

电子商务，具有商务、方便、整体、可扩展、安全和协调等特性。主要功能有广告宣传、咨询洽谈、网上购物、网上支付、电子账户、服务传递、意见征询、交易管理等，可以完成企业之间、企业与消费者之间、消费者之间、企业与政府之间、消费者与政府之间、政府与政府之间的商务活动。以网络购物为例，其电子商务活动的工作流程为登录网上购物中心（网上商店）、浏览、选购、电子付款、配送（即在指定地点货物交付）。电子商务是一种崭新的社会经济形态，可以降低社会经营成本，提高社会生产率，优化社会资源配置，实现社会财富的最大化应用。

电子政务作为电子信息技术与管理的有机结合，成为当代信息化的重要领域之一。所谓电子政务，就是应用现代信息和通信技术，将管理和服务通过网络技术进行集成，在互联网上实现组织结构和工作流程的优化重组，超越时间和空间及部门之间的分隔限制，向社会提供优质和全方位的、规范而透明的、符合国际标准的管理和服务。

4. 过程控制

过程控制又称实时控制，是指用计算机将通过各种传感器获得的物理信号转换为可测可控的数字信号，经过计算机处理与分析，驱动执行机构来调整这一物理量，达到控制目的。

现代工业，由于生产规模不断扩大，技术、工艺日趋复杂，从而对实现生产过程自动化控制系统的要求也日益增高。利用计算机进行过程控制，不仅可以大大提高控制的自动化水平，而且可以提高控制的及时性和准确性，从而改善劳动条件，提高质量，节约能源，降低成本。计算机过程控制已在冶金、石油、化工、纺织、水电、机械和航天等行业得到广泛的应用。

5. 计算机辅助工程应用

计算机辅助工程应用主要包括计算机辅助设计（computer aided design，CAD）、计算机辅助制造（computer aided manufacturing，CAM）和计算机辅助测试（computer aided test，CAT）。

计算机辅助系统是指借助计算机系统在设计生产、教学、决策等活动中进行有效的辅助性工作，以充分发挥人的创造力，提高效率，降低成本。目前计算机辅助技术已应用于以下三个方面。

（1）计算机辅助设计（CAD）：是指利用计算机来帮助人们进行工程设计，以提高设计工作的自动化程度，它在机械、建筑、服装及电路等设计中得到广泛的应用。

（2）计算机辅助制造（CAM）：是指利用计算机进行生产设备的管理、控制与操作。

（3）计算机辅助测试（CAT）：是指利用计算机来完成大量复杂的测试工作。

6. 计算机辅助教育

计算机辅助教育（CAI），是指利用计算机辅助教师授课和帮助学生学习的自动化系统，使学生可以轻松自如地从中学到所需的知识。

7. 虚拟现实

虚拟现实是利用计算机生成的一种模拟环境，通过多种传感设备使用户"投入"到该环境中，实现用户与环境直接进行交互的目的，当用户进行交互时，就好像处于现实世界一样。这种模拟环境是由计算机构成的具有表面色彩的立体图形，它可以是某一特定计算机基础现实世界的真实写照，也可以是纯粹构想出来的世界。虚拟现实目前获得了迅速的发展和广泛的应用，出现了"虚拟工厂""数字汽车""虚拟人体""虚拟演播室""虚拟主持人"等许多虚拟的东西。有人说，未来的世界是一个虚拟现实的世界。

8. 人工智能

人工智能（artificial intelligence，AI）是指用计算机来模拟人类的智能。虽然计算机的能力在许多方面（如计算速度）远远超过了人类，但是要真正达到人类的智能还是非常遥远的事情。不过目前一些智能系统已经能够替代人的部分脑力劳动，得到了实际的应用，尤其是在机器人、专家系统和模式识别等方面。

4.2　计算机系统的组成

计算机系统由硬件系统和软件系统两大部分组成。计算机系统是一个整体，既包括硬件也包括软件，两者是不可分割的。硬件是构成计算机的实体，是计算机系统中实际装置的总称。如机箱、键盘、鼠标、显示器和打印机等，都是所谓的硬件。

仅仅具备硬件部分，计算机是不能正常工作的，还必须有软件来安排计算机做什么工作、怎样工作。软件是相对硬件而言的，是指计算机运行所需的程序、数据及有关资料。目前，计算机之所以能够推广应用到各个领域，正是由于软件的丰富多彩，能够出色地完成各种不同的任务。当然，计算机硬件是支持软件工作的基础，没有良好的硬件配置，软件再好也没有用武之地。同样，没有软件的支持，再好的硬件配置也是毫无价值的。

4.2.1　计算机硬件

计算机硬件是指构成计算机的元件、器件、电子线路和物理装置，是看得见摸得着的物理实体。电子元件、集成电路芯片、印刷电路板、接插件、存储装置、外围设备、机架和外壳都属于硬件，它们是计算机的物质基础。

世界上第一台计算机 ENIAC 不是一台具有存储程序控制功能的电子计算机，因为它存储容量太小，只能存放 20 个字长为 10 位的十进制数，不能存储程序，程序的编写全部依靠人工连接线路。针对 ENIAC 的缺点，匈牙利数学家冯·诺依曼等于 1950 年设计出离散变量自动电子计算机（electronic discrete variable automatic computer，EDVAC）。它使用二进制编码，用存储器存储程序和指令，从而提高了运行效率。自计算机诞生至今，体系结构经历了重大的变革，性能也得到了很大的提高，但就其工作原理而言，一直沿用冯·诺依曼体制。不同之处是由原始的以运算控制器为中心演变到现在的以存储系统为中心。冯·诺依曼体制计算机的工作方式称为控制流驱动方式，即按照指令的执行序列，依次读取指令，根据指令所包含的控制信息调用数据进行处理。

计算机硬件系统从功能上可划分为运算器、控制器、存储器、输入设备和输出设备。

通常将运算器和控制器两部分统称为中央处理器（CPU），又将 CPU 和主存储器统称为主机；将输入设备、输出设备和外存储器合称为外部设备。

1. 中央处理器（CPU）

中央处理器是计算机的核心部分，在计算机系统中具有双重任务：对字符、数字和符号进行处理；控制计算机系统中的其他部分。CPU 包括算术逻辑运算单元（ALU）和控制单元（CU），ALU 的主要功能是完成计算机的基本算术和逻辑运算，CU 的主要功能是协调和控制计算机系统的其他部分，它一次读一条程序指令，控制计算机系统的其他组成部分完成程序所规定的任务。

计算机系统的 CPU 主要采用两种体系结构：复杂指令系统（CISC）和精简指令系统（RISC），目前个人计算机常用的 CPU 有 Intel 公司的酷睿系列和 AMD 公司的 APU 系列等，这些都是 CISC 指令集结构的 CPU。

CPU 芯片的主要技术参数有：

（1）字长：指 CPU 同时能够处理的二进制位数，一般有 16 位、32 位和 64 位。16 位字长是指芯片在一个机器周期中处理两个字节的信息。

（2）周期速度：CPU 发出固定频率的脉冲作为系统控制一个接一个的逻辑动作的协调，该脉冲称为系统时钟，以每秒百万个周期（MHz）和每秒十亿个周期（GHz）为单位。

（3）数据总线位数：包括决定同时能有多少数据传输。

2. 主存储器

主存储器具有三种功能：保存正在运行的部分或全部程序；存储着管理计算机系统运行的操作系统程序；存储着正在运行中的程序所需要的数据。

主存储器主要有两种类型：

（1）随机存储器（random access memory，RAM）：用于暂时保存数据或程序指令，其中的数据和程序断电后消失。

（2）只读存储器（read only memory，ROM）：存储的内容由机器制造商预先设定好，只能读取，一般用于保存重要的、经常使用的固定程序。

内存容量的计算以字节为单位，一个字节（Byte）含8个二进制位（Bit），1024个字节称为1K字节，1024K字节为1M（兆）字节；1024M字节称为1G（千兆）。

3. 外存储器

外存储器是对主存储器的补充，它具有容量大、价格低等特点，其存取速度比主存储器慢。常见的外存储器有：

（1）磁带：是一种顺序存取设备，主要用于大型主机的批处理应用及数据存储备份上，其优点是价格便宜，性能稳定，能够保存大量信息；缺点是只能顺序存储，不适用于快速信息查找。

（2）磁盘：是使用最广泛的一种辅助存储器，是按照磁道和扇区进行数据存储的，分为软盘和硬盘两种。其优点是能直接存取，读写速度快，缺点是对环境要求较高。

（3）光盘：存储数据的密度比磁盘大得多，可用于大型计算机和微机的数据存储，主要有只读光盘（CD-ROM），可擦写光盘（CD-RW）和可写光盘（CD-R）。

4. 输入设备

输入设备是向计算机输入数据的设备，不仅能输入文字信息，而且能输入音频和视频信息。主要的输入设备有：

（1）鼠标、键盘。

（2）触摸屏。

（3）数据自动输入设备：磁墨水笔、光字符识别、数字扫描仪、数码相机等。

5. 输出设备

输出设备是输出计算机处理结果的设备，主要的输出设备有：

（1）显示器。分为单色和彩色两种。

（2）打印机。包括击打式和非击打式两种。击打式有点阵式；非击打式有激光式、喷墨式和热敏式三种。

（3）其他输出设备。包括缩微胶卷和胶片、绘图仪、音频输出设备。

4.2.2 计算机软件

软件即程序及开发、使用和维护程序所需要的所有文档。程序是计算任务的处理对象和处理规则的描述；文档是为了便于了解程序所需的阐述性资料。软件的功能概括起来有三点：管理计算机资源；提供人类利用这些资源的工具；作为组织和存储信息的中介。软件的类型主要分成三大类：系统软件、支撑软件和应用软件。

1. 系统软件

居于计算机系统中靠近硬件的一层。其他软件一般都通过系统软件发挥作用。它与具体的应用领域无关。系统软件包括操作系统和实用程序。

（1）操作系统。

操作系统是最靠近硬件的一层，它协调计算机系统的各个部分、管理控制计算机各类活动的软件，它是计算机一切软硬件资源的组织者和管理者。主要有三项职能：分配系统资源；决定计算机资源的使用和安排；监视计算机系统的各种活动。常用的操作系统有：

① Windows。Microsoft Windows 是美国微软公司研发的一套操作系统，它诞生于 1985 年，起初仅仅是 Microsoft – DOS 模拟环境，后续的系统版本由于微软不断地更新升级，不但易用，也慢慢地成为人们最喜爱的操作系统。

Windows 采用了图形化模式 GUI，比起从前的 DOS 需要键入指令使用的方式更为人性化。随着电脑硬件和软件的不断升级，微软的 Windows 也在不断升级，从架构的 16 位、32 位再到 64 位，系统版本从最初的 Windows 1.0 到大家熟知的 Windows 95、Windows 98、Windows ME、Windows 2000、Windows 2003、Windows XP、Windows Vista、Windows 7、Windows 8、Windows 8.1、Windows 10 和 Windows Server 服务器企业级操作系统，不断持续更新，微软一直在致力于 Windows 操作系统的开发和完善。

② Linux。Linux 是一套免费使用和自由传播的类 UNIX 操作系统，是一个基于 POSIX 和 UNIX 的多用户、多任务、支持多线程和多 CPU 的操作系统。它能运行主要的 UNIX 工具软件、应用程序和网络协议。它支持 32 位和 64 位硬件。Linux 继承了 UNIX 以网络为核心的设计思想，是一个性能稳定的多用户网络操作系统。

Linux 操作系统诞生于 1991 年 10 月 5 日（这是第一次正式向外公布时间）。Linux 存在着许多不同的 Linux 版本，但它们都使用了 Linux 内核。Linux 可安装在各种计算机硬件设备中，比如手机、平板电脑、路由器、视频游戏控制台、台式计算机、大型机和超级计算机。

严格来讲，Linux 这个词本身只表示 Linux 内核，但实际上人们已经习惯了用 Linux 来形容整个基于 Linux 内核，并且使用 GNU 工程各种工具和数据库的操作系统。

③ UNIX。UNIX 操作系统（尤尼斯），是一个强大的多用户、多任务操作系统，支持多种处理器架构，按照操作系统的分类，属于分时操作系统，最早由科恩·汤普森（Ken Thompson）、丹尼森·里奇（Dennis Ritchie）和道格拉斯·麦克罗伊（Douglas Mcilroy）于 1969 年在 AT&T 的贝尔实验室开发。目前它的商标权由国际开放标准组织所拥有，只有符合单一 UNIX 规范的 UNIX 系统才能使用 UNIX 这个名称，否则只能称为 UNIX 类（UNIX – like）。

UNIX 系统是一个多用户、多任务的操作系统，每个用户都可同时执行多个进程，在系统中的进程数中的逻辑上不受限制。提供了精选的、丰富的系统功能，其中许多功能在实现上有其独特之处，而且是高效的。系统主要利用 C 语言编写，因此具有易读、易懂、易修改、易移植、结构紧凑等特点。提供了良好的用户界面。使用树形结构的文件系统，具有良好的安全性、保密性和可维护性。提供了多种通信机制，以满足各种进程通信的需要。

④ OS X。OS X 是苹果公司为 Mac 系列产品开发的专属操作系统。OS X 是苹果 Mac 系列产品的预装系统，处处体现着简洁的宗旨。

OS X 是全世界第一个基于 FreeBSD 系统采用"面向对象操作系统"的全面的操作系统。"面向对象操作系统"是史蒂夫·乔布斯（Steve Jobs）于 1985 年被迫离开苹果后成立的 NeXT 公司所开发的。后来苹果公司收购了 NeXT 公司。史蒂夫·乔布斯重新担任苹果公司 CEO，Mac 开始使用的 Mac OS 系统得以整合到 NeXT 公司开发的 OpenStep 系统上。

（2）实用程序。

实用程序是支持计算机操作和维护的程序及执行日常任务的程序，如诊断程序、编辑程序、外围交换程序等。

2. 支撑软件

它是支撑软件的开发与维护的软件。随着计算机科学技术的发展，软件的开发和维护的代价在整个计算机系统中所占的比重很大，远远超过硬件。因此支撑软件的研究具有重要意义，直接促进软件的发展。数据库管理系统、网络软件、软件工具等属于支撑软件。

3. 应用软件

应用软件是指那些与完成最终用户任务相关的软件，如财务管理软件、图书馆管理软件、公共检索软件等。应用软件是直接面向最终用户的具体软件。应用软件以操作系统为基础，用程序设计语言编写，或用数据库管理系统构造，用于满足用户的各种具体要求。通常根据用户的特定需求，进行软件的开发。应用软件主要分为两大类：

（1）通用应用软件。

通用应用软件是指某些通用信息处理功能的商品化软件。它的特点是通用性，因此可以被许多类似应用需求的用户所使用。它所提供的功能可以由用户通过选择、设置和调配来满足用户的特定需求。比较典型的通用软件有文字处理软件、表格处理软件、数值统计分析软件、财务核算软件、人事档案管理软件。通用应用软件一般由计算机软件开发商开发和发售，用户购买该类软件后，要经过一定的配置过程才能满足用户的特定要求。某些大型和复杂的通用软件的配置、安装和调试工作由专业技术人员来进行。而大多数通用应用软件，尤其是微型计算机的应用软件，其安装和调配较简单，最终用户只要按照软件说明书或经过简单培训就能独立进行。

（2）专用应用软件。

专用应用软件也称为用户定制软件。在许多场合下，用户对数据处理的功能需求有很大的差异性，通用软件不能满足要求时，需要由专业人士采取单独开发的方法，为用户开发具有特定要求的专门应用软件。

4.2.3 计算机系统发展趋势

1. 微型化

随着微电子技术的进步，计算机硬件的规格日益缩小，微处理器、内存储器、外存储器在不断缩小，向微型化方向发展。在信息系统的应用中，传统的大型机正在被功能较强的微型机所代替。桌面机、笔记本机、掌上型甚至笔型计算机将会像今天的计算器一样得到广泛应用。近年来发展起来的智能手机（Smart Phone）就是计算机系统微型化的一个典型产品，它可以将计算机的所有功能集成在一个手掌大小的机壳内。它的功能有：（1）电话短信：可实现手机短信、电话通话功能。（2）随身手机管家：可以下载、备份/恢复手机电话簿，下载后编辑修改再上传到手机，或将电话簿的电话传到手机上。（3）上网：网络浏览，收发电子邮件，提供全面的新闻定制、免费邮箱等信息服务。（4）扩展功能：有扩展槽、超大内存为用户提供足够的扩展空间，可随意增加应用程序和升级操作系统。

2. 多媒体技术

多媒体技术就是将文字、声音、图形、静态图像、动态图像等信息媒体与计算机集成在一起，使计算机应用由单纯的文字处理进入文字、图形、声音、影像集成处理技术。其核心特征是信息媒体的多样性、集成性和交互性。它改变了传统计算机那种令人难以接近和使用的冰冷形象，使人们能够以语言和图像等多种媒体形式赋予计算机进行交流，大大缩短了人与计算机之间的距离。多媒体技术要对声音、图像等多媒体信息进行操作、存储、处理和传送，涉及的信息类型复杂，数量巨大。

多媒体技术的主要研究内容有多媒体信息处理与压缩、多媒体信息特征与建模、多媒体信息组织与管理、多媒体信息表现与交互等。其中的关键技术在于多媒体信息压缩技术、多媒体计算机系统技术、多媒体数据库技术和多媒体数据通信技术。

多媒体计算机系统是在原来的微型计算机系统（包括主机、显示器、键盘、鼠标和打印机等）中引入了一系列多媒体部件，以扩充对视频和音频信息的处理能力。主要的多媒体硬件有：用于多媒体信息存取的光盘驱动器；用于音频信息转换的声卡；用于音频信息输入、输出的麦克风和音箱；用于动态图像信息压缩、解压运算和转换的图形卡；用于静态图像输入的扫描仪，以及用于屏幕信息操作的触摸屏等。目前通用的微型计算机可以在主机板的扩展槽中加插多媒体扩展卡，并通过扩展卡连接各种多媒体输入输出设备，使它升级为多媒体计算机系统。

由于多媒体技术提供了更多的交互手段，给人类信息交流以更多的方便，所以它有着极其广阔的应用前景，如可视电话、电视会议、商业宣传、电子出版、多媒体教学和电子游戏等。

3. 网络化

独立的计算机，不论其规模有多大，外部设备有多丰富，其作用也是有限的。计算机网络连接了各种系统资源，提供了全球范围的计算机网络的资源共享，使每台计算机的能力都得到极大的提高。在这种形势下，"网络计算机"和"云计算"等概念应运而生。

云计算是基于互联网的相关服务的增加、使用和交付模式，通常涉及通过互联网来提供动态易扩展且经常是虚拟化的资源。用户通过计算机、笔记本电脑、手机等方式接入数据中心，按自己的需求进行运算。这种模式提供可用的、便捷的、按需的网络访问，进入可配置的计算资源共享池（资源包括网络、服务器、存储、应用软件、服务），这些资源能够被快速提供，只需投入很少的管理工作，或与服务供应商进行很少的交互。

4.3　程序设计语言

程序设计语言是一种用计算机能处理的方式来表示数据和问题的解决过程的语言，即用来编写程序的一组代码和规则的集合，是为表达计算机程序而建立的一种人工语言。程序设计是将现实中的问题转换为计算机能理解和执行的代码，包括分析算法、流程图设计、编写程序代码、建立调试手段和编写上机说明书等过程。每种语言都有各自的规则集，称作"语法"。程序设计语言的语法指出如何将各个符号组合成一段语句，以便使计算机能正确执行。

每一种程序设计语言都有自己的标准，它规定了程序语句或命令的使用规则。这些标准是为能解决某些特定类型的问题而制定的。计算机的程序设计语言也像计算机一样，随着时间的推移在不断地发展。软件发展的趋势是从烦琐的机器语言发展为接近人类自然语言的高级程序设计语言，从不可重用的面向过程的语言发展为可重用的面向对象的程序设计语言，从命令方式的语言发展为可视化的程序设计语言。

人们使用计算机时，必须用某种语言与计算机进行交流。具体来说，就是利用计算机指令系统的指令编制程序，并把程序存储在计算机的存储器中，在操作系统的控制下运行程序，指挥计算机工作，达到解题的目的。

4.3.1 机器语言

在计算机发展的初期，人们是用机器指令（二进制编码）来编写程序的，称为机器语言。

计算机指令系统中的指令是由0、1代码组成并且能被计算机直接理解执行，它们被称为机器指令。机器指令的集合就是该计算机的机器语言，是计算机可以直接接收和理解的语言。

机器语言能利用机器指令精致地描述算法，将解题过程刻画得十分得体，编程质量高，所占存储空间小，执行速度快。

但用机器语言编写程序是一件十分烦琐的工作。不仅要记住用0、1代码表示的各条指令的不同功能，而且全部由0、1代码组成的程序，直观性很差，容易出错，阅读检查和修改调试都很困难。不仅如此，由于不同类型的计算机的指令系统不同，机器语言也不同。用机器语言编写的程序不能在不同的计算机上使用。

机器语言是第一代程序设计语言。在计算机发展的初期，人们就是用这种机器语言编制程序，进行计算机解题的。由于机器语言与人们习惯使用的语言，如数学语言、自然语言等差别很大，难学、难记、难读、难改，并且不同类型计算机的机器语言不同，因此它只被少数专业人员所掌握，这就大大影响了计算机的推广使用。

4.3.2 汇编语言

机器语言无明显的特征，不好理解和记忆，也不便于学习，在编制程序时易出错。在20世纪50年代中期，人们用一些英语单词及其缩写作为符号来反映机器指令的功能和主要特征，用它来代替机器指令中的操作码，便于理解和记忆。例如，用MOV表示数据传送、用ADD表示加法、用SUB表示减法等。同时，用符号地址来代替机器指令中的操作数或操作数地址。这样就有了第二代程序设计语言——汇编语言，计算机编程也进入了汇编语言阶段。

汇编语言是用助记符、符号地址、标号等符号来编写程序的语言。在汇编语言中，可以用比较直观的符号来表示机器指令的操作码、地址码、常量和变量等，所以它也被称为符号语言。

汇编语言使指令易理解记忆，便于交流，相对于机器语言大大前进了一步。但是，计算机还是只认得机器码，所以用汇编语言编写的源程序在计算机中还必须经过翻译，变成机器码表示的程序（称为目标程序——object program），计算机才能理解和执行。开始这种翻译工作是手工完成的，逐渐地人们就编一个程序让计算机来完成上述翻译工作，具有这样功能的程序就称为汇编程序（assembler）。

汇编语言的语句与机器指令是一一对应的，程序的语句仍然很多，编程仍然是一件十分庞大、困难的工作。而且用汇编语言编写程序必须对计算机的指令系统十分熟悉，不能脱离具体的计算机，因而用汇编语言编写的程序不能在不同的计算机上通用。

汇编语言较机器语言易于理解与记忆，并保持了机器语言编程质量高、占存储空间小、执行速度快的优点。在有关过程控制和数据处理等程序中，事实性要求较高的部分仍经常采用汇编语言来编写。

4.3.3 高级程序设计语言

为了使用户编写程序更容易，使程序中所用的语句与实际问题更接近，而且使用户可以不必了解具体的计算机指令系统就能编写程序，从而使程序的通用性更强，20世纪50年代末出现了各种高级程序设计语言（high level language）。

高级程序设计语言也被称为第三代程序设计语言，它也是一种符号语言，但更趋向于人类的自然语言。它允许用英语单词组成的语句编写解题程序。程序中所用的各种运算符号、运算表达式与日常使用的数学表达式相仿，因此容易被人们理解和使用。

高级程序设计语言的基本语法成分主要有字符集、关键字、保留字、字符、表达式、语句等。各种高级程序设计语言的语句种数不同，语句书写格式和功能不同，但一般都可分为输入输出语句、逻辑运算和算术运算语句、控制程序结构语言和传输语句四类。

使用高级程序设计语言编写程序比较容易，对程序的修改、调试和阅读都比较方便，提高了程序设计的效率。

高级程序设计语言与任何特定的计算机或操作系统的结构无关，便于计算机将它们转换成多种不同的机器代码。程序中每一条语句通常产生多条机器指令，如Basic、Java、C语言等都属于高级程序设计语言。

虽然运用低级程序设计语言（机器语言和汇编语言）编写出来的程序其处理速度可达最佳，但大多数人还是使用高级程序设计语言来编写绝大部分程序。因为利用这些直观的类似于英语形式的高级程序设计语言可以节省时间和人力，同时程序的兼容性也强，相同程序在不同的计算机上运行只需做很少的修改，甚至不需要修改。

高级程序设计语言易于理解、学习和掌握。用户用高级程序设计语言编写程序大大减少了工作量。但是在计算机执行时，用高级程序设计语言编写的程序不能直接在计算机上运行，必须先经过相应的解释程序或翻译程序的翻译加工后才能执行。使用高级语言编制的程序，运行效率不如机器语言和汇编语言程序高。

4.3.4 结构化查询和数据库语言

结构化查询和数据库语言被称为4GLs，即第四代语言。这是一种更接近英语的计算机语言。它主要用于查询数据库中的特定内容而无须编写程序。因而，非计算机程序设计专业人员，如一般的管理人员和行政人员，稍加培训就会使用第四代语言查询所需数据。结构化查询和数据库语言的功能有查询和数据库管理、代码生成、绘图等功能。

结构化查询语言非常接近英语，查询时用户无须编写程序，只要输入简单的查询命令或者执行专用而简单的程序就能够从数据库中检索到所要的信息。例如，在电子表格 Excel 中，运用"数据"菜单的"筛选"命令便可以方便地查出所需内容。若要查询商品单价大于 250 元的商品，在自动筛选方式下，只需在单价 PRICE 字段下输入判断条件"＞250"，就可以列出所有大于 250 元的商品。这些语言被称为"查询语言"（query language），因为它们是用类似英语的语句向计算机提出问题的。下面是一些用查询语言编写的语句：

PRINT EMP – NO IF GROSSPAY ＞1000
PRINT CUS – NAME IF AMOUNT ＞5000 AND DUE – DATE ＞90
PRINT INV_NOSUB IF ON – HANDS50

"结构化查询语言"（structured query language，SQL）是一种经常使用的第四代程序设计语言，用于数据库的查询和控制。例如，要查询商品文件中单价大于 250 元的所有商品名，查询语句为：

Select good_name From Goods Where Price ＞250

其中：Goods 是商品文件的文件名，good_name 是商品文件中的商品名，Price 是商品文件中的单价。

除结构化查询语言 SQL 以外，还有许多与 SQL 相似的第四代程序设计语言，如 Focus、Powerhouse、SAS 等。

结构化查询和数据库语言是一种可以独立于高级语言使用的数据操作语言。采用这种语言进行数据库操作时，无须编写复杂的程序，更类似于英语。

4.3.5 面向对象的程序设计语言

高级程序设计语言是面向过程的，软件的重用性差。这些程序设计语言都是依据数据来定义一组操作过程（即处理程序），因而程序与处理对象即数据的结构密切相关。如果处理数据的结构发生变化，程序也就必须跟着变化，因而程序的重用性差。程序的编写工作繁重，工作效率无法提高。

20 世纪 90 年代以来，计算机硬件飞速发展，软件与硬件的差距在不断地扩大。随着计算机应用水平的不断提高，软件系统越来越复杂，现有的软件工具和技术已难以应付，面向对象的软件开发方法及面向对象的程序设计语言应运而生。

面向对象的技术将程序设计由面向过程转变为面向对象。面向对象的程序设计是将数据及对数据的操作封装在同一个对象之中。例如，一个对象可以由有关学生成绩的数据和所有可能对此数据执行的操作（如成绩汇总、排序等）组成。对象就相当于硬件中的集成块，用户可利用所需的对象灵活地设计自己的应用程序。有了对象库，建立应用程序的过程实际上是修改和连接可重用模块的过程。

因为对象中包含了对数据进行操作的程序，所以只要向对象发送相应的消息便可打开对象，使其运行。例如，若需要一个视频显示窗口，则只需给某窗口对象发送一个打开的消息，这个窗口就会显示在屏幕上。

在面向对象的程序设计中，数据、指令和其他程序设计过程都组合在对象中，将这些组合在对象中的过程称为封装。"封装"是指将函数功能或任务均捕获于（封装于）每个对象之中，使它们不易被改动，对它的访问受到了保护。对象常常具有继承性和多态性。"多态性"可以允许程序设计人员开发能与多个对象协同工作或运行多个对象的普通规程或多个活动，"继承"是指在某组对象中的其中某个对象可以显现或"继承性"同组中其他对象或对象类的属性，可以帮助程序设计人员从其他程序设计任务或项目中选择一些带有特定属性的对象。

利用面向对象程序设计语言来开发程序时，就像利用预先建好的模板或部件构建建筑一样。这些包括数据、指令和过程的对象就是一个个程序建筑积木。相同的对象（模板或部件）可以被重复使用，如果需要，可以重复使用亿万次。对象的最大优点之一是包含有"可重用代码"（reusable code）。换言之，对象中的指令代码可以在不同应用中的不同程序中再次使用，就像是预先建好的门，具有相同的基本类型。这样的门可以被用在两个不同的房间中，这就是"可重用"。可重用代码是指可以在应用的不同程序中再次使用的指令代码。程序代码的重用可大大减轻编程人员的工作量。

面向对象的程序设计语言（object oriented language）、数据库、界面、操作系统及开发环境都已相继出现，如 Smalltalk、Java 已成为面向对象的程序设计语言的标准。大多数流行的高级程序设计语言也都在原有的基础上，扩展了面向对象的功能，如 C++ 便是在 C 语言的基础上经过扩充而成为现在流行的面向对象的程序语言。操作系统也被扩充以支持基于对象的应用程序设计。面向对象的体系结构已成为软件中的主导方向。

4.3.6 可视化程序设计语言

为了使程序设计更直观，也更容易，许多程序设计语言可在可视化的环境中进行程序设计。例如，程序设计中使用图标、鼠标和下拉菜单等形象化工具，使设计的工作界面非常直观，并通过鼠标及屏幕上的一些符号简化操作。能在可视化或图形环境中进行程序设计的语言被称为可视化程序设计语言。Visual Basic、Visual C++ 等是典型的可视化程序设计语言。

4.4　软件开发和工具

计算机人员逐行编写应用程序不仅周期长、效率低、质量差,而且重复劳动多,不易修改。为了提高程序员在编写程序时的效率和效益,希望能够提供一种工具,可帮助程序员发现和避免出现各种错误。广义地说,凡是帮助某一特定领域的用户开发和实现某一类型的计算机应用系统的软件,都可以称之为软件开发工具。

这样的程序设计工具提供了计算机辅助程序设计的功能和环境。采用的方法通常是在翻译器与程序员之间的接口处增加翻译器的内在能力,或附加一些软件包,目的是识别程序中的错误和不当之处。除此之外,代码生成器、对话软件包、可重用程序代码库、原型工具等也是一些常用的程序设计工具。其中的大部分都属于计算机辅助软件工程(computer aided software engineering,CASE)软件包的一部分。作为一种工具,它的实用性质十分明显。由于应用领域的丰富多样,软件开发工具也是丰富多样的。

软件开发工具又包括以下几类。

(1) 软件需求工具。包括需求建模工具和需求管理工具。

统一建模语言(unified modeling language,UML),又称标准建模语言,是始于 1997 年一个 OMG 标准,它是一个支持模型化和软件系统开发的图形化语言,为软件开发的所有阶段提供模型化和可视化支持,包括由需求分析到规格,再到构造和配置。面向对象的分析与设计方法的发展在 20 世纪 80 年代末至 90 年代中期出现了一个高潮。UML 是这个高潮的产物。它不仅统一了 Booch、Rumbaugh 和 Jacobson 的表示方法,而且对其作了进一步的发展,并最终统一为大众所接受的标准建模语言。

UML 是一种定义良好、易于表达、功能强大且普遍适用的建模语言。它融入了软件工程领域的新思想、新方法和新技术。它的作用域不限于支持面向对象的分析与设计,还支持从需求分析开始的软件开发的全过程。UML 适用于以面向对象技术来描述任何类型的系统。而且适用于系统开发的不同阶段,从需求规格描述直至系统完成后的测试和维护。详见 11.2 节。

当用户需求频繁变化的时候,软件开发者因为需要应对需求的变化而不得不与需求管理工作打交道。需求管理的工具一般分成两种:需求内容管理工具和需求过程管理工具。所谓内容管理,主要是进行需求条目化管理、需求跟踪、需求基线管理的工具,主要有 IBM Doors、IBM Request Pro、Hanskey Dragonfly 等。需求过程管理的工具主要是变更管理工具,如 IBM Clearquest、Hanskey 的 Butterfly、IBM Change 等。

(2) 软件设计工具。用于创建和检查软件设计,因为软件设计方法具有多样性,这类工具的种类很多。

（3）软件构造工具。包括程序编辑器、编译器和代码生成器、解释器和调试器等。

（4）软件测试工具。包括测试生成器、测试执行框架、测试评价工具、测试管理工具和性能分析工具等。

（5）软件维护工具。包括理解工具（如可视化工具）和再造工具（如重构工具）等。

（6）软件配置管理工具。包括追踪工具、版本管理工具和发布工具等。

（7）软件工程管理工具。包括项目计划与追踪工具、风险管理工具和度量工具等。

（8）软件工程过程工具。包括建模工具、管理工具和软件开发环境等。

（9）软件质量工具。包括检查工具和分析工具等。

（10）软件开发工具包（software development kit，SDK）是一些被软件工程师用于为特定的软件包、软件框架、硬件平台、操作系统等建立应用软件的开发工具的集合。

它或许只是简单地为某个程序设计语言提供应用程序接口的一些文件，但也可能包括能与某种嵌入式系统通信的复杂的硬件。一般的工具包括用于调试和其他用途的实用工具。SDK 经常包括示例代码、支持性的技术注解或者其他的为基本参考资料澄清疑点的支持文档。

4.5　本章小结

第一，介绍了计算机的发展。

从发展历程上分为第一代电子管计算机、第二代晶体管计算机、第三代中小规模集成电路计算机、第四代大规模和超大规模集成电路计算机。

当前，计算机的发展表现为五种趋向：巨型化、微型化、网络化、智能化和多媒体化。

根据人类对计算机功能需求的不断细化，巨型机、大型机、小型机、微型机以及工作站都得到了发展。

根据计算机的应用特点，可对其应用范围作以下大致的划分：科学计算、数据处理、电子商务与电子政务、过程控制、计算机辅助工程应用、计算机辅助教育、虚拟现实、人工智能。

第二，介绍了计算机系统的组成。

计算机系统由硬件系统和软件系统两大部分组成。计算机系统是一个整体，既包括硬件也包括软件，两者是不可分割的。硬件是构成计算机的实体，是计算机系统中实际装置的总称。如机箱、键盘、鼠标、显示器和打印机等，都是所谓的硬件。

第三，程序设计语言。

程序设计语言是一种用计算机能处理的方式来表示数据和问题的解决过程的语言,从语言类型划分,主要分为机器语言、汇编语言、高级程序设计语言、结构化查询和数据库语言、面向对象的程序设计语言、可视化程序设计语言。

第四,软件开发工具又包括软件需求工具、软件设计工具、软件构造工具、软件测试工具、软件维护工具、软件配置管理工具、软件工程管理工具、软件工程过程工具、软件质量工具、软件开发工具包(software development kit, SDK)。

4.6 本章关键术语

计算机系统(computer system)
计算机软件(software)
RAM(random access memory)
ROM(read only memory)
计算机辅助软件工程(computer aided software engineering, CASE)
高级程序设计语言(high level language)
面向对象的程序设计语言(object oriented language)
统一建模语言(unified modeling language, UML)

第 5 章

数据和信息管理

【引导案例】

需求信号管理：商务智能的一种新形式

Coty 香水公司的 CIO 戴夫·贝瑞（Dave Berry）说："如果我们不能满足各种需求，那么零售商就会为此烦恼，客户也会失去兴趣，而我们则失去销售机会"。我们把那种仅需要很少原材料并生产很少产品的制造商称为"瘦制造商"。对瘦制造商而言，最大的挑战是新产品的发售。

对于 Coty 香水公司来说，这意味着一旦某种香水开始流行，玻璃和包装材料等这些原材料应该时刻保证充足的供应，即使这些物品看起来不起眼也没什么价值。

空的货架能够毁掉零售商，而产品制造商要为这种延误负主要责任。根据 AMR Research 的数据，美国全国的零售产品在任何时刻都有 7% 的缺货和脱销，而那些促销产品的缺货率则超过 15%。

因此，一个新的学科诞生了：需求管理（DSM）。通过 DSM，制造商不再依赖内部的信息来决定订单和货运。他们每周甚至每天分析和过滤来自零售商店的销售终端系统的信息。这使得制造商能够时刻关注畅销和滞销的趋势。进而，制造商能够根据区域、零售商甚至个别零售店来确定销售趋势。

需求信息管理不仅局限于制造商与零售商之间。其他供应链伙伴之间一样能够受益于 DSM。原材料供应商评估他们客户的制造信息，以便更好地判断将来各种原材料的需求或可能出现的短缺。货运公司也同样能更好地预计未来的货运需求。公共事业公司能够评估每日的水、天然气和电力的消耗，并据此处理需求循环中的波峰和波谷。

正如你想到的，沃尔玛就处于 DSM 应用的前沿。从 1996 年开始，对于那些需要快速运输或者生产高价位货物的制造商，沃尔玛会将它的实时销售终端数据推送给他们。这样做的目的是使那些制造商能够掌握发生在商场中的趋势，以便根据沃尔玛未来需求的变化来提高或降低自己的产量。Coty 香水公司就是这些制造商其中之一。几年后，Coty 香水公司创建了一个数据仓库来存放沃尔玛的 DSM 信息。Coty 香水公司为他们的一线销售人员装备了必要的 BI 数据挖掘工具，用来确认沃尔玛每个店面中产品的销售趋势。戴夫·贝瑞（Dave Berry）认为，现场级别的预测数据能够产生更精确更敏感的规划。

应用 DSM 的另一个例子是食狮公司（Food Lion），一个拥有 1300 家店面的超市公司。2007 年，Food Lion 部署了 Vendor Pulse 系统，这个系统可以为 Food Lion 的供应链中最大的供货商提供 DSM 数据。这个系统的目的有两方面。首先，它避免了缺货和脱销。在零售行业，缺货就意味着失去客户。如果你去一家零售店买牛奶而没有买到，那么你会换一家，并且会记住这次不愉快的经历。其次，这个系统确保货架上的产品不会超过保质期，以至于被扔掉或返厂。

DBM 另一个有趣而且非常有用的分析是确定"幻想清单"。"幻想清单"是一个产品清单，这些产品认为存在但实际上已消失了，消失的原因是因为偷盗、数据仓库错误、扫描错误或破损。DSM 能够在销售循环中标识那些"幻想清单"中的产品。如果一个产品在销售循环中，但是没有正在被销售，这个产品将被放入"幻想清单"。这样关键的信息应该及时地转换成为商业智能。

问题

1. 让制造商看到公司的销售终端信息，本质上意味着其他公司能够看到公司的商业策略和敏感销售数据。在 DSM 中为什么这样做是有利和必须的？

2. 供应链管理专家沃尔玛将销售数据抛给供应商后说，由于你们有了这些数据，现在我们希望你们改善服务等级并降低库存。但是很多供货商并没有准备好处理这些数据。为什么会有这样的问题？供货商应该如何快速地应用 DSM 的数据？

资料来源：[美] 斯蒂芬·哈格. 信息时代的管理信息系统（原书第 9 版）[M]. 北京：机械工业出版社，2019.

5.1 数据管理

数据管理是指如何对数据分类、组织、编码、储存、检索和维护。最近几十年来，数据管理随着计算机硬件和软件技术的发展而不断发展。而数据库技术是数据管理发展到一定阶段的产物。到目前为止，数据管理主要分为以下四个阶段：手工管理阶段、文件系统阶段、数据库系统阶段和数据仓库阶段。

1. 手工管理阶段

20 世纪 50 年代中期之前，计算机主要用于科学计算。硬件存储设备主要有磁带、卡片机、纸带机等，还没有磁盘等直接存取的存储设备；软件上也处于初级的阶段，没有操作系统和管理数据的工具。数据的组织和管理完全靠程序员手工完成，因此称为"手工管理阶段"。这个阶段数据的管理效率很低。

2. 文件系统阶段

进入 20 世纪 60 年代，数据管理方式发生了很大的变化。计算机在这个阶段不仅用于科学计算，还大量用于管理。外存储设备也出现了存取效率高得多的直接存储设备，如磁盘、磁鼓等；在软件方面，不仅有操作系统，而且还出现了专门的数据管理软件，一般称之为文件系统。有了文件系统，数据的增加、删除、修改等操作都变得很轻松。更重要的是数据的复制变得相当容易，使数据可以反复使用。程序员在免去了数据管理工作以后，不仅可以专心从事其他更有意义的工作，还减少了错误。但这个阶段仍存在一些问题，如数据冗余度大，数据和程序缺乏独立性等。

3. 数据库系统阶段

到了 20 世纪 60 年代后期，计算机被越来越多地应用于管理领域，而且规模也越来越大，因此数据量也急剧增加。同时，人们对数据共享的要求也越来越强烈。在这种情况下，"数据库"的概念应运而生。用数据库管理数据有如下的特点。

（1）面向全组织的复杂的数据结构。
（2）数据的最小存取单位是数据项。
（3）数据的冗余度小，易扩充。
（4）具有较高的程序与数据独立性。
（5）统一的数据控制功能，包括安全性控制、完整性控制和并发控制。

数据库系统的出现使信息系统的研制从围绕加工数据的程序为中心转变到围绕共享的数据库来进行。既有利于数据的集中管理，也有利于应用程序的研制和维护，提高了数据的利用率和相容性，从而提高了作出决策的可靠性。因此大型复杂的信息系统大多以数据库为核心。

数据库是一个通用化的综合性数据集合。它可以供各种用户共享且具有最小的冗余度和较高的数据与程序的独立性。由于多种程序并发地使用数据库，为了能有效、及时地处理数据，并提供安全性和完整性，就需要一个软件系统——数据库管理系统（DBMS），在建立、运用和维护时对数据库进行统一控制。

在这个阶段，企业的管理一般采用管理信息系统（MIS）。管理信息系统可以有效地管理企业内部的信息和信息流，是企业向管理现代化迈出的第一步。而企业管理信息系统可以说是数据库管理系统在功能上的一种扩展，因为数据管理仍是它的核心内容。电子数据交换（EDI）也渐渐发展起来。数据库管理系统对企业从事电子交易起到很大的支持作用。我们都知道 EDI 的一大特点（同时也是优点）就是各种贸易单证的电子化和标准化，而数据库系统也把数据管理规范化和标准化了。因此，就可以比较容易地实现数据库系统的业务数据与 EDI 的单证之间的自动转换。与手工制作电子单证相比，提高了效率、减少了错误、降低了成本。

更高层次的、帮助企业决策的决策支持系统（DSS）其后也慢慢发展起来。但直到 20 世纪 80 年代末，决策支持系统的应用还不是很广泛。原因在于，那时的决策支持系统在理论和方法上过于复杂，过于偏重高级而抽象的理论，而且过于偏重结论，在一定程度上忽视了对业务数据的分析，而且成本高昂，实际产生的应用效果远远比不上管理信息系统。在人们眼里，决策支持系统是一个高高在上的东西。事实上，企业对于决策支持要求并不高，也并不要求一套系统代替决策者去思考，它们所需要的是最简单却十分重要的业务数据的反复挖掘，为决策提供一定的依据。

科学的决策必须以大量可靠的数据为基础，这些数据应包括企业的内部数据、与企业的经营和生产相关的外部数据，还应包括综合数据和历史数据。否则，决策就没有根据，就会成为主观的猜想。当时，数据库技术虽然已经成熟，但是应用还不广泛，所以普遍存在一个数据量不足的问题。此外，分析工具的缺乏也是一大问题。没有充足的数据，分析工具也不得力，分析的结果当然不能切中要害。由此可以看出，在这个阶段，用于决策支持的技术还不完备，时机还不成熟，决策支持系统的失败也就可以理解了。

4. 数据仓库阶段

进入 20 世纪 90 年代，计算机得到空前广泛的应用，使企业的生产效率进一步提高，商业竞争也越来越激烈。一个企业要想在市场上生存下去，不仅要建立完善的计算机管理信息系统来提高效率，而且要先于对手获得至关重要的决策信息。这样，企业才能在未来的竞争中适应潮流、把握正确的发展方向。企业对迅速而准确地获得决策信息的需求比以前大大增强了。对企业来说，决策支持系统已不是可有可无的东西，企业需要实用而且成本低廉的决策支持系统。系统开发人员根据企业的需求，也渐渐认识到了决策支持系统开发的方向。决策支持系统的建设，更应该把注意力放在对数据的挖掘上，放在满足业务主管们各种各样的查询要求上，由他们自己做决定，系统只是提供一些用来辅助决策的参考意见，应该帮助而不是代替高级业务人员思考。

在这一时期，计算机及其网络技术的应用更为广泛，企业管理信息系统逐渐由以内部管理为主转变为对整个供应链的管理。企业之间的商务活动也从以前简单的电子数据传输转变为全方位的合作，电子商务蓬勃兴起。企业之间的相互合作不仅可以提高企业的生产效率、降低生产成本，也为企业获取大量的外部数据带来了方便。这就为决策支持分析奠定了基础。另外，由于数据库技术的发展和日益成熟，决策支持分析工具也渐渐丰富起来。

企业的需求和技术的成熟最终导致了数据仓库的产生。数据仓库作为决策支持系统的一种有效、可行的体系化解决方案，包括三个方面的内容：数据仓库技术（DW）、联机分析处理技术（OLAP）、数据挖掘技术（DM）。

数据库技术的发展为解决决策支持问题提供了可能，而激烈的市场竞争产生了对决策支持的巨大需求，由此人们找到了以数据仓库为基础、以 OLAP 和 DM 工具为手段的一整套可操作、可实施的解决方案。

5.2　关系数据库模型

关系数据库就是用关系数据模型描述的数据库，其特点是：有严格的理论基础；用户接口简单；允许非预期询问。关系数据库是目前普遍使用的系统。就关系数据库而言，其模式的核心部分是数据的关系模型，关系模型和以往的模型不同，它是建立在严格的数学概念的基础上的，从用户的观点来看，关系模型由一组关系组成，数据结构简单，容易被用户理解。关系模型有三个要素，即关系数据结构、关系操作集合和关系完整性约束。

5.2.1　关系及其基本术语

1. 关系（relation）

关系模型的数据结构非常简单，只包含单一的数据结构即关系。关系是一个属性数目相同的元组的集合，一个关系就是一张规范化了的二维表格。

2. 元组（tuple）

表中的行称为元组，一行为一个元组。把关系看成是一个集合，则集合中的元素就是元组。

3. 属性（attribute）

表中的列称为属性，给每一个属性起一个名称为属性名。同一个关系中，每个元组的属性数目应该相同。

例如，关系 R，这个二维表即为一个关系，它有两个元组，三个属性，属性名分别为 A、B、C，如下图所示：

A	B	C
1	2	5
2	7	3

4. 域（domain）

属性的取值范围，即不同元组对同一个属性的值所限定的范围。

例如：逻辑型属性只能从逻辑真和逻辑假中取值，人的年龄一般取值在 0～130 岁，性别域为（男，女）等。

关系是元组的集合，因此关系具有以下性质：

（1）列是同质的，即每一列中的分量是同类型的数据，来自同一个域。
（2）每一列称为属性，要给予不同的属性名。
（3）关系中没有重复的元组，任意一个元组在关系中都是唯一的。
（4）元组的顺序可以任意交换。
（5）属性在理论上是无序的，但在使用中按习惯考虑列的顺序。
（6）所有的属性值都是不可分解的，即不允许属性又是一个二维表。

5. 关系模式（relation schema）

对关系的描述称为关系模式，即关系模式是命名的属性集合。其格式为：

关系名（属性名1，属性名2，…，属性名n）

例如，有一个学生关系，其中包含五个属性，则可以表示为：

学生（学号，学生姓名，性别，出生年月，班级）

6. 码（或关键字）（key）

属性或属性的集合，其值能够唯一标识一个元组。例如，学号就是关系学生的码，可以唯一确定一个学生。在实际使用中，又分为以下三种码（键）。

（1）候选码：若关系中的某一属性组的值能唯一地标识一个元组，则称该属性组为候选码。
（2）主码：用户选作元组标识的候选码称为主码。一般如不加说明，码就是指主码。主码在关系中用来作为插入元组、检索元组的操作变量。
（3）外码：如果一个关系中的属性或属性组并非该关系的码，但它们是另外一个关系的码，则称其为该关系的外码。

7. 主属性和非主属性

关系中，候选码中的属性称为主属性，不包含在任何候选码中的属性称为非主属性。

5.2.2 关系的完整性

关系模型的完整性是对关系的某种约束条件，即关系的值随着时间变化需要满足一些约束条件，这些约束条件就是现实世界的真实需求。也就是说，为了维护现实世界与数据库中的数据的一致性和相容性，关系数据库中的数据与其更新操作必须遵循三类完整性规则。这三类完整性约束是：实体完整性、参照完整性和用户定义完整性。其中实体完整性和参照完整性是关系数据库必须满足的完整性约束条件，被称为关系的两个不变性，由关系系统自动支持；用户定义完整性是应用领域需要遵循的约束条件，体现了具体领域中的语义约束。

1. 实体完整性（entity integrity）

实体完整性规则，若属性（指一个或一组属性）A 是基本关系 R 的主属性，则 A 不能取空值。

这里的空值即"不知道"或"不存在"，如果出现空值，那么主码值就起不到唯一标识元组的作用。

对于实体完整性规则有以下三点说明。

（1）实体完整性规则是针对基本关系而言的。一个基本表通常对应着现实世界的一个实体集。例如，课程关系对应于所有课程的集合。

（2）现实世界中的实体是可以区分的，即它们具有一些唯一性的标识。例如，每个学生都是独立的个体，相应的，关系模型中就以主码作为唯一标识。

（3）主码中的属性值是主属性，不能取空值，若取空值，就说明存在着某些不可标识的实体，也就存在着不可区分的实体，这与第（2）点是矛盾的，故此规则称为实体完整性规则。

在数据库系统中，检查记录中主码值是否唯一的一种方法就是进行全表扫描。依次判断表中每一条记录的主码值与将插入的主码值是否相同，如果相同，系统就会提示违反实体完整性规则，禁止插入。

2. 参照完整性（referential integrity）

参照完整性规则，若属性（或属性组）F 是基本关系 R 的外码，它与基本关系 S 的主码 Ks 相对应（基本关系 R 和 S 不一定是不同的关系），则对于 R 中每个元组在 F 上的值必须为：

取空值（F 中的每个属性值均为空值）；等于 S 中的某个元组的主码值。

这条规则在具体使用时，要注意以下两点：

（1）基本关系 R 与 S 可以是同一个关系模式，则此时表示同一关系中不同元组之间的联系。

（2）主码和外码可以不同名，但必须要定义在相同的值域上。

在这组关系里，关系 S 是"参照关系"，关系 R 是"依赖关系"。

例如，在学生选课数据库中，有 3 个关系：

一是学生关系：Student（SNO, SNAME, SAGE, SSEX, SDEPT）。

二是课程关系：Course（CNO, CNAME, TEACHER, CREDIT）。

三是选课关系：Score（SNO, CNO, GRADE）。

在这 3 个关系中，学生关系和课程关系都是参照关系，选课关系是依赖关系。那么在选课关系表中的 SNO、CNO 是它的外码，SNO 和 CNO 分别是学生关系和课程关系的主码。根据参照完整性规则，在 Score 表中出现的 SNO、CNO 的属性值必须为 Student 和 Course 表里能找到的，说明是 Student 表里的学生选了 Course 表里的课程，这才有实际意义。

在实际操作中，依赖关系 R 做插入元组、修改外码值的操作及对参照关系 S 做删除元组和修改主码值的操作时都需要遵守参照完整性规则，即始终要保持依赖关系里的主属性值能够在参照关系的主码值里找到，否则，系统将做违约处理。

3. 用户定义完整性（user-defined integrity）

在实际应用中，为了满足用户的需求，要针对具体的数据约束，设置完整性规则。它反映某一具体应用所涉及的数据必须满足的语义要求。此规则包括以下三点。

（1）列值非空（NOT NULL 短语）。
（2）列值唯一（UNIQUE 短语）。
（3）列值需满足一个布尔表达式（CHECK 短语）。

例如，把退休职工的年龄定义为男性 60 岁以上，女性 50 岁以上，把学生成绩定义在 0～100 分之间，要求学生姓名不能为空等。

5.3　数据库管理系统

DBMS 是指数据库系统中对数据进行管理的软件系统，它是数据库系统的核心组成部分。数据库系统的一切操作，包括查询、更新及各种控制，都是通过 DBMS 进行的。

DBMS 总是基于某种数据模型的，因此可以把它看成是某种数据模型在计算机系统上的具体实现。

5.3.1　DBMS 基本功能

从计算机软件系统的构成看，DBMS 是介于用户和操作系统之间的一组软件，它实现对共享数据的有效组织、管理和存取。DBMS 的主要目标是使数据作为一种可管理的资源来处理，DBMS 使数据易于为各种不同的用户所共享，增进数据的安全性、完整性和可用性，并提供高度的数据独立性。具体来说，一个比较完善的 DBMS 至少应该具有以下功能。

1. 数据库定义功能

对数据库的结构进行描述，包括外模式、模式、内模式的定义；数据库完整性的定义；安全保密定义（如用户口令、级别、存取权限）；存取路径（如索引）的定义。这些定义存储在数据字典中，是 DBMS 运行的基本依据。

2. 数据库操纵功能

提供用户对数据的操纵功能，实现对数据库数据的检索、插入、修改和删除。一个好的 DBMS 应该提供功能强、易学易用的数据操纵语言（DML），方便的操作方式和较高的数据存取效率。DML 有两类：一类是宿主型语言，一类是自含型语言。前者不能独立使用而必须嵌入某种主语言（如 C 语言、COBOL 语言）中使用；而后者可以独立使用，通常供终端用户交互使用。

3. 数据库控制功能

DBMS 对数据库的控制主要包括 3 个方面：数据安全性控制、数据完整性控制及在多用户、多任务环境下的并发控制等。

（1）数据安全性控制是对数据库的一种保护。它的作用是防止数据库中的数据被未经授权的人访问，并防止他们有意或无意中对数据库造成的破坏性改变。由于数据库中的许多信息涉及一些组织或个人的机密，甚至涉及某种利害关系，数据的破坏或失密可能产生不利的影响，甚至会带来严重后果，因此数据的安全保密控制是 DBMS 不可缺少的功能。

在 DBMS 中，安全性控制主要表现为授权控制，即对不同的用户定义不同的访问权限，在系统执行任何访问操作前，由 DBMS 对用户身份进行确认（通过用户标识、口令等）并对授权进行合法性检查，对合法授权者的操作才予以执行。

子模式与模式的分离，也具有某种安全控制作用，用户只能通过某个子模式对数据进行操作；至于子模式中出现的数据结构，对该用户来说是封锁的。

在一些数据库系统中，将数据以密码形式存储在数据库中，这样，即使窃密者以其他手段从数据库中取得了数据，也难以理解。

（2）数据完整性控制是 DBMS 对数据库提供保护的另一个重要方面。由于数据的价值在于它的正确性，在于它正确地表达了现实世界中客体的信息，因而与语义内涵相矛盾的数据显然是无意义的。完整性控制的目的就是保持进入数据库中的存储数据的语义正确性和有效性，防止任何操作对数据造成违反其语义的改变。

许多 DBMS 都允许对数据库中各类数据定义若干语义完整性约束，由 DBMS 强制实行。例如，根据通常的语义，数据项"成绩"的值应当是 0～100 之间的整数，一旦这一约束条件被以某种语句形式加以定义，那么 DBMS 的完整性控制机构在每次对成绩数据进行插入或修改操作时都将进行校验，凡不满足该约束者一律拒绝接受，从而保持数据的语义完整性。不同的 DBMS 的完整性控制机制是不同的，它们因 DBMS 的完善程度而不同。

（3）DBMS 的第三类控制机制是多用户、多任务环境下的并发控制。在数据库中，数据是共享的，但当多个应用程序并发地对数据库进行操作时可能会带来某些问题。例如，当两个程序对同一记录并发地进行修改时，则某一修改可能丢失，这将使数据库的状态产生与预期结果不一致的情况。为了避免这类情况的发生，必须对并发操作施加某些控制措施。

DBMS 并发控制的基本思想是：当一个应用程序对数据库的某一部分执行修改操作时，对该部分数据实行封锁，拒绝其他用户对该部分的并发访问要求，直至该事务执行完毕。

4. 数据库的建立和维护功能

它包括数据库初始数据装入、转换功能；数据库的转存、恢复功能；数据库的重新组织功能和性能监视、分析功能等。这些功能都由实用程序来完成。

5.3.2 DBMS 的组成

DBMS 是一个庞大的软件系统，这个软件系统包含了一大批支持各种不同功能的软件，这些软件从内容上可以分为数据描述语言（DDL）及其翻译程序、数据操纵/查询语言（DML）及其翻译程序、数据库管理例行程序三部分。

1. 数据描述语言

数据描述语言（data description language，DDL）用以定义数据库的各级数据结构及它们之间的映像，定义各种完整性约束和保密限制条件。数据描述语言又可以分为模式描述语言、子模式描述语言和数据存储描述语言。它们分别用于描述数据的模式、子模式和存储模式。为了便于计算机处理，DBMS 配置了相应的翻译处理程序，这些程序接受相应的 DDL 定义，对其进行语法、语义检查，把它们翻译成内部格式存储在数据字典中。DDL 翻译程序根据模式定义负责建立数据库的框架，等待装入数据。

2. 数据操纵/查询语言

数据操纵语言（data manipulation language，DML）提供用户或应用程序访问数据库系统的接口。DML 语句一般是集合型的操作，它是一种更高级的数据处理语言。尤其是关系数据库的操作语言，它不需要用户提出如何实现某一种操作，只需要用户给出要处理的数据目标和相应的操作类型，系统便可自动实现用户的要求。

在数据操纵方面，有 DML 处理程序、终端查询语言解释程序、数据存取程序、数据更新程序等，它们用于对用户的操纵请求进行语法、语义检查，并最终完成对数据库的存取操作。图 5-1 以一个用户读取某数据记录为例，展示了在数据库系统中访问数据的具体执行过程，该过程简述如下：

（1）用户程序中有一条读数据库记录的 DML 语句，当计算机执行到该语句时，即向 DBMS 发出读取相应记录的命令。

（2）DBMS 接到该命令后，首先访问该用户对应的子模式，检查该操作是否在合法授权范围内及欲读记录的正确性、有效性，若不合法则拒绝执行，并向应用程序状态返回区发出回答状态信息；反之执行下一步。

（3）DBMS 读取模式描述并从子模式映像到全局模式，从中确定所需的逻辑记录类型。

（4）DBMS 从逻辑模式映像到存储模式，从中确定读取哪些物理记录以及具体的地址信息。

（5）DBMS 向操作系统发出从指定地址读取记录的命令。

（6）操作系统执行读取命令，按指定地址从数据库中把记录读入系统缓冲区，并在操作结束后向 DBMS 作出回答。

（7）DBMS 参照模式将读入系统缓冲区中的内容映像成用户要求读取的逻辑记录。

（8）DBMS 将导出的逻辑记录送入用户工作区，并将操作执行情况的状态信息返回给用户。

（9）DBMS 将已执行的操作载入运行日志。

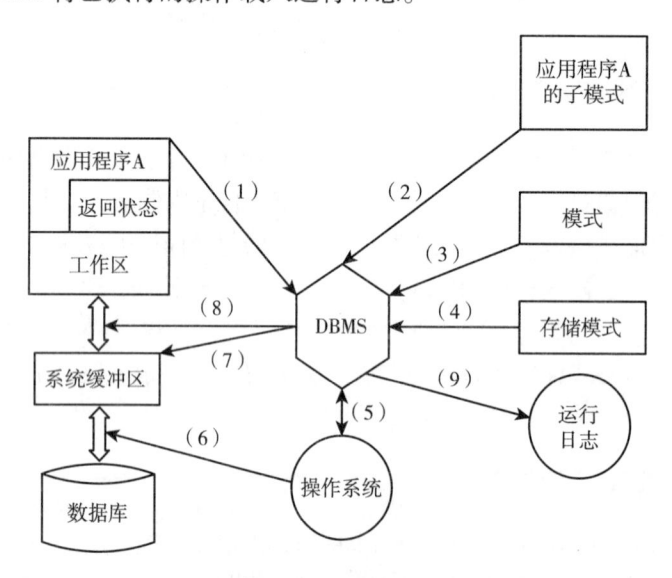

图 5-1 数据库系统中访问数据的执行过程

应用程序根据返回的状态信息决定是否利用该数据进行操作等。

3. 数据库管理例行程序

DBMS 的真正核心部分是它的运行控制系统，它由支持数据库系统的全部运行过程的各类例行程序组成。这些例行程序主要有存取控制例行程序、安全性控制例行程序、完整性控制例行程序、事务管理例行程序、恢复例行程序、监控例行程序。

5.3.3 DBMS 的评价与选择

DBMS 是数据库系统的核心部件，根据所采用的数据模型的不同，DBMS 可分为层次型、网状型、关系型等若干类型，对同一种类型的 DBMS，其系统功能也不尽相同。这就为我们带来一个问题，即当我们进行数据库软件开发时，如何根据现有的环境要求，从市场上众多的 DBMS 软件中选择一个适合于我们进行开发的所谓"好"的 DBMS。这是一个不可忽视的问题，DBMS 选择的好坏，将直接影响今后整个开发工作。本章节将简要介绍一般的选择过程，希望对读者有所帮助。

随着数据库技术日益取代文件技术成为计算机信息处理系统的基础，社会对数据库技术的需要迅速发展，随之而来的各种 DBMS 商品软件竞相发表，这就给信息系统的主管人员和技术人员带来一些新的问题。这些问题归结起来有如下 3 点。

（1）当前要建一个信息系统时，如何选择最佳的、最适合自己的 DBMS，这一选择常常对硬件的选择产生重要的影响。

（2）如何在已有硬件和软件的基础上找到最佳 DBMS 进行开发，使其达到功能强、效率高、发展目标远的目的。

（3）随着新的、效能更高的 DBMS 软件的出现，对已运行系统的 DBMS 如何改造或加以更新并同时保持系统运行的连续性。

这 3 个问题的关键是对 DBMS 软件的选择问题。通常应用系统开发的投资（人力、物力和财力）是很大的，相应的 DBMS 软件也需要耗费相当数量的经费；一旦选定了某一 DBMS 并基于它开发了应用系统，若在短期内再转换到其他 DBMS 上则必然会造成很大的浪费。因此，DBMS 的选择应该是一个目标明确、计划周密并需要慎重对待的问题。下面介绍一般的选择步骤。

1. 分析应用环境，确定信息需求

不同的应用环境对 DBMS 的需求是不同的，必须根据本单位当前环境和信息处理的实际需要选择合适的 DBMS。信息处理需求和环境分析包括：未来信息系统用户的分布；整个组织需要存储的累积数据量；每年数据增长量；各个应用所需的处理周期；应用运行方式是联机、脱机还是分机；安全保密要求；多用户并行要求；当前信息系统的状况及新系统与当前系统的联系或数据交换要求等，这些信息直接影响着 DBMS 的选择。

2. 收集各种 DBMS 资料，分析 DBMS 的功能和性能

为了客观、全面地对各种 DBMS 作出评价，应尽可能全面地收集有关 DBMS 功能和性能的综合性资料，对它们加以分析、总结、归类，需要分析的内容包括：数据库语言的难易程度；用户界面是否友好；实用程序是否丰富；网络互联功能如何；可否有数据控制和故障恢复等功能，系统生成的难易程度；等等。将这些内容划分为等级进行归类，以利于进行下面的筛选。

3. 综合衡量，初步筛选

在对应用环境和各种 DBMS 有了初步了解后，应该有大致选择的方向，选择要考虑的因素主要有以下几点。

（1）当前需要新建一个信息系统时，经费是一个很敏感的问题，你要考虑采用某 DBMS 所需的软件硬件支持的经费数量和购买的可能性。

（2）如果已有一定的硬件和软件资源，则应尽可能选择可在已有设备条件基础上运转的 DBMS，一般同一系统上可运行的 DBMS 也有多种。

（3）为了保证用户获得 DBMS 后能够得到技术支持，以便尽快使 DBMS 投入运行，应选择能为用户提供有关应用领域支持的那种 DBMS。

（4）应尽可能选择有一定数量实际运行用户的 DBMS，这种 DBMS 产品一般是较成熟的，有维护与版本更新的保障。

4. 详细考察，确定目标

经过初选，通常只有 3~5 个候选对象满足条件，应对这些系统逐一进行详细考察。考察是通过查阅有关资料、走访 DBMS 用户，听取各方面对各种 DBMS 的客观评价来完成。考察后有了第一手对比资料，可参照以下三条进行评估。

（1）用户界面对于利用 DBMS 开发应用系统是至关重要的，方便灵活而功能强大的用户界面将能大大提高开发的效率。DBMS 的用户界面包括数据库语言、报表生成器、图形显示、辅助开发工具等。

（2）数据库功能的强大与否也是选择时衡量的重要因素。例如，数据库是否有完善的索引技术；实用程序是否丰富；易用性如何；如果从长远发展的角度来看，网络互联功能是否具备；该 DBMS 是否支持分布式处理；等等。另外，数据字典已成为一个 DBMS 的标准组成部分，是系统控制的核心，有些 DBMS 的数据字典可为用户提供直接服务，应尽可能选择这样的系统。

（3）系统的完整性控制和安全性控制也是要考虑的因素。一般要求 DBMS 至少要提供完整性约束说明手段，存取授权和回收手段，自动事务控制功能。故障恢复也是 DBMS 极为重要的功能之一，DBMS 应提供完善的日志功能和完成故障恢复的实用程序。

以上三点是需要考虑的主要因素，根据用户的现状还要考虑其他数据库的性能指标，也可一一列入。这样又出现一个问题，往往某个 DBMS 的某些方面好些，而另一方面又不如另一个 DBMS，那么，如何进行评价选择呢？通常做法是先对 DBMS 的主要功能、性能指标制定定量评价标准，如为每一项希望有的特性规定分值，然后根据被评选的系统满足这些特点的程度打分，最后按总分高低确定优选系统，再参考其他方面的考察结果和具体环境条件，做出最终选择。

5.4 数据仓库与数据挖掘

5.4.1 数据仓库的概念

数据仓库（data warehouse）是信息的逻辑集合，这些信息来自于许多不同的业务数据库，并用于创建商务智能，以便支持企业的分析活动和决策活动，如图5-2所示。

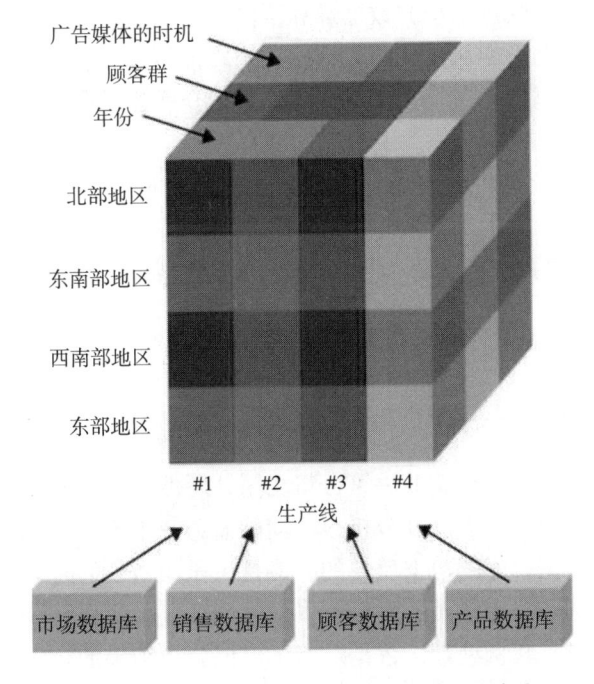

图5-2 来自多个业务数据库的多维数据仓库

数据仓库表达了一种较以往企业中信息组织和管理方式截然不同的思维方法。在图5-2中，数据仓库中的层根据不同的维度来表达信息，这种多维度的信息图表被称为超立体结构。该结构用产品种类和区域（列和行）、年份（第一层）、顾客群（第二层）、广告媒体的时机（第三层）来表示产品信息。利用这个超立体结构，我们可以很容易地了解到"在电视广告播出后，随即发生的产品种类1#在西南地区的A客户群中的销售额占总销售额的百分比是多少？"

概括而言，数据仓库具有如下特征：

1. 数据仓库的数据是面向主题的

主题是一个抽象的概念，是较高层次的信息系统中的数据综合、归类并进行分析利用的抽象。在逻辑意义上，它是对应企业中某一宏观分析领域所涉及的分析对象。面向主题的数据组织方式，就是在较高层次上对分析对象的数据信息的一个完整、一致的描述，能完整的、统一地刻画各个分析对象所涉及的企业的各项数据，以及数据之间的联系。

所谓较高层次是相对面向应用的数据组织方式而言的，是指按照主题进行数据组织的方式具有更高的数据抽象级别。

2. 数据仓库的数据是集成的

数据仓库的数据是从原有的分散的数据库数据抽取来的。第一，数据仓库的每一个主题所对应的源数据在原有的各分散数据库中有许多重复和不一致的地方，且来源于不同的联机系统的数据都和不同的应用逻辑捆绑在一起；第二，数据仓库中的综合数据不能从原有的数据库系统直接得到。因此在数据进入数据仓库之前，必然要经过统一与综合，这一步是数据仓库建设中最关键、最复杂的一步，所要完成的工作有：

（1）要统一源数据中所有矛盾之处，如字段的同名异义、异名同义、单位不统一、字长不一致等。

（2）进行数据综合和计算。数据仓库中的数据综合工作可以在从原有数据库抽取数据时生成，但许多是在数据仓库内部生成的，即进入数据仓库以后进行综合生成的。

3. 数据仓库的数据是不可更新的

数据仓库的数据主要供企业决策分析之用，所涉及的数据操作主要是在数据查询的基础上进行统计、汇总及分析，不同的信息使用者对同一信息源会有不同的结论。因此，数据仓库的数据反映的应该是一段相当长的时间内历史数据的内容，是不同时间的数据库快照的集合，以及基于这些快照进行统计、综合和重组的导出数据，而不是联机处理的数据。为了保证分析结果的公正性、客观性、科学性，原始数据是不可以修改和更新的。

4. 数据仓库的数据是随时间不断变化的

数据仓库中的数据不可更新是针对应用来说的，也就是说，数据仓库的用户进行分析处理时是不对数据进行更新操作的。但并不是说，在从数据集成输入数据仓库开始到最终被删除的整个数据生存周期中，所有的数据仓库的数据都是永远不变的。

数据仓库的数据是随时间的变化而不断变化的，这是数据仓库数据的第 4 个特征。数据仓库中的数据随时间变化的特性表现为以下三个方面。

（1）数据仓库随时间变化不断增加新的数据内容。数据仓库系统必须不断捕捉 OLTP 数据库中变化的数据，追加到数据仓库中去，也就是要不断地生成 OLTP 数据库的快照，经统一集成后增加到数据仓库中去；但对于确实不再变化的数据库快照，如果捕捉到新的变化数据，则只生成一个新的数据库快照增加进去，而不会对原有的数据库快照进行修改。

（2）数据仓库随时间变化不断删去旧的数据内容。数据仓库的数据也有存储期限，一旦超过了这一期限，过期数据就要被删除。只是数据仓库内的数据时限要远远长于操作型环境中的数据时限。在操作型环境中一般只保存 60~90 天的数据，而在数据仓库中则需要保存较长时限的数据（如 5~10 年），以适应 DSS 进行趋势分析的要求。

（3）数据仓库中包含大量的综合数据，这些综合数据中很多跟时间有关，如数据经常按照时间段进行综合，或隔一定的时间段进行抽样等。这些数据要随着时间的变化不断地进行重新综合。

所以，数据仓库的数据特征都包含时间项，以标明数据的历史时期。

5. 数据仓库的其他定义

（1）数据仓库是一种来源于各种渠道的单一的、完整的、稳定的数据存储，这种数据存储可以允许最终用户以一种他们能够在其业务范畴中理解并使用的方式提供给他们。

（2）数据仓库是有关公司大量数据的数据存储。

（3）数据仓库就是存储在一个地点的不同数据的大型集合。

（4）数据仓库提供公司数据及组织数据的访问功能：其中的数据是一致的；可以按每种可能的商业度量方式分解和组合；数据仓库也是一套查询分析和呈现信息的工具；是发布所用数据的场所；是把信息传播给最终用户供决策支持和管理报告需要的关键。

（5）数据仓库使信息转换成可用的数据，从而使用户能够做出明智的决策。

（6）数据仓库是一种概念，不是一种产品。它包括电子邮件文档、语音邮件文档、CD-ROM、多媒体信息及还未考虑到的数据。

（7）数据仓库最根本的特点是物理地存放数据，而且这些数据并非是最新的、专有的，而是来源于其他的数据库。

（8）数据仓库的建立并不是要取代原有的数据库，而是建立在一个较全面、完善的信息应用的基础上，用于支持高层决策分析。

（9）数据仓库是数据库技术的一种新的应用，它是用数据库管理系统来管理其中的数据。

5.4.2 从传统数据库到数据仓库

随着市场竞争的加剧，信息系统的用户已经不能满足于仅仅用计算机去处理每天所发生的事务数据，而是需要能够支持决策的信息，去帮助管理决策。这就需要一种能够将日常业务处理中所收集到的各种数据转变为具有商业价值的信息的技术，但是传统数据库系统无法承担这一责任。因为传统数据库的处理方式和决策分析中的数据需求不相称，导致传统数据库无法支持决策分析活动。这些不相称性主要表现在决策处理中的系统响应问题、决策数据需求的问题和决策数据操作的问题。

1. 决策处理的系统响应问题

在传统的事务处理系统中,用户对系统和数据库的要求是数据存取频率要高,操作时间要快。用户的业务处理操作请求往往在很短的时间内就能完成,这就使系统在多用户的情况下,也可以保持较高的系统响应时间。

但在决策分析处理中,用户对系统和数据的要求则发生了很大的变化。有的决策问题处理请求,可能会导致系统长达数小时的运行;有的决策分析问题的解决,则需要遍历数据库中的大部分数据。这些操作必然要消耗大量的系统资源,这是对业务处理实时响应的事务联机处理系统所无法忍受的。

2. 决策数据需求的问题

在进行决策分析时,需要有全面、正确的集成数据,这些集成数据不仅包含企业内部各部门的有关数据,而且还包含企业外部的,甚至竞争对手的相关数据。但是在传统数据库中,只存储了本部门的数据,而没有与决策问题有关的集成数据,更没有企业外部的数据。如果将数据的集成交给决策分析程序处理,将大大增加决策分析系统的负担,使原来执行时间冗长的系统运行时间更长,用户更加难以接受。而且,每次用户进行一次决策分析,都需要进行一次数据的集成,将大大降低系统的运行效率。如果数据库能够完成数据的集成,可以大大提高决策系统的运行效率。

在决策数据的集成中还需要解决数据混乱问题。企业数据混乱的原因多种多样,有的是企业经营活动造成的,如企业进行兼并活动后,被兼并企业的信息系统与兼并企业的系统不兼容,数据无法共享。有的是系统开发的历史原因所造成的,如在系统开发中,由于资金的缺乏,只考虑了一些关键系统的开发,而对其他系统未予考虑,使决策数据无法集成。面对这些混乱的数据,还可能在决策分析应用中发生数据的不一致性。同一实体的属性在不同的应用系统中,可能有不同的数据类型、不同的字段名称。例如,职工的性别在人事系统中可能用逻辑值"M"和"F"表示,在财务系统中可能用数字"0"和"1"表示。或者同名的字段在不同的应用中有不同的含义,表示不同实体的不同属性。例如,名称为"GH"的字段名称在人事系统中表示为职工的"工号",但是在销售管理系统中却表示为"购货号"。在使用这些数据进行决策之前,必须对这些数据进行分析,确认其真实含义。

在决策分析中,系统常常需要从数据库中抽取数据、查找有用的数据,然后将这些数据导入其他文件或数据库中,供用户使用。这些被抽取出来的数据,有可能被其他用户再次抽取。由于这种不加限制的数据连续抽取,使企业的数据空间构成了一个错综复杂的数据"蜘蛛网",即形成了自然演化体系结构。在这个数据"蜘蛛网"中,有可能两个节点上的数据来自于同一个原始数据库。但是由于数据的抽取时间、抽取方法、抽取级别等方面的差异，可能使这两个节点的数据不一致。这样，在对同一问题的决策分析中，由于数据的出发基准不同，可能导致截然不同的结果。也就是说，由于决策分析过程中所形成的自然演化体系，造成了数据可信度的降低，必然导致数据转化为信息的不可行和不可信，使企业无法将大量宝贵的信息资源转化为企业的核心竞争力。

数据的集成还涉及外部数据与非结构化数据的应用问题。决策分析中经常要用到系统外的数据，如行业的统计报告、咨询公司的市场调查分析数据。这些数据必须经过格式、类型的转换，才能被决策系统应用。许多系统在对数据进行一次集成以后，就与原来的数据源断绝了联系。这样在决策分析中，所分析的数据可能是几个月前甚至是一年以前的，其结果必然导致决策的失误。因此在决策分析系统中要求数据能够进行定期的、及时的更新，数据的更新期可能是一天，也可能是一周，而传统数据库系统缺乏数据动态更新的能力。

为完成事务处理的需要，传统数据库中的数据一般只保留当前的数据。但是对于决策分析而言，历史的、长期的数据却具有重要的意义。利用历史数据可以对未来的发展进行正确的预测，但是传统数据库却无法长期保留大量的历史数据。

在决策分析过程中，决策人员需要的并不是非常详细的数据，而是一些经过汇总、概括的数据。但在传统数据库中为支持日常的事务处理需要，只保留一些非常详细的数据，这对决策分析十分不利。

3. 决策数据操作的问题

对数据的操作方式上，事务处理系统远远不能满足决策人员的需要。事务处理系统的结构基本上是一种典型的固定结构体系，操作人员只能使用系统所提供的有限参数进行数据操作，用户对数据的访问受到很大的限制。而决策分析人员则希望以专业用户的身份而不是参数用户的身份对数据进行操作，他们希望能够用各种工具对数据进行多种形式的操作，希望数据操作的结果能以商业智能的方式表达出来。而传统的业务处理系统只能以标准的固定报表方式为用户提供信息，使用户很难理解信息的内涵，无法用于管理决策。

由于系统响应、决策数据需求和决策数据操作等问题的影响，使企业无法使用现有的事务处理系统去解决决策分析的需要。因此，决策分析需要一个能够不受传统事务处理的约束、能够高效率处理决策分析数据的环境，数据仓库正是可以满足这一要求的数据存储和数据组织技术。

4. 数据仓库与传统数据库的对比

数据仓库虽然是从数据库发展而来的，但是两者在许多方面都存在着相当大的差异，如表 5-1 所示。从数据存储内容看，数据库只存放当前值，而数据仓库则存放历史值；数据库中数据的目标是面向业务操作人员，提供事务处理的支持，而数据仓库则是面向中高层管理人员，提供决策支持；数据库内的数据是动态变化的，只要有业务发生，数据就会被更新，而数据仓库则是静态的历史数据，只能定期添加；数据库中的数据结构比较复杂，用各种数据结构来满足业务处理系统的需要，而数据仓库中的数据结构则较为简单；数据库中数据的访问频率高，但是访问数据的量少，而数据仓库的访问频率低，但是数据访问量要远高于数据库；数据库在访问数据时要求的响应速度很快，其响应时间一般要求在数秒以内，而数据仓库的响应时间则可能长达数小时。

表 5-1　　　　　　　　　　数据仓库与数据库对比表

对比内容	数 据 库	数据仓库
数据内容	当前值	历史的、存档的、归纳的、计算的数据
数据目标	面向业务操作程序、重复处理	面向主题域、管理决策分析应用
数据特性	动态变化、按字段更新	静态、不能直接更新、只定时添加
数据结构	高度结构化、复杂、适合操作计算	简单、适合分析
使用频率	高	中到低
数据访问量	每项事务只访问少量记录	有的事务可能要访问大量记录
对响应时间要求	以秒为单位计量	以秒、分钟甚至小时为计量单位

5.4.3　数据仓库与数据挖掘技术

数据挖掘的研究涉及机器学习、数据库、模式识别、统计学、人工智能、管理信息系统、知识获取、数据可视化等许多领域。其中，数据挖掘与前面介绍的数据库新的发展技术——数据仓库有着密切的关系。

在前面的章节中，我们已经对数据仓库技术进行了详细的介绍。数据仓库技术源于数据库技术，它的主要设计思想是将分析决策所需的大量数据从传统的操作环境中分离出来，把分散的、难以访问的操作数据转换成集中统一的、随时可用的信息而建立的一种数据库存储环境。数据仓库为数据挖掘提供了数据基础。

在数据仓库中进行数据挖掘对数据挖掘技术提出了更高的要求。

（1）数据仓库中集成和存储着来自若干结构的数据源的信息。这些数据源本身就可能是一个规模庞大的数据库，有着比一般数据库系统更大的数据规模。这就要求在数据仓库中进行数据挖掘的算法必须更有效、更快速。

（2）在一般的数据库中，为了提高系统的效率，一般会尽可能少地保留历史信息。而数据仓库具有一个重要的特征，就是一般具有长时间的历史数据存储。存储长时间历史数据的目的就是进行数据长期趋势的分析。数据仓库为决策者的长期决策行为提供了有力的数据支持。然而，数据仓库中的数据在时间轴上的特征，在一定程度上增加了数据挖掘的难度。

同时，数据仓库也为数据挖掘创造了更方便的数据条件，体现在以下两点。

（1）从一个企业的角度看，数据仓库集成了企业内各部门的全面的、综合的数据。数据挖掘要面对的是企业全局模式的知识发现。从这一点上看，基于数据仓库的数据挖掘能更好地满足高层战略决策的要求。而且，数据仓库大大地降低了数据挖掘的障碍。一般进行数据挖掘要花大量的时间在数据准备阶段，而数据仓库中的数据已经被充分收集起来，进行了整理、合并，并且有些还进行了初步的分析处理。这样，可以集中精力于数据挖掘核心处理阶段。另外，数据仓库中对不同数据粒度的集成和综合，更有效地支持了多层次、多种知识的挖掘。

（2）数据仓库是面向决策支持的，因此它的体系结构致力于保证查询和分析的实时性；而一般的联机事务处理系统则主要针对更新的实时性，对查询的性能针对性相对较弱。数据仓库对查询的强大支持使数据挖掘效率更高，挖掘过程可以做到实时交互，使决策者的思维保持连续，有可能发现更深入、更有价值的知识。

综上所述，可以说数据仓库在纵向和横向都为数据挖掘提供了更广阔的空间。一方面，数据仓库完成了数据的收集、集成、存储、管理等工作，数据挖掘面对的是经过初步加工的数据，使数据挖掘更专注于知识的发现；另一方面，由于数据仓库所具有的新的特点，又对数据挖掘技术提出了更高的要求。可以说，数据挖掘技术和数据仓库技术结合起来，能够更充分地发挥潜力。

5.4.4 数据挖掘技术与工具

数据挖掘技术其实是信息技术逐渐演化的结果，是人们长期对数据库技术进行研究和开发的结果。起初，各种商业数据仅仅存储在计算机的数据库中，然后发展到对数据库中的商业数据进行查询和访问，进而发展到对数据库的即时遍历。数据挖掘是革命性的变革。使数据库技术应用进入了一个更高级的阶段，它不仅能对过去的数据进行查询和遍历，并且能够找出数据之间的潜在关系，从而加大了信息应用的深度。随着海量数据搜集、强大的多处理器计算机和数据挖掘算法这三种基础技术的发展成熟，数据挖掘技术目前在数据仓库系统中得到了广泛的应用。

1. 常用的数据挖掘技术

数据挖掘的发展受到数据库系统、统计学、机器学习、可视化技术、信息技术及其他学科的影响，如神经网络、模糊/粗糙集理论、知识表示、归纳技术、高性能计算等。从常用的数据挖掘技术来看可以分成三大类，即传统分析类、知识发现类、其他最新发展的一些数据挖掘技术。

（1）传统分析类。传统的统计分析（或称数据分析）技术中使用的数据挖掘模型有线性分析、非线性分析、回归分析、逻辑回归分析、单变量分析、多变量分析、时间序列分析、最近邻算法、聚类分析等。

利用这些技术可以检查那些异常形式的数据,然后利用各种统计模型和数学模型来解释这些数据,解释隐藏在这些数据背后的市场规律和商业机会。例如,可以使用统计分析工具寻求最佳商业机会来增加市场份额和利润,利用全面质量管理程序来提高产品或服务的质量,使客户更加满意,通过对流水线产品制造的调整或企业业务过程的重整来增加利润。在所有的数据挖掘技术中,统计型数据挖掘工具是数据挖掘技术中最成熟的一种,已经在数据挖掘中得到了广泛的应用。

(2) 知识发现类。知识发现类数据挖掘技术是与统计类数据挖掘技术完全不同的一种挖掘技术。它可以从数据仓库的大量数据中筛选信息,寻找市场可能出现的运营模式,发掘人们所不知道的事实。

知识发现类数据挖掘技术包括人工神经网络、决策树、遗传算法、粗糙集、规则发现、关联顺序等。

人工神经网络是模拟人脑神经元结构,以 MP 模型和 Hebb 学习规则为基础,建立三大类神经网络模型:前馈式网络、反馈式网络和自组织网络。前馈式网络以感知机模型、反向传播模型、函数型网络为代表,可以用于预测、模式识别等方面;反馈式网络以 Hopfield 的离散模型和连续模型为代表,分别用于联想记忆和优化计算;自组织网络以 ART 模型、Koholon 模型为代表,用于聚类处理。

决策树是一个类似于流程图的树结构,其中每个内部节点表示在某一属性上的测试,每一个分支代表一个测试输出,而每个树叶节点代表类或类分布。由于每个决策或事件(即自然状态)都可能引出两个或多个事件,从而导致不同的结果。决策树在数据挖掘中一般用于数据的分类处理,使具有某种内在规律的分析对象处于同一类中。

遗传算法是近几年发展起来的一种崭新的全局优化算法,借用了生物遗传学的观点,通过自然选择、遗传、变异等作用,实现各个个体的适应性的提高。解决问题时,要对待解决问题的模型结构和参数进行编码,一般用字符串来表示,这个过程将问题符号化、离散化。遗传算法由三个基本过程组成:繁殖(选择)是从一个旧种群(父代)选出生命力强的个体,产生新种群(后代)的过程;交叉(重组)是选择两个不同个体(染色体)的部分(基因)进行交换,形成新个体的过程;变异(突变)是对某些个体的某些基因进行变异的过程。遗传算法的目的在于获取最优化的知识集合。

粗糙集(RS)能够在缺少关于数据先进知识的情况下,只以考察数据的分类能力为基础,解决模糊或不确定数据的分析和处理问题。粗糙集用于从数据库中发现分类规则,基本思想是将数据库中的属性分为条件属性和结论属性,对数据库中的元组根据各个属性不同的属性值分成相应的子集,然后对条件属性划分的子集与结论属性划分的子集之间上下近似关系生成判定规则。所有相似对象的集合称为初等集合,形成知识的基本成分,任何初等集合的并集称为精确集,否则一个集合就是粗糙的(不精确的)。每个粗糙集都具有边界元素,也就是那些既不能确定为集合元素也不能确定为集合补集元素的元素,而精确集是完全没有边界元素的。粗糙集一般用于对象的相似性或共性分析、因果关系及范式挖掘等。

关联规则是数据挖掘的一种主要形式,是与大多数人想象的数据挖掘过程最为相似的一种数据挖掘形式,即在大型数据库中淘"金"——人们感兴趣的规则。在关联规则系统中,规则是由"如果怎么样、怎么样、怎么样,那么就怎么样"的简单形式表示的。关联规则主要用于查找那些由于某些事件的发生而会引起发生的另外一些事件,这种关联规则越来越引起企业管理人员的注意。

(3) 数据挖掘技术的发展。数据挖掘技术的最新发展包括文本数据挖掘、Web 数据挖掘、可视化系统、空间数据挖掘和分布式数据挖掘技术等。

文本数据挖掘和 Web 数据挖掘是近几年新发展起来的崭新数据挖掘技术,前者主要是为了满足对非结构化信息挖掘的需要,后者则是针对日益发展的因特网技术所带来的大批量网络信息的挖掘。

可视化系统是为了使数据挖掘能够以图形或图像的方式在屏幕上显示出来,并能进行交互处理,这样就可以很清楚地发现隐含的和有用的知识。可视化技术可以分为两类:表示空间数据的信息可视化技术和表示非空间数据的信息可视化技术。可视化数据挖掘可以分为数据可视化挖掘、数据挖掘结果可视化挖掘、数据挖掘过程可视化挖掘和交互式数据可视化挖掘。

空间数据挖掘是基于地理信息系统的数据挖掘技术。地理信息系统(GIS)的应用领域现在已扩展到航天、电信、电力、交通运输、商业、市政基础设施管理、公共卫生及安全、油气及其他矿产资源的勘测等诸多领域。在这些领域中的数据挖掘技术可以对地图、预处理后的遥感数据、医学图像数据和 VLSI 芯片设计空间数据库中非显式的知识、空间关系和其他有意义的模式进行提取。空间数据挖掘方法目前主要有空间数据分类、空间数据关联分析和空间趋势分析等。

分布式数据挖掘是基于分布式数据库并利用分布式算法从分布式数据库中挖掘知识的技术。分布式数据挖掘技术主要用于水平式分布或垂直式分布的数据库系统中数据的挖掘,水平分布式数据挖掘算法首先完成各个站点的局部数据分析,构建局部数据模型,再组合不同数据站点上的局部数据模型,获得全局数据模型即可。而垂直式分布的数据库系统则需要采用汇集型数据挖掘方法来实现。分布式数据挖掘将更加有利于对分布式数据库数据资源的利用。

2. 常用数据挖掘工具

数据挖掘工具(data-mining tools)是用户对数据仓库进行信息查询的软件工具。数据挖掘工具支持在线分析处理(OLAP)的概念,即通过对数据的处理来支持决策任务。数据挖掘工具包括查询与报表工具、智能代理、多维数据分析工具和统计工具,如图 5-3 所示。从本质上看,数据挖掘工具是为数据仓库用户使用的,就像数据操作子系统工具是为数据库用户使用的一样。

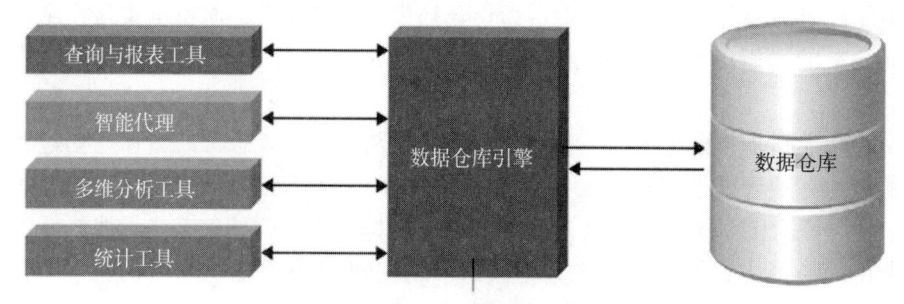

图 5-3　数据挖掘工具集

（1）查询与报表工具。

查询与报表工具（query-and-reporting tools）与 QBE 工具、SQL 和典型数据库环境中的报表生成器类似。实际上，大部分数据仓库环境都支持诸如 QBE、SQL 和报表生成器之类的简单易用的数据操作子系统工具。数据仓库用户经常使用这类工具进行简单查询，并生成报表。

（2）智能代理。

智能代理（intelligent agents）运用各种人工智能工具（如神经网络、模糊逻辑）形成 OLAP 中的"信息发现"基础，并创建商务智能。例如，美国华尔街的股票分析专家穆雷·里格罗（Murray Riggiero）就运用一种称为 Data/Logic 的 OLAP 软件，并结合神经网络为自己高成功率的股票和期货交易系统制定规则。

智能代理代表了正在增长的各类加工信息的 IT 工具的发展方向。以前，智能代理被认为仅仅是人工智能领域的产物，很少被认为是一个企业中数据组织和管理部门的组成部分。而今天，我们会发现智能代理不仅仅应用于数据仓库环境的 OLAP，而且还能用于在 Web 上查询信息。

（3）多维数据分析工具。

多维数据分析工具（multidimensional data analysis tools，MDA）是一种进行切片/切块的技术，它允许人们从不同的角度观察多维信息。在数据仓库的介绍中，我们可以把数据仓库的处理过程比喻为旋转魔方。也就是说，数据仓库的处理过程本质上就是一个旋转魔方，以便我们能从不同的视角观察信息。

这种旋转魔方的方法使用户能够快速地从不同的立方体中掌握信息。如图 5-2 所示的数据仓库，其中顾客群与定期广告有关的信息被隐含了起来。利用 MDA 工具就可以轻松地得到数据仓库正面的信息，供人们浏览。实际上，所做的就是将立方体垂直地切割掉一层，同时也就得到了前面这一层背后一层的信息。在进行这些处理时，信息的价值不受影响。

（4）统计工具。

统计工具帮助人们利用各种数学模型将信息存储到数据仓库中，进而去挖掘出新的信息。例如，我们可以进行一个时间序列分析，以便计划未来趋势；我们同样可以进行回归分析，以确定一个变量对另一个变量的影响。

5.4.5 数据集市

通常情况下，数据仓库被视为涉及整个组织范围，包括记录组织发展轨迹所有信息的综合。但是实际中，有些人仅需要存取数据仓库中的部分信息，并不需要全部内容。在此种情况下可以建立一个或多个数据集市。数据集市（data mart）是数据仓库的子集，它仅聚集了部分数据仓库的信息。如图 5-4 所示。

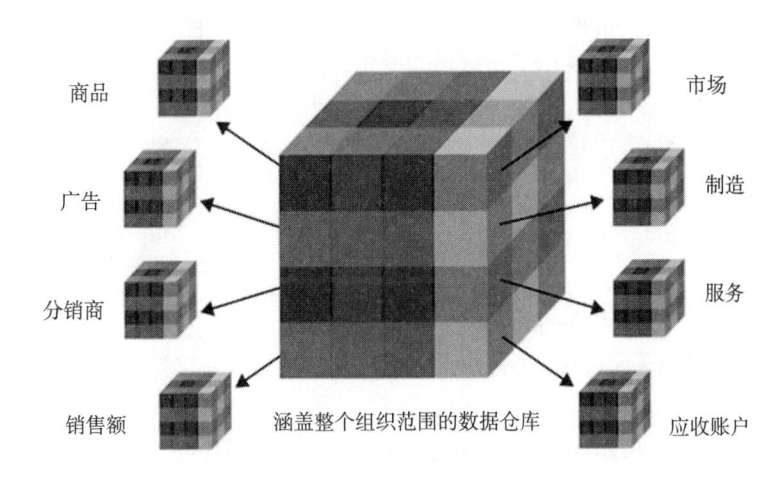

图 5-4 数据集市是数据仓库的子集

实际上，许多创建了数据仓库的企业的员工并不使用数据仓库，因为对他们而言数据仓库太大、太复杂，而且包括了许多他们根本不需要的信息。于是企业就建立了若干小型数据集市。

因为较小的、更易于管理的数据集市能够使企业员工更加充分地利用其中的信息。如果企业中的员工不需要存取整个组织范围内的数据仓库信息，便可以考虑构建一个适合他们特殊需求的小型数据集市。

若为本企业员工创建了小型数据集市，同样可以采用数据挖掘工具。也就是说，数据集市支持查询和报表工具、智能代理、多维数据分析工具和统计工具的使用。企业成长与重视培训是密不可分的，一旦企业员工接受训练能灵活地运用任何一种或所有的数据挖掘工具，他们就可以将这一技能用于整个组织范围数据仓库或小型数据集市之中。

5.5 本章小结

信息是经过加工的数据；信息是有一定含义的数据；信息是对决策有价值的数据，是可借助于某种载体传递的有用知识。管理信息系统是企业管理信息系统的一个重要的子系统。它通过对系统内外信息的收集、存储、加工处理，获得企业管理中有用的信息，以便管理人员和领导者有效地利用这些信息组织生产、管理活动，协调和控制各作业子系统的正常运行，实现对企业有效控制和管理，并为其他管理人员提供战略及决策支持。

5.6　本章关键术语

计算机系统（computer system）
计算机软件（software）
关系（relation）
元组（tuple）
属性（attribute）
域（domain）
关系模式（relation schema）
实体完整性（entity integrity）
参照完整性（referential integrity）
用户定义完整性（user-defined integrity）
数据库管理系统（database management system，DBMS）
数据仓库（data warehouse）
数据挖掘工具（data-mining tools）
查询与报表工具（query-and-reporting tools）
智能代理（intelligent agents）
多维数据分析工具（multidimensional data analysis tools，MDA）
数据集市（data mart）

第6章

通信、网络与无线技术

【引导案例】

联邦快递将IT"投"得更准

浙江大学的小陈最近正在申请去美国留学,要向美国的十几所大学寄出申请材料。小陈坐上出租车前往位于杭州机场路的联邦快递公司(Federal Express)操作站,到了之后他才发现自己犯了个"愚蠢"的错误。原来,联邦快递公司是可以上门收件的。虽然花了一些冤枉钱,但小陈还是有点意外惊喜。因为听他们说"包裹下午2点发出,第二天就可以到美国。而且可以根据收条上的12位包裹号码在联邦快递公司的网站随时追踪包裹的状态。"

一个看似简单的在线查询业务使小陈觉得更放心,但每天投递600万个包裹的联邦快递公司为此付出的却是上亿美元的IT投入。综合了无线手持设备、通用无线分组业务(general packer radio service,GPRS)、蓝牙等创新技术。联邦快递公司在IT上的持续投入源于创始人、主席兼首席执行官(CEO)弗雷德里克·W. 史密斯(Frederick W. Smith)一贯坚持的理念:一个包裹的信息和这个包裹的运输同样重要。

客户对服务的期望越来越高,但他们同时也要求投递成本越来越低。这对联邦快递公司的IT系统提出了很大挑战。在这种背景下,2003年,联邦快递公司首席信息官(CIO)罗布·卡特(Rob Carter)提出了一项名为"6×6"的IT计划。在保持每年投入10亿美元、不增加额外IT预算的情况下。在3年的时间内,完成6个跨业务与IT的项目。2006年是6×6计划的结束之年,在计划实施两年后的2005年,联邦快递公司的快递业务增长了18%,达到195亿美元。就像自己的老本行一样,联邦快递公司正试图将自己庞大的IT预算更准确地"投递",以求用最少的钱办更多的事。

"我们坚持从产品角度来制订IT策略。"领导着中国区50多名IT人员的联邦快递公司亚太区副总裁兼首席资讯总监莲达·C. 柏勤（Iinda C. Brigance）说："我们并不是单纯从 IT 角度考虑进行 IT 建设。"产品在联邦快递公司的 IT 战略中占据最优先的地位。

将需要进行的项目列出来进行重要性排序是联邦快递公司化繁为简的方法，这对于避免 IT 力量的盲目无序投入十分有用。柏勤举了一个例子：人力资源部可能仅仅有一个项目，它需要 5 种资源并花费 8 个月的时间完成。而另一个改善客户服务的项目可能需要更长时间，但是它为客户提供更多的利益。6×6 计划的目标之一就是使 IT 的花费能够提高客户满意度。

这样分析的前提是 IT 人员对业务要熟悉。联邦快递公司 CIO 卡特在董事会中占据一席之地，6×6 计划要求 IT 人员到公司不同的岗位去工作 6~12 个月，实现 IT 与业务的交叉。

从产品角度制订 IT 策略，也使联邦快递公司的 IT 投入与客户的利益更紧密地结合起来。柏勤说："我们从客户那里学到了很多东西，我们可以看到哪些服务非常受欢迎，然后利用 IT 这个重要工具进行改进。"通用汽车公司（GM）副总裁兼 CIO 拉尔夫·斯金达（Railph Szygenda）说："我也希望联邦快递公司的 6×6 计划能够成功，因为这对通用汽车公司有好处。"联邦快递公司已经成为通用汽车公司零部件供应链上的一个关键环节。"汽车工业有着世界上最精巧的供应链，"斯金达说，"我们在全世界都采用了即时生产（Just In Time. JIT）的生产方式，如果文件和零部件不能及时投递，会产生巨大的影响，我们花了上亿美元与联邦快递公司合作，如果没有一个好的 IT 保证，我们不会这么做。"

在中国上海，联邦快递公司的 IT 部门与在美国孟菲斯（Memphis）的总部执行全球统一信息系统标准。这些标准不仅包括统一的系统开发流程、应用软件标准，甚至连 PC 都是统一的。

因为核心业务的一致性，建立一个全球统一的高度标准化的 IT 系统对于联邦快递公司来说不仅节约了成本，而且效率更高。柏勤说："同一种解决方案用在某一台计算机上很好，但是到另一台计算机、另一个操作系统上，结果可能就会不一样。联邦快递公司全球标准化的部署保证了不论在哪个地区，我们在使用或是测试某种软件时。环境是一致的，因此能得到同样的结果。"虽然灵活的本地化采购可能价格更低，但后续维护系统的成本却会更大。作为一个员工众多而且业务规模相当大的区域，柏勤认为联邦快递公司中国区"在标准化上给予了公司很大的支持"。

标准化的另一个好处是保证客户和内部用户能够拥有统一的信息来源。例如，运货应用系统（shipment application）使用毕益辉系统公司（BEA，现已被 Oracle 公司收购）的 WebLogic Server 8.1 软件，运行在 Linux 服务器上，把联邦快递公司每个业务部门的运货系统都联系在一起。而 2005 年 10 月新部署的一个客户端的应用系统，也使用了同样的组件，使他们能够保持一致，在财务信息上,他们都使用统一的平台。"这使得资源的分配很明确,"J. P. 摩根大通公司前 CIO 丹尼斯·欧莱瑞(Denis O'Leary)说,"虽然不同的部门有不同的需求,但他们能使用共同的组件。"

2005 年,联邦快递公司在中国推出了基于 GPRS 技术的"掌上宝"——无线掌上快件信息处理系统,通过它来追踪包裹递送状态,缩短取件时间,中国成为联邦快递公司内部首个运用此项先进技术的国家。不仅如此,联邦快递公司的中国快递员们还与全球其他数万名快递员一样,使用着叫作 FedEx PowerPad 的手持设备,在取件过程中,他们可以通过蓝牙扫描器获得包裹信息,这比他们原来采用的手持机与数据槽相连的方式每件节省了约 10 分钟。

物流作为无线等新技术应用的热门行业,如何不失时机地应用新兴技术提高服务水平已经成为竞争的关键,这也是卡特和柏勤不得不面对的问题。虽然卡特以新技术的拥趸而著称。1999 年,无线网络技术面世不久,联邦快递公司就进行了应用部署。但是对于哪些技术可以大规模引入,联邦快递公司仍然相当谨慎。

"我们希望引入那些已经成熟而且商品化的新技术,"柏勒说,"例如,刚刚在中国和中国香港成功实施的 GPRS 技术。"有了这两地成功实施的经验,今年,GPRS 技术将被联邦快递公司推广到新加坡、澳大利亚、日本等国家。而对于一些尚存在风险的项目,如无线射频识别(RFID)技术,即使在竞争对手 TNT 集团已经建成了全球第一条投入实际使用的 RFID 运输线路的情况下,联邦快递公司仍然持谨慎态度。虽然联邦快递公司在美国已经对一些集装箱的跟踪进行了小规模的 RFID 部署,但大规模部署尚未展开。

联邦快递公司目前重点推出的还是网上查询、电子邮件通知等看上去不那么新鲜刺激的服务。柏勤解释说:"我们一直试图从客户的角度去考虑他们希望以何种形式得到服务,而不是追求最新的技术。"

问题

1. 无线技术是如何帮助联邦快递公司缩短运送时间的?
2. 标准化的 IT 系统是如何帮助联邦快递节约成本的?

资料来源:田强. 联邦快递将 IT "投"得更准 [J]. 信息周刊,2007.

在人类发展史上,科学技术对经济发展和社会进步发挥着关键性的作用。18 世纪末、19 世纪初起源于西方的工业革命开启了从早期的自然经济向工业经济转移的进程。从 20 世纪 90 年代开始,近 30 年来,以信息技术的大规模发展、渗透、扩张和利用为基本内容的社会信息化活动,已经成为推动一个国家和社会发展的最活跃的因素之一,人类又经历着一场新的变革。

管理信息化不仅要求采用计算机等设备替代传统的手工操作,而且需要将分布在不同地点的计算机连接起来形成网络,以实现各种数据的及时传输、信息的相互沟通和资源共享。因此，现代商业企业的计算机管理必然离不开计算机网络。企业经营的成与败、商战的胜与负，取决于这个企业的技术储备、产品的研制和市场的开拓等几个方面，但归根结底取决于信息的获取和利用，所以企业信息化改造的意义是很明显的。信息化革命正在打破并重组现存的国际经济秩序和结构，并促使其由物质型向信息型经济转变。并且，随着经济的全球化趋势，如果没有信息化，企业的改造、重组、工业化的过程就会更慢，企业的生存和发展就会成为大问题。既然信息技术的发展推动了新时代的到来，信息化变革又是大势所趋，作为企业的领导者，必须引导自己的企业及时地适应技术的发展。

目前对企业进行信息化调整是迫在眉睫的事情，先行一步的企业常会成为赢家，成为信息化浪潮中的弄潮儿，而那些不能及时做出改变的企业，即使幸运地避免了被淘汰的命运，也只能被挤到低增值的经营领域中分得残羹剩饭。现在已经有许多国外的企业提前走在了前头，为了保持并提高企业的竞争力，领导者不能没有紧迫感，现在就奋起直追应该是唯一的选择。

6.1 当今商业世界的通信和网络

在商业领域，要快速与客户、供应商及员工联系必须借助网络的帮助。1990年以前，几乎所有的商业通信都通过邮递、电话、传真等方式进行。而今天，人们越来越多地通过计算机、电子邮件、互联网、移动电话和接入无线网络的笔记本电脑等进行通信。如今在商业环境中，网络和互联网近乎为同义词。

6.1.1 网络与通信趋势

过去，公司使用两种截然不同的网络：处理语音通信的电话网络和处理数据通信的计算机网络。电话公司在整个20世纪使用语音传输技术（硬件及软件）建造电话网络，这些公司大部分在世界范围内垄断经营。计算机网络最早由计算机公司为寻求不同区域计算机间的数据传输而建设起来。

随着通信不断地放松管制和信息技术的不断革新，电话网络和计算机网络正慢慢地交汇成为使用共同的网络规范和设备的统一的数据网络。电信供应商，如ATET和Verizon，提供数据传输、互联网接入、无线电话服务、电视节目及语音服务。有线电视公司，如Cablevision和Comcast，现在提供语音服务互联网接入。计算机网络已扩大到网络电话及有限的视频服务。随着时间的推移，所有这些音频、视频和数据通信都将基于网络技术传输。

语音和数据通信网络同样变得越来越强大、迅速、方便携带（体积小，具有移动性），而价格低廉。

宽带无线平台，如手机、掌上数码设备和接入无线网络的个人计算机，将逐步取代语音和数据通信网络以及互联网接入服务。

6.1.2 计算机网络的功能

从概念上来讲，计算机网络是指通过数据通信系统把地理上分散的自主计算机系统连接起来，以达到数据通信和资源共享的一种系统。所谓自主计算机系统是指具有独立处理能力的计算机系统。计算机网络是在计算机技术和通信技术高度发展的基础上，两者相互结合的产物。一方面，通信系统为计算机之间的数据传送提供最重要的支持；另一方面，计算机技术渗透到通信领域中，又极大地提高了通信网络的性能。

根据上述定义，就系统的角度而言，计算机网络可分为资源子网和通信子网两部分。资源子网是指连接在网上的所有计算机系统的集合，其主要任务是完成信息的收集、存储和处理；通信子网由通信线路和网络连接设备（如网卡、集线器、网桥、路由器等）组成。

计算机网络的主要目的是实现资源共享。它随应用环境和实现条件不同，其用途也有一些不同，但其主要功能有资源共享、数据传输、负荷均衡和分布处理。一般计算机中的资源分为软件资源、硬件资源和数据资源。计算机网络资源共享分为以下三类。

1. 硬件共享

计算机网络应具有硬件资源共享的功能。例如，某计算机系统 A 由于无某特殊外围设备而无法处理某些较复杂的问题时，它可以将处理该问题的数据连同有关软件一起发送到拥有这种特殊外围设备的系统 B 中去，由系统 B 对该数据进行处理，处理完毕后再把有关软件及结果返回给计算机系统 A。

2. 数据共享

随着信息时代的到来，数据资源的重要性也越来越大。各发达国家已经建立了成千上万个拥有各类资源的大型甚至巨型数据库，供全国乃至全世界的各类不同的用户查询，如产品供求信息数据库、人才库、气象信息库等。事实上，现代计算机网络中是否设置了大型数据库，设置了哪些类型的大型数据库，是衡量一个国家计算机网络先进水平的重要标志，尤其是当今发展势头强劲的分布式数据库处理系统，它把计算机网络技术和数据库技术有机地结合起来，使用户能够方便存取几千里之外的数据，使全球成为一个整体。这种数据共享的应用极大地推动了信息社会的发展。我国也建立了大量的大型数据库，供全国用户查询使用。另外，随着 Internet 在我国的广泛应用，各种各样的在线信息也在网上发布，用户可以上网查询。

计算机网络实现数据共享的方式有服务端处理方式和客户端处理方式两种。

（1）当计算机系统甲需要系统乙中的数据时，可将请求信息发送至计算机系统乙中，由乙对请求信息进行处理，最后将请求处理的结果通过计算机网络返回到计算机系统甲中，这就是客户端/服务器模式，即 C/S（Client/Server）模式。这种模式的主要思想是：由客户发出请求，服务器进行处理并只将处理结果返回给客户，这样就大大节约了在网络上传输的信息量，从而大大提高了整个计算机网络的效率。目前还有一种很流行的浏览器/服务器模式，即 B/S（Browser/Server）模式，它是对 C/S 模式应用的扩展。客户端运行浏览器软件，客户端的请求以超文本形式传给 Web 服务器，Web 服务器接受客户端请求后，将这个请求转化为对数据库服务器的访问，数据库服务器得到请求后进行数据处理，然后将处理后的结果返回给 Web 服务器，Web 服务器将得到的结果转变成 HTML 文档形式，转发给客户端浏览器以友好的 Web 页面形式显示出来。

（2）与服务端处理方式相反，当计算机系统甲需要计算机系统乙中的数据时，由乙根据甲的请求信息将整个状态下有关的数据内容发送至甲，由甲自行处理。这种方式的缺点是占用网络通信量大，要求计算机有足够的处理能力，这种方式已经趋于淘汰。

3. 软件共享

计算机网络可提供共享的软件，包括各种语言处理程序和各式各样的应用程序。实现软件共享的方法有以下两种。

（1）当计算机甲需要计算机乙中的软件 A 时，甲将数据 D 发送至乙，由乙利用软件 A 对数据 D 进行处理后，再将结果返回到计算机甲。

（2）计算机甲请求计算机乙把软件 A 发送至计算机甲，由计算机甲自己处理。

6.2　通信网络

通信网络是通信系统的一种形式，对于这样一个复杂的大系统，站在不同的角度，应该有不同的观点。从用户的角度而言，通信网络是一个信息服务设施，甚至是一个娱乐服务设施，用户可以使用它获取信息、发送信息、进行娱乐活动等；而从工程师的角度而言，通信网络则是由各种软、硬件设施按照一定的规则互连在一起，完成信息传递任务的系统。工程师希望这个系统应该可测、可控，便于管理和扩充。

这里为通信网下一个通俗的定义：通信网是由一定数量的节点（包括终端节点、交换节点）和连接这些节点的传输系统有机地组织在一起的，按约定的信令或协议完成任意用户间信息交换的通信体系。用户使用它可以克服空间、时间等障碍来进行有效的信息交换。

在通信网上，信息的交换可以在两个用户间进行，在两个计算机进程间进行，还可以在一个用户和一个设备间进行。交换的信息包括用户信息（如话音、数据、图像等）、控制信息（如信令信息、路由信息等）和网络管理信息3类。由于信息在网上通常以电或光信号的形式进行传输，因而现代通信网又称电信网。

应该强调的一点是，网络不是目的，只是手段。网络只是实现大规模、远距离通信系统的一种手段。与简单的点到点的通信系统相比，它的基本任务并未改变，通信的有效性和可靠性仍然是网络设计时要解决的两个基本问题，只是由于用户规模、业务量、服务区域的扩大，解决这两个基本问题的手段变得复杂了。例如，网络的体系结构、管理、监控、信令、路由、计费、服务质量保证等都是由此派生出来的。

6.2.1 通信网的类型

可以根据通信网提供的业务类型，采用的交换技术、传输技术、服务范围、运营方式、拓扑结构等方面的不同来对其进行各种分类。这里给出四种常见的分类方式。

（1）按业务类型分。

可以将通信网分为电话通信网（如PSTN、移动通信网等）、数据通信网（如X.25、Internet、帧中继网等）、广播电视网等。

（2）按空间距离分。

可以将通信网分为广域网（wide area network，WAN）、城域网（metropolitan area network，MAN）和局域网（local area network，LAN）。

（3）按信号传输方式分。

可以将通信网分为模拟通信网和数字通信网。

（4）按运营方式分。

可以将通信网分为公用通信网和专用通信网。

需要注意的是，从管理和工程的角度而言，网络之间本质的区别在于所采用的实现技术不同，其主要包括3方面：交换技术、控制技术及业务实现方式。而决定采用何种技术实现网络的主要因素则有：用户的业务流量特征、用户要求的服务性能、网络服务的物理规模、网络的规模、当前可用的软、硬件技术的数据处理能力等。

6.2.2 通信网的基本模型

1. 点到点的通信系统

克服时间、空间的障碍，有效而可靠地传递信息是所有通信系统的基本任务。实际应用中存在各种类型的通信系统，它们在具体的功能和结构上各不相同，然而都可以抽象成如图6-1所示的模型，其基本组成包括信源、发送器、信道、接收器和信宿 5 部分。

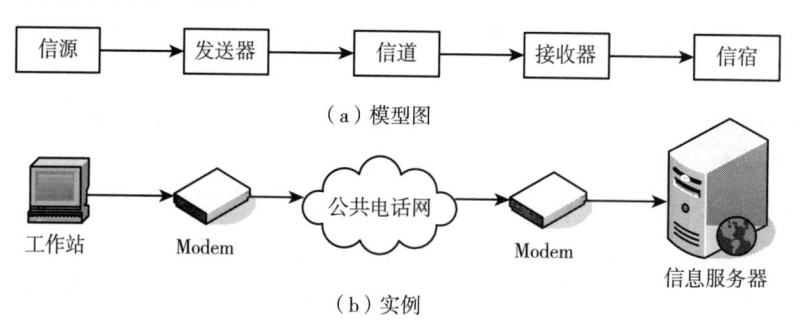

（a）模型图

（b）实例

图 6-1　简单通信系统模型

（1）信源：产生各种信息的信息源，它可以是人或机器（如计算机等）。

（2）发送器：负责将信源发出的信息转换成适合在传输系统中传输的信号。对应不同的信源和传输系统，发送器会有不同的组成和信号变换功能，一般包含编码、调制、放大和加密等功能。

（3）信道：信号的传输介质，负责在发送器和接收器之间传输信号。通常按传输介质的种类可分为有线信道和无线信道，按传输信号的形式则可分为模拟信道和数字信道。

（4）接收器：负责将传输系统中收到的信号转换成信宿可以接收的信息。它的作用与发送器正好相反，主要功能包括信号的解码、解调、放大、均衡和解密等。

（5）信宿：负责接收信息。

上述通信系统是一个点到点的通信模型，要实现多用户间的通信，则需要一个合理的拓扑结构将多个用户有机地连接在一起，并定义标准的通信协议，以便使它们能协同工作，这样就形成了一个通信网。

通信网要解决的是任意两个用户间的通信问题。由于用户数目众多，地理位置分散，并且需要将采用不同技术体制的各类网络互相连接在一起，因此通信网必然涉及寻址、选路、控制、管理、接口标准、网络成本、可扩充性、服务质量保证等一系列在点到点模型系统中原本不是问题的问题，这些因素增加了设计一个实际可用的网络的复杂度。

2. 交换式网络

要实现一个通信网，最简单直观的方案就是在任意两个用户之间提供点到点的连接，从而构成一个网状结构，如图 6-2（a）所示。该方法中每一对用户之间都需要独占一个永久的通信线路，通信线路使用的物理介质可以是铜线、光纤或无线信道。然而该方法并不适用于构建大型广域通信网，其主要原因如下。

（1）用户数目众多（设为 N）时，构建网状网成本太高，任意一个用户到其他 N-1 个用户都要有一个直达线路，技术上也不可行。

(a)　　　　　　　　　　　　　　(b)

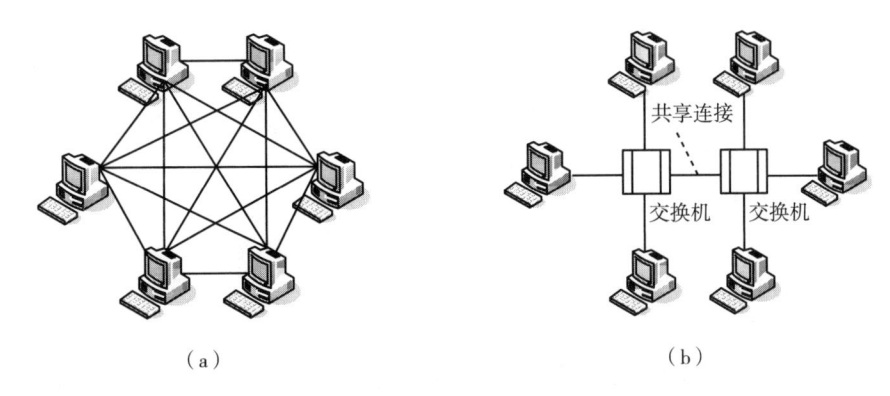

图 6-2　点到点的网络与交换式网络

（2）每一对用户之间独占一个永久的通信线路，信道资源无法共享，会造成巨大的资源浪费。

（3）这样的网络结构难以实施集中的控制和管理。

为解决上述问题，广域通信网采用了交换技术，即在网络中引入交换结点，组建交换式网络，如图 6-2（b）所示。在交换式网络中，用户终端都通过用户线与交换结点相连，交换结点之间通过中继线相连，任何两个用户之间的通信都要通过交换结点进行转接交换。在网络中，交换结点负责用户的接入、业务量的集中、用户通信连接的创建、信道资源的分配、用户信息的转发，以及必要的网络管理与控制功能的实现。

"交换"概念背后的思想是让网络根据用户的实际需求分配通信所需的网络资源，即用户有通信需求时，网络为其分配资源，通信结束后，网络回收分配给用户的资源，让其他用户使用，从而达到网络资源共享，降低通信成本的目的。其中，网络负责管理和分配的最重要资源就是通信线路上的带宽资源，而网络为此付出的代价是，需要一套复杂的控制机制来实现这种"按需分配"。因此从资源分配的角度而言，不同网络技术之间的差异主要体现在分配、管理网络资源策略上的差异，它们直接决定了网络中交换、传输、控制等具体技术的实现方式。一般而言，简单的控制策略通常资源利用率不高，若要提高资源利用率，则需要以提高网络控制复杂度为代价。现有的各类交换技术都根据实际业务的需求，在资源利用率和控制复杂度之间做了某种程度的折中。

在交换式网络中，用户终端至交换结点可以使用有线接入方式，也可以采用无线接入方式；可以采用点到点的接入方式，也可以采用共享介质的接入方式。传统有线电话网中使用有线、点到点的接入方式，即每个用户使用一条单独的双绞线接入交换结点。如果多个用户采用共享介质方式接入交换结点，则须解决多址接入的问题。目前常用的多址接入方式有：频分多址接入（FDMA）、时分多址接入（TDMA）、码分多址接入（CDMA）、随机多址接入等。例如，CDMA移动通信网就采用了无线、共享介质、码分多址接入方式；宽带接入网中大多也采用共享介质方式接入。

另外，为了提高中继线路的利用率，降低通信成本，现代通信网采用复用技术，即将一条物理线路的全部带宽资源分成多个逻辑信道，让多个用户共享一条物理线路。实际上，在广域通信网上，任意用户间的通信，通常占用的都是一个逻辑信道，极少有独占一条物理线路的情况。

复用技术大致可以分为静态复用和动态复用（又称统计复用）两大类。静态复用技术包括频分多路复用和同步时分复用两类；动态复用主要指动态时分复用（统计时分复用）技术。

交换式网络主要有如下优点。

（1）大量的用户可以通过交换结点连到骨干通信网上，由于大多数用户并不是全天候需要通信服务，因此骨干网上交换结点间可以用少量的中继线路以共享的方式为大量用户服务，这样大大降低了骨干网的建设成本。

（2）交换结点的引入也增加了网络扩容的方便性，便于网络的控制与管理。

实际中的大型交换网络都是由多级复合型网络构成的，为用户建立的通信连接往往涉及多段线路、多个交换结点。

6.3　全球互联网

Internet 始建于 1969 年，最初称为 ARPAnet。ARPAnet 中的 ARPA 起源于 Advanced Research Project Agency（高级研究计划署），后来称为国防高级研究计划署（DARPA），是美国国防部（Department of Defense）下属的单位，最初目的是使广泛分布于各地且各自独立的计算机能够互相传输信息和数据，并保证这些信息和数据尽可能地稳定、可靠，DARPA 当时也希望所建立的网络有足够的能力处理和恢复一些故障，如断电、通信线路中断，甚至遭到核攻击等。

20 世纪 80 年代初，ARPA 和美国国防部通信局研制成功了用于异构网络的 TCP/IP 协议并投入使用。此后美国加州大学伯克利分校把该协议作为其 BSD UNIX 的一部分，使该协议得以流行。1986 年，美国国家科学基金会（NSF）以 5 个为科研教育服务的超级计算机中心为基础建立 NAFnet 网络，以便在全国实现资源共享。随着通信线路的不断改进、计算机技术的不断提高，以及微机的普及，特别是商家的参与，Internet 几乎无所不在、无所不为。

目前世界上大多数国家都建立了自己的 Internet 骨干网并相互连接，中国的 Internet 从 20 世纪 80 年代末开始，已经建成了四个骨干网，它们是中国公用计算机互联网（CHINANET）、中国科学技术网（CSTNET）、中国教育科研网（CERNET）和中国金桥网（GBNET）。在这些网络下面连接着数以千计的接入网，它们之间既内部互联又各自具有独立的国际出口，分别与美国、英国、德国、日本等国家及中国香港地区、中国澳门地区互联，形成了真正的国际互联网络。Internet 之所以能在人类进入信息化社会的进程中起到不可估量的作用，其主要原因是它具有极高的工作效率和丰富的资源。普通的用户通过骨干网或它们的接入网，就能真正做到足不出户便知天下事。利用 Internet 可以周游世界，可以获取最新的信息，可以从事教育和受教育，甚至可以开展商业和金融活动。Internet 正在改变着人们的工作和生活方式，它将为即将到来的信息时代带来一场新的革命。

6.3.1 互联网的概念

Internet 的基本概念如下。

1. Internet 服务提供者 ISP

对于各级网络用户来说，ISP 可以提供连接 Internet 的接口。

2. CHINANET 主干网

CHINANET 主干网是国际 Internet 在中国的延伸，它是中国最主要的主干网，占据了我国国际出入口总带宽的 80% 以上。

3. 超文本

超文本是指带超链接的文本或图形，超文本文档中存在大量的超链接，每个超链接都是将某些单词或图像以特殊的方式显示出来，如特殊的颜色、下划线或是高亮度（即热字）表示，通过超链接可以激活一段声音或显示一个图形。

4. 超文本传输协议 HTTP

超文本传输协议 HTTP 是一种简单的通信协议，也是互联网上用于发布信息的主要协议，是 WWW 客户机与 WWW 服务器之间的应用层传输协议，它保证超文本文档在主机间的正确传输，能够确定处理传输文档中的哪一部分及传输顺序等。

5. 超文本标记语言 HTML

超文本标记语言 HTML 是一种专门的编程语言，用于编制通过 WWW 显示的超文本文件的页面。HTML 是一种用来定义信息表现方式的格式化语言，它告诉浏览器如何显示信息，如何进行链接。Internet 中的网页便是使用 HTML 语言开发的超文本文件，一般具有 htm 或 html 扩展名，主页的默认文件名为 Index. htm 或 Default. htm。由于 HTML 具有通用性、简易性、可扩展性、平台无关性等特点，因而被广泛应用。

6. 万维网（WWW）

WWW 是英文"World Wide Web"的缩写。WWW 是以超文本标注语言 HTML

与超文本传输协议 HTTP 为基础,能够提供面向 Internet 服务的、一致的用户界面的信息浏览系统。Web 由许多 Web 站点构成,每个站点由许多 Web 页面构成,起始页叫作主页(home page)。WWW 通过超文本链接功能将文本、图像、声音和其他 Internet 上的资源紧密结合起来,并显示在浏览器上。

7. URL

URL 是统一资源定位器的英文缩写,用来定位 HTML 的超链接信息资源的所在位置。URL 描述了浏览器检索资源所用的协议、资源所在的计算机主机名以及资源的路径与文件名。标准的 URL 格式如下:

协议://主机:[端口号]/路径

常用的协议有 HTTP、FTP(文件传送协议)、NEWS(网络新闻论坛)等,其中端口号可以省略,常用 Internet 协议的默认端口号,如 HTTP 为 80、FTP 为 21、SMTP 为 25 等。

6.3.2 互联网架构与管理

1. 通信协议

数据通信网是将多种计算机和各类终端,通过通信线路连接起来的一个复杂系统,要实现资源共享、负载均衡、分布处理等网络功能,就必须找到它们之间互连而协调一致的规约,这就是网络协议。协议的制定和实现采用层次结构,即将复杂的协议分解为一些简单的分层协议,再综合成总的协议。按其使用情况分为两类:一类是同等功能层间的通信规约,称为通信协议,它是完成该功能层的特定功能且双方必须遵守的规定;另一类是同一计算机不同功能层间的通信规约,称为接口或服务,它规定了两层之间的接口关系及利用下层的功能提供上层的服务。

为了使系统结构标准化,便于计算机之间的互通,国际标准化组织(ISO)提出了开放系统互联参考模型(OSI),作为指导计算机网络发展的标准协议。所谓开放系统,是指一个系统与其他系统进行通信时能够遵循 OSI 标准的系统,按 OSI 标准研制的系统,均可实现互联。OSI 参考模型采用 7 层协议结构,如图 6-3 所示。

(1)物理层。物理层的主要功能是为计算机等开放系统之间建立、保持和断开数据电路的物理连接,并确保在通信信道上传输可识别的透明比特流信号和时钟信号。物理层有 4 个基本特性:机械特性、电气特性、功能特性和过程特性。这些特性用于提供连接服务。物理层协议的目标是使所有厂家的计算机和通信设备在接口上按规定互相兼容,如调制解调器与计算机之间的接口标准 RS-232 就是一个典型的物理层协议。

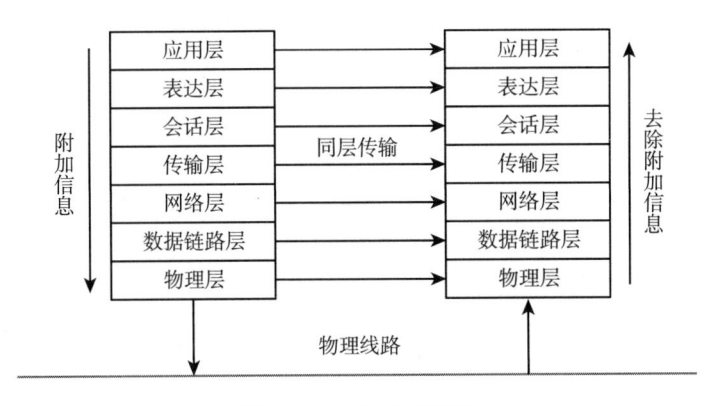

图 6-3　OSI 参考模型

（2）数据链路层。数据链路层的目的是屏蔽物理层的特征，面向网络层提供几乎无差错、高可靠性传输的数据链路，确保数据通信的正确性。数据链路层主要解决两个问题：①数据传输管理，包括信息传输格式、差错检测与恢复、收发之间的双工传输争用信道等；②流量控制，协调主机与通信设备之间的数据传输速率失配。

数据链路层在相邻节点之间无差错地传送以帧为单位的数据。帧包含控制信息和上层数据，帧中有地址、序号、校验等控制信息，可以进行差错控制、流量控制等。接收方如查出帧有错误，就要通知发送方重发该帧。

（3）网络层。网络层的作用是选择合适的路由，使分组经过一段段的数据链路传送到网络的另一端。对大型网络而言，路由选择和流量控制比较复杂。网络层服务可以分为面向连接服务和无连接服务。面向连接服务也称为虚电路服务，是一种可靠的、保证顺序的、无丢失的服务；无连接服务也称为数据报服务，不保证顺序，可能有丢失，但简单、易于实现。

（4）传输层。传输层只存在于用户计算机中，也称为计算机—计算机层或端—端层。OSI 的前三层可组成公共网络（分组网中的节点只有前三层），它可以被很多设备共享，并且数据在计算机—节点机、节点机—节点机间是按"接力"方式传送的，为了防止传送途中报文的丢失，计算机之间可实行端—端控制。传输层的主要功能是建立、拆除和管理传送连接，它是在网络连接的基础上工作的，如果网络层服务质量较高（如虚电路服务），传输层协议就较简单；如果网络层服务不高（如数据报服务），传输层协议就较复杂。

（5）会话层。会话层管理和协调两个计算机之间的信息交互，并提供建立和使用连接的方法，一个连接就称为一个"会话"，对会话进行管理，如单/双工选择。为方便重传，可以进行通信任务分割和同步，当传输层连接出现故障时，整个通信活动不必重新开始，只需从同步点进行重传即可。

（6）表达层。表达层管理所用的字符集与数据码、数据在屏幕上的显示或打印方式、颜色的使用、所用的格式等。该层的主要功能有字符集转换、数据压缩、数据的加密与解密、实终端与虚终端之间的转换，使字符、格式等有差异的设备间可以相互通信,并提高通信效能,增强系统的保密性等。

(7)应用层。应用层确定应用进程的性质,为应用进程提供通信接口。根据不同应用性质,应用层需要提供不同的功能和服务,如电子邮件、联系控制、可靠传输、远程操作等。由于应用的种类很多,使得应用层很复杂。

以上7层功能也可以按其特点分为低层和高层。通常将1~3层归为低层,其目的是保证系统之间跨越网络的可靠信息传输;4~7层归为高层,主要实现面向应用的信息处理和通信功能。

2. OSI 参考模型中的几个基本概念

(1)协议,不同系统中的同一层实体(又称对等层实体,在许多情况下,实体就是一个特定的软件模块)进行通信的规则的集合称为协议。它规定协议数据单元(PDU)的格式、通信双方所要完成的操作、给上层提供的服务。数据链路层的 PDU 是帧,网络层的 PDU 是分组,传输层以上层的 PDU 统称为报文。

(2)服务,在同一系统中,下层实体给上层实体提供的功能称为服务。下层为服务提供者,上层为服务使用者(用户),用户只能看见下层的服务而看不见下层协议。在体系结构中,协议是水平方向的,服务是垂直方向的。

下层能够向上层提供的服务有面向连接服务和无连接服务两种形式。面向连接服务在数据交换之前必须先建立连接,保留下层的有关资源,数据交换结束后,终止这个连接,释放所保留的资源,面向连接服务是按序传送数据的。对于无连接服务,两个实体之间的通信不需要先建立好一个连接,因此,其下层的有关资源不需要事先预留,这些资源是在数据传输时动态进行分配的。无连接服务的优点是灵活、方便和迅速,但无连接服务不能防止报文的丢失、重复或失序;而且,采用无连接服务时,每个报文都必须提供完整的目的地址,因此,开销也较大。

(3)服务访问点,在同一系统中相邻两层之间交换信息的地点称为服务访问点(SAP)。它实际就是下层向上层提供服务的逻辑接口,有时也称为端口(PORT)或者套接字(SOCKET)。

(4)服务原语,在同一系统中相邻两层要按服务原语的方式交换信息。这些服务原语的交换地点是服务访问点。服务原语有请求、指示、响应和证实4种类型。原语中可以包含对方的地址、要传送的内容、所要求的服务质量等信息。

3. OSI 参考模型与数据通信的关系

OSI 参考模型是计算机互联体系结构发展的产物,它的目的是为异种计算机互联提供一个共同的基础和标准框架,并为保持相关标准的一致性和兼用性提供共同的参考。它的基本内容是通信功能连接的分层结构。OSI 参考模型与几种典型的数据通信网在功能上的对应关系如表6-1所示。

表6-1　　　　　OSI 参考模型在功能上与数据通信网的对应关系

网络名称	与 OSI 参考模型的对应
X.25 分组交换网	物理层、数据链路层、网络层
数字数据网（DDN）	物理层
帧中继网	物理层、数据链路层
ATM 网	物理层、数据链路层
Internet	物理层、数据链路层、网络层、传输层

4. 数据链路控制规程

数据链路的通信操作规则称为数据链路控制规程，它的目的是在已经形成的物理电路上建立起相对无差错的逻辑链路，以便在数据终端设备（data terminal equipment，DTE）与网络之间、DTE 与 DTE 之间有效、可靠地传送数据信息。

数据链路控制规程依据所传输信息的基本单位，一般可以分为面向字符协议与面向比特协议两类。顾名思义，其所传输信息的基本单位分别为字符和比特。

（1）面向字符协议。面向字符协议的特点是传输以字符为单位的报文，并且用一些特殊的字符来进行传输控制与连接。其中较著名的是 IBM 公司的"二进制同步通信"协议，主要用于点对点及多点共享的场合，支持半双工方式。

由于面向字符协议应用的有效性及灵活性不及面向比特协议，因此目前已很少使用。面向比特协议的特点是数据传输以帧的形式进行，每帧的数据比特长度是任意的，因此不再是"面向字符"，而是"面向比特"；支持任何工作方式与链路结构，如半双工、全双工、点对点、多点共享、分组交换等，采用同步方式传输数据。

（2）面向比特协议。ISO 制定的高级数据链路控制（HDLC）协议就是面向比特协议，它是 ISO 根据 IBM 公司的 SDLC 协议扩充开发而成的。CCITT（consultative committee of international telegraph and telephone，国际电报电话咨询委员会）也有一个相应的标准，叫作 LAP – B 协议，它其实是高级数据链路控制（high-level data link control，HDLC）的子集。

HDLC 协议的特点可以概括如下：

① 透明传输，对于要传输的信息文本的比特结构无任何限制，也就是说，信息文本可以是任意的字符码集或任意比特串，无论采用何种比特结构都不会影响数据链路的监控操作。

② 可靠性高，在所有的帧里都采用循环冗余校验，并且将信息帧按顺序编号，以防止帧的漏发和重收。

③ 传输效率高，在通信中无须等到对方应答就可以传送下一帧，可以连续传送，也可以双向同时通信。

④ 灵活性大，传输控制与处理功能分离，应用范围比较广泛。

HDLC 协议的适用环境与操作方式如下。

利用 HDLC 规程进行通信时，可以有三种类型的通信站，即主站、从站和复合站。主站负责建立数据链路、数据传送及链路差错恢复等控制，主站发出命令要求从站执行指定操作；从站负责执行主站指示的操作，并向主站发送响应；复合站兼有主站与从站功能，既能发送又能接收命令和响应。

数据通信双方通信站的构成可分为两类，即非平衡型与平衡型结构。非平衡型由一个主站和一个或多个从站组成，即"点对点"和"多点"式结构；平衡型只能是点对点工作，通信双方都具有主站和次站的功能，其链路结构如图 6-4 所示。

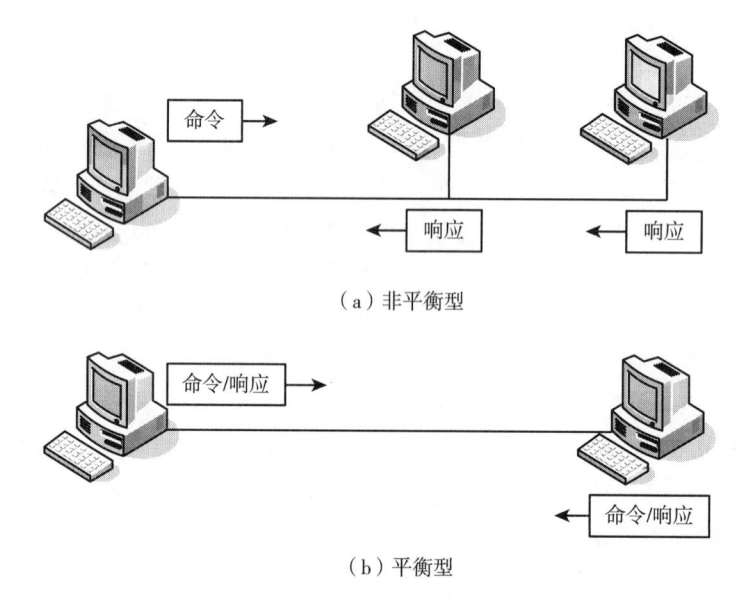

(a) 非平衡型

(b) 平衡型

图 6-4 HDLC 协议通信链路结构

非平衡配置有两种数据传送方式，其中最常用的是正常响应方式（NRM），其特点是只有主站才能发起向次站的数据传输，而次站只在收到主站命令才发出响应；另一种用得较少的是异步响应模式（ARM），在此种模式下，次站可不必收到主站命令就主动地向主站发出信息，但是主站要负责全线的初始化、链路的建立和释放及差错恢复等。

平衡配置则只有异步平衡方式（ABM），其特点是每个复合站都可以平等地发起数据传输，而不需要得到对方站的允许。

6.3.3 内联网和外联网

1. 内联网

内联网（Intranet）是利用互联网和 Web 概念与技术建立的企业内部网络。它是使用企业现有的网络设施、互联网连接标准及为万维网开始使用的软件，建立的可以进入企业数据库的企业内部网络。内联网可供企业内部多种计算机使用,包括移动掌上电脑和无线远程访问设备。

内联网对象仅限于企业内部的成员,并通过防火墙阻止来自外部公共网络的访问。防火墙是一种利用专用软件防止外部用户访问内部网络的安全系统。内联网软件技术与万维网是一样的,如图 6-5 所示。

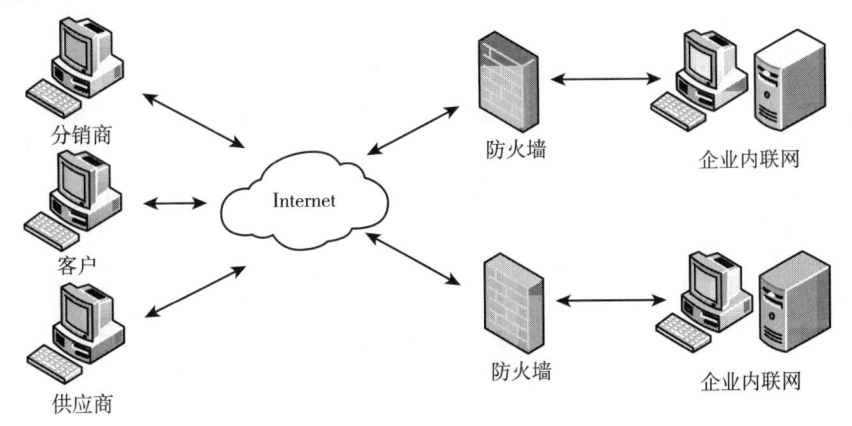

图 6-5 内联网

2. 外联网

外联网 (Extranet) 是不同单位间为了频繁交换业务信息,而基于互联网或其他公网设施构建的单位间专用网络通道。

如果内联网加上专线连接或者虚拟专网 (virtual private network, VPN) 的应用,内联网又可以升级转换成一个外联网,如图 6-6 所示。企业的外联网可以这样表述:外联网是企业与其合作伙伴之间管理信息系统网络,外联网是内联网的一种延伸,外联网可以用这样一个公式来表示:外联网 = 内联网 + 企业外部扩展。

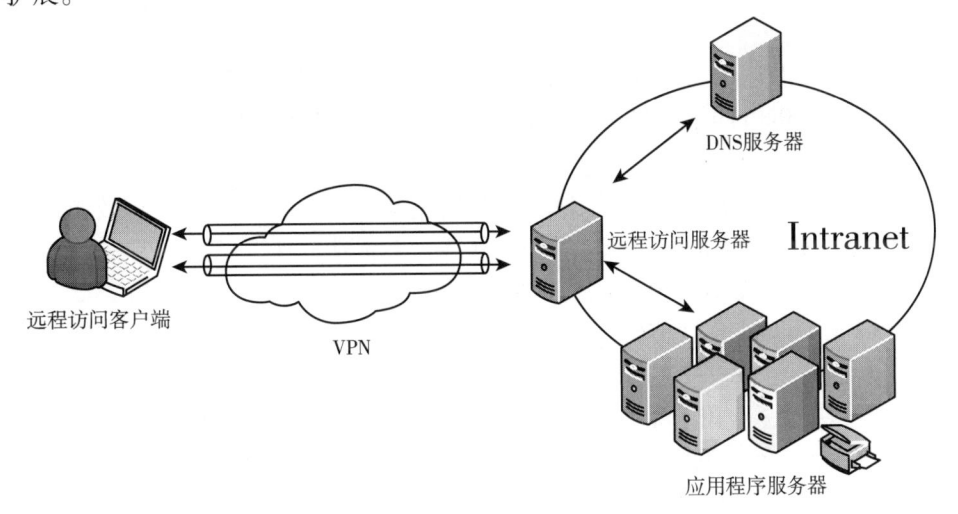

图 6-6 外联网

外联网不仅仅局限于一个企业内部,而是把相互合作的上下游企业的网络连在了一起。同时外联网又隔离了外部的非法访问,从而保护了外联网内部各企业数据的安全性。

因为外联网涉及不同单位的局域网,所以不仅要确保信息在传输过程中的安全性,更要确保对方单位(如供应商、客户、分销商)不能超越权限,通过外联网连入本单位的内部网。如在电子政务领域 VPN 外联网经常应用于网上报税系统、企业审计监察、人民代表大会代表联网办公、海关电子报关、政府信息中心和各委办局单位信息中心的联网等系统中;在商业领域,内联网与外联网为公司内部协调业务,连接顾客及供应商方面降低了成本。通过建立外联网与其他公司合作管理连锁业务、产品设计与开发及员工培训。

6.4 无线革命

无线通信使企业与顾客、供应商及员工间保持更紧密的联系,为组织工作提供了更灵活的安排方法。无线技术同样产生了很多新产品、新服务和新的销售渠道。

6.4.1 无线计算机网络与无线网络接入

如果你使用笔记本电脑,即使在寝室从一个房间搬到另一个房间,或在图书馆从一个桌子移到另一个桌子仍能接入网络。多种技术为个人电脑和其他无线掌上设备、手机提供了接入高速无线网络的机会。无线网络已广泛应用于有线网络无法覆盖的区域。

1. 无线宽带 Wi-Fi

无线宽带 Wi-Fi 是 802.11 无线局域网协议的别称。无线局域网协议一共包括 802.11a、802.11b 和 802.11g 三种。随着无线网络速度与容量的不断扩大,出现 802.11n。

802.11a 在 5 吉赫的 ISM 频段上的数据传输速率可达 54Mbps,有效距离为 10~30 米;802.11b 在 2.4GHz 的 ISM 频段上数据传输速率高达 11Mbps,有效距离为 30~50 米,在户外使用塔顶天线还能扩大使用距离;802.11g 在 2.4 吉赫的 ISM 频段上的数据传输速率可达 54Mbps;802.11n 数据传输速率可超过 300Mbps。

802.11b 最早应用于无线网络和无线网络接入,随后 802.11g 也逐渐得到应用。如今双波段系统同时支持 802.11b 和 802.11g。在大部分 Wi-Fi 通信中,有线局域网内的无线设备在访问点(access point,AP)的协调下进行。访问点是指与有线网络、路由或集线器相连的装有无线接收与发射器的盒子。

图 6-7 描绘了利用 802.11 无线局域网将移动设备连接到有线网络的系统内部模式。大部分无线设备都是客户端计算机，移动客户站所需要的服务器均处于有线局域网中，访问点控制无线网络，是有线网络与无线网络的桥梁（连接两个基于不同技术的局域网）。

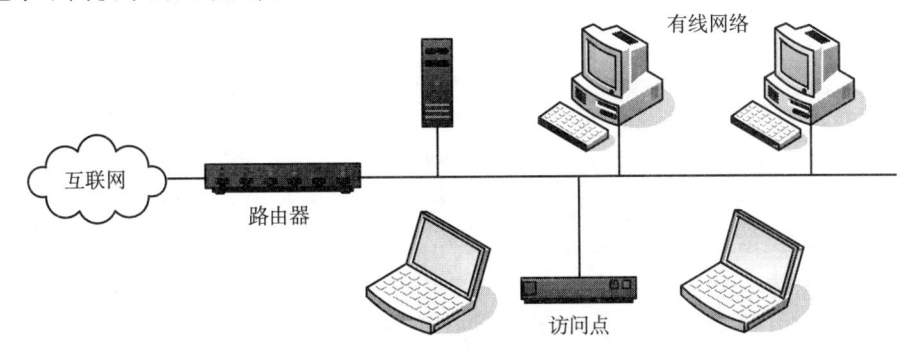

图 6-7　Wi-Fi 与无线网络接入

802.11 标准同样可以使用宽带连接无线网络。这时，利用访问点接入网络，有线电视线路或数字订购线路电话服务。访问点有效范围内的计算机同样能接入无线网络。

热点（hotspots）是位于屋顶、墙壁或公共场所其他地方安装的一个或多个访问点，为特定区域提供无线网覆盖，如图 6-8 所示。处于热点范围内的用户可以使用 Wi-Fi 支持的笔记本、掌上电脑或手机接入无线网络。有些热点是免费的或不需要任何其他软件便可以使用的，也有些热点需要激活，并在网上利用信用卡账号注册用户后才能使用。

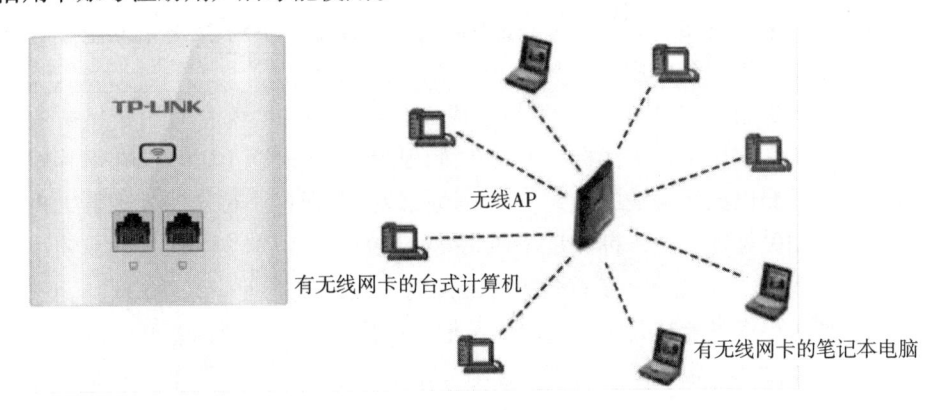

图 6-8　AP 设备及 AP 模式

但是，Wi-Fi 技术也面临着挑战。如果 Wi-Fi 热点使用不同的网络服务，用户便不能在热点间随意畅游。除了免费服务之外，用户还需要登录不同的账号享受各项不同的功能，而各项功能均独立收费。

Wi-Fi 最主要的缺陷在于保密性差，易受外来者入侵。Wi-Fi 另一个缺陷在于易受附近使用同一波段通信系统的干扰，如无线电话、微波炉或其他无线局域网。基于802.11n的无线网络利用 MIMO（Multiple Input Multiple Output）技术很好地解决了这一问题，此技术同时使用多个无线天线来传送接收数据，协调多个同时传输的无线信号。

2. WiMAX

世界上很多地方无法接入 Wi-Fi 或固定宽带连接。Wi-Fi 系统在基站300英尺（接近100米）范围内才能使用，这使得没有电缆或数字用户线路（Digital Subscriber Line，DSL）的农村地区很难找到无线接口接入网络。

为了解决这些问题，IEEE 开发了新的无线宽带接入技术——WiMAX。WiMAX，全称为 World Wide Interoperability for Microwave Access，即微波互联接入，WiMAX 数据传输距离可达31英里，速度可达75Mbps。802.16的系列宽频无线标准以高保密性、高质量服务提供语音及视频服务。

WiMAX 天线可与高速互联网连接媲美。例如，Sprint Nextel 正在建造全美范围内的 WiMAX 网络，提供语音、视频电话和其他数据密集型无线服务。英特尔生产一种专用芯片，可以使移动电脑接入 WiMAX。

6.4.2 电子标签与无线传感器网络

1. 电子标签

电子标签（radio frequency identification，RFID），又称射频标签、射频卡、射频卷标或应答器。由于电子标签广泛应用于商业流通、物流管理及众多与人们密切相关的领域，也便于和其他形式的标签卡相区别，因而采用通俗的电子标签的称呼有助于其推广和应用。

电子标签是由 IC 芯片和通信天线组成的。标签中一般保存有约定格式的电子数据。在实际应用中，无线标签附着在待识别物体的表面上。存储在芯片中的数据，由读写器以无线电波的形式非接触地读取，并通过读写器的处理器，进行信息解读和相关处理。电子标签是一种非接触式的自动识别技术，是目前使用的条形码的无线版本。电子标签的应用将给零售、物流等产业带来革命性的变化。电子标签技术很有可能在几年以内取代条形码扫描技术。电子标签便于进行大规模生产，并能做到日常免维护使用。读写设备采用独特的微波技术，同时收发电路成本低，性能可靠，是近距离自动识别技术实施的很好的方案。收发天线采用微带平板天线，便于各种应用场合安装且易于生产，天线的环境适应性强，机械和电气特性都比较好。

系统工作时，读写器发出微波查询（能量）信号，电子标签（无源）收到微波查询能量信号后，将其中的一部分整流为直流电源供电子标签内的电路工作，另一部分微波能量信号被电子标签内保存的数据信息调制（ASK）后反射回读写器。读写器接收反射回的幅度调制信息，从中提取出电子标签中保存的标识性数据信息。在系统工作过程中，读写器发出的微波信号与接收发射回的幅度调制信号是同时进行的。发射回去的信号强度要比发射信号弱得多，因此技术实现上的难点主要在于同频接收。

电子标签与读写器间通过电磁波进行通信。与其他通信系统一样，电子标签可以看成一个特殊的收发信机。总的来说，电子标签可以分为两部分，即标签芯片和标签天线。如图 6-9 所示，标签天线的功能是收集阅读器发射到空间的电磁波和将芯片本身发射的能量以电磁波的方式发射出去；标签芯片的功能是对标签接收的信号进行解调、解码等各种处理，并把电子标签等要返回的信号进行编码、调制等各种处理。

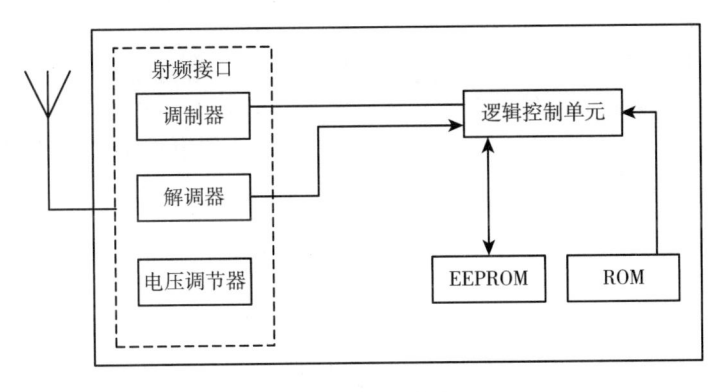

图 6-9 电子标签

（1）标签芯片。标签芯片是电子标签的核心部分，主要功能有标签信息存储、标签接收信号的处理和标签发射信号的处理。电子标签芯片按功能和结构特征可以分为射频、模拟前端，数字控制，存储器模块三个模块。电子标签芯片系统框图如图 6-10 所示。

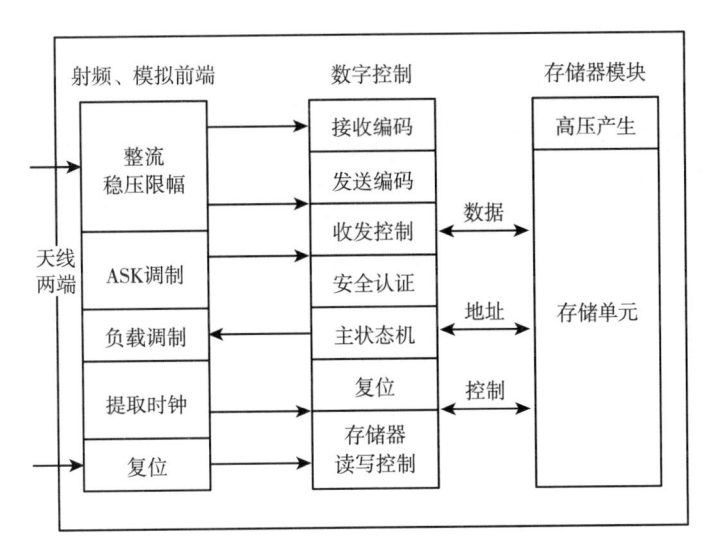

图 6-10 电子标签芯片系统

① 射频前端。电子标签芯片的射频前端除了提供阅读器与电子标签数字模块的传输接口之外，还提供数字电路的电源，其主要功能有：将标签天线端输入的射频信号整流为供标签工作的直流能量；对射频输入的 AM 调制信号进行包络检波，得到所需信号包络，供后级模拟端比较电路工作使用。

射频前端模块还需将数字基带送来的返回信号对天线端进行调制反射。

② 模拟前端。电子标签芯片的模拟前端在射频前端和数字电路之间，包括稳压电路、偏置及时钟电路和包络信号迟滞比较电路。其主要功能有：为芯片提供稳定的电压；将射频输入端得到的包络信号进行检波，得到数字基带所需的信号；为数字基带信号提供复位信号；提供芯片的稳定偏置电流；为数字基带提供稳定的时钟信号。

③ 数字控制模块。数字部分由 PPM 解码模块、命令处理模块、CRC 模块、主状态机、编码模块、防碰撞控制、映射模块、通用寄存器、专用寄存器、EEPROM 接口组成，如图 6-11 所示。其主要功能是处理模拟解调后的数据，负责与 EEPROM 及阅读器的通信。

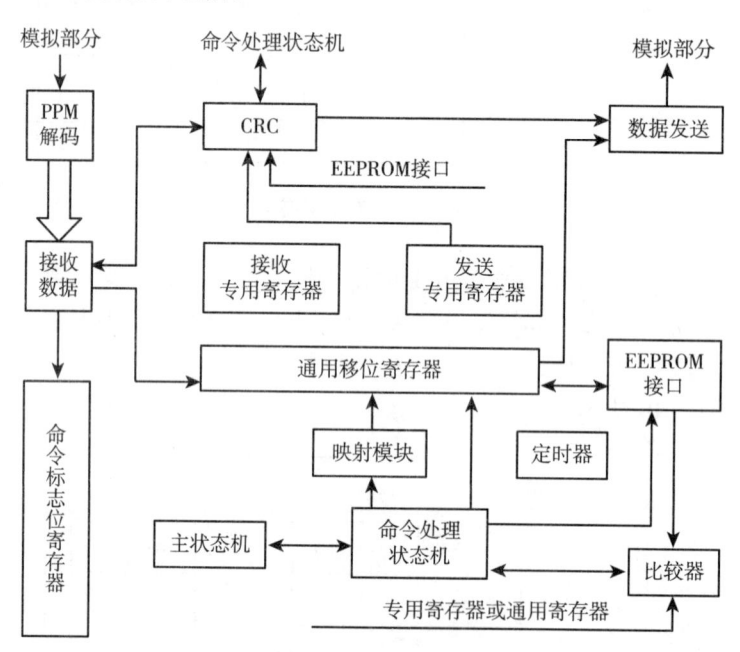

图 6-11 数字控制模块

（2）标签天线。天线具有将导行波与自由空间波相互转换的功能，它存在于一个由波束范围、立体弧度和立体角构成的三维世界中。无线发射机输出的射频信号功率，通过馈线输送到天线，由天线以电磁波形式辐射出去。电磁波到达接收地点后，由天线接收，并通过馈线送到无线电接收机。可见，天线是发射和接收电磁波的一个重要的无线电设备。

作为射频电子标签的天线必须满足以下的性能要求。

① 足够小以至于能够嵌入制造到本身就很小的电子标签上。

② 有全向或半球覆盖的方向性。
③ 提供最大可能的信号给标签的芯片，并给标签提供能量。
④ 无论标签处于什么方向，天线的极化都能与阅读器的询问信号相匹配。
⑤ 具有鲁棒性。
⑥ 作为损耗件的一部分，天线的价格必须非常便宜。

因此，在选择天线的时候，必须考虑如下因素。
① 天线的类型。
② 天线的阻抗。
③ 应用到电子标签上时的射频性能。
④ 在有其他的物品围绕标签物品时的射频性能。

实际应用中，标签的使用方式有两种，一种是标签移动，通过固定的阅读器进行识别；一种是标签不动，通过手持机等移动的阅读器来进行识别。

在一个电子标签中，标签面积主要是由天线面积决定的。然而天线的物理尺寸受到工作频率、电磁波波长的限制，如超高频（900 兆赫）的电磁波波长约为30 厘米，因此应该在设计时考虑到天线的尺寸，一般设计为 5~10 厘米的小天线。此外，考虑到天线的阻抗问题、辐射模式、局部结构、作用距离等因素的影响，为了以最大功率进行传输数据，天线后的芯片的输入阻抗必须和天线的输出阻抗相匹配。因此在电子标签中应该使用方向性天线，而不是全向天线，方向性天线具有更少的辐射模式和较少的返回损耗。

2. 传感器网络技术

无线传感器网络诞生于军事领域，并逐步应用到民用领域。无线传感器网络是由部署在监测区域内部或附近的大量廉价的、具有通信、感测及计算能力的微型传感器节点通过自组织构成的"智能"测控网络。由于无线传感器网络通常运行在人无法接近的恶劣甚至危险的环境中，能源无法替代，以及传感器网络结点本身是微功耗的，因此无线传感器网络具有能量有限性的特点。在无线传感器网络中，除了少数结点需要移动以外，大部分结点是静止的。

第一代传感器网络出现在 20 世纪 70 年代。使用具有简单信息信号获取能力的传统传感器，采用点对点传输、连接传感控制器构成传感器网络；第二代传感器网络，具有获取多种信息信号的综合能力，采用串、并接口（如 RS – 232、RS – 485）与传感控制器相连，构成综合多种信息的传感器网络；第三代传感器网络出现在 20 世纪 90 年代后期和 21 世纪初，用能够智能获取多种信息信号的传感器，采用现场总线连接传感控制器，构成局域网络，成为智能化传感器网络；第四代传感器网络使用大量的具有多功能多信息信号获取能力的传感器，采用自组织无线接入网络，与传感器网络控制器连接，构成无线传感器网络。

无线传感器网络与传统网络存在许多差异，主要表现为以下八个方面。

（1）在网络规模方面，无线传感器网络的结点数量比传统的 Ad – Hoc 网络高几个数量级，由于结点数量很多，无线传感器网络结点一般没有统一的标识。

（2）在分布密度方面，无线传感器网络分布密度很大。

（3）传感器的电源能量极其有限。网络中的传感器由于电源能量的原因容易失效或废弃，电源能量约束是阻碍无线传感器网络应用的严重问题。

（4）无线传感器网络结点的能量、计算能力、存储能量有限。

（5）无线传感器网络的传感器通信带宽窄经常变化，通信覆盖范围只有几十米到几百米。传感器之间的通信断接频繁，经常导致通信失败。由于传感器网络更多地受到高山、建筑物、障碍物等地势地貌及风雨雷电等自然环境的影响，传感器可能会长时间脱离网络，离线工作，这导致无线传感器网络拓扑结果频繁变化。如何在有限通信能力的条件下高质量地完成感知信息的处理与传输，是无线传感器网络研究的一个课题。

（6）传统网络以传输数据为目的。传统网络强调将一切与功能相关的处理都放在网络低端系统上，中间结点仅仅负责数据分组的转发；而无线传感器网络的中间结点具有数据转发和数据处理双重功能。

（7）无线 Ad-Hoc 网络中现有的自组织协议、算法不是很适合传感器网络的特点和应用要求。传统网络与无线传感器网络设计协议侧重点不同。例如，由于应用程序不是很关心单个结点上的信息，结点标识（如地址等）的作用在无线传感器网络中不是很重要；而无线传感器网络中间结点上与具体应用相关的数据处理、融合和缓存却是很有必要的。

（8）无线传感器网络需要在一个动态的、不确定的环境中，管理和协调多个传感器结点聚集，这种多传感器管理的目的在于合理优化传感器结点资源，增强传感器结点之间的协作，以提高网络的性能及对所在环境的监测程度。

综上所述，无线传感器网络的概念、应用领域与传统网络的差异，以及无线传感器网络实现涉及的一系列先进技术（MEMS、SOC、嵌入式系统）等，决定了无线传感器网络一般应具有以下特征：

（1）能量受限（energy aware）。无线传感器网络通常的运行环境决定了无线传感器网络结点一般具有电池不可更换、能量有限的特征，当前的无线网络一般侧重于满足用户的服务质量（Quality of Service，QoS）要求、节省带宽资源、提高网络服务质量等方面，较少考虑能量要求。而无线传感器网络在满足监测要求的同时必须以节约能源为主要目标。

（2）可扩展性（scalability）。一般情况下，无线传感器网络包含有上千个结点。在一些特殊的应用中，网络的规模可以达到上百万个。无线传感器网络必须有效地融合新增结点，使它们参与到全局应用中。无线传感器网络的可扩展性能力加强了处理能力，延长了网络生存时间。

（3）健壮性（robustness）。由于能量有限性、环境和人为破坏等因素影响，无线传感器网络结点容易损坏，无线传感器网络健壮性保证了网络功能不受单个结点的影响，增强了系统的容错性、健壮性，延长了网络生存时间。

（4）环境适应性（adaptive）。无线传感器网络结点被密集部署在监测环境中，通常运行在无人值守或人无法接近的恶劣甚至危险的环境中，传感器可以根据监测环境的变化动态调整自身的工作状态，使无线传感器网络获得较长的生存时间。

（5）实时性（real-time）。无线传感器网络是一种反应系统，通常被应用于航空航天、军事、医疗等具有很强实时要求的领域。无线传感器网络采集数据需要实时传给监测系统，并通过执行器对环境变化作出快速反应。

6.5 本章小结

第一，当今商业世界的通信和网络。

计算机网络是指通过数据通信系统把地理上分散的自主计算机系统连接起来，以达到数据通信和资源共享的一种系统。从系统的角度看，计算机网络可分为资源子网和通信子网两个部分。一般来说计算机网络资源共享分为硬件共享、数据共享、软件共享三类。

第二，通信网络。

通信网是由一定数量的结点（包括终端结点、交换结点）和连接这些结点的传输系统有机地组织在一起的，按约定的信令或协议完成任意用户间信息交换的通信体系。用户使用它可以克服空间、时间等障碍来进行有效的信息交换。

根据通信网提供的业务类型，采用的交换技术、传输技术、服务范围、运营方式、拓扑结构等方面的不同来对其进行各种分类。

按业务类型可以将通信网分为电话通信网（如 PSTN、移动通信网等）、数据通信网（如 X.25、Internet、帧中继网等）、广播电视网等。

按空间距离可以将通信网分为广域网（wide area network，WAN）、城域网（metropolitan area network，MAN）和局域网（local area network，LAN）。

按信号传输方式可以将通信网分为模拟通信网和数字通信网。

按运营方式可以将通信网分为公用通信网和专用通信网。

第三，全球互联网。

为了使系统结构标准化，便于计算机之间的互通，国际标准化组织（ISO）提出了开放系统互联参考模型（OSI），作为指导计算机网络发展的标准协议。所谓开放系统，是指一个系统与其他系统进行通信时能够遵循 OSI 标准的系统，按 OSI 标准研制的系统，均可实现互联。OSI 参考模型采用 7 层协议结构，依次是物理层、链路层、网络层、传输层、会话层、表示层、应用层。

6.6 本章关键术语

C/S（Client/Server）模式
B/S（Browser/Server）模式

广域网（wide area network，WAN）
城域网（metropolitan area network，MAN）
局域网（local area network，LAN）
开放系统互联参考模型（open system interconnect，OSI）
内联网（Intranet）
万联网（Extranet）
虚拟专网（virtual private network，VPN）
AP 热点（access point，AP）
电子标签（radio frequency identification，RFID）

第3篇

系统开发篇

第 7 章

管理信息系统的战略规划

【引导案例】

加利福尼亚的混乱

1996年，加利福尼亚州的信息系统建设处于一种混乱无序的状态。

(1) 在该州汽车部，利用过时的系统处理各类事务要拖延32.8%的时间，顾客往往因等待时间过长而离去，而投资2500万美元的计算机的新站点却处于空闲状态。

(2) 楼下的社会服务部大厅，也因缺乏检查几个不同县是否存在重复提供救济金的系统，往往要多支付几百万美元的欺骗性救济金。

(3) 也许最棘手的问题发生在生成收益的处理上，即州级的抽彩给奖法。在投资5700万美元建立一个新的抽彩给奖法系统的同时，在潜在的彩票收入中，由于拖延而付出的代价超过1亿美元。显然，州政府需要制订一个满足全州总体需求的系统规划。

为了保证州政府的目标与新信息系统的目标相一致，州政府设立了一个首席信息主管（chief information officer, CIO）的职位，并聘请约翰·弗林（John Flynn）担任这一职务。一位在加利福尼亚州Mountain View的G2研究所工作的产业分析家梅根·科特（Megan Cotter）解释说："设立CIO职位的作用是为州政府建立一种信息技术的指导战略，这是以前未曾有过的，这显然是州政府首脑直接关心此事而努力的结果。"

首先，州政府必须在战略规划层次上识别和理解自身的需求，然后，制订满足这些需求的信息系统的规划，一种满足这些需求的方法就是着眼于对特殊信息需求的识别上。

在一年时间中，加利福尼亚的125个机构共筹集了25亿美元用于信息系统。每个机构都有自身的工作重点，并建立了支持这些工作重点的系统需求。

> 作为州级 CIO，John 的工作就是要保证所有这些机构的系统能帮助州政府实现他们的目标。因此，John 为州政府找出了关键成功的因素，如通过消除欺骗性救济金而削减成本。下一步是识别支持这些关键成功因素的信息需求。
>
> 州 IT 预算分委员会前主席德布拉·鲍文（Debra Bowen）说"州内的问题之一是各机构之间的信息不能相互交流"。福利救济金的发放分别由 58 个独立的县级运行的系统单独进行，在此基础上，州政府则建立了一套新的用于全州范围的自动福利发放救济系统（statewide automated welfare system, SAWS），该系统通过运用指纹识别，保证不会为同一人重复发放救济金。该系统将通过与各县交流谁在什么时间接受过哪类救济的信息，为州政府节省几百万美元，并同时消除了欺骗行为。该系统满足了识别出的信息需求及州政府经济目标这两方面的要求。
>
> **问题**
> 1. 1996 年，加利福尼亚的信息系统建设为什么处于一种混乱无序的状态？
> 2. 约翰·弗林（John Flynn）是如何解决混乱状况的？
> 3. 信息系统规划进行的过程是怎样的？
>
> 资料来源：郭捷. 管理信息系统：管理视角［M］. 北京：立信会计出版社，2014.

7.1 管理信息系统战略规划

管理信息系统的战略规划是关于管理信息系统的长远发展的计划，是企业战略规划的一个重要组成部分，它决定着管理信息系统能否最终成功开发。

7.1.1 管理信息系统规划的必要性

管理信息系统的建设是一项耗资较大项目，通常投资较大、技术复杂、涉及面广。在着手开发之前，必须进行充分的规划和论证，将其放到重要的战略地位来考虑。

一个操作错误可能损失几百元，一个设计错误可能损失几万元，一个计划的错误可能损失几百万元。一个失败的管理信息系统规划不仅会影响系统的运转，给企业带来的间接损失可能达到千万元，甚至上亿元。管理信息系统规划问题是管理信息系统必须解决的首要问题。

好的系统规划＋好的系统开发＝优秀的信息系统
好的系统规划＋差的系统开发＝好的信息系统
差的系统规划＋好的系统开发＝差的信息系统
差的系统规划＋差的系统开发＝失败的信息系统

管理信息系统规划是对整个管理信息系统建设的外部环境及系统内部所产生的不确定性、风险性进行战略分析和研究，用一套规范化的科学方法来指导管理信息系统的建设，以免产生时间、资源和财力的浪费。没有总体规划，就是在忽视物理系统的兼容性、应用系统的逻辑关联性和数据的完整性等前提下，盲目地、分散地和拼凑式地建设信息系统。

20世纪70年代，管理信息系统的高失败率同当时人们对总体规划的认识及总体规划本身技术的成熟度有很大关系。因此，管理信息系统总体规划是组织或企业信息化发展到一定阶段的产物，它的战略必要性主要体现在以下几个方面。

（1）信息是企业的重要资源，应当被全企业所共享，只有经过规划和开发的信息资源才能发挥其作用。通过制订规划合理分配和利用信息资源，还可以节省信息系统的投资。

（2）各子系统除完成相对独立的功能外，相互间还需要协调工作，战略规划的目的就是使信息系统的各个组成部分之间能够相互协调。

（3）通过规划使人力、物力、时间的安排合理、有序，以保证子系统的开发顺利进行。

7.1.2　管理信息系统战略规划的作用

一个有效的战略规划使管理信息系统和用户有较好的关系，做到信息资源的合理分配和使用，从而节省管理信息系统的投资。一个有效的规划还可以促进管理信息系统应用的深化，为企业创造更多的利润。一个好的规划还可以作为一个标准，考核信息系统人员的工作能力，明确他们的方向，调动他们的积极性。进行一个规划的过程本身就迫使企业领导回顾过去的工作，发现可以改进的地方。综上所述，管理信息系统战略规划的作用包括以下三个方面。

（1）合理分配和利用信息资源（信息、信息技术和信息生产者），以节省信息系统的投资。

（2）通过制订规划，找出存在的问题，正确地识别出为实现企业目标管理信息系统必须完成的任务，促进信息系统的应用，使其带来更多的经济效益。

（3）指导管理信息系统开发，用规划作为考核系统开发工作的标准。

7.1.3　管理信息系统战略规划的内容

管理信息系统战略规划包含的内容很广，从生产企业的总目标到各职能部门的目标，以及相关的政策和计划，直到企业信息部门的活动与发展，绝不只是拿点钱买点机器之类的规划。一个管理信息系统的规划应包括组织的战略目标、政策和约束、计划和指标的分析；应包括管理信息系统的目标、约束及计划指标的分析；应包括应用系统或信息系统的功能结构，信息系统的组织、人员、管理和运行；还应包括信息系统的效益分析和实施计划等。管理信息系统战略规划既包括三年或更长期的计划，也包括一年的短期计划。规划的具体内容包括以下五个方面。

（1）管理信息系统的目标、约束及总体结构。其中管理信息系统的目标确定了其应实现的功能；管理信息系统的约束包括管理信息系统实现的环境、条件（如管理的规章制度、人力、物力等）；管理信息系统的总体结构指明了信息的主要类型和主要的子系统。

（2）组织（企业、部门）的现状。包括计算机软件及硬件情况、产业人员的配备情况及开发费用的投入情况等。

（3）业务流程的现状、存在的问题和不足，以及流程在新技术条件下的再造。

（4）对影响规划的信息技术发展的预测。这些信息技术主要包括计算机硬件技术、网络技术及数据处理技术等。在规划中合理地采用新技术，有可能使开发出的管理信息系统具有更强大的生命力。

（5）近期计划。在战略规划中，应对即将到来的一段时间（如一年）作出相当具体的安排，主要包括硬件设备的采购时间表、应用项目开发时间表、软件维护与转换工作时间表、人力资源的需求及人员培训时间安排、财务资金需求等。

7.1.4 管理信息系统规划的组织工作

管理信息系统建设不仅是一项复杂的技术工程，而且是一次管理变革过程，不可避免地要产生人员的调整、部门关系的协调等。这些问题的解决都需要组织的领导来处理或授权。决策层最清楚组织存在的问题、合理地确定管理信息系统的目标，并拥有实现目标的人、财、物和指挥权，调整组织结构，确定管理信息系统的目标。

一般管理信息系统规划的组织过程可以分为以下4个步骤。

（1）成立规划领导小组。规划领导小组由组织的主要决策者之一负责。领导小组的其他成员是组织中各部门的主要业务骨干，他们的主要任务是协助系统分析人员完成有关业务的调研和分析工作及数据准备工作。

（2）培训人员。制订战略规划需要掌握一套科学的方法，为此，需要对组织的高层管理人员、分析员和规划领导小组的成员进行培训，使他们正确掌握制订管理信息系统战略规划的方法。

（3）规定进度。在明确和掌握制订战略规划的方法后，进一步为规划工作的各个阶段规定一个大致的时间，便于对规划过程进行严格管理，避免因过分拖延而丧失信誉或被迫放弃。

（4）制订管理信息系统规划的具体步骤（本章7.3.2节将详细介绍）。

7.2 管理信息系统战略规划的方法及步骤

制定管理信息系统规划的方法有很多，按照分类主要如下表所示。本章节主要是企业系统规划法（business system planning，BSP）、关键成功因素法（critical success factors，CSF）、战略目标集转化法（strategy set transformation，SST）、业务流程再造（business process reengineering，BPR）、价值链分析法（value – chain analysis，VCA）等，具体分类如表7－1所示。本章节只介绍企业系统规划法、关键成功因素法和价值链分析法这三种最常用方法的基本原理。

表7－1　　　　　　　　　管理信息系统规划方法分类

类别	方法名称
面向低层数据	企业系统规划法（business system planning，BSP）
	战略系统规划法（strategic system planning，SSP）
面向决策信息	战略目标集转换法（strategy set transformation，SST）
	关键成功因素法（critical success factors，CSF）
面向内部流程管理	业务流程再造（business process reengineering，BPR）
	价值链分析法（value – chain analysis，VCA）
面向供应链管理	战略网格模型法（strategic grid model，SGM）

7.2.1　企业系统规划法

1. BSP法的基本思想

BSP法是IBM公司在20世纪70年代初设计开发的一种方法，该方法是一种结构化方法，它通过一整套把企业目标转化为管理信息系统战略的过程，帮助企业作出管理信息系统战略规划。BSP法采用自上而下地识别系统目标、识别企业过程、识别数据、划分子系统，然后自下而上地设计系统。BSP法的基本实现步骤如图7－1所示。

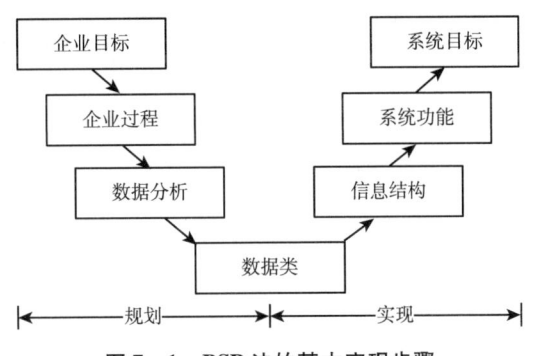

图7－1　BSP法的基本实现步骤

BSP法能够帮助规划人员根据企业目标制订出管理信息系统战略规划。通过规划可以做到以下两点。

（1）确定未来信息系统的总体结构、明确系统的子系统组成。

（2）组织数据进行统一规划、管理和控制，明确各子系统之间的数据交换关系，保证信息的一致性。

2. BSP法的工作步骤

BSP法可以被看成一个将组织的战略转化为信息系统战略的过程。企业目标到系统目标是通过组织或系统、组织或过程及系统或过程分析得到的，这样可以定义出新的系统以支持企业过程，也就是把企业的目标转化为系统的目标，识别企业过程是BSP法的重要任务。BSP法的具体实现步骤如图7-2所示。

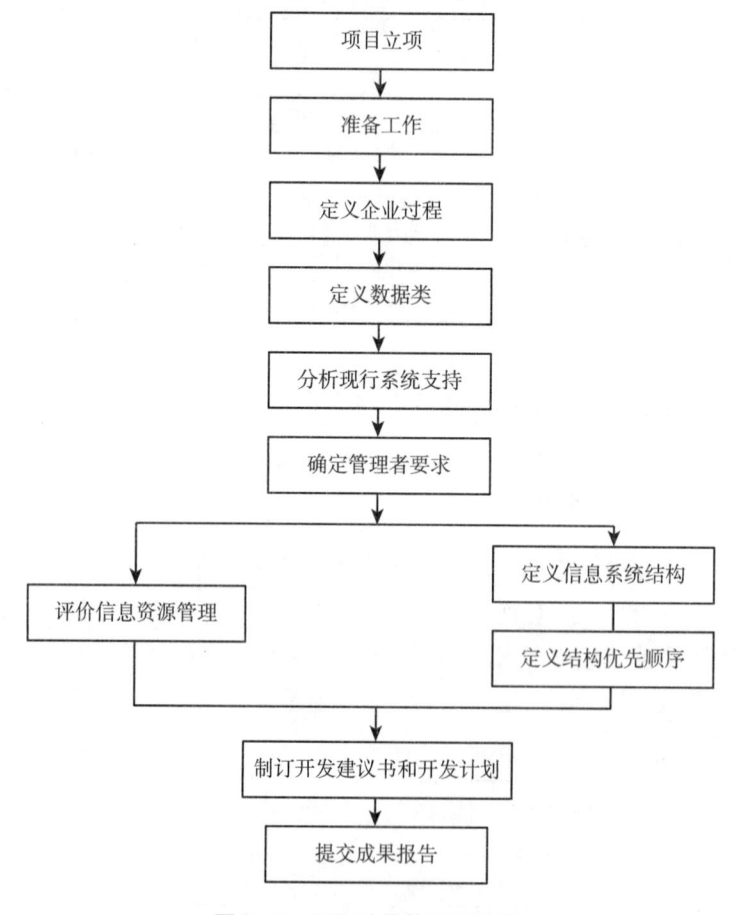

图7-2　BSP法具体实现步骤

（1）项目立项。所研究项目得到组织最高领导的支持，并且立项。

（2）准备工作。成立由高层负责人领头的委员会，设立一个规划研究组，并提出工作计划。

（3）定义企业过程。定义企业过程是BSP法的核心。企业过程是企业管理中必要且逻辑上相关的、为了完成某种管理功能的一组活动，如产品预测、材料库存控制等业务处理活动或决策活动。其目的是了解信息系统的工作环境及建立企业过程与组织实体间的关系矩阵。

（4）定义数据类。数据类是指支持业务过程所必需的逻辑上相关的数据。对数据进行分类是按业务过程进行的，即分别从各项企业过程的角度，将与该企业过程有关的输入数据和输出数据按照逻辑相关性整理，并归纳成数据类。

（5）分析现行系统支持。对目前存在的企业过程、数据处理和数据文件进行分析，发现缺陷和冗余部分，对未来的行动提出建议。

（6）确定管理者要求。通过与管理人员的交流确定系统服务目标、范围和管理者对信息的要求等。

（7）定义信息系统结构。通过对企业过程和与之相关的数据类的分析和研究，采用适当的方法确定企业信息系统的总体结构，通常采用 U/C 矩阵分析企业过程和数据类的关系并划分子系统，如图 7-3 所示。

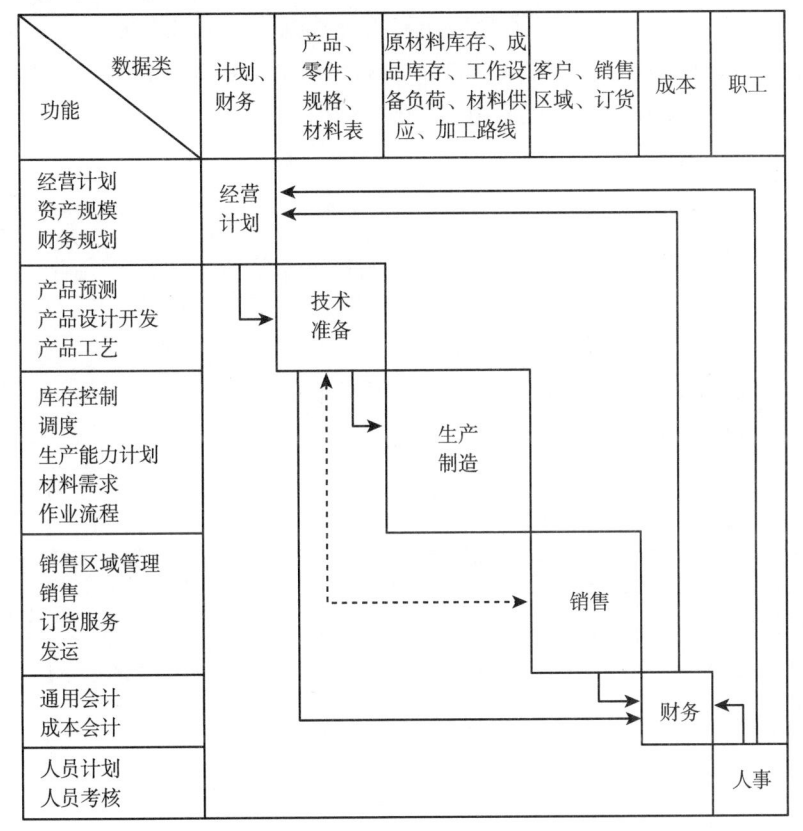

图 7-3　子系统结构

（8）定义结构优先顺序。对信息系统中各子系统的重要性进行评价，确定开发的优先顺序。

（9）评价信息资源管理。为了完善信息系统，使得信息系统能有效地、高效率地开发，应对与信息系统相关的信息资源的管理加以评价和优化，并使其适应企业战略的变化。

（10）制订开发建议书和开发计划。开发建议书用于帮助管理部门对所建议的项目作出决策，并考虑按项目开发的优先顺序和信息管理部门的建议来完成。开发计划确定开发进程、工作规模和开发所需的资源等。

（11）提交成果报告。BSP分析所得的结果应以报告的形式提交给企业最高管理部门，报告应该完整和规范。

3. BSP法的分析过程

了解业务处理过程是识别信息系统需求和关键数据需要的基础。BSP通过一定数量的矩阵来建立企业内部处理过程和数据需求之间的联系。

BSP将企业过程和数据类作为定义信息系统结构的基础，具体做法是利用过程/数据矩阵（也称U/C矩阵）来表达两者之间的关系。矩阵中的行表示数据类，列表示过程，并以字母U（Use）和C（Create）来表示过程对数据类的使用和产生。表7-2是由企业各项管理功能组合数据类之间的关系形成的U/C矩阵，表中用功能与数据类交叉点上的符号C表示这类数据由相应功能产生，用交叉点上的符号U表示这类功能使用相应的数据类。

表7-2　　　　　　　　　　　　U/C矩阵的建立

功能	客户	订货	产品	加工路线	材料表	成本	零件规格	原材料库存	成品库存	职工	销售区域	财务	计划	设备负荷	材料供应	工作令
经营计划						U						U	C			
财务规划						U				U		U	U			
产品预测	U		U								U		U			
产品设计开发		U		C		U		C								
产品工艺			U		C	U	U									
库存控制								C	C						U	U
调度				U										U		C
产品能力计划					U									C	U	
材料需求				U		U									C	
作业流程				C										U	U	U
销售区域管理	C	U	U													
销售	U	U	U								C					
订货服务		U	C													
发运		U	U						U							
会计	U		U							U						
成本会计		U				C										
人员计划										C						
人员招聘										U						

例如，经营计划功能需要使用有关财务和成本数据，则在这些数据下面的经营计划一行上用 U 表示，最后产生的是计划数据，则用 C 表示。同理，销售功能需要使用有关产品、客户和订货方面的数据，则用 U 表示，而销售区域数据产生销售功能，因而用 C 表示。

若对表 7-1 重新排列，则在"功能"这一列，将功能按照功能组排列，每一功能组内再按功能发生的先后顺序排列，然后调换"数据类"的横向位置，使矩阵中 C 最靠近对角线，得到如表 7-3 所示的 U/C 矩阵的移动作业过程。

表 7-3　　　　　　　　U/C 矩阵上的移动作业过程

功能		计划	财务	产品	零件规格	材料表	原材料库存	成品库存	工作令	设备负荷	材料供应	加工路线	客户	销售区域	订货	成本	职工
经营计划	经营计划	C	U													U	
	财务规划	U	U														
技术装备	产品预测	U		U									U	U			
	产品设计开发			C	C	U							U				
	产品工艺			U	U	C	U										
生产制造	库存控制						C	C	U	U							
	调度			U					C	U							
	生产能力计划									C	U	U					
	材料需求			U		U					C						
	作业流程								U	U	U	C					
销售	销售区域管理	U											C	U			
	销售	U											U	U			
	订货服务	U											U		C		
	发运					U							U				
财务	会计	U											U			U	
	成本会计														U	C	
人事	人员计划															C	
	人员招聘																U

在表 7-2 中，将 U 和 C 最密集的地方框起来，起一个名字，就构成了子系统。框外的 U 说明子系统之间的数据流向。按照这种划分，整个系统被划分为经营计划、技术装备、生产制造、销售、财务和人事六个子系统，如图 7-3 所示的子系统结构图。

7.2.2 关键成功因素法

关键成功因素法（critical success factors，CSF）是由麻省理工学院约翰·罗卡特（John Rockart）教授于 1971 年提出的一种方法，该方法用以满足高层管理者的信息需求，解决了管理者面对大量由计算机生成的报表却难以找到有价值信息的难题。它通过分析联系于系统目标的主要数据类及其关系来识别关键成功因素，所用的工具是树枝因果图。如图7-4所示，关键成功因素法通过目标分解和识别、关键成功因素识别、性能指标识别，最后产生数据字典。

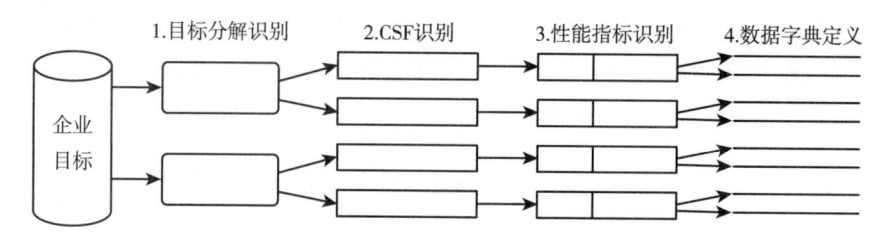

图7-4 关键成功因素法

关键成功因素法是由行业、企业、管理者以及周围环境形成的，其特点是：

（1）关键成功因素是少量的、易于识别的、可操作的目标。

（2）关键成功因素可确保企业的成功。

（3）关键成功因素可用于决定组织的信息需求。

关键成功因素法的步骤如下：

（1）确定组织目标。识别组织目标是此方法的基础和核心，决定着整体工作的方向。可以从四个方面展开：市场目标、创新目标、盈利目标和社会目标。

（2）确定关键成功因素。主要是分析影响具体目标的各种核心因素以及影响这些因素的子因素，从中选出决定企业成败的重要因素。

（3）确定关键成功因素的性能指标。性能指标是对关键成功因素的明确和细化，是关键成功因素的具体评价体系，也称为关键性能指标（key performance indicator，KPI），通常控制在三个以内，如表7-4所示。

表7-4　　　　　　　　某电商企业的关键成功因素及KPI

关键成功因素	KPI
产品优势	包含图书、音像、数码、美妆、服饰、家居等，产品实现多样化；全部正版图书，电子书的数量达到50000种；产品评价丰富有价值
价格优势	比市场同类企业的产品价格低；会员等级、优惠券、返利等多种促销
物流质量	实现最优仓库调货；订单次日送达；4小时专递服务
客户关系	个性化服务、邮件提醒；客户忠诚度分析

（4）确定信息需求。所有这些KPI都可以用来确定信息系统的需求，当这些需求被建立起来后，可以通过分析现有的系统以确定是否已经存在有关信息内容，如果现有系统不能提供，信息管理者就可以明确这一新的信息需求和满足需求的初步方案。

不同的组织，其中的关键成功因素是不同的，即使是同一组织的业务活动，在不同的时期，其关键成功因素也会不同。关键成功因素法在高层应用一般效果好，因为每一个高层领导人总在考虑什么是关键因素；对中层领导来说一般不太适合，因为中层领导所面临的决策大多数是结构化的，其自由度较小，对他们最好应用其他方法。

7.2.3 价值链分析法

价值链分析法（value chain analysis，VCA）由迈克尔·波特提出。他认为企业在设计、生产、销售、交付产品及其辅助过程中进行的种种活动，都有可能相对于最终产品产生增值行为，从而提升企业的竞争地位。企业的所有这些活动可以用一个价值链来表明。

在不同的企业价值链的活动中，只有特定的能创造价值的经营活动，才是价值链上的"战略环节"。战略制定者优先考虑战略环节并引入信息技术应用，优化其处理流程，最大地增加其价值。

1. "价值链"的基本观点

（1）价值是企业一切活动的核心，企业不仅要谋求总收入最大化，控制总成本最低，更注重的是赢利最大化。

（2）企业内外价值增加的活动分为基本活动和支持性活动。基本活动涉及企业生产、销售、进料后勤、发货后勤、售后服务，支持性活动涉及人事、财务、计划、研究与开发、采购等。

（3）企业的价值活动不是一些孤立的活动，基本活动和支持性活动相互依存，形成一个系统，构成了企业的价值链。

（4）企业的效率或者竞争优势来自于价值活动的有限组合，来自于"价值链"的优化，也是企业不同于或者优于其他厂商的特质，企业的竞争成功也产生于合理的"价值链"。

2. 价值链分析法的基本步骤

（1）识别企业价值链。
（2）确定关键价值链增加环节。
（3）确定关键价值链减少环节。
（4）明确信息技术对关键价值链的支持。

图 7-5 是某电商企业的价值链。

评价企业价值链是十分有效的，因为它会迫使企业收集并分析高质量的信息。它减少了决策过程"未经缜密的思考和计划即采取行动"。而且，当企业开始量化这种信息时，就能为其所有物建立一个好的投资回报，同时也可以使用信息系统进一步增加价值增值过程的效果。

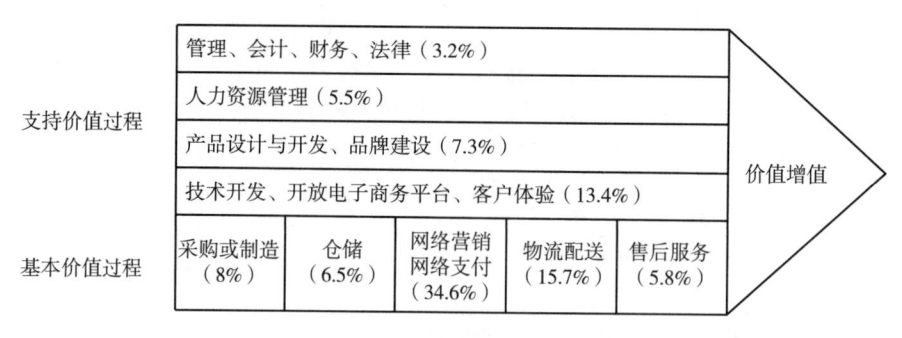

图 7-5　某电商企业价值链

7.3　管理信息系统战略规划的步骤

7.3.1　信息系统发展的阶段论

美国管理信息系统专家诺兰（Nolan）认为，任何组织由手工信息系统向以计算机为基础的信息系统发展时，都存在着一定客观的发展道路和规律。诺兰通过对 200 多个公司、部门发展信息系统的实践和经验的总结，提出了著名的信息系统进化的阶段模型，即诺兰模型。

诺兰在 1974 年首先提出了信息系统发展的四阶段论，之后经过实践的进一步验证和完善，又于 1979 年将其调整为六阶段论。诺兰强调，任何组织在实现以计算机为基础的信息系统时都必须从一个阶段发展到下一个阶段，不能实现跳跃式发展。诺兰模型的六个阶段分别为初装阶段、蔓延阶段、控制阶段、集成阶段、数据管理阶段和成熟阶段，如图 7-6 所示。

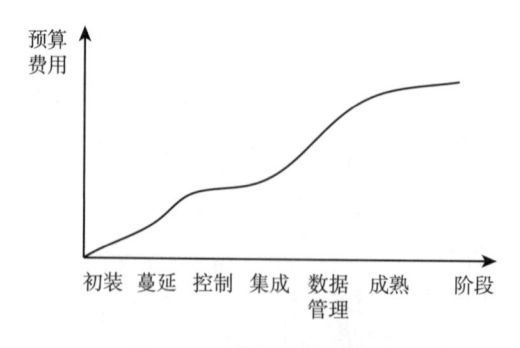

图 7-6　诺兰的阶段模型

（1）初装阶段。在这一阶段，组织引入了如管理应收账款和工资这样的数据处理系统，各个职能部门（如财务）的专家致力于发展他们自己的系统。人们对数据处理费用缺乏控制，信息系统的建立不讲究经济效益。

（2）蔓延阶段。在蔓延阶段，信息技术的应用开始扩散，数据处理专家开始在组织内部宣传自动化的作用。这时，组织管理者开始关注信息系统方面投资的经济效益，但是实质的控制在这个阶段还不存在。

（3）控制阶段。在此阶段，出于控制数据处理费用的需要，管理者开始召集来自不同部门的用户组成委员会，以共同规划信息系统的发展。管理信息系统成为一个正式的部门，以控制其内部活动，启动了项目管理计划和系统发展方法。现期的应用开始走向正规，并为将来的信息系统发展打下基础。

（4）集成阶段。这时组织从管理计算机转向管理信息资源，这是一个质的飞跃。从第一阶段到第三阶段，通常产生了很多独立的实体，而在第四阶段，组织开始使用数据库和远程通信技术，努力整合现有的信息系统。

（5）数据管理阶段。此时信息系统开始从支持单项应用发展到在逻辑数据库支持下的综合应用。组织开始全面考察和评估信息系统建设的各种成本和效益，全面分析和解决信息系统投资中各个领域的平衡与协调问题。

（6）成熟阶段。在成熟阶段，中上层和高层管理者开始认识到，管理信息系统是组织不可缺少的基础，正式的信息资源计划和控制系统投入使用，以确保管理信息系统能有效支持业务计划。信息资源管理的效用充分体现出来。

诺兰的模型是第一个描述信息系统发展阶段的抽象化模型，具有划时代的重要意义。它是在总结了全球尤其是美国企业近20年的计算机应用发展历程的基础上浓缩出的研究成果，该理论已成为说明企业信息化发展程度的有力工具，为美国和世界上相当多地方的人们所接受。该模型在概念层次上对企业中信息化的计划制订过程大有裨益；据权威统计，发达国家大约有近半数的企业在20世纪80年代末到90年代初都认为本企业的信息系统发展处于集成阶段，从而在实践中验证了诺兰模型的正确性。

7.3.2 制定战略规划的具体步骤

制定管理信息系统的战略规划一般应包括以下步骤：

（1）确定规划的性质。明确管理信息系统战略规划的年限以及具体的方法。

（2）对当前系统进行初步调查。对现行系统的总体情况及环境的概括调查，主要任务包括论证建立新系统的必要性；在用户提出的任务和要求的基础上，初步明确新系统目标；提出新系统的几种设想和方案，为总体规划和可行性研究提供定性和定量的根据。

初步调查的内容有企业的目标和任务、企业概况、企业外部环境、前信息系统的概况、前系统的业务流程和子系统的划分、新系统的开发条件。

实事求是地全面调查是分析与设计系统的基础，这一步工作的质量对整个开发工作的成败起决定性的作用。

（3）进行战略分析。对管理信息系统的目标、开发方法、功能结构、计划活动、信息部门的情况、财务情况、风险度和政策等进行分析。

（4）定义约束条件。制订系统建设资源的分配计划。根据单位的情况，确定需要的软硬件资源、数据通信设备、人员、技术、服务、资金等。

（5）明确战略目标。新系统的目标是新系统建成后要达到的运行指标，以及新系统的目的（包括新系统的范围与边界、系统的总体目标、系统主要功能和其他系统的接口等）。

（6）拟定系统的实现方案。根据目前组织在决策支持和事务处理方面的信息需求，为整个组织或其主要部门提出管理信息系统的总体结构方案，包括系统的组成、各子系统相互之间的关系等；根据对系统的分解和工作人员、用户情况在系统中的作用等因素排列出开发顺序，并根据子系统的开发情况随时调整和部署开发工作，使系统开发能有一个由小到大的、平稳发展的过程，这样才能方便地形成系统。

（7）选择开发方案。选定优先开发的项目，确定总体开发顺序、开发策略和开发方法。

（8）提出实施进度。估计项目成本和人员需求，并列出开发进度表。

（9）通过战略规划。将战略规划形成文档，经单位（企业、部门）领导批准后生效。

7.4 本章小结

第一，解释了管理信息系统规划的必要性。其战略必要性主要体现在以下几个方面。①信息是企业的重要资源，应当被全企业所共享，只有经过规划和开发的信息资源才能发挥其作用。通过制订规划达到合理分配和利用信息资源，可以节省信息系统的投资。②各子系统在完成相对独立的功能外，相互间还需要协调工作，战略规划的目的就是使信息系统的各个组成部分之间能够相互协调。③通过规划使人力、物力、时间的安排合理、有序，以保证子系统的开发顺利进行。

第二，解释了管理信息系统战略规划的作用：①合理分配和利用信息资源（信息、信息技术和信息生产者），以节省信息系统的投资；②通过制定规划，找出存在的问题，正确地识别出为实现企业目标管理信息系统必须完成的任务，促进信息系统的应用，使其带来更多的经济效益；③指导管理信息系统开发，用规划作为考核系统开发工作的标准。

第三，描述了管理信息系统战略规划的内容：①管理信息系统的目标、约束及总体结构；②组织（企业、部门）的现状；③业务流程的现状、存在的问题和不足，以及流程在新技术条件下的再造；④对影响规划的信息技术发展的预测；⑤近期计划。

第四，描述了管理信息系统规划的组织工作。一般管理信息系统规划的组织过程的四个步骤：①成立规划领导小组；②培训人员；③规定进度；④制定管理信息系统规划的具体步骤。

第五，介绍了企业系统规划法的基本思想、工作步骤和分析过程。该方法是一种结构化方法，它采用自上而下地识别系统目标、识别企业过程、识别数据、划分子系统，然后自下而上地设计系统。BSP方法的工作步骤依次为：①项目立项；②准备工作；③定义企业过程；④定义数据类；⑤分析现行系统支持；⑥确定管理者要求；⑦定义信息系统结构；⑧定义结构优先顺序；⑨评价信息资源管理；⑩制订开发建议书和开发计划；⑪提交成果报告。在分析过程中，BSP将企业过程和数据类两者作为定义信息系统结构的基础，具体做法是利用过程/数据矩阵（也称U/C矩阵）来表达之间的关系。矩阵中的行表示数据类，列表示过程，并以字母U（Use）和C（Create）来表示过程对数据类的使用和产生。对初始构建的U/C矩阵，依据对"功能"这一列，将功能按照功能组排列，每一功能组内再按功能发生的先后顺序排列，然后调换"数据类"的横向位置，使矩阵中C最靠近对角线"的原则，最后将U和C最密集的地方框起来，起一个名字，构成系统子系统。框外的U表明子系统之间的数据流向。

第六，介绍了关键成功因素法的基本思想、特点和工作步骤。关键成功因素法以满足高层管理者的信息需求，解决了管理者面对大量由计算机生成的报表却难以找到有价值信息的难题。它通过分析联系于系统目标的主要数据类及其关系来识别关键成功因素。关键成功因素法的步骤依次为：①确定组织目标；②确定关键成功因素；③确定关键成功因素的性能指标；④确定信息需求。

第七，介绍了"价值链"的基本观点和价值链分析法的基本步骤。企业在设计、生产、销售、交付产品及其辅助过程中进行的种种活动，都有可能相对于最终产品产生增值行为，从而提升企业的竞争地位。企业的所有这些活动可以用一个价值链来表明，并且可以将企业的内外价值增加的活动分为基本活动和支持性活动。价值链分析法的基本步骤依次为：①识别企业价值链；②确定关键价值链增加环节；③确定关键价值链减少环节；④明确信息技术对关键价值链的支持。

第八，介绍了信息系统发展的阶段理论即诺兰模型。诺兰模型的六个阶段分别为：初装阶段、蔓延阶段、控制阶段、集成阶段、数据管理阶段和成熟阶段，它是第一个描述信息系统发展阶段的抽象化模型。

第九，描述了制订管理信息系统的战略规划一般步骤：①确定规划的性质；②对当前系统进行初步调查；③进行战略分析；④定义约束条件；⑤明确战略目标；⑥拟定系统的实现方案；⑦选择开发方案；⑧提出实施进度。

7.5　本章关键术语

企业系统规划法（business system planning，BSP）
关键成功因素法（critical success factors，CSF）
战略目标集转化法（strategy set transformation，SST）
业务流程再造（business process reengineering，BPR）

价值链分析法（value chain analysis，VCA）
初装（initiation）
蔓延（contagion）
控制（control）
集成（integration）
数据管理（data administration）
成熟（maturity）

第8章

管理信息系统的系统分析

【引导案例】

伦敦股票交易所项目的崩溃

也许历史上最昂贵的信息系统的失败,是发生在1993年初的英国伦敦。3月12日那天,伦敦股票交易所首席主管彼得·苏林斯公布了一个令人震惊的消息:伦敦股票交易所的金牛座项目被终止。估计损失为1亿美元,交易所的顾客还另外损失了5亿美元,尽管这个数字后来被减到4亿,伦敦金融界的总损失还是高达5亿美元。然而这些数字仅仅反映了资金方面的损失,这个将近十年期的项目,其真正的损失远非如此。350多个职员和顾问立刻丢掉了工作,这个交易所现代化的进程延缓了将近十年的时间。这些机会成本换句话说,也就是时间、资源、资金,如果用到伦敦金融界上,那么很可能已经带来了不可估量的收益。

可能最大的代价,也是最难估算的代价,就是给伦敦股票交易所的声誉造成的损害。面对来自法兰克福和米兰金融市场的竞争,设计金牛座项目的战略目标本来是要提高交易所作为世界金融网络领先者的声誉。这个失败的项目却恰恰相反,无论是国内方面还是国际方面都给交易所的声誉造成严重的损害。伦敦股票交易所公关部的负责人曾说过:"很清楚,它已经在对我们的信任方面产生了负面的影响。"据一些报道,伦敦股票交易所已经在一些小酒店中成了人们谈论的笑料。

劳林斯是在这个项目被多次拖期以后做出宣布的。当这个项目的预计完成期从1989年10月拖到1992年10月,再拖到1994年春天的时候,伦敦股票交易所请安德森咨询公司做了一份项目评估书,这个评估的结果很令人沮丧。由伦敦股票交易所财政主管委托另一个评估机构做的评估结果也是如此。评估公司甚至推断:成本还在继续增长,而且肯定还要继续拖期,同时这个项目目前存在很多问题，仅仅把这些问题整理出来就可能还需要15个月的时间。当伦敦股票交易所董事会知道这些结果以后，他们立刻命令终止这个项目。劳林斯宣布金牛座项目告终的同时，很自然地，他也宣布了自己的辞职。

金牛座项目的起源要追溯到1986年实施的"Big Bang"计划，伦敦股票交易所在这个计划中要转变成一个由英格兰银行监管的自律性组织，许多规章制度被制定出来，开始允许经纪人自由地设定他们的佣金，同时这个公开喊价的市场也被电子交易系统所代替。Big Bang 计划实施的结果，使伦敦股票交易所的交易量有了很大的增长，部分原因是由于解除了对经纪人的管制以后使经纪人的竞争加剧造成的。与流行的观念相反，Big Bang 计划没有能完成技术上的革命。那时伦敦股票交易所使用的是一个叫作 TalismaJ1 的成批交易系统，结算一笔交易需要3~6周的时间，而在美国交易结算只需要3-5天就可以完成，在日本，仅需要2天的时间就足够了。伦敦方面的问题是，这个仍然使用纸制票据的系统的效率太低，而且不灵活。金牛座这个新系统项目，就是企图将整个过程自动化。包括登记、转让、对英国股票的清算。这个系统将基于一个通过高速、高可靠的网络，遍布伦敦的金融中心，与许多经纪人、银行家、投资者和登记公司（负责登记股东交易的清算银行）的数据库相连，他们都将是这个系统的使用者。这个系统将整个交易数据处理电子化，把清算时间削减到了3天。这个项目还包括使用电子票证来代替纸制的股权凭证，这样随着股票所有权的变动，资金立刻就会发生转移。

当然，由于系统失败，这一切都没有能够实现。结算仍然需要几周的时间。让我们来看看一些已经提出的关于这个项目失败原因的解释。

伦敦债券交易的一个主要经纪人琼斯说，数据库的选择被证明是一场技术上的灾难（他说选择失败）这个项目选用的是纽约展望公司的数据库。琼斯说："其实这是一个很好的数据库。"问题是，对于这个项目来说，这个数据库并不适用（数据库不合适）。因为它是仅仅为联机实时处理系统而设计的。虽然金牛座系统的核心也是联机实时处理，但是伦敦股票交易所还希望它能同时支持批处理和协调分布式数据库。可是这两个功能该数据库不能支持。股票交易所还计划用几个高安全性能的通信软件包来增强这个数据库系统。结果当伦敦股票交易所安装数据库时，琼斯说："原计划在数据库边缘上打上一个小补丁来解决结算的问题"，但是最后却发现60%的部分需要重写。这样一个复杂的数据库系统要重写，不可避免地使它沦为一个工作性能很差而且隐藏着大量故障的数据库系统。

尽管这个数据库的选择对数据管理系统来说是个失败，但是这一类重大项目的失败很少是由于这类技术问题造成的。这个交易所的主席史密斯先生认为，策划的这个系统过于复杂，要实现的功能太多。他指出，原来只想将这个系统作为一个清算系统，然而随着时间的流逝，最后这个系统演变成了一个股票登记、转让系统。系统规格被多种力量所左右，包括复杂的立法和投资者要求的不断变化。例如，史密斯主席在辞职报告中写道："自从金牛座系统设计完成以来，投资者的要求就一直在变。"但是，对于系统功能的膨胀，一个更主要的原因是冲突太多，有权威的既得利益集团太多，而伦敦的股票交易所又不愿意在他们中做出选择。一位计算机服务中心的主管曾经在一次报告中表达了自己的观点："金牛座系统的步伐跨度太大、太快，而且有太多的既得利益集团介入。"伦敦 OM 公司的负责人李顿琼斯说："金牛座项目使负责登记的那些信托公司不安，因为它们将无事可干。"这些信托公司受到三个大公司的支配，分别是劳埃斯公司、国家威斯特明尼斯特公司和巴克来银行。一位安得森公司的顾问认为，这个项目"成了把指导委员会中提出来的各种需求混到一起的鸡尾酒"，受几个主要的银行支配。还有些人认为，伦敦股票交易所的监管单位英国银行应为此事负责，因为他们没有能够控制住那些冲突和既得利益集团。

另外，有人认为这个项目功能过于狭窄。琼斯说金牛座系统仅仅适用于英国国内股票交易，但是有许多英国股票是国际性的股票。1991 年、1992 年两年，伦敦股票交易所就列出了 600 多种国际性股票。

还有一种意见认为，失败是由于伦敦股票交易所长期形成企业文化造成的，即史密斯主席所说的"尽一切力量为所有的人服务"。举个例子，在 1973 年，当伦敦股票交易所建立大不列颠和爱尔兰的国际性股票交易所的时候，伦敦股票交易所想成为整个英国和爱尔兰所有股票交易所的联合体，而不是像美国那样，允许一系列独立的交易所存在。这样，为了能完成从接单到清算的整个交易循环过程，伦敦股票交易所接受了一些法规，还额外承担了一些责任。这个交易所还成为向所有交易成员提供交易数据的卖主，而不是像在美国的许多交易所那样，只是简单地把数据输送给自动数据处理（ADP）和路透社这样的第三方面的数据卖主，然后再由这些第三方卖主向其他客户分销。由于 Big Bang 计划的推行，股票交易变得越来越复杂，伦敦股票交易所已经难以胜任了。

有些人认为这个项目的失败是由于它的外部化。整个项目的开发工作交给了库伯公司。一个证券部的主任杰姆·罗利认为，将这个项目对外委托出去"是在逃避项目的责任"。OM 公司的李顿·琼斯说，由于所有的责任都转移到伦敦交易所以外了，所以交易所内的技术人员就不再去提出客观的意见，也不再去对项目进行监督了。在这个项目取消以后，一个项目顾问对这个观点表示支持，说："有外部的监督总是一件好事，但是这个项目的监督可能伤害了劳林斯的自尊心。前一段时间他就把监督员都开除了。"当金牛座项目完成以后，伦敦股票交易所的计算机系统的运转工作也将外部化，这个合同交给了一个从事信息系统方面业务的安德森咨询公司。一位项目顾问认为，这样做的结果实际上使得合同制的开发人员对完成系统的实施工作缺少积极性，因为项目一结束就意味着他们将失去工作。批评者们还指出给安得森顾问公司的这份合同并不是通过招投标的形式进行的。而是直接就交给了该公司。伦敦股票交易所对这一做法的解释是，如果进行招标，那就要做太多的工作，也太麻烦、太复杂了。另外批评者们还强调说，在劳林斯担任伦敦股票交易所的首席主管之前，他曾经是安德森公司的合伙人。

伦敦股票交易所将何去何从呢？1994年5月，伦敦股票交易所的主管，英格兰银行，宣布了一个名叫分水岭的新项目。这个项目只解决清账结算的问题，所以在设计上要比金牛座系统简单。1994年伦敦每天要处理4万笔交易，而这个系统预计每天将能处理15万笔交易。对于每个最终的用户，响应时间将少于5秒钟。新系统将采用顶级的Tandem系列容错计算机作为系统的主机，再与用户的微机或者是UNIX系统组成的网络相连。客户端的软件将在用户所在地进行安装，并能保持与现有的系统集成到一起。该系统的用户包括股票交易所的成员、大约100个社会机构和一些信托公司。这个项目预计在1996年完成，预算是5千万美元。用户们对未来系统的使用已经不再是强制性的。人们发现在金牛座项目失败以后，这个新项目的开发显得非常谨慎。许多人都相信伦敦股票交易所这次再也经不起失败了。新项目的目标定得比金牛座低得很多，金牛座的目标曾是要保持国际称雄地位。但是现今伦敦交易所也只能依靠自动化与加快结算速度来实现它在国际竞争中不被淘汰的战略目标了。

问题

1. 利用有关信息系统成败原因的讨论，来分类并描述金牛座项目存在的问题。指出是哪些管理、组织、技术因素导致了这类问题的发生？

2. 你认为在这个项目的开头，能够或者应该采取一些什么不同的措施来防止失败的发生？

3. 从对新的分水岭项目的那一点点了解当中，你发现它从金牛座项目那里已得到了哪些教训，还有什么要注意的？还应对分水岭项目做哪些改变，需要采取哪些步骤，才能够使这个项目更有可能成功？

资料来源：郭捷. 管理信息系统：管理视角［M］. 北京：立信会计出版社，2014.

8.1 管理信息系统分析概述

8.1.1 系统分析的含义

"分析"通常是指对现有系统的内、外情况进行调查、研究、分解、剖析，以明确问题或机会的所在，认识解决这些问题或把握这些机会的必要性，为确定有关活动的目标和可能的方案提供科学依据。本章所讨论的系统分析（systems analysis，SA），是指在管理信息系统开发的生命周期中系统分析阶段的各项活动和方法。

系统分析也是指应用系统思想和系统科学的原理进行分析工作的方法与技术。这一含义多应用于社会、经济、管理等领域，与系统工程（system engineering）有类似之处，常被当作同义词用。本章所讨论的系统分析的各项活动，十分强调系统思想与系统科学的原理、方法的应用。

8.1.2 系统分析的工作步骤

系统分析阶段中的理解和表达过程的实质是要把原来由最终用户进行的各项具体的管理工作纳入计算机系统之中。为了实现这一工作目标，在系统分析过程中需要对系统进行初步调查、可行性分析、现行系统的详细调查、提出新系统的逻辑方案。

1. 系统的初步调查

（1）目标。系统的初步调查是系统分析阶段的第一项活动，系统开发工作一般是根据系统规划阶段确定的拟建立系统总体方案进行的。在系统规划阶段已经根据当时所做的战略规划、组织信息需求分析和资源及应用环境的约束，将整个管理信息系统的建设分成若干项目，分期分批进行开发。一方面，系统规划阶段的工作是面向整个组织的，着重于系统的总体目标、总体功能和发展方向，对每个开发项目的目标、规模和内容并未做详细的分析。另一方面，由于环境可能发生变化，系统规划阶段确定的开发项目的基本要求，到系统开发时应根据实际情况进行审定。也可能出现在系统规划阶段未曾考虑的项目到开发阶段时用户提出开发要求。因此，初步调查阶段的主要目标就是从系统分析人员和管理人员的角度研究新项目开发有无必要和可能。

（2）内容。系统分析人员要调查有关组织的整体信息、有关人员的信息及有关工作的信息，包括主要输入、主要输出、主要处理功能及与其他系统的关系。同时还要分析现在有什么？需要什么？在现有资源下能够提供什么？此项目有无必要和可能作进一步的调查与开发。并在初步调查阶段可能得出以下结论：

① 拟开发项目有必要也有可能进行。
② 不必进行项目开发，只需对原有系统进行适当调整修改。
③ 原系统未充分发挥作用，只需发挥原有系统的作用。
④ 目前无必要开发此项目。
⑤ 目前不具备开发此项目的条件。

如果结论是第 1 条，系统分析员要向拟定系统的单位主管提出"系统开发建议书"，系统开发建议书包括项目名称、项目目标、项目开发的必要性和可能性、项目内容、项目开发的初步方案、可行性研究安排等内容。

2. 可行性分析

可行性分析是系统分析阶段的第二项活动。此活动的主要目标是：进一步明确系统的目标、规模与功能，对系统开发背景、必要性和意义进行调查、分析并根据需要和可能性提出拟开发系统的初步方案与计划。可行性分析是对系统进行全面、概要的分析。此项活动开始时，要对初步调查的结果进行复审，重新明确问题，对所提系统的大致规模和目标及有关约束条件进行论证，并且提出系统的逻辑模型和各种可能的方案，并对这些方案从以下三个方面认真分析，为系统开发项目的决策提供科学依据。

（1）技术可行性。对现有技术进行评价，分析系统是否可以用现有技术来实施及技术发展对系统建设有什么影响。

（2）经济可行性。对组织的经济状况和投资能力进行分析，对系统建设、运行和维护费用进行估算，对系统建成后可能取得的社会及经济效益进行估计。

（3）管理可行性。管理上的可行性主要是考察管理人员对开发应用项目的态度和管理方面的条件是否具备。管理人员包括主管领导和高中层管理人员等，这就要求拟开发的应用项目首先要得到主管领导的支持肯定。其次，管理高中层人员对开发的项目没有抵触情绪和误解，否则，说明条件还不成熟，就有必要等一等，创造条件，直到条件成熟后项目才能开展。管理方面的条件主要指的是管理数据方法是否科学；当前的管理制度的改革时机是否成熟；规章制度是否齐全及现有系统的管理体制是否能提供新系统所需要的、正确的数据等。

可行性分析的时间取决于系统的规模。一般从几周到几个月的时间，经费为整个项目的5%～10%，大型项目可能要开发原型。可行性分析的一般步骤如下：

① 确定系统的规模和目标。分析系统的出发点是否正确，目标是否正确。

② 明确用户主要信息需求。明确现行系统是否能够满足用户需求，如果不能，问题在什么地方。当然要对现行系统进行有针对性的调查。这一活动容易出现的问题是在现行系统调查上费时太多，系统分析人员要注意这一活动不是要详细描述系统做什么，而是要理解系统在做什么，用户通常只谈论症状，系统分析员要明确问题所在。

③ 提出拟建系统的初步方案。在调查的基础上要画出顶层数据流程图和相应的数据词典。不要进行详细分解（除非在哪一方面发现问题有必要时）。要弄清楚此系统与其他系统的接口，这是设计新系统时很重要的约束条件。

④ 审查新系统。与用户交换意见，对要解决问题的规模、目标与关键人物进行审查，以数据流程图和数据词典为基础，对建议的系统评价，如发现问题和不一致之处，找出解决问题的办法，重新审定。反复几次以使系统逻辑模型满足用户的需求。

⑤ 提出并评价可能的替代方案，并进行可行性研究。这里可行性研究要涉及物理方案，即解决问题的可能途径，如软、硬件的配置。

⑥ 给出该项目做还是不做的选择，同时确定方案。

⑦ 制定项目开发计划，包括人、财、物的安排。
⑧ 撰写可行性分析报告。
⑨ 向用户、审查小组与指导委员会提交结果。

工作结果包括"可行性分析报告"和"系统设计任务书"。其中，可行性分析报告的主要内容包括现行系统概况、主要问题和主要信息需求、拟建新系统的方案、经济可行性分析、技术可行性分析、管理可行性分析及结论等。其中，可行性分析结论应明确指出以下内容之一：

（1）可以立即开发。
（2）改进原系统。
（3）目前不可行，或者需推迟到某些条件具备以后再进行。

系统设计任务书是在可行性分析报告做出并经审定后正式进行后续阶段系统建设的决策性文件，是根据可行性分析确定的系统方案、对系统开发者下达的任务书，其中主要包括系统目标与任务、系统的规模、结构、建设初步计划、投资安排、人员安排等。

3. 现行系统的详细调查

现行系统详细调查的目标是在可行性研究的基础上进一步对现行系统进行全面、深入的调查和分析，掌握现行系统的运行状况，发现薄弱环节，找出要解决的问题实质，保证新系统较原系统的有效性。

现行系统详细调查的具体内容与方法，详见8.2.1节。

4. 提出新系统的逻辑方案

新系统的逻辑方案是指经过上述的分析工作，找出现有系统存在的各种问题并改正或优化后给出新系统的系统功能结构、信息结构和拟采用的管理模型，由于它是不考虑硬件环境的实体结构，故称为逻辑方案（逻辑模型）。

新系统的逻辑方案主要包括分析整理后的业务流程、分析整理后的数据词典、经过各种检验并优化后的系统功能结构、每一项业务处理过程中新建立或已有的管理模型和管理方法。

上述内容也构成了系统分析阶段的成果——系统分析报告的核心内容，详见8.4.2节。

8.1.3 结构化分析法

系统分析需要借助一定的技术、工具和方法。实践证明，结构化分析法（structured analysis，SA）是一种简单实用的方法。该方法是一种面向数据流的、自顶向下、逐步求精的系统分析方法，20世纪70年代末由尤顿（Yourdon）、康斯坦丁（Constaintine）及德马科（DeMarco）等提出和发展，并得到广泛的应用。它适合于分析大型的数据处理系统，特别是企事业管理系统。

1. 结构化分析法的基本原理

结构化系统分析的基本思想是用系统论的思想。结构化分析采用系统工程的方法，强调将整个系统的开发过程划分为若干阶段，每个阶段都有其明确的任务，这也是生命周期法阶段划分的基础。

结构化分析方法采用"分解"和"抽象"两个基本手段来分析复杂系统：一是自顶向下地对现有系统进行分析，将大问题分解为若干个小问题，对每个小问题，再单独分析，直到细分的子系统足以清楚地被理解和表达为止；二是抽象，就是在分析过程中，要透过具体的事物看到问题的本质属性，并将所分析的问题实体变为一般的概念。抽象是一种手段。只有通过抽象，才能正确认识问题，把握事物的内部规律，从而达到分析的目的。结构化分析图表工具主要由数据流程图、数据字典和数据处理说明组成。

2. 结构化分析步骤

（1）通过调查获取现行系统具体的"物理模型"，理解当前系统是怎么做的，并将理解表达成现行系统具体的"物理模型"。分析人员要利用组织结构图、业务流程图、数据流程图等工具将现实的事物表达出来。

（2）抽象出现行系统的逻辑模型。即从现行系统的具体的"物理模型"抽象出逻辑模型（数据流程图、数据字典、处理说明等）。

（3）建立新系统的逻辑模型。通过分析新系统与现行系统逻辑上的差别，明确新系统"做什么"，并对现行系统的"逻辑模型"进行优化，进而建立新系统的逻辑模型。

3. 结构化分析的特点

（1）面向用户，用户自始至终参与系统的分析工作。
（2）强调调查。
（3）对管理业务中的各种数据进行分解。
（4）层次分解。
（5）用图形来分析和构建新方案。

8.2 现行系统分析

8.2.1 详细调查

详细调查也称为系统详细调查，它是系统规划阶段系统初步调查工作的延续。但无论是系统的详细调查还是初步调查，它们的调查对象是一致的、方法是相同的，只是调查内容粗细、程度深浅和调查目的不同而已。

初步调查的目的是为了明确系统开发所要解决的主要问题和目标,论证系统开发的必要性和可能性。详细调查的目的是深入了解企业管理工作中信息处理的全部具体情况和存在的具体问题,为新系统逻辑模型的建立提供基础和依据。其细微程度要比初步调查高得多,工作量也要大得多。

1. 详细调查的内容

详细调查的内容分为一般调查的内容与重点调查的内容。一般调查的内容如表 8-1 所示。

表 8-1　　　　　　　　　　　　一般调查的内容

提　　纲	内　　　容
系统的边界	现行系统的发展历史、现状、规模、经营状况、业务范围及与外界联系等,以便确定系统的界限
系统的外部环境	现行系统和哪些外部环境有工作联系,有哪些物质和信息的交互关系,哪些外部环境(包括自然环境和社会经济环境)对该企业的业务有明显的影响
组织机构	企业中各个部门的权限、人员关系、相互制约关系和功能的分配
系统的资源状况	现行系统的物资、资金、设备、建筑平面布置和其他资源的情况。如果已配备了计算机,则要详细调查其功能、容量、外设设置等
系统的约束条件	现行系统在资金、人员、设备、处理时间和方式等各方面的限制条件和规定
系统的薄弱环节	现行系统的信息安全、信息基础设施面临的安全挑战、信息伦理道德及其他人为因素等
系统开发工作的资源状况	开发信息系统可以或者计划投入的人力、物力、财力和时间
各个方面对现行系统和待建系统研制的态度	各级领导、各管理部门、各基层部门对现行系统是否满意。若不满意,什么方面不满意,希望如何改变,反对哪方面的改变

其中,组织结构调查是一般调查的重要内容。关于一个组织的组织结构调查,可以通过组织机构图来反映。所谓组织机构图就是把组织分成若干部分,同时标明行政隶属关系。图 8-1 为某企业的组织机构图。

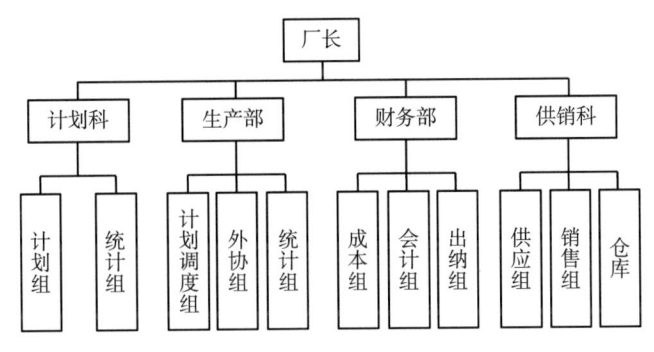

图 8-1　某企业组织机构

管理功能调查是一般调查的另一重要内容,其以组织结构为基础,弄清各部分的功能及功能之间的关系后,形成自上而下的以系统目标为核心的整个系统的功能结构。管理功能调查的结果以功能结构图来表示,图8-2展示了某企业销售系统的功能结构。

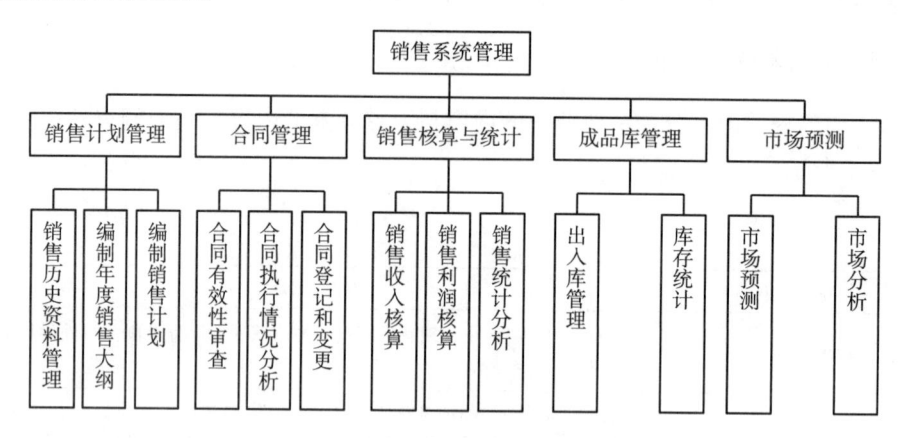

图8-2 某企业销售系统的功能结构

需要注意的是功能结构图一般是一个多层次的树形结构,且最后一级的功能一般不能再分割。

现行系统的业务流程、资金流和人的流动情况,以及各种输入、处理、输出、处理速度和处理量等,属于详细调查的重点。调查现行系统的信息流程,要特别注意各种计划、单据、文件和报表的处理情况。系统重点调查的主要内容涉及输入信息、处理过程、输出信息及信息编码等。重点调查的内容如表8-2所示。

表8-2 重点调查的内容

提 纲	内 容
输入信息	输入信息的名称,输入目的和使用场合,采集手段(人工或自动),输入周期、时间,最大输入量、平均输入量、输入份数,送到何处,保存期限,产生输入信息的部门及人员,数据项、位数、类型、上下界的值等
处理过程	处理加工的内容,处理过程名称,处理的部门,处理过程采用的方法、算法,处理所用的时间,产生的输出信息,处理时采用的核对检查措施,对异常情况的处理方法、处理负责人、发生的频率
输出信息	输出信息的名称、使用部门或使用者、使用目的、产生输出信息的部门、产生输出信息的方法、制作时间和周期、输出份数、处理的信息量、送交方法、数据项名、位数、数据类型、核对方法、有关的输出信息等
信息编码	编码的名称、编码的方法、规则、管理部门等

2. 详细调查的方法

为了确保调查工作顺利进行,系统分析人员要注意工作方法和工作手段。切实与用户建立好关系，使用户充分地、积极地参与调查工作，以确保调查工作的顺利进行。具体调查方法如下。

（1）直接面谈或者专门访问。
（2）发调查表征求意见。
（3）召开讨论会。
（4）阅读历史资料。
（5）参加业务实践。

其中参加业务实践是了解系统的最基本、最有效的方法，可以与具体工作人员一起更好地完成详细调查。

3. 详细调查的原则

详细调查的原则应遵循用户参与的原则，即由各使用部门的业务人员、主管人员和设计部门的系统分析人员、系统设计人员共同进行。设计人员掌握计算机技术，但对使用部门的业务不够清楚，而管理人员熟悉本身业务，两者结合能够互补不足，发现系统存在的问题，确保拟开发的新系统比现行系统更高效。

4. 详细调查的工作结果

详细调查的结果是以《详细调查报告》的形式表示的，主要包括以下内容。

（1）系统主要工作内容概述。
（2）系统需求分析。
（3）现行系统的主要目标和功能。
（4）组织结构图。
（5）业务流程图及说明。
（6）信息流程，包括数据流程、数据字典、数据存储分析、数据查询分析和数据处理分析。
（7）现行系统存在的问题。

8.2.2 业务流程分析

为了能够反映组织内部各部分之间的联系程度、组织各部分的主要业务和它们在业务过程中所担任的工作等，必须对组织的业务流程进行分析，即从一个实际业务流程的角度将系统调查中有关该业务流程的资料串连起来进一步分析。业务流程图是分析业务功能流程的重要工具。它是一种描述系统内各单位、人员之间业务关系、作业顺序和管理信息流向的图表。

业务流程图反映了实际的业务活动。制作业务流程图的过程也是系统分析员全面了解系统业务处理的过程。业务流程图不仅是系统分析员进行更深入系统分析的依据，而且也是系统分析员、管理人员、业务操作人员、系统设计人员进行沟通的工具。系统分析员可以直接在业务流程图上拟出能够由计算机实现的部分，因此可以明确系统的边界，以及使计算机处理与人工业务处理的接口清晰。另外，通过业务流程图可以对业务流程作进一步的分析，分析组织的业务流程是否合理，删除重复的、不合理的环节，明确整个业务流程，为以后的分析与设计打下良好的基础。

1. 业务流程图的基本符号及含义

业务流程图的基本图形符号有4种，符号的解释可直接用文字标于其内，如图8-3所示。椭圆表示系统中人员或部门，长方形表示系统外实体，报表符号表示单据、报表、账目等，矢量连线表示物流或信息流向。

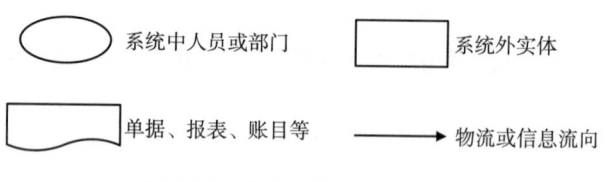

图8-3 业务流程图常用符号

2. 业务流程图的绘制

业务流程图是根据系统调查中得到的资料，按业务实际处理过程用给定的符号将它们绘制在同一张图上。所以，完整的业务流程图应该表达输入、输出、处理及相关数据文件。在绘制业务流程图时，应注意以下两点。

（1）以功能为中心展开，找出业务活动的主线，明确系统的边界与范围。

（2）对于功能较复杂的企业，可以先绘制一个简单的业务流程总图，再按"自顶向下"的方法分层分级地向下展开，直到描述清晰为止。

图8-4是某公司物资管理的业务流程图。其处理过程是车间填写领料单到仓库领料，库长根据用料计划审批领料单，未批准的退回到车间。库工收到批准的领料单后，首先查阅库存账，若有货，则通知车间前来领取物料，并登记用料流水账；否则将缺货通知采购人员。采购人员根据缺货通知单，查阅订货合同，若已订货，则向供货单位发出催货请求，否则就临时申请补充订货。供货单位发出货物后，立即向订货单位发出通知。采购人员收到提货通知单后，即可办理入库手续。然后，库工验收入库，并通知领料车间。此外，库工还要依据库存账和用料流水账定期生成库存报表呈交有关部门。

3. 业务流程重组

在业务流程分析中，必定会发现业务流程不尽合理的现象。系统中存在的问题可能是管理思想和方法落后，也可能是因为计算机信息系统的建设为优化原业务流程提供的新的可能性，需要在对现有业务流程进行分析的基础上进行业务流程重组，产生新的更为合理的业务流程。

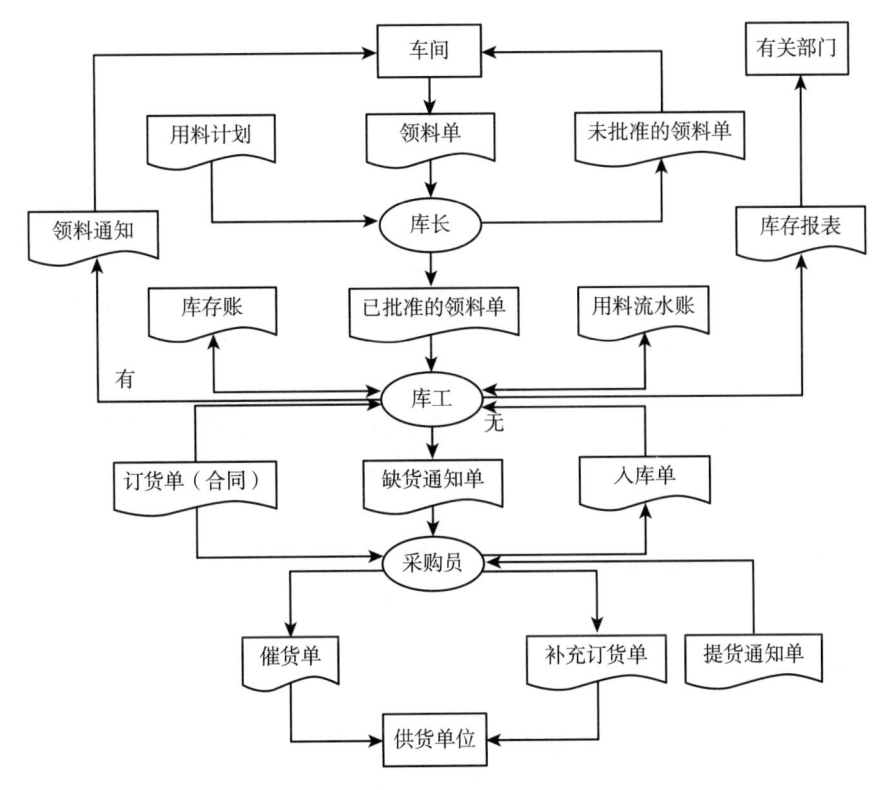

图 8-4 某公司物资管理的业务流程

进行业务流程重组，首先对业务流程调查资料进行规范化处理并且正确绘制各层次的业务流程图。在业务流程图的基础上，结合内外环境对业务流程进行初步分析、概括和诊断。然后找出现行系统业务流程中存在的所有问题，对找出的问题逐项进行分析研究，提出新系统业务流程的改进模式和改进要点，形成流程改进报告。根据现行业务流程图和改进要点，绘制新系统的业务流程图。在此基础上，制订流程重组计划且对计划进行评审。最后对提出的流程重组实施计划进行可行性分析。

8.2.3 数据流程分析

1. 数据流程图的基本符号及含义

数据流程图由4种基本符号组成，如图8-5所示。

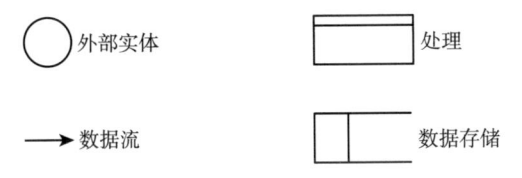

图 8-5 数据流程图的基本符号

（1）外部实体。外部实体指本系统之外的人或单位，它们和本系统有信息传递关系。在绘制某一子系统的数据流程图时，凡属本子系统之外的人或单位，也都被列为外部实体。

（2）处理。处理又称功能。它用一个长方形来表示处理逻辑，图形下部填写处理的名称（如开发票、出库处理等），上部填写与该处理有唯一对应关系的标志。

（3）数据流。数据流表示流动着的数据，它可以是一项数据，也可以是一组数据（如扣款数据文件、订货单等），也可以用来表示对数据文件的存储操作。通常在数据流符号的上方标明数据流的名称。

（4）数据存储。数据存储指通过数据文件、文件夹或账簿等存储数据，用一个右边开口的长方形表示。图形右部填写存储的数据和数据集的名称，左边填入该数据存储的标志。

2. 数据流程图的绘制

数据流程图绘制的基本思想是自顶向下，逐层分解。图 8-6 给出了数据流程图逐层分解示意。

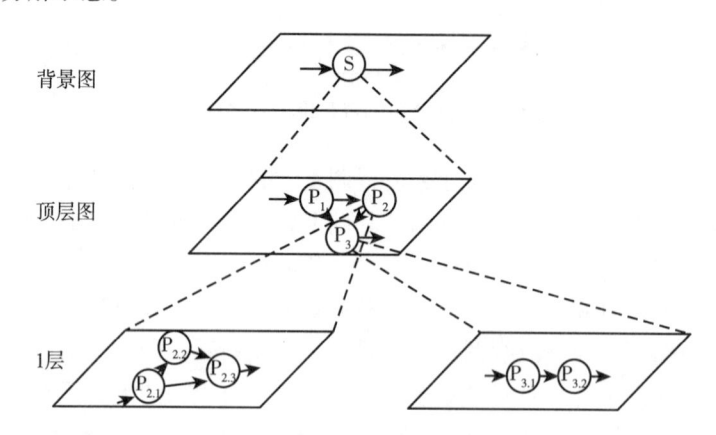

图 8-6 数据流程图逐层分解

数据流程图中，顶层通常由一个数据处理和若干输入/输出数据组成，它规定了系统的边界和范围，描述的是系统的概貌。底层由一些不必细分的数据处理完成，这些数据处理过程称为基本的数据处理过程。在顶层和底层之间还可以有很多的层次，视系统的具体情况而定。

在同一层中一般遵循"由外向里"的原则，也就是说，先确定系统的边界和范围，然后考虑系统的内部，先确定加工/处理的输入和输出，再分析加工/处理的内部。即：

① 识别系统的输入和输出。
② 从输入端至输出端画数据流和加工/处理，并同时加上文件。
③ 加工/处理的分解"由外向里"进行分解。

④ 数据流的命名名称要确切，能反映整体。
⑤ 各种符号布置要合理，分布均匀，尽量避免交叉线。
⑥ 先考虑稳定态，后考虑瞬间态。如系统启动后在正常工作状态，稍后再考虑系统的启动和终止状态。

本章以图 8-4 所示的物资管理的部分业务流程为例进行说明：

车间填写领料单到仓库领料，库长根据用料计划审批领料单，未批准领料单的退回车间，已批准的领料单送到仓库保管员处，仓库保管员查阅库存台账，若账上有货则通知车间前来领料，否则将缺货通知单发给采购人员。

首先画出顶层数据流程图，如图 8-7 所示。

图 8-7　库存管理领料业务的顶层数据流程

对顶层数据流程图中的库存处理再进一步分解为审批处理、库存处理和订货处理三个处理逻辑，如图 8-8 所示。

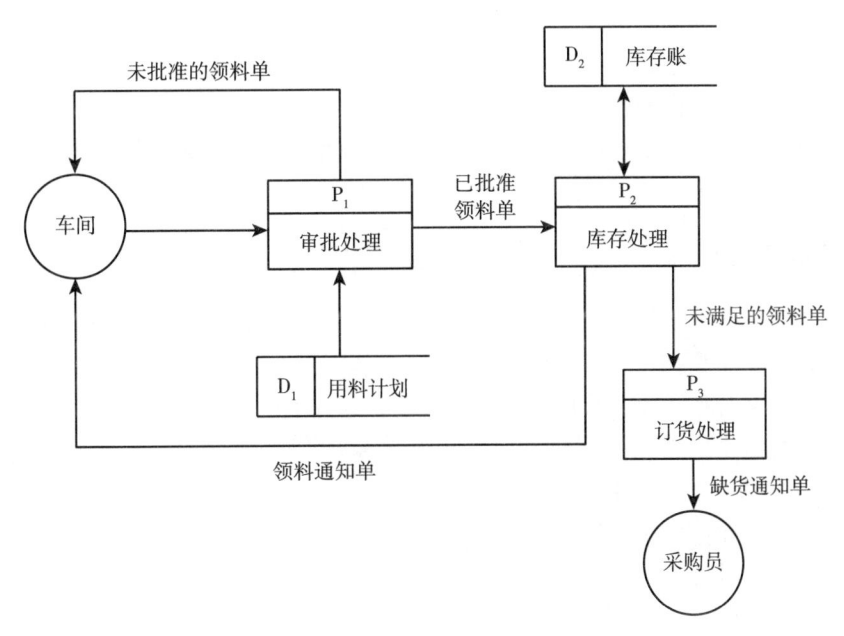

图 8-8　库存管理领料业务的数据流程

3. 绘制数据流程图的注意事项

数据流程图是系统分析中极为重要的一步。通过绘制数据流程图，可以和相应的调查记录、数据记录反复对照发现不合理过程、不匹配的数据、数据流通不畅等问题。但在绘制过程中需要注意以下一些问题。

（1）数据流程图分多少层，每层次分解中一个功能分解成多少低层次的功能，要根据情况而定。

（2）绘制数据流程图一般从左向右进行绘制。

（3）父图和子图保持平衡。要求父图中输入和输出数据流必须在子图有所反映，即保持父图和子图中数据流守恒。

（4）数据流至少有一端连接处理框。

（5）数据处理输入流/输出流协调（只有输入没有输出的数据无须保存，只有输出没有输入的数据是不可能的）。

（6）合理命名，准确编号不仅有利于数据字典编写，而且方便设计人员和用户阅读和理解。

8.2.4 数据字典

字典的作用是给词汇以定义和解释。在结构化分析中，数据词典的作用是对数据流程图上的每个成分给予定义和说明。换句话说，数据流程图上所有成分的定义和解释的文字集合就是数据字典。上面讨论的数据流程图只能给出系统逻辑功能的一个总框架而缺乏详细、具体的内容。数据字典对数据流程图中的各种成分起注解、说明作用，给这些成分赋予实际内容。除此之外，数据词典还要对系统分析中其他需要说明的问题进行定义和说明。

数据字典描述的主要内容有：数据元素、数据结构、数据流、数据存储、处理逻辑、外部实体。

1. 数据元素

数据项又称数据元素，是数据的最小单位。分析数据特性应从静态和动态两个方面进行。在数据字典中，仅定义数据的静态特性，具体包括：数据项的编号、名称、别名和简述、数据项类型及宽度、数据项的取值范围。

例：数据项的定义

数据项编号：I02 – 01

数据项名称：材料编号

别名：材料编码

简述：某种材料的代码

类型及宽度：字符型，4 位

取值范围："0001～9999"

2. 数据结构

数据结构描述某些数据项之间的关系。一个数据结构可以由若干个数据项组成，也可以由若干数据结构组成，还可以由若干个数据项和数据结构组成。如表 8 – 3 所示，用户订货单就是由三个数据结构组成的数据结构，表中用 DS 表示数据结构，用 I 表示数据项。

表 8-3　　　　　　　　　　用户订货单的数据结构

DS03-01：用户订货单		
DS03-02：订货单标识	DS03-03：用户情况	DS03-04：配件情况
I1：订货单编号	I3：用户代码	I10：配件代码
I2：日期	I4：用户名称	I11：配件名称
	I5：用户地址	I12：配件规格
	I6：用户姓名	I13：订货数量
	I7：电话	
	I8：开户银行	
	I9：账号	

数据字典中对数据结构的定义包括的内容有数据结构的编号和名称、简述、数据结构的组成。

如果是一个简单的数据结构，要列出它所包含的数据项。如果是一个嵌套的数据结构（即数据结构中包含数据结构），则需列出它所包含的数据结构的名称，因为这些被包含的数据结构在数据字典的其他部分已有定义。

例：数据结构的定义

数据结构编号：DS03-01

数据结构名称：用户订货单

简述：用户所填用户情况及订货要求等信息

数据结构组成：DS03-02 + DS03-03 + DS03-04

3. 数据流

数据流由一个或一组固定的数据项组成。定义数据流时，不仅要说明数据流的名称、组成等，还应指明它的来源、去向、数据流量和高峰流量等。

例：数据流的定义

数据流名称：F03-08

数据结构名称：领料单

简述：车间开出的领料单

数据流来源：车间

数据流去向：发料处理模块

数据流组成：材料编号 + 材料名称 + 领用数量 + 日期 + 领用单位

数据流量：10 份/小时

高峰流量：20 份/小时（上午 9:00~11:00）

4. 数据存储

数据存储在数据字典中只描述数据的逻辑存储结构，而不涉及它的物理组织。

例：数据存储的定义

数据存储编号：F03 – 08

数据存储名称：库存账

简述：存放配件的库存量和单价

数据存储组成：配件编号 + 配件名称 + 单价 + 库存量 + 备注

关键字：配件编号

相关联的处理：P02. P03

5. 处理逻辑

处理逻辑的定义仅对数据流程图中最底层的处理逻辑加以说明。

例：处理逻辑的定义

处理逻辑编号：P02 – 03

处理逻辑名称：计算电费

简述：计算应缴纳的电费

输入的数据流：数据流电费价格，来源于数据存储文件价格表；数据流电量和用户类别，来源于处理逻辑"读电表数字处理"和"数据存储用户文件"

处理：根据数据流"用电量"和"用户信息"，检索用户文件，确定该用户类别；再根据已确定的该用户类别，检索数据存储价格表文件，以确定该用户的收费标准，得到单价；用单价和用电量相乘得到该用户应缴纳的电费

输出数据流：数据流"电费"一是去外部项用户，二是写入数据存储用户电费账目文件

处理频率：对每个用户每月处理一次

6. 外部实体

外部实体定义包括外部实体编号、名称、简述及有关数据流的输入和输出。

例：外部实体的定义

外部实体编号：S03 – 01

外部实体名称：用户

简述：购置本单位配件的用户

输入的数据流：DS03 – 06，DS03 – 08

输出的数据流：DS03 – 01

数据字典实际上是"关于系统数据的数据库"，从系统分析一直到系统设计和实施都要使用它，是不可缺少的工具。数据字典是所有人员工作的依据，所以，在数据字典的建立、修正和补充过程中，应统一标准，保证数据的一致性和

完整性。

数据字典可以用人工建立卡片的方法来管理，也可以存储在计算机中用一个数据字典软件来管理。

8.2.5 处理逻辑的表达

数据字典已对数据流程图中的数据处理进行了简要的、概括的数据处理逻辑步骤描述。对于简单的数据处理是可以对处理逻辑和过程进行精确地描述，但是对于较为复杂的数据处理用一般的文字进行处理逻辑说明易造成逻辑含混不清，更容易造成二义性。

针对此问题，数据处理需要利用专门的工具详细、精确地描述数据的处理逻辑和步骤。目前常用的处理逻辑表达工具有结构化语言（structured language）、决策树（decision tree）和决策表（decision table）三种。

1. 结构化语言

人们常用自然语言描述各种问题。自然语言语义丰富、语法灵活，可以描述十分广泛而复杂的问题，表达人们丰富的感情和智慧，但自然语言没有严格的规范，理解上容易产生歧义。在信息处理中，人们广泛使用的计算机语言是一种形式化语言，这种语言的各种词汇均有严格定义，语法也很严格、规范，但使用的词汇限制在很小的范围内，叙述方式烦琐，难以清晰、简洁地描述复杂问题。

结构化语言的特点介于两者之间，它没有严格的语法规定，使用的词汇也比形式化的计算机语言广泛，但使用的语句类型很少，结构规范，表达的内容清晰、准确，易理解，不易产生歧义，适于表达数据加工的处理功能和处理过程。结构化语言主要有以下3种句型：

（1）祈使语句。祈使语句指出要做什么事情，包括一个动词和一个宾语。动词指出要执行的功能，宾语表示动作的对象。例如，计算工资、发补考通知。

使用祈使语句，力求精练，不应太长；不要使用形容词和副词；动词能明确表达执行的动作，不用"做""处理"这类意义太广泛的动词，意义相同的动词，只确定使用其中之一；宾语必须在数据字典中有定义。

（2）条件语句。条件语句类似结构化程序设计中的条件结构，它使用了由"IF""THEN""ELSE"等词组成的规范化语言。例如，某供货单位根据用户欠款时间长短和现有库存量情况制订用户订货方案，具体策略为：如果欠款时间不超过30天，当需求量不超过库存量时，立即发货。当需求量大于库存量时，先按库存量发货，进货后再补发；如果欠款时间大于30天而不超过100天，当需求量不超过库存量时，先付款，再发货。当需求量大于库存量时，不发货；如果欠款时间大于100天，通知先付欠款。采用条件语句描述处理订货单的逻辑过程为：

```
IF    欠款时间≤30 天
    IF    需求量≤库存量
        THEN    立即发货
    ELSE
        先按库存量发货，进货后再补发
ELSE
    IF    欠款时间≤100 天
    IF    需求量≤库存量
        THEN    先付款再发货
        ELSE
            不发货
    ELSE
        要求先付欠款
```

（3）循环语句。循环语句说明在满足某种条件下，继续执行某项处理功能，或者继续执行某项功能直到某个条件满足为止。此语句由两部分组成，第一部分为循环条件；第二部分为重复执行的语句。第二部分的语句，可以是一个或一组祈使语句，也可以是条件语句或循环语句形成的嵌套结构。

2. 决策树

如果一个加工中的决策或判断的步骤较多，则使用结构化语言时，语句的嵌套层次太多，不便于基本加工的逻辑功能的清晰描述。决策树（decision tree）又称判断树，是一种图形工具，适合于描述加工中具有多个策略，而且每个策略和若干条件有关的逻辑功能。结构化分析中所用图形工具决策树如图 8-9 所示。左边结点为树根，称为决策结点。与决策结点相连的称为方案枝（或称条件枝）。最右方的方案枝（条件枝）的端点（即树梢）表示决策结果，即所采用的策略。中间各节点为分段决策结点。

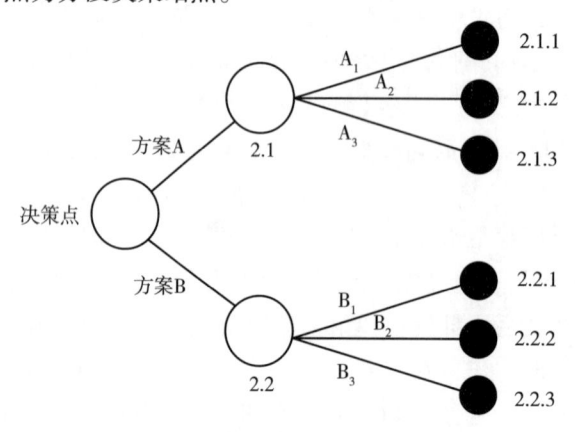

图 8-9　决策树（两段决策）

例如，某货运站行李收费标准为：若收件地点在本省，则快件 6 元/千克，慢件 4 元/千克；若收件地点在外省，则在 25 千克以内（包括 25 千克），快件 8 元/千克，慢件 6 元/千克；而超过 25 千克时，快件 10 元/千克，慢件 8 元/千克。该收费标准可以用如图 8-10 所示的决策树表示。

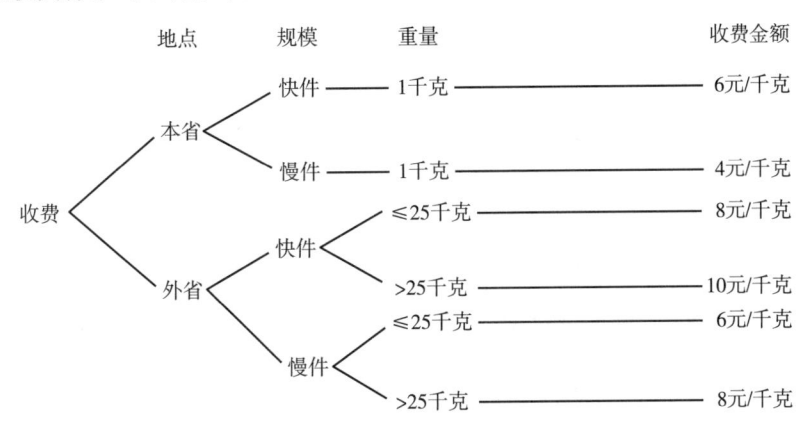

```
地点        规模       重量               收费金额
            快件——1千克——————————6元/千克
     本省
            慢件——1千克——————————4元/千克
收费
            快件——≤25千克————————8元/千克
                 >25千克————————10元/千克
     外省
            慢件——≤25千克————————6元/千克
                 >25千克————————8元/千克
```

图 8-10　货运站行李收费标准决策树示例

3. 决策表

在基本加工中，如果判断的条件较多，各条件又相互组合，相应的决策方案就较多。在这种情况下用决策树来描述则树的结构比较复杂，图 8-9 和图 8-10 中各项注释比较烦琐。

决策表，又称为判断表，为这类加工提供了表达清晰、简洁的手段。决策表也是一种图形工具，呈表格形。它共分为 4 大部分，如表 8-4 所示。

表 8-4　　　　　　　　　　　决策表的组成

条　件	状　态
决策方案	决策规则

决策表的编制，首先要明确加工的功能与目标，其次要识别影响决策的各个因素（条件），列出这些因素可能出现的状态，并制定出决策的规则。

我们以上述供货单位根据用户欠款时间长短和现有库存量情况制订用户订货方案为例，采用决策表描述的用户订货方案如表 8-5 所示。

表 8-5　　　　　　　供货单位处理订货单的决策表

	决策规则号	1	2	3	4	5	6
条件	欠款时间≤30 天	Y	Y	N	N	N	N
	欠款时间>100 天	N	N	Y	Y	N	N
	需求量≤库存量	Y	N	Y	N	Y	N

· 163 ·

续表

	决策规则号	1	2	3	4	5	6
应采取的行动	立即发货	×					
	先按库存量发货，进货后再补发		×				
	先付欠款，再发货					×	
	不发货						×
	要求先付欠款			×	×		

4. 几种表达工具的比较

以上介绍的三种处理逻辑表达工具，各自具有不同的优点和不足之处，它们之间的性能比较，如表8-6所示。

表8-6　　　　　各种表达工具性能比较

比较指标	结构化英语	决策树	决策表
逻辑检查	好	一般	很好
表示逻辑结构	好	很好	一般
使用方便性	一般	很好	一般
用户检查	不好	好	不好
程序说明	很好	一般	很好
计算机可编辑性	一般	不好	很好
可变性	好	一般	不好

通过比较，可以概括出它们的适用范围。

（1）结构化语言最好用于涉及具有判断或循环动作组合顺序的问题。

（2）决策树适用于表示逻辑结构或行动在10~15个一般复杂程度的决策。

（3）决策表适用于5~6个条件的复杂组合。虽然，决策表也能处理很大数目的行动和很多条件的组合，但过于庞大将造成使用不便。

上述讨论的是结构化系统分析的几种常用工具。由于结构化方法种类较多，各类方法所用工具不一致，因而结构化系统分析工具的类型也多，本书不可能一一介绍。一般而言，在实际的系统分析工作中，所采用方法的类型宜少不宜多，以免造成混乱。

8.3　新系统逻辑方案的建立

新系统逻辑模型是在现行系统逻辑模型的基础上提出来的。通过对现行系统的调查分析，抽象出现行系统的逻辑模型，分析其存在的问题，提出新系统的目标，并进行论证。然后依据经过论证的新系统目标，提出现行系统管理的业务变革内容，并建立新系统逻辑模型。

8.3.1 现行系统的分析研究

在对现行系统的组织结构、业务流程、数据流程调查分析的基础上，并结合调查收集的原始资料，进行详细、深入的分析研究，找出存在的问题，提出改进意见和建议，提出新系统的目标。其具体工作包括以下4个方面。

1. 整理和归档调查的原始资料

由于参加系统调查分析的人员较多，并且每个人的背景和经验也存在差异，所以在调查资料的管理上应制定严格的管理制度和管理程序，保证原始资料的完整和准确。现行系统的调查资料主要包括以下三种。

（1）各种业务单据和报表的原始样本。
（2）调查中所用的调查表。
（3）调查访问的原始记录和整理资料。

2. 现行系统问题分析

利用现行系统的分析结果和调查资料，找出现行系统存在的问题，以此作为新系统应解决的问题和目标。一般而言，现行系统常存在的问题主要体现在以下5个方面。

（1）业务流程环节过多，造成迂回严重。例如，某项业务的处理环节过多，造成数据信息出现反复传递的现象，这种迂回现象严重影响工作效率。

（2）业务流程衔接不畅。例如某项业务处理工作，需要依据前续的业务处理环节的成果。由于前续业务处理环节自身的问题或它们之间的协调问题，造成时间滞后或信息不对等问题，严重影响本项业务的按期处理或准确处理。

（3）单据和报表不规范。主要表现在三个方面：一是单据或报表的数据内容表达随意性太大，造成进一步数据处理的困难；二是原始单据不完整，造成统计数据不准确；三是同一数据来源不同，造成统计口径不一致。

（4）定量分析欠缺。在计划编制、市场预测、定额编制等工作中常常凭经验，很少采用科学的定量分析技术和方法。

（5）经营管理不规范，管理制度不健全。这一问题造成管理的随意性所引起的数据信息不准确、不及时、不完整；造成管理决策的随意性，这将导致决策的失误，给组织带来损失。

在所存在的问题中，业务流程不畅和经营管理不规范是需要重点解决的问题，解决这些问题主要应从业务流程和组织结构入手，进行重点分析，并实施业务流程重组和管理组织结构的变革。

3. 确定新系统目标

在对现行系统充分调查的基础上，根据其具体情况和所存在的问题，考虑用户的意见和建议，提出新系统的具体目标。

新系统目标应该充分体现系统的战略目标和方向，而且还应满足现行系统的功能需求，并且能解决现行系统中所存在的问题。新系统的目标内容具体包括以下3个方面。

（1）管理方面。主要围绕提高工作效率，降低经营成本，提高信息共享程度，提高决策或预测的速度和科学性等方面，提出系统管理层面的新系统目标。

（2）性能方面。主要是在系统的准确性、可靠性、安全性、响应速度、操作方便性、维护性、通用性等方面，提出具体的指标要求。

（3）功能方面。主要在系统的输入、输出、查询、预测、辅助决策等具体功能需求的方面，提出具体实现功能目标。

应该指出的是新系统的目标是对新系统的总体要求，不可能非常具体和确切，随着系统分析和设计工作的深入，其目标才能具体化。

4. 新系统目标的论证

在现行系统详细调查和分析的基础上，根据用户需求和系统开发环境的各种因素，结合系统规划的可行性分析报告，进一步论证新系统目标的可行性，并对新系统目标提出修改意见。主要论证工作围绕组织结构、业务流程、各种单据和报表内容、数据流程中所存在的问题的解决方法、系统的业务重组和新系统目标等内容展开，其目的是对新系统目标的进一步具体化。

8.3.2　管理业务改革

根据新系统目标的要求，从企业的整体出发对现行系统的管理业务进行改革。管理业务的变革首先从业务流程开始，再到组织结构的变革。

（1）业务流程重组。根据新系统目标，现行系统业务流程和数据流程中所存在的问题，对现行系统的业务流程进行改造，使新业务流程的业务过程科学、合理，适合信息技术的实现。

（2）组织结构重组。在业务流程重组的基础上，根据新业务流程的管理需要，对现行的组织机构进行改革。为业务流程重组提供管理上的支持和服务。这种改革主要表现在对现行组织部门或岗位的职能变革、部门或岗位的增减和部门隶属关系的改变等。

8.3.3　新系统逻辑模型的建立

新系统逻辑模型的建立主要包括以下4个方面的工作。

1. 整理新系统的业务流程和组织结构

根据业务流程重组的结果，绘制新系统业务流程图；根据组织结构重组的结果，绘制新系统的组织结构图，并明确各部门或岗位的职责。

2. 绘制新系统的数据流程图

根据新系统的业务流程图，结合调查相关资料和现行系统的数据流程，绘制新系统的数据流程图。由此明确了新系统的边界和新系统的功能。

3. 数据字典和处理逻辑说明的编制

根据新系统的数据流程图和现行系统的相关调查资料，以及现行系统的数据字典和处理逻辑，重新编制新系统的数据字典和处理逻辑。

4. 新系统的数据处理方式

新系统数据处理方式的确定对满足用户要求，改善系统的服务质量，以及选择计算机系统设备是很重要的。数据处理方式可以分为成批处理和联机实时处理两种方式。

总之，新系统的逻辑模型与旧系统的逻辑模型相比，变化是很小的，可能只是在某一个或某几个处理中引进新技术，改变几处数据的流程，或者改变某些数据存储的组织方式。一般情况下，建议在开发过程中进行的变更应该是切实可行、能够较快地带来收益的，而且尽可能地循序渐进，不要企图一下子做过多的变更。否则会牵涉面过大，出现预想不到的困难，造成组织中震动太猛，扰乱日常工作，形成一些不必要的社会和心理上的阻力。

8.4 系统分析报告

系统分析结束时，系统分析员应完成系统分析报告，交上级审批。系统分析报告是系统设计的依据，是与用户交流的工具，是应用软件的重要组成部分。

8.4.1 系统分析报告的作用

系统分析报告形成后必须组织各方面的人员（包括组织领导、管理人员、专业技术人员、系统分析人员等）一起对已形成的逻辑方案进行论证，尽可能地发现其中的问题、误解和疏漏。对问题、疏漏要及时纠正；对有争议的问题要重新核实当初的原始调查资料或进一步地深入调查研究；对重大的问题甚至可能需要调整或更正系统目标，重新进行系统分析。系统分析报告的作用主要表现在以下两个方面。

（1）系统分析报告是系统分析阶段的工作成果，它反映了这一阶段调查分析的全部情况。

（2）经审议后的系统分析报告成为有约束力的指导性文件，成为用户与技术人员之间的技术合同，是系统设计阶段工作的前提和出发点，是进行系统设计的依据。

8.4.2 系统分析报告的内容

作为系统分析阶段的技术文档，系统分析报告通常包括以下 3 个方面的内容。

1. 引言

说明项目名称、目标、功能、背景、引用资料（如核准的计划任务书或合同）、本书所用的专门术语等。

2. 项目概述

（1）项目的主要工作内容。简要说明本项目在系统分析阶段所进行的各项工作的主要内容。这些是建立新系统逻辑模型的必要条件，而逻辑模型是书写系统说明书的基础。

（2）现行系统的调查情况。新系统是在现行系统基础上建立起来的。设计新系统之前，必须对现行系统调查清楚，掌握现行系统的真实情况，了解用户的要求和问题所在。

列出现行系统的目标、主要功能、组织结构、用户要求等，并简要指出主要问题所在。以数据流程图为主要工具，说明现行系统的概况。

数据字典、决策表等往往篇幅较大，可以作为附件。但是由它们得到的主要结论，如主要的业务量、总的数据存储量等，应列在正文中。

（3）新系统的逻辑模型。通过对现行系统的分析，找出现行系统的主要问题所在，进行必要的改动，即得到新系统的逻辑模型。

新系统的逻辑模型也通过相应的数据流程图加以说明；数据字典等有变动也要给出相应的说明。

3. 实施计划

（1）工作任务的分解。对开发中应完成的各项工作，按子系统（或系统功能）划分，指定专人分工负责。

（2）进度。规定各项工作的预定开始日期和结束日期，规定任务完成的先后顺序及完成的界面。可以用 PERT 图或甘特图表示进度。

（3）预算。逐项列出本项目所需要的劳务及经费的预算，包括各项工作所需人力及办公费、差旅费、资料费等。

8.4.3 系统分析报告的审议

系统分析报告是系统分析阶段的技术文档，也是这一阶段的工作报告，是提交审议的一份工作文件。系统分析报告一旦审议通过，则成为有约束力的指导性文件，成为用户与技术人员之间的技术合同，成为下一个阶段系统设计的依据。因此，系统分析报告的编写很重要。它应简明扼要，抓住本质，反映系统的全貌和系统分析人员的设想。它的优劣是系统分析人员水平和经验的体现，也是系统分析员对任务和情况了解深度的体现。

系统分析报告的审议是整个系统研制过程中的一个重要的里程碑。审议应由研制人员、企业领导、管理人员、局外系统分析专家共同进行。审议通过后，系统分析报告就成为系统研制人员与企业对该项目共同意志的体现，系统分析作为一个工作阶段，宣告结束。若有关人员在审议中对所提方案不满意，或者发现研制人员对系统的了解有比较重大的遗漏或误解，需要返回，重新进行详细调查和分析。也有可能发现条件不具备、不成熟，导致项目中止或暂缓。一般而言，经过认真的可行性分析之后，不应该出现后一种情况，除非情况有重大变动。

上述提到的局外专家，是指研制过类似系统而又与本企业无直接关系的人。他们一方面协助审查研制人员对系统的了解是否全面、准确，另一方面审查提出的方案，特别是对实施后会给企业的运行带来的影响做出的估计，这种估计需要借助他们的经验。

8.5 本章小结

第一，介绍了系统分析的含义、工作步骤和结构化分析法。系统分析是指在管理信息系统开发的生命周期中系统分析阶段的各项活动和方法；系统分析的工作步骤依次为：(1) 系统的初步调查；(2) 可行性分析；(3) 现行系统的详细调查；(4) 提出新系统的逻辑方案。结构化分析法（structured analysis，SA）是一种面向数据流的、自顶向下、逐步求精的系统分析方法，适合于分析大型的数据处理系统，特别是企事业管理系统。

第二，描述了基于结构化分析法的现行系统分析。详细调查主要针对现行系统的管理业务和数据流程进行，以便掌握现行系统的状况，找出存在的问题和薄弱环节；业务流程分析和数据流程分析是在详细调查的基础上，通过绘制业务流程图和数据流程图，找出不合理的业务流程和数据流程，进而为提出新系统的逻辑模型做准备；数据词典的作用是对数据流程图上的每个成分给予定义和说明；处理逻辑是对数据流程图中较为复杂的数据处理进行描述。常用的处理逻辑表达工具有结构化语言（structured language）、决策树（decision tree）和决策表（decision table）三种。

第三，描述了新系统逻辑方案的建立。新系统逻辑模型是在现行系统逻辑模型的基础上提出来的。通过对现行系统的调查分析，抽象出现行系统的逻辑模型，分析其存在的问题，提出新系统的目标，并进行论证。然后依据经过论证的新系统目标，提出现行系统管理的业务变革内容，并建立新系统逻辑模型。

第四，介绍了系统分析报告的作用、内容和审议。解释了系统分析报告的作用，包括两个方面：一方面，系统分析报告是系统分析阶段的工作成果，它反映了这一阶段调查分析的全部情况；另一方面，经审议后的系统分析报告成为有约束力的指导性文件，成为用户与技术人员之间的技术合同，是系统设计阶段工作的前提和出发点，是进行系统设计的依据。系统分析报告通常包括以下三个方面的内容。

（1）引言——说明项目名称、目标、功能、背景、引用资料（如核准的计划任务书或合同）、本书所用的专门术语等。

（2）项目概述——①项目的主要工作内容。简要说明本项目在系统分析阶段所进行的各项工作的主要内容。这些是建立新系统逻辑模型的必要条件，而逻辑模型是书写系统说明书的基础。②现行系统的调查情况。新系统是在现行系统基础上建立起来的。设计新系统之前，必须对现行系统调查清楚，掌握现行系统的真实情况，了解用户的要求和问题所在。列出现行系统的目标、主要功能、组织结构、用户要求等，并简要指出主要问题所在。以数据流程图为主要工具，说明现行系统的概况。数据字典、判断表等往往篇幅较大，可以作为附件。但是由它们得到的主要结论，如主要的业务量、总的数据存储量等，应列在正文中。③新系统的逻辑模型。通过对现行系统的分析，找出现行系统的主要问题所在，进行必要的改动，即得到新系统的逻辑模型。

（3）实施计划——①工作任务的分解。对开发中应完成的各项工作，按子系统（或系统功能）划分，指定专人分工负责。②进度。规定各项工作的预定开始日期和结束日期，规定任务完成的先后顺序及完成的界面。可以用 PERT 图或甘特图表示进度。③预算。逐项列出本项目所需要的劳务及经费的预算，包括各项工作所需人力及办公费、差旅费、资料费等。

系统分析报告审议是整个系统研制过程中的一个重要的里程碑。审议应由研制人员、企业领导、管理人员、局外系统分析专家共同进行。审议通过后，系统分析报告就成为系统研制人员与企业对该项目共同意志的体现，系统分析作为一个工作阶段，宣告结束。

8.6　本章关键术语

系统工程（system engineering）
结构化分析法（structured analysis，SA）
业务流程图（transaction flow diagram）

数据流程图（data flow diagram）
数据字典（data dictionary）
结构化语言（structured language）
决策树（decision tree）
决策表（decision table）

第 9 章

管理信息系统的系统设计

【引导案例】

通用汽车获得了正确的库存跟踪

"我们的数据告诉我们对经销商维修服务感知不满意的车主只有一半可能再次购买那种车型的汽车。"想想这句话的后果,如果车主连换油那样简单的服务感知都不好,那么只有一半的人才可能将30000美元或更多的资金花费在那种车型的汽车上。这对于只需提供成本大约50美元的良好的换油感受的投资来说是一个相当大的损失。

上面这段话是通用汽车服务和零部件经营的零售库存管理全球主管布赖恩说的。布赖恩非常清楚地知道售后服务和维护一位忠诚客户之间的关系。不幸的是,为了保障自己的维修服务水平,通用汽车的7000家北美代理商的大部分零部件经理积压了太多的常规零部件,而那些不经常使用的零部件库存又很少。正如布赖恩解释的:"没有足够丰富的零部件种类,而他们拥有的那种零部件数量又太多。"

"不足够丰富的零部件种类"就意味着通用汽车维修车间只能向客户提供了67%的令人满意的维修服务。布赖恩和他的团队下决心要改变这种状况,而且实施了一项新的库存管理系统,令人满意的维修服务上升到96%。新的库存管理系统是一个集中化的实时跟踪库存水平的网络系统。如果任何时候、任何零部件的库存数量降至5个以下,系统就会通知零部件经理,并且自动向全国16个零部件经销中心发送一份零部件补充订单。系统甚至还能调节局部地区的差别,并且使美国一些指定地区代理商的某种零部件库存更多一些。比如说,在春季西北地区代理商的挡风玻璃雨刮器就会更多一些。总之,系统可跟踪来自4000个不同供应商的500000多种通用汽车零部件。

布赖恩和他的团队面临的最大挑战之一是允许每个代理商选择他自己的

代理商管理系统，结果导致 28 种不同的系统的使用。到目前为止，新的集中化库存管理系统只有 6 个已经被认证运行。由于生产率和库存效率的提高，通用汽车正在运行的新的库存管理系统向更多的代理商中心化系统发放证书，希望所有的系统将被认证，并且所有的代理商到 2007 年底转换新的库存管理系统。当新的库存管理系统对运行的其他代理商管理系统进行认证时，通用汽车就和几个对转换产生兴趣的代理商试用系统。当确认系统正确工作的时候，则激发其他的代理商进行转换。

新的库存管理系统不仅正在带来效率，也产生有效性。从效率的角度看，新的系统使库存周转率提高 11%，同时使零部件经理检查库存和订购零部件的时间从每天 90 分钟减少到每天只用 10～15 分钟。

但最重要的结果却是有效性方面的实现，例如以客户为中心的满意度的测量工作。布赖恩解释说："实质上，其可能增强主人翁感。"说到底，提供令人满意的维修感受使汽车主人再次购买相同车型的机会提高到双倍。简而言之，维护客户是关键的。

问题

1. 在实施新的库存管理系统和将现行用户（代理商）系统进行转换中，通用汽车公司使用哪种实施方法？在你看来，为什么它是最合适的方法？如果你必须选择一个不同的实施方法，那将是什么？为什么？

2. 你认为为什么通用汽车公司允许其 7000 个北美代理商选择不同的代理商管理系统？允许自由地选择有什么优点？这种方式会有什么缺点？

3. 新的库存管理系统提供令人满意的维修感受，从原先的 67% 提高到 96%。虽然增长是显著的，但 96% 真的就好吗？为什么？

资料来源：[美] 斯蒂芬·哈格. 信息时代的管理信息系统（原书第 9 版）[M]. 北京：机械工业出版社，2019.

9.1 系统设计概述

系统设计是信息系统开发过程中第三个重要阶段。在这一阶段中将根据前一阶段系统分析的结果，在已经获准的系统分析报告的基础上，进行新系统设计。

9.1.1 系统设计的目的与任务

1. 系统设计的目的

系统设计又称为物理设计，是开发管理信息系统的第三阶段。系统设计通常可以分为两个阶段进行，首先是总体设计，其任务是设计系统的框架和概貌，并向用户单位和领导部门作详细报告并认可，在此基础上进行详细设计，这两部分工作是互相联系的,需要交叉进行。系统设计是开发人员进行的工作,他们将系统设计阶段得到的目标系统的逻辑模型转换为目标系统的物理模型,该阶段得到的工作成果——系统设计说明书是下一个阶段系统实施的工作依据。

系统设计的目的是在保证实现逻辑模型功能的基础上,尽可能提高目标系统的简单性、可变性、一致性、完整性、可靠性、经济性、系统的运行效率和安全性,将分析阶段所获得的系统逻辑模型,转换成一个具体的计算机实现方案的物理模型。

2. 系统设计的任务

系统设计工作应自顶向下地进行。首先设计总体结构,然后再逐层深入,直至进行每一个模块的设计。系统设计的主要任务是进行总体设计和详细设计。

(1)总体设计。总体设计主要包括系统功能模块结构设计和计算机物理系统的配置方案设计。

① 系统功能模块结构设计。其设计的任务是划分子系统,然后确定子系统的模块结构,并画出功能模块结构图。在这个过程中必须考虑的问题为:如何将一个系统划分成多个子系统;每个子系统如何划分成多个模块;如何确定子系统之间、模块之间传送的数据及其调用关系。

② 计算机物理系统配置方案设计。在进行总体设计时,还要进行计算机物理系统具体配置方案的设计,要解决计算机软硬件系统的配置、通信网络系统的配置、机房设备的配置等问题。计算机物理系统具体配置方案要经过用户单位和领导部门的同意才可以进行实施。

开发管理信息系统的大量经验教训说明,选择计算机软硬件设备不能光看广告或资料介绍,必须进行充分的调查研究,最好向使用过该软硬件设备的单位了解运行情况及优缺点,并征求有关专家的意见,然后进行论证,最后写出计算机物理系统配置方案报告。计算机更新换代是非常快的,在开发初期和在开发的中后期系统实施阶段购买计算机设备,价格差别可能会很大。因此,在开发管理信息系统过程中应在系统设计的总体设计阶段具体设计计算机物理系统的配置方案。

(2)详细设计。在总体设计基础上,第二步进行的是详细设计,主要有代码设计、界面设计、数据存储设计、输入输出设计等。

3. 编写系统设计报告

系统设计阶段的成果是书面的系统设计报告,它主要包括模块结构图、模块说明书和其他详细设计等。

9.1.2 系统设计的原则与依据

1. 系统设计的依据

系统设计是依据系统分析阶段所确定的新系统的逻辑模型、功能要求,在用户提供的环境条件下，设计出一个能在计算机网络环境上实施的方案。通常系统设计工作可以依据下面四个因素：

（1）系统分析的成果。系统设计是系统分析的继续，系统设计人员必须严格按照系统分析阶段的成果——系统分析说明书规定的目标、任务、逻辑功能进行系统设计工作。对系统逻辑功能的理解是系统设计成功的关键。

（2）用户的需求。系统的最终使用者是用户，进行系统设计时应充分考虑用户的需求。

（3）现行技术。现行技术主要是指可供选择的计算机软硬件技术、数据管理技术、计算机网络与通信技术等。在系统设计时要充分了解现有技术及其发展趋势，使开发的系统在成本较低的情况下用比较新的技术。

（4）系统运行环境。系统的应用离不开一定的环境，它是有关组织内外各种因素的综合。

2. 系统设计的原则

（1）系统性。系统性是指系统中信息编码、采集、信息通信要具备一致性设计规范标准；系统作为一个统一的整体而存在，系统功能应尽量完整。

（2）适应性。可变性是现代化企业的特点之一，它是指其对外界环境的变化的适应能力。作为企业的管理信息系统也必须具有相当的灵活性，以便适应外界环境的不断变化，而且系统本身也需不断修改和改善。因此，系统的可变性是指允许系统被修改和维护的难易程度。一个可变性好的系统，各个部分独立性强，容易进行变动，从而可提高系统的性能，不断满足对系统目标的变化要求。此外，如果一个信息系统的可变性可以适应其他类似企业组织的需要，这比重新开发一个新系统成本要低。

（3）实用性。注重采用成熟而实用的技术，使系统建设的投入产出比最高，能产生良好的社会效益和经济效益。

（4）可靠性。系统应保证长期安全地运行。系统中的硬、软件及信息资源应满足可靠性设计要求。系统的可靠性指系统硬件和软件在运行过程中抵抗异常情况的干扰及保证系统正常工作的能力。衡量系统可靠性的指标是平均故障间隔时间和平均维护时间。前者指平均的前后两次发生故障的时间，反映了系统安全运行时间，后者指故障后平均每次所用的修复时间，反映系统可维护性的好坏。只有可靠的系统，才能保证系统的质量并得到用户的信任，否则就没有使用价值。提高系统可靠性的途径主要有：①选取可靠性较高的主机和外部设备；②硬件结构的冗余设计，即在高可靠性的应用场合，采取双机或双工的结构方案；③对故障的检测处理和系统安全方面的措施，如对输入数据进行校检，建立运行记录和监督跟踪，规定用户的文件使用级别，对重要文件的复制等。

（5）经济性。系统的经济性是指系统的收益应大于系统支出的总费用。系统支出费用包括系统开发所需投资的费用与系统运行维护费用之和；系统收益除有货币指标外，还有非货币指标。系统应该给用户带来相应的经济效益。系统的投资和经营费用应当得到补偿。这种补偿有时是间接的或不能定量计算的。特别是对管理信息系统，它的效益当中，有很大一部分效益不能以货币来衡量。

9.2 代码设计

9.2.1 代码的概念

代码是用来表示事物名称、属性和状态等的符号。在管理信息系统中，代码是人和机器的共同语言，是系统进行信息分类、校对、统计和检索的依据。代码设计是要设计出一套能为系统各部门公用的、优化的代码系统，是实现计算机管理的一个前提条件。

9.2.2 代码的功能

1. 为事物提供一个简要而不含糊的认定

代码缩短了事物的名称，从而节省了存储空间和检索时间。

2. 提高处理效率和精度

按代码对事物进行分类、排序十分迅速。

3. 提高数据的全局一致性

对同一事物，即使在不同的场合有不同的名称，也可以通过编码统一起来，减少了因数据不一致造成的错误。

4. 人和计算机交换信息的工具

代码是人和计算机的共同语言，是两者交换信息的工具。

现代企业的编码系统已由简单的结构发展成为十分复杂的系统。为了有效地推动计算机应用和防止标准化走弯路，我国十分重视制定统一编码标准的问题，并已颁布了 GB1988—1980 信息处理交换的七位编码字符集等一系列国家标准编码。在系统设计时相关人员要认真查阅国家和部门已经颁布的各类标准。

代码设计从系统分析阶段开始。由于代码的编制需要仔细调查和多方协调，是一项非常烦琐的工作，在系统设计阶段才能最后确定。

9.2.3 代码设计的原则

代码设计对系统的设计和实施非常重要，如果代码设计得不合适，不仅无法帮助系统提高效率，甚至可能使系统产生混乱，出现错误。合理的编码结构是使管理信息系统具有生命力的一个重要因素。在代码设计时应遵循以下原则。

1. 唯一性原则

唯一标识一个编码实体是代码的基本功能，所以在代码设计时要保证每一个被表示的实体或者属性有且只有一个确定的代码。

2. 合理性原则

代码结构应与所描述对象的分类体系相匹配。

3. 标准化与通用性原则

代码设计时应尽量采用国际或国家的标准代码，以方便信息的交换和共享，使其通用化。

4. 可扩充性原则

要考虑今后的发展，为增加新代码留有余地。当某个代码在条件或代表的实体改变时，容易进行变更。但是过于"臃肿"的代码也会大量增加代码在存储、传送过程的开销，造成资源的浪费，因此代码不是越长越好，而应根据被编码对象的可能数量来决定编码的合适长度。

5. 简单适用性原则

代码设计要尽量反应编码对象的特点，代码结构要简单，尽量缩短代码的长度，以便于用户识别与记忆，同时减少读写的误差。

6. 稳定性原则

代码的定义与描述应具有相对稳定性，避免过多的改动。

7. 规范化原则

代码的结构、类型要严格统一，以便于计算机处理。

9.2.4 代码的种类

一般而言，代码可以按文字种类或功能进行分类。按文字种类可以分为数字代码、字母代码（英语字母或汉语拼音字母）和数字字母混合码；按功能则可以分成以下三类。

1. 顺序码

顺序码又称系列码，是一种用连续数字代表编码对象的码，通常从 1 开始编码。例如，大学院系比较少时可以采用顺序编码：用 1 表示管理学院，2 表示文学院等。

顺序码的优点是代码短且简单、易于管理。缺点是代码本身没有什么含义，不能反映编码对象的特征。此外新增的代码只能列在最后，删除则造成空码。所以，通常作为其他代码分类中细分类的一种补充手段。

2. 区间码

区间码是把整个编码分成多个分组，形成多个区间，每个区间是一组，每组的码值和位置都代表一定意义。例如，中国公民的身份证号。这种代码由 18 位数字组成，第 1 位和第 2 位表示所在省市，第 3 位和第 4 位表示所在地区，第 5 位和第 6 位表示所在县区，第 7~14 位表示出生日期，第 15~16 位表示户口所归属的派出所，第 17 位表示性别，第 18 位是校验码。

（1）多面码

一个数据可能具有多方面的特性，在码的结构中为这些特性各规定一个位置，就形成多面码。例如对于机制螺钉，可作如表 9-1 所示的规定，代码 2212 表示材料为黄铜的直径为 1.0 毫米圆头镀锌螺钉。

表 9-1　　　　　　　　　　　多面码示例

材　料	螺钉直径	螺丝头形状	表面处理
1—不锈钢	1—直径 0.5 毫米	1—圆头	1—未处理
2—黄铜	2—直径 1.0 毫米	2—平头	2—镀锌
3—钢	3—直径 1.5 毫米	3—方形头	3—镀铜
		4—六角形状	4—上漆

（2）上下关联的区间码

上下关联的区间码由几个意义上相关的区间码组成，其结构一般是由左向右排列。例如，会计科目表是上下关联的区间码，用左位代表核算种类，下一位代表核算会计项目。

（3）十进制码

十进制码是世界各地图书馆里常用的分类方法。它先把整体分成十份，进而把每一份再分成十份，这样继续不断。该分类对那些事先不清楚产生什么结果的情况是十分有效的。例如，510.11，小数点左边的数字组合代表主要分类，小数点右边的数字指出子分类。子分类划分虽然很方便，但是所占位数长短不一，不适合于计算机处理。

3. 助记码

助记码用文字、数字或文字数字结合起来描述，在实际使用中将编码对象的名称、规格等作为代码的一部分，以帮助记忆。例如，TVB14 表示 14 寸黑白电视机，TVC20 表示 20 寸彩色电视机。助记码适用于数据项数目较少的情况，否则容易引起出错。

9.2.5 代码校验

代码的正确性直接影响计算机处理的质量，因此需要对输入计算机中的代码进行校验。校验代码的一种常用做法是事先在计算机中建立一个"代码字典"，然后将输入的代码与字典中的内容进行比较，若不一致说明输入的代码有误。

校验代码的另外一种做法，是设校验位，即设计代码结构时，在原有代码基础上另外加上一个校验位，使其成为代码的一个组成部分，校验值通过事先规定的数学方法计算出来。当代码输入后，计算机会以同样的数学方法按输入的代码计算出校验值，并将它与输入的校验值进行比较，以检查是否有误。

1. 校验位可以发现的错误

（1）抄写错误，如 1 写成 7；
（2）易位错误，如 1234 写成 1324；
（3）双易位错误，如 26913 写成 29163；
（4）随机错误，包括以上两种或三种综合性错误或其他错误。

产生校验值的方法有许多种，各具不同的优缺点。管理信息系统常用的一种方法是"加权取余"。

2. 校验值的生成过程

第一步：对原代码中的每一位加权求和计算 S。
N 位代码为：C_1，C_2，C_3，…，C_n
权因子为：P_1，P_2，P_3，…，P_n
加权和为：$C_1 \times P_1 + C_2 \times P_2 + C_3 \times P_3 + \cdots + C_n \times P_n = S$
即：

$$C_1 \times P_1 + C_2 \times P_2 + C_3 \times P_3 + \cdots + C_n \times P_n = \sum_{n=1}^{n} C_i \times P_i = S$$

其中，权因子可任意选取，以提高错误发生率为基础。常用的有：算数级数法 1，2，3，…；几何级数 2^0，2^1，2^2，…；质数法 3，5，7，…等。

第二步：求余数 R。
用加权和 S 除以模数 M 可得余数 R。
即　　　　　　　　S/M = Q…R（Q 为商数）

其中，模数 M 也可以任意选取，同样以提高错误发生率为基础。常用的模数为 10 和 11。

最后，选择校验值。
可选用下述方法中的一种获得校验值：余数 R 直接作为校验值，或把模数 M

和余数 R 之差（即 M – R）作为校验值，或取 R 的若干位作为校验值。把获得的校验值放在原代码的最后作为整个代码的组成部分。

例：用算术级数法为原代码 5186 生成一校验值，模取 10。
（1）校验值生成过程：
首先选取加权值：1，2，3，4
然后加权求和：S = 5×1 + 1×2 + 8×3 + 6×4 = 55
（2）求余数（设模为 10）：S/M = 55/10 = 5…5（R）
（3）加上校验值 5 以后的代码：51865

9.3 子系统的划分

子系统划分是将实际对象按其管理要求、环境条件和开发工作的方便程度，将其划分为若干相互独立的子系统。在前面强调过结构化系统分析与设计的基本思想是自顶向下地将整个系统划分为若干个子系统，子系统再分子系统（或模块），层层划分，然后再自上而下地逐步设计。人们在长期的实践中摸索出了一套子系统的划分方法，且已为广大实际工作者采用。

9.3.1 子系统划分的原则

在前几章中介绍过从科学管理的角度划分子系统的方法，是进行子系统划分的基础。但在实际工作中，还要根据用户的要求、地理位置的分布、设备的配置情况等重新进行划分。为了便于今后系统的开发和运行，系统的划分应遵循以下六个原则。

1. 子系统要具有相对独立性

子系统的划分必须使子系统的内部功能、信息等各方面的凝聚性较好。在实际中希望每个子系统或模块相对独立，尽量减少各种不必要的数据、调用和控制联系，并将联系比较密切、功能近似的模块相对集中，这样对于以后的搜索、查询、调试、调用都比较方便。

2. 要使子系统之间数据的依赖性尽量少

子系统之间的联系要尽量减少，接口要简单、明确。一个内部联系强的子系统对外部的联系必然相对很少。所以划分时应将联系较多的划入子系统内部。这样划分的子系统，将来调试、维护、运行是非常方便的。

3. 子系统划分的结果应使数据冗余最小

如果忽视这个问题，则可能引起相关的功能数据分布在各个不同的子系统中，大量的原始数据需要调用，大量的中间结果需要保存和传递，大量计算工作将要重复进行，从而使得程序结构紊乱，数据冗余，不但给软件编制工作带来很大的困难，而且系统的工作效率也会大大降低。

4. 子系统的设置应考虑今后管理发展的需要

子系统的设置只靠上述系统分析的结果是不够的，因为现存的系统由于这样或那样的原因，很可能没有考虑到一些高层次管理决策的要求。为了适应现代管理的发展，对老系统的这些缺陷，在新系统的研制过程中应设法将它补上。只有这样才能使系统实现后能够更准确、更合理地完成现存系统的业务，而且可以支持更高层次、更深一步的管理决策。

5. 子系统的划分应便于系统分阶段实现

信息系统的开发是一项较大的工程，它的实现一般要分步进行。所以子系统的划分应该考虑到这种要求，适应这种分步的实施。另外，子系统的划分还必须兼顾组织机构的要求，但又不能完全依赖于组织，以便系统实现后能够符合现有的情况和人们的习惯，更好地运行。

6. 子系统的划分应考虑到各类资源的充分利用

各类资源的合理利用也是系统划分时应该考虑到的。一个好的系统划分应该既考虑有利于各种设备资源在开发过程中的搭配使用，又考虑到各类信息资源的合理分布和使用，以减少系统对网络资源的过分依赖和输入、输出通信等设备压力。

9.3.2 子系统划分的方法

一个合理的子系统划分，应该是内部联系强，子系统间尽可能独立，接口明确、简单，尽量适应用户的组织体系，有适当的共用性。子系统划分的方法有以下五种。

（1）按功能划分。把相似的处理逻辑功能放在一个子系统或模块里。例如，把"对所有业务输入数据进行编辑"的功能放在一个子系统或模块里。不管是库存、还是财务，只要有业务输入数据都由这个子系统或模块来校错、编辑。

（2）按时间划分。将在同一时间段执行的各种处理结合成一个子系统。

（3）按过程划分。即按工作流程划分。从控制流程的角度而言，同一子系统的许多功能应该是相关的。

（4）按通信划分。将相互需要较多通信的处理结合成一个子系统或模块。这样可减少子系统间的通信，使接口简单。

（5）按职能划分。即按管理的功能划分。例如，财务、物资、销售子系统。

一般而言，按职能划分子系统，按功能划分模块的方式是比较合理和方便的。

9.4 信息系统流程图设计

功能结构图主要从功能的角度描述了系统的结构,但在实际工作中许多业务和功能都是通过数据存储文件联系起来的,而这个情况在功能结构图中未能反映出来,系统流程图可以反映各个处理功能与数据存储之间的关系。系统流程图以新系统的数据流程图和模块结构图为基础,首先找出数据之间的关系,即由什么输入数据,产生什么中间输出数据(可建立一个临时中间文件),最后又得到什么输出信息。然后,把各个处理功能与数据关系结合起来,形成整个系统的信息系统流程图,如图9-1所示的一般形式。

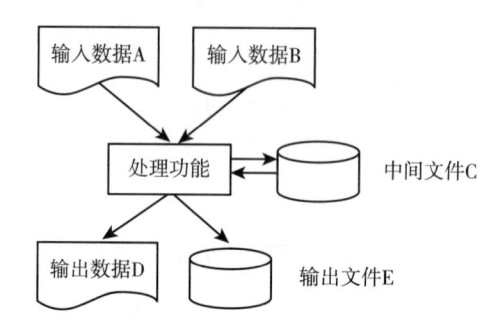

图9-1 数据关系的一般形式

绘制信息系统流程图也要使用一定的符号,常见的符号如图9-2所示。

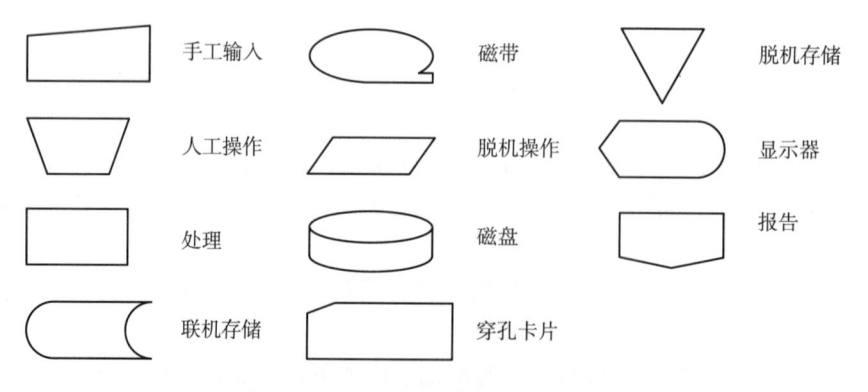

图9-2 常用的系统流程图的符号

信息系统流程图虽然是以新的数据流程图为基础绘制的,但两者之间是有区别的,首先是符号表示上的差异,其次信息系统流程图表示的是计算机的处理流程,数据流程图还反映了人工操作的部分。

从数据流程图到信息系统流程图的转化过程中要考虑哪些处理功能可以合并或分解,工资管理系统的信息系统流程图如图9-3所示。

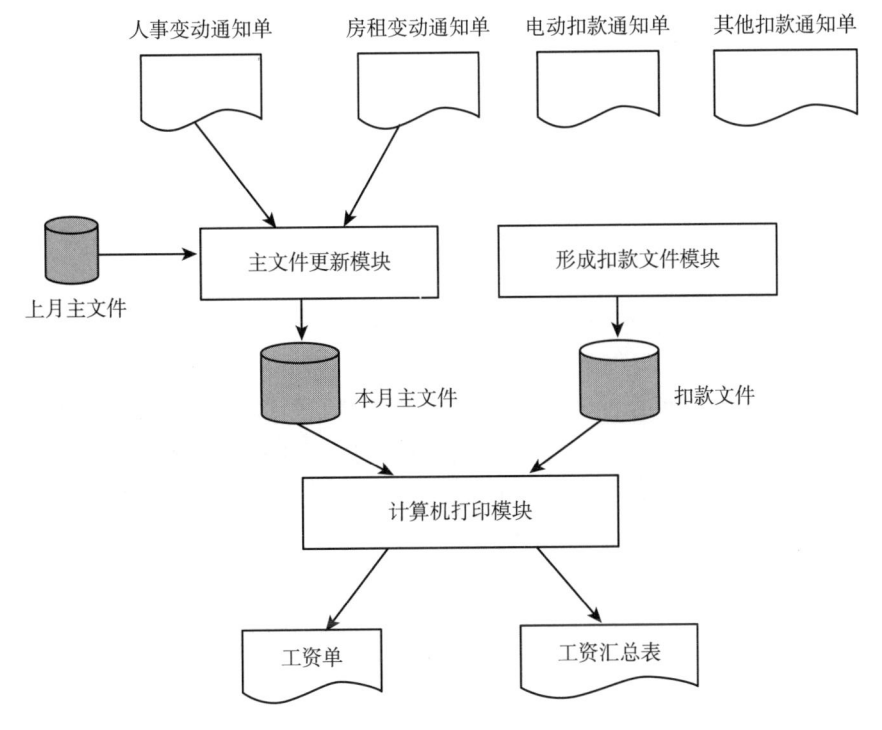

图 9-3 工资管理子系统的信息系统流程

9.5 系统物理配置方案设计

计算机物理系统配置方案设计是总体设计的主要内容之一，是按照新系统的目标及功能要求，综合考虑环境和资源等实际情况，在总体规划阶段进行的计算机系统软硬件平台选型的基础上，从系统的目标出发，根据信息系统要求的不同处理方式，进行具体的计算机软硬件系统及其网络系统的选择和配置。但随着信息技术的发展，各种计算机软硬件产品竞相投向市场，在这样的背景下，企业如何选择一个合适的计算机物理配置方案，对其而言是至关重要的。

9.5.1 设计依据

1. 系统的吞吐量

系统的吞吐量是指每秒执行的作业数。系统的吞吐量越大，则说明系统的处理能力越强。系统的吞吐量与系统硬、软件的选择有着直接的关系，如果要求系统具有较大的吞吐量，应当选择具有较高性能的计算机系统和网络系统。

系统的吞吐量还区分为内部吞吐量和外部吞吐量，对内部吞吐量大的系统，应具有较高的计算机性能；对外部吞吐量大的系统，则应具有性能较高的网络系统。

2. 系统的响应时间

从用户向系统发出一个作业请求开始，经系统处理后，再给出应答结果的时间称为系统的响应时间。如果要求一个系统的响应时间快，那么计算机 CPU 的运算速度就应该快，并且通信线路的传递速率也应该高，如实时系统就是这样。

3. 系统的可靠性

系统的可靠性可以用连续工作时间来表示。例如，每天需要 24 小时连续工作的系统，则系统的可靠性就应该很高，这时可以采用双机双工系统结构方式。所谓双机双工系统，即两台主机同时运行各自的服务工作，且相互监测对方的情况。当一台主机关机时，另外一台主机立即接管它的工作，保证工作不间断。

4. 集中式还是分布式

如果一个系统的处理方式是集中式的，既可以是单机式系统，也可以是网络系统。如果一个系统的处理方式是分布式的，则采用网络系统将更能有效地发挥系统的性能。

5. 地域范围

当系统采用网络结构形式时，还需要根据系统覆盖的地域范围决定采用广域网还是局域网。

6. 单机系统还是多机系统

如果一个系统的功能比较简单，并且规模不大，那么采用单用户或多用户的单机系统可以满足要求，否则采用多机系统，多机系统可以很好地解决资源共享问题。

7. 数据管理方式

如果数据管理方式为文件系统，则操作系统应具备文件管理功能。如果数据为数据库管理方式，那么系统中应配备良好的 DBMS 或分布式的 DBMS 系统软件和其他网络管理软件。

9.5.2 计算机硬件的选择

硬件设备的配置合理性，意味着能否以最少的人、财、物较好地完成系统的功能。根据处理功能的需要来选择设备，是正确的工作顺序；反之，若有了设备再搞系统设计，可能会造成很大的浪费或不能满足要求。

在我国，有些单位先有机器后再搞系统设计，有时，现有机器不好用，需要的机器又没有，直接影响了系统的经济效果。因此，计算机硬件的选择，必须进行充分的调查研究。一般而言，要注意下面五点。

（1）按系统的功能和容量要求选择，针对性地选择设备（主机和外设），使购买的设备能充分被利用，也要留有扩充余地。

（2）考虑联网要求，包括子系统内部、子系统之间、子系统与上层信息系统之间的联网。不同机器要能够兼容，最好是同一家的产品。

（3）向使用过该种设备的单位了解运行情况及优缺点。

（4）了解设备管理和维护工作量大小，以及厂商所能提供的保修、维护等条件。

（5）准备几种设备配置方案及类似功能、容量的几种机器选择方案。召开各种方案论证会，请各方面有关人员和专家参加分析讨论，提出意见。

9.5.3 计算机网络的选择

计算机网络的选择，主要考虑以下三个方面。
（1）网络拓扑结构。总线型、星型、环型、混合型。
（2）网络的逻辑设计。划分子网络，并配备设备。
（3）网络操作系统。UNIX，WIN NT 等。

9.5.4 数据库管理系统的选择

在数据库管理系统的选择上，主要考虑以下三个问题。

1. 数据库的性能

性能评价指标包括：响应时间和吞吐量之间的权衡、数据库的可用性、数据库的命中率及内存的使用效率。

2. 数据库管理系统的系统平台

是 Windows 还是 UNIX，或者是跨平台。

3. 数据库管理系统的安全保密性能

从广义上讲，数据库系统的安全框架可以划分为以下三个层次。
（1）网络系统层次。
（2）主操作系统层次。
（3）数据库管理系统层次。

目前，市场上流行的适用于大型 MIS 的 DBMS 有：Oracle，Sybase；适用于中型 MIS 的 DBMS 有：Informix；适用于小型 MIS 的 DBMS 有：FoxPro，Access。

9.5.5　应用软件的选择

选择应用软件应考虑以下三个问题。
（1）软件是否能够满足用户的需求。
（2）软件是否具有足够的灵活性。
（3）软件是否能够获得长期、稳定的技术支持。

9.6　数据存储设计

在系统分析阶段进行新系统逻辑模型设计时，已从逻辑角度对数据存储进行了初步设计，到系统设计阶段，根据已选用的计算机硬件和软件及使用要求，进一步完成数据存储的详细设计。

管理信息系统总是基于文件系统或数据库系统，文件是存放系统中要处理的和维护的数据的最基本方式，因此，文件设计是数据管理的核心。

9.6.1　文件的分类

文件可以从不同的角度进行分类。

1. 按文件的组织方式分类

可以将文件分为顺序文件、索引文件和直接存取文件。

2. 按文件的用途分类

可以分为主文件和处理文件两类。
（1）主文件。主文件是系统中最重要的共享文件，主要存放具有固定值属性的数据。为发挥主文件数据的作用，必须准确、完整并及时更新，需要长期保存。
（2）处理文件。处理文件又称事务文件，是用来存放事务数据的临时文件（随机变动属性），包含了对主文件进行更新的全部数据。文件的保存期较短。

3. 工作文件

工作文件是处理过程中暂时存放数据的文件，如排序过程中建立的中间文件，处理结束后文件即可删除。

4. 周转文件

周转文件用来存放具有固定个体变动属性的数据。例如，工资子系统中的住户电费扣款文件，共有人员代码、姓名、用电量和电费扣款四个数据项。对用电户，除新搬进和新搬走的用户外，前两项内容基本保持每月不变，需要输入的仅是用电量一项，为了节省总务部门抄写扣款清单的工作量和财务部门输入扣款清单的工作量，可以采用周转文件来解决。具体办法是：财务科先制作一个叫作空周转文件的磁盘文件，输入所有住户的代码和姓名，然后利用这个空周转文件由计算机打印出空白的住户电费扣款清单，交给总务部门去填写用电量并要求其返回，最后由计算机操作人员启动输入程序，通过读空周转文件，将住户姓名，一个个地显示在屏幕上，操作员根据总务部门的扣款清单逐个地输入用电量。由于扣款清单是从财务科发到总务部门并要求其填好后又返回到财务科。它既是输出，又是输入，所以叫作周转扣款清单，同理，与周转扣款清单格式相一致的上述磁盘文件也就被称为周转文件。

5. 其他文件

后备文件，是主文件、处理文件、周转文件的副本，用以在事件遭到破坏时进行恢复；档案文件，是长期数据进行离线保存的文件，用以作为历史资料，防止非法访问。

9.6.2 文件的设计

文件设计就是根据文件的使用要求、处理方式、存储量、数据的活动性及硬件设备的条件等，合理地确定文件类别，选择文件介质，决定文件的组织方式和存取方法。具体内容如下。

（1）对数据字典描述的数据存储情况进行分析，确定哪些是数据需要作为文件组织存储，其中哪些是固定数据，哪些是流动数据，哪些是共享数据等，以便决定文件的类别。

（2）决定需要建立的文件及其用途和内容，并为每个文件选取文件名。

（3）根据文件的使用要求选择文件的存储介质和组织方式，如表9-2和表9-3所示。

例如，经常使用的文件应该采用磁盘介质随机方式（硬盘或软盘），不常用但数据量大的文件可以采用磁带方式和顺序存储组织方式。

表9-2 常用文件组织方式性能比较

组织方式	文件处理方式 顺序	文件处理方式 随机	文件大小	随机查找速度	顺序查找速度	适于何种活动率	对软件要求	备注
顺序	很好	不好	无限制	慢	很快	高	低	
索引	好	好	中等大	快	快	低	中	
直接	不好	很好	有限制	很快	慢	低	高	

表9-3　　　　　　　　　　不同用途文件的存储和组织方式

用途	保存期	使用频率	存取方式	组织方式
主文件	长	低	随机、顺序存取	索引、顺序、直接
处理文件	中	高	顺序存取	顺序文件
工作文件	短	高	顺序存取	顺序文件
周转文件	短	高	顺序存取	顺序文件

（4）根据数据结构设计记录格式。记录格式设计包括以下内容。

确定记录的长度；确定要设置的数据项数目及每个数据项在记录中的排列顺序；确定每个数据项的结构；若需要时，确定记录中的关键字（数据项）。

文件中记录的长度取决于各个数据项的结构和数据项的数目。各数据项在记录中的排列顺序根据实际需要和使用习惯决定。每个数据项的结构，包括数据项名称、数据类型及数据长度。在设计时不仅要考虑实际的需要，还要考虑计算机系统软件或语言所提供的条件和限制。

（5）根据记录长度、记录个数和文件总数估算出整个系统的数据存储容量。

整个系统的存储容量等于各个存储容量之和。文件存储容量的计算与文件的组织方式、存储介质、操作系统和记录格式等有密切关系。

9.6.3　数据库设计

数据库设计是管理信息系统设计的重要组成部分，是在选定的数据库管理系统基础上建立数据库的过程。数据库设计主要包括用户需求分析、概念结构设计、逻辑结构设计和物理结构设计4个阶段。由于数据库系统已形成一门独立的学科，所以，将数据库原理应用到管理信息系统开发中时，数据库设计的步骤与系统开发的各阶段相对应，且融为一体，它们的对应关系如图9-4所示。

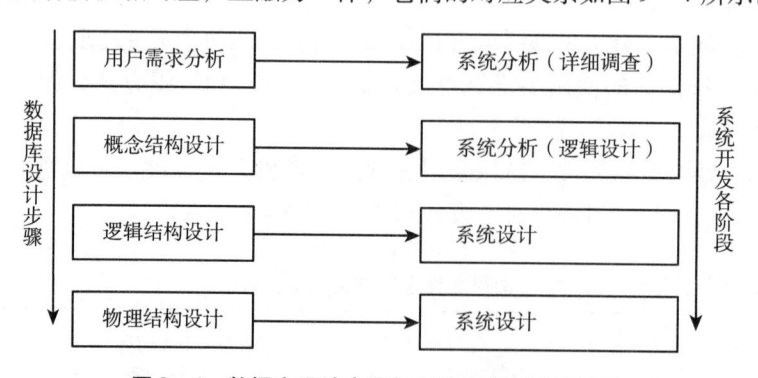

图9-4　数据库设计步骤与系统开发各阶段对照

1. 用户需求分析

分析用户需求是数据库设计的起点和基础，其主要任务是对信息系统所要处理的对象进行全面的了解，其工作包括如下三个方面。

（1）确定用户对未来系统的各种要求。主要包括信息要求、处理要求、安全性和完整性要求。在此过程中必须重点了解各用户在业务活动中需要输入什么数据，对这些数据的格式、范围有何要求。另外还需要了解用户会使用什么数据，如何处理这些数据，经过处理的数据的输出内容、格式是什么。最后还应明确处理后的数据应送往何处，谁有权查看这些数据。

（2）深入分析用户的业务流程。用数据流程图表达整个系统数据的流向和对数据进行的处理，描述数据与处理间的关系。

（3）分析系统数据、产生数据字典。

2. 概念结构设计

在分析用户需求之后，进行概念结构设计。如前所述，概念结构设计应在系统分析阶段进行，任务是根据用户需求设计数据库的概念数据模型（简称概念模型）。概念模型是从用户角度看到的数据库。

描述概念模型的主要是 E-R 图，利用 E-R 图设计概念结构的步骤包括：局部 E-R 图的设计和全部 E-R 图的设计。每一个局部 E-R 图都是与某一个最底层的数据流程图相对应的，在确定局部结构的实体、属性及其联系时，必须根据相应的数据流程图，参照数据字典来进行。

3. 逻辑结构设计

逻辑结构设计的任务是根据概念结构设计的结果和需求分析阶段得到的数据的完整性和安全性要求，将概念模型转换成能被选定的数据库管理系统（DBMS）支持的数据模型。设计逻辑结构时一般要分三步进行。

（1）概念结构转换成数据模型。

将概念结构转换为一般的关系、网状、层次模型，并将转化来的关系、网状、层次模型向特定的 DBMS 支持下的数据模型转换。

关系模型的逻辑结构是一组关系模式的集合。而 E-R 图则是由实体、实体的属性和实体之间的联系三个要素组成的。所以将 E-R 图转换为关系模型实际上就是将实体、实体的属性和实体之间的联系转化为关系模式，这种转换一般遵循如下规则。

① 一个实体集转换为一个关系模式。

一般 E-R 图中的一个实体转换为一个关系模式，实体的属性就是关系的属性，实体的关键字就是关系的关键字。

② 一个一对一联系可以转换为一个独立的关系模式，也可以与任意一端对应的关系模式合并。

一个一对一（1∶1）联系的例子如图 9-5 所示。根据规则②，有三种转换方式。

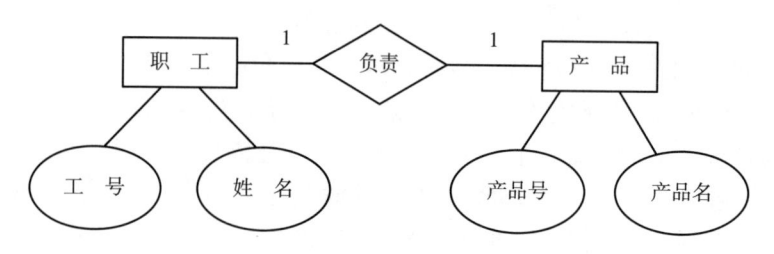

图9-5 一对一联系

A. 联系单独作为一个关系模式此时联系本身的属性，以及与该联系相连的实体的关键字均作为关系的属性，可以选择与该联系相连的任一实体的关键字属性作为该关系的关键字。结果如下：

职工（工号，姓名）
产品（产品号，产品名）
负责（工号，产品号）
其中"负责"这个关系的关键字可以是工号，也可以是产品号。

B. 与职工端合并。

职工（工号，姓名，产品号）
产品（产品号，产品名）
其中"职工，产品号"为外码。

C. 与产品端合并。

职工（工号，姓名）
产品（产品号，产品名，负责人工号）
其中"产品，负责人工号"为外码。

③ 一个一对多（1∶n）联系可以转换为一个独立的关系模式，也可以与n端对应的关系模式合并，如图9-6所示。

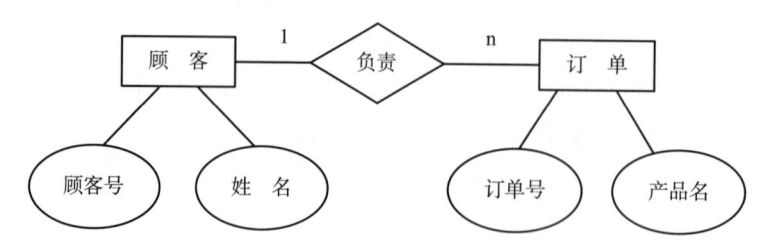

图9-6 一对多联系

A. 若单独作为一个关系模式，此时该单独的关系模式的属性包括其自身的属性，以及与该联系相连的实体的关键字。

顾客（顾客号，姓名）
订单（订单号，产品名）
订货（顾客号，订单号）

B. 与n端合并。

顾客（顾客号，姓名）

订单（订单号，产品名，顾客号）

④ 一个多对多（m∶n）联系可以转换为一个独立的关系模式，如图 9-7 所示。

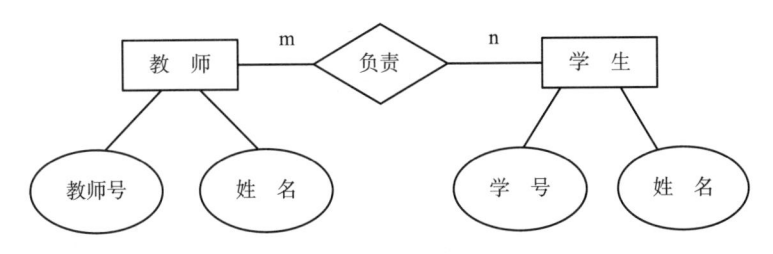

图 9-7　多对多联系

该关系的属性包括联系自身的属性，以及与联系相连的实体的属性。各实体的关键字组成关系的关键字或关系关键字的一部分。

教师（教师号，姓名）

学生（学号，姓名）

教授（教师号，学号）

（2）数据模型的优化。

数据库逻辑设计的结果不是唯一的。为了进一步提高数据库应用系统的性能，通常以规范化理论为指导，还应适当地修改、调整数据模型的结构，即数据模型的优化。数据模型的优化方法为：

① 确定数据依赖。

② 对于各个关系模式之间的数据依赖进行极小化处理，消除冗余的联系。按照数据依赖的理论对关系模式逐一进行分析，考查是否存在部分函数依赖、传递函数依赖、多值依赖等，确定各关系模式分别属于第几范式。

③ 按照需求分析阶段得到的各种应用对数据处理的要求，分析对于这样的应用环境这些模式是否合适，确定是否要对它们进行合并或分解，对关系模式进行必要的分解。

（3）设计外模式。

前面根据用户需求设计了局部应用视图，这种局部应用视图只是概念模型，用 E-R 图表示。将概念模型转换为逻辑模型后，即生成了整个应用系统的模式后，还应该根据局部应用需求，结合具体的 DBMS 的特点，设计用户的外模式。

4. 物理结构设计

物理结构设计是为数据模型在设备上选定合适的存储结构和存取方法，以获得数据库的最佳存取效率。物理结构设计的主要内容包括以下三方面。

（1）库文件的组织形式。例如，选用顺序文件组织形式、索引文件组织形式等。

（2）存储介质的分配。例如，将易变的、存取频繁的数据存放在高速存储器上；稳定的、存取频率小的数据存放在低速存储器上。

（3）存取路径。在关系模型中，存取路径不需要设计者去选择，一切是由系统自动进行的。

9.7 输出设计

在系统设计中，输出设计占据很重要的地位。因为，计算机系统对输入数据进行加工处理的结果，只有通过输出才能为用户所使用，对于大多数用户来说，输出是系统开发的目的和评价系统开发成功与否的标准。所以根据管理和用户的需要先进行输出设计，然后反过来根据输出所要求获得的信息再进行输入设计。

9.7.1 输出的类型

在进行输出内容的设计之前，要先确定输出类型，输出的类型包括以下四个内容。

（1）交互输出。计算机以通信方式与用户直接通话，即以对话方式进行输出。

（2）操作输出。计算机运行过程中与操作有关的输出，如出错信息。

（3）外部输出。输出目标是系统以外的环境。例如，向其他系统输出的信息与表格等。外部输出得到的是外部报表，因为外部报表被用于组织外部，它们应该设计良好、实用且具有专业格式。所谓专业格式指的是预先打印了企业信息的专用纸张上生成的格式。

（4）内部输出。在系统内部一个处理过程向另一个处理过程的输出，通常，它是计算机与人之间的主要接口。内部输出得到的是内部报表，在组织内部使用，并且很少被发送到组织外部或是被组织外的人看到。从节省开支的角度考虑，内部报表通常用普通纸张打印，这里的普通纸张可以定义为空白的、单一厚度的、标准尺寸的、形状一致的纸张。

9.7.2 输出设计的内容

（1）有关信息输出使用方面的内容，包括信息的使用者（根据使用者的喜好，确定信息表达方式，即文字叙述、图表显示）、使用目的（确定输出类型）、报告量（确定输出量）、使用周期、有效期、保管方法和复写份数等。

（2）输出信息的内容，包括输出项目、位数、数据形式（文字、数字）。

（3）输出格式，如表格、图形或文件。

（4）输出设备，如打印机、显示器、卡片输出机、磁带或光盘等。

打印机，当数据需要保存并且要求经过相关单位的确认时，打印机是一个很好的选择,因为它可以输出特定的格式文件以供审阅。

显示器,显示器是与用户沟通最直接的媒介,它适合于在线实时性查询。当用户只是需要查看一下数据而并没有要求将数据输出保存时,用显示器显示方式是最佳的选择。

卡片输出机,与打印机用法相似。

(5)输出介质,如输出到键盘还是磁带上,输出用纸是专用纸还是普通白纸等。

9.7.3 输出设计的步骤

系统的输出设计,归纳起来共有下列四个步骤。

1. 确定系统的输出需求

在这个步骤中,除了要考虑用户的特别要求外,还要考虑屏幕数据与报表文件的输出需求。屏幕数据的输出需求主要在于能够按照用户的需求来提供相关数据内容的查询;而报表文件的输出需求,系统输出的设计者必须要收集到如下信息。

(1)用户想要得到的输出报表。
(2)各输出报表的名称、目的与需要提供的信息。
(3)各输出报表的产生周期与输出的份数。
(4)各输出报表由哪一单位负责印制与发送。
(5)各输出报表的使用单位与处理流程。
(6)各输出报表的保存期限、使用限制与机密等级。

将收集的有关信息,填写到输出设计书上,输出设计书的格式如表9-4所示。

表9-4　　　　　　　　　　输出设计书的格式

输出设计书					
资料代码	GZ-01	输出名称		工资一览表	
处理周期	每月一次	形式	行式打印表	输出类型	内部输出
份数	1	报送	财务科		
项目号	项目名称	位数	备注		
1	部门代码	X(4)			
2	工号	X(5)			
3	姓名	X(12)			
4	级别	X(3)			
5	基本工资(元)	9999.99			
6	房费(元)	999.99			

2. 选择合适的输出媒体

输出媒体设备的决定，除了特别的指定外，还应按输出的特性与用户的需求来决定采用的输出设备和介质。对各种输出设备和介质的特性，可参考如表 9-5 所示的内容。

表 9-5　　　　　　　　　常见输出设备和介质的特性

输出设备	行式打印机	纸带输出机	磁带机	磁盘机	终端	绘图仪	缩微胶卷输出机
介质	打印纸	纸带	磁带	磁盘	屏幕	图纸	缩微胶卷
用途和特点	便于保存，费用低	只能作为处理的输入文件	容量大，适于顺序存取	容量大，便于存取和更新	响应灵活，人机对话	精度高	体积小，易保存

3. 定义各输出数据的内容与输出的格式

在确定系统的输出需求和输出媒体之后，便要对各输出需求的内容与格式加以分析。在输出报表的内容与输出格式的定义上，要搜集的信息包含下列三项内容。

（1）各输出报表的形式。
（2）各输出报表的格式安排。
（3）在报表中各字段的长度与数据类型。

4. 设计输出报告

输出报告定义了系统的输出。输出报告中既标出了各常量、变量的详细信息，也规定出了各种统计量及其计算公式、控制方法。

设计输出报告时要注意以下五点。

（1）方便使用者，如果需修改，应征得用户同意。
（2）要考虑系统的硬件性能。例如，考虑硬件性能能否满足输出量的要求；是否有绘图仪满足精确输出的要求。
（3）尽量利用原系统的输出格式，既有利于减少工作量，也有利于减少系统切换时产生的问题。
（4）输出表格要考虑系统发展的需要。例如，是否有必要在输出表中留出备用项目，以满足将来新增项目的需要。
（5）输出的格式和大小根据硬件能力，试制输出样品，经用户同意后才正式使用。

9.8　输入设计

输出设计完成以后，就可进行输入设计。输入设计包括定义数据获取、数据进入、数据输入方法。因为,输入设计对系统的质量有着决定性的重要影响。因此,就输入设计而言,它最主要的目标在于如何改善输入的环境,使输入的方式更简单、易于使用,而且更能够妥善地验证输入数据的正确性,减少人为的、不经意的错误。同时,输入设计是信息系统与用户之间交互的纽带,决定着人机交互的效率。

9.8.1 输入设计的原则

输入设计应遵循以下基本原则。

1. 控制输入量

输入量应保持在满足处理要求的最低限度。输入量越少,错误率越小,数据准备时间也越少。因此,在输入设计中,应尽量控制输入数据总量,根据下面的规则有可能减少数据量。

(1) 只输入必要的数据,只输入系统需要的数据项。例如,一份完整的教学工作量表可能包含制表者的姓名,如果系统不需要这个数据,就不应该输入。

(2) 不要输入能从系统文件中检索到或可用其他数据计算出的数据。

(3) 不输入常量。例如,如果一批工作量表具有相同的学年学期,那么在批输入时学年学期只输入一次。

(4) 使用代码,代码通常比它们所代表的数据要短,因此使用代码的优点就是减少输入量。

2. 减少输入延迟

输入数据的速度往往成为提高信息系统运行效率的瓶颈,为减少延迟,可以采用批量输入、用鼠标选取预先定义的输入等方式。

3. 减少输入错误

在输入设计中应采用多种输入校验方法和有效性验证技术,减少输入错误,一般要求系统应具有自动数据校验和检查的功能,尽可能防止用户出现不必要的输入错误。对输入数据的检查应尽量接近原数据发生点,以便使错误及时得到改正。

4. 输入过程应尽量简化

输入过程应尽量简化,不能因为查错、纠错而使输入复杂化。

9.8.2 输入的类型

根据输入特点的不同,有以下五种不同的输入类型。

（1）外部输入。外部输入是系统的原始输入，如顾客订单、进货单等。

（2）内部输入。内部输入是系统内部产生并输入的信息，如文件的更新等。

（3）操作输入。计算机运行过程中与操作有关的输入，如控制参数、文件名等。

（4）计算机输入。由系统内部或外部计算机通过通信线路直接输入的信息，如车间计算机将当天情况存入中央数据库。

（5）交互式输入。通过人机对话进行的输入。

9.8.3　输入介质设计

输入设计首先要确定输入设备的类型和输入介质，目前常用的输入设备有以下五种。

（1）读卡机。早期使用，成本低，但速度慢使用不方便。

（2）键盘——磁盘输入装置。成本低、速度快，易于携带，适用于大量数据输入。

（3）光电阅读器。包含光学扫描和磁性扫描，对纸上的文字扫描而言，读错率和拒读率较高，价格较贵、速度慢。

（4）终端输入。终端可以以在线方式和主机联系，并及时返回处理结果。

（5）语音输入。这种输入方式比较特殊，所应用的场合不多，通常用于对特别对象的语音识别，或作为其他工具的辅助。目前，语音输入仍处于研发阶段，最大的问题在于模糊识别技术的开发。

9.8.4　输入数据的校验

管理信息系统中数据输入量较大，输入设计的目标是尽可能减少数据输入中的错误，为了保证输入数据的正确性，在输入设计中，要对全部输入数据进行校验。

1. 数据出错的种类

（1）数据本身有错误。由于原始数据填写错误或数据录入有误等原因引起的输入数据错误。

（2）数据多余或不足。数据收集过程中的错误，如原始单据的丢失或重复等原因引起的错误。

（3）数据的延误。由于输入数据迟缓导致处理推迟，不仅影响效率，还可能使输出结果变得没有价值。

2. 数据出错的校验方法

常用的检验方法有以下十二种。

（1）重复输入检验。重复输入两次，由计算机对比结果。具体由两个操作员分别输入同一批数据，或由一个操作员重复输入两次，然后由计算机校对两次输入的数据是否一致，若一致则存入磁盘，否则显示出不一致部分，由操作员修正。

（2）视觉检验。将输入数据与原始单据作比较，找出差错。

（3）检验位校验。对于一些数字型的数据，可以设置检验码，由计算机辅助校验。

（4）控制总数校验。采用控制总数校验时，工作人员先用手工求出数据的总值，然后在数据的输入过程中由计算机程序累计总值，将两者对比校验。这种校验适用于所有数值型的项目。

（5）数据类型检验。检验数据的类型是数字型还是字符型。例如，工资应该是数字型，而姓名应该是字符型。

（6）格式校验。即校验数据记录中各数据项的位数和位置是否符合预先规定的格式。例如，学号栏规定为 12 位，而学号的最大位数是 11 位，则该栏的最后一位一定是空白。该位若不是空白，即认为该数据项错位。

（7）逻辑校验。即根据业务上各种数据的逻辑性，检查有无矛盾。例如，月份最大不应超过 12，否则即为出错。

（8）界限校验。即检查某项输入数据的内容是否位于规定范围之内。例如，商品的单价，若规定在 50～1000 元范围之内，则检查是否有比 50 元小比 1000 元大的数据即可。凡在此范围之外的数据均属错误。

（9）顺序校验。即检查记录的顺序。例如，要求输入数据无缺号时，通过顺序校验，可以发现被遗漏的记录；又如，要求记录的序号不得重复时，即可查出有无重复的记录。

（10）记录计数校验。这种方法通过计算记录个数来检查记录有无遗漏和重复。

（11）平衡校验。平衡校验的目的在于检查相反项目间是否平衡。例如，会计工作中检查借方会计科目合计与贷方会计科目合计是否一致。

（12）对照校验。对照校验是将输入的数据与基本文件的数据相核对，检查两者是否一致。例如，销售业务文件中的顾客账号若在顾客主文件中找不到，则数据肯定有错。当然，前提条件是新顾客首先记入顾客主文件。

3. 出错的改正方法

（1）原始数据错。发现原始数据有错时，应将原始单据送交填写单据的原单位修改，不应由输入操作员或原始数据检查员修改。

（2）计算机自动检错。当由计算机自动查出错误时，出错的恢复方法有以下四种。

① 待输入数据全部校验并改正后，再进行下一步处理。此种情况适用于运行周期长，且要求数据完整的情况。

② 舍弃出错数据，只处理正确的数据。这种方法适用于统计分析的情况，因为这时不需要太精确的输出数据，只要大体上正确即可。

③ 只处理正确的数据，出错数据待修正后再进行同样办法处理。此种情况适用于数据之间关联度较小，相互不构成影响的情况。

④ 剔除出错数据，继续进行处理，出错数据留到下一运行周期一并处理。此种方法适用于运行周期短而剔除错误不致引起输出信息正确性显著下降的情况。

9.8.5 原始单据的格式设计

（1）便于填写。
（2）便于归档。
（3）单据的格式应能保证输入精度。

9.8.6 输入屏幕的设计

从屏幕上通过人机对话输入是目前广泛使用的输入方式。屏幕是软件程序与用户沟通最直接的媒介，它用来显示用户想要得到的信息，或者提示用户应该采取何种响应。因此，屏幕设计最主要的工作是如何处理屏幕上用来告知用户信息的格式，并且使用户知道应该在何处输入数据，或是了解在屏幕上显示的信息代表的意义。既有用户输入，又有计算机输出。通常，人机对话采用菜单式、填表式、选择性问答式和按钮式。

1. 菜单式

通过屏幕显示出可以选择的功能代码，由操作者根据需要进行选择，将菜单设计成层次结构，则通过层层调用，可以引导用户使用系统的每一个功能。随着软件技术的发展，菜单设计也更加趋于美观、方便和实用。目前，系统设计中常用的菜单设计方法主要有以下三种。

（1）一般菜单。在屏幕上显示出各个选项，每个选项指定一个代号，然后根据操作者通过键盘输入的代号或单击鼠标左键，即可决定哪种后续操作。

（2）下拉菜单。它是一种二级菜单，第一级是选择栏，第二级是选择项，各个选择栏横排在屏幕的第一行上，用户可以利用光标控制键选定当前选择栏，在当前选择栏下立即显示出该栏的各项功能，以供用户进行选择。

（3）快捷菜单。选中对象后单击鼠标右键所出现的下拉菜单，将鼠标移到所需的功能项上，然后单击鼠标左键即执行相应的操作。

2. 填表式

填表式一般用于通过终端向系统输入数据，系统将要输入的项目显示在屏幕上，然后由用户逐项填入有关数据。另外，填表式界面设计常用于系统的输出。

如果要查询系统中的某些数据时，可以将数据的名称按一定的方式排列在屏幕上，然后由计算机将数据的内容自动填写在相应的位置上。由于这种方法简便易读，并且不容易出错，所以它是通过屏幕进行输入输出的主要形式。

3. 选择性问答式

当系统运行到某一阶段时，可以通过屏幕向用户提问，系统根据用户选择的结果决定下一步执行什么操作。这种方法通常用在提示操作人员确认输入数据的正确性，或者询问用户是否继续某项处理等方面。例如，当用户输完一条记录后，可以通过屏幕询问"输入是否正确（Y/N）？"，计算机根据用户的回答来决定是继续输入数据还是对刚输入的数据进行修改。

4. 按钮式

在界面上用不同的按钮表示系统的执行功能，单击按钮即可以执行该操作。按钮的表面可写上功能的名称，也可以用能反映该功能的图形加文字说明。使用按钮可使界面显得美观、漂亮，使系统看起来更简单、好用，操作更方便、灵活。

9.9 编写系统设计报告

9.9.1 系统设计报告的意义

系统设计报告是系统设计阶段工作的总结，同时也是系统实施阶段工作的主要依据。

9.9.2 系统设计报告的主要内容

（1）模块结构设计说明。
（2）代码设计说明。
（3）输入/输出说明。
（4）数据库设计说明。
（5）网络环境说明。

9.9.3 系统设计报告的基本格式

1. 引言

（1）摘要。
系统的目标名称和功能等的说明。

（2）背景。
① 用户。
② 项目和其他系统或机构的关系和联系。
（3）系统环境与限制。
① 软件和运行环境方面的限制。
② 保密和安全的限制。
③ 有关系统软件文本。
④ 有关网络协议标准文本。
（4）参考资料和专门术语说明。

2. 系统总体技术设计方案

（1）模块设计。
① 系统的模块结构图。
② 各个模块的 IPO 图，包括各模块的名称、功能、调用关系、局部数据项和详细的算法说明等。
（2）代码设计。
各类代码的类型、名称、功能、使用范围和使用要求等的设计说明书。
（3）输入设计。
① 输入项目，指出所要求的输入操作人员的水平与技术专长，说明与输入数据有关的接口软件及其来源。
② 主要功能要求，从满足正确、迅速、简单、经济、方便使用者等方面达到要求的说明。
③ 输入校验，关于各类输入数据的校验方法的说明。
（4）输出设计。
① 输出项目。
② 输出接受者。
③ 输出要求，所用设备介质、输出格式、数值范围和精度要求等。
（5）文件（数据库）设计说明。
① 概述，主要包括目标、主要功能。
② 需求规定，精度、有效性、时间要求及其他专门要求。
③ 运行环境要求，设备支撑软件，安全保密等要求。
④ 逻辑结构设计，有关文件及其记录、数据项的标识、定义、长度和它们之间的关系。
⑤ 物理结构设计，有关文件的存储要求、访问方法、存储单位、设计考虑和保密处理等。
（6）模型库和方法库设计。
本系统所选用的数学模型、方法及简要说明等。
（7）安全保密设计。

（8）物理系统配置方案报告。

① 硬件配置设计。

② 通信与网络配置设计。

③ 软件配置设计。

④ 机房配置设计。

（9）系统实施方案及说明。

① 实施方案。

② 实施计划，包括工作任务的分解、进度安排和经费预算。

③ 实施方案的审批，说明经过审批的实施方案概况和审批人员的姓名。

9.10 本章小结

（1）列出系统设计的目标、任务、原则。

系统设计的目标，简单来讲，就是将分析阶段所获得的系统逻辑模型，转换成一个具体的计算机实现方案的物理模型。系统任务是进行总体设计和详细设计。在进行系统设计时应遵循基本的五大原则：系统性、适应性、实用性、可靠性和经济性。

（2）列出了代码的定义、功能、代码种类、代码设计的原则以及常见的代码校验法。

常见代码主要有三种：顺序码、区间码和助记码。三种代码各有优缺点和所使用的场合。

（3）系统划分的方法、原则和绘制功能结构图和信息系统流程图常见的步骤。

系统划分可以从功能、时间、过程、通信和职能进行划分，系统划分应遵循一些常见划分原则。

功能结构图绘制按照输入、处理和输出进行绘制；信息系统流程图绘制要依据数据流程图，首先绘制各个处理的数据关系图，然后，再将各个数据关系图综合在一起形成信息系统流程图。

（4）系统物理配置方案设计包含了计算机系统的选择、网络系统的选择、数据管理系统和应用软件的选择。

（5）数据存储由两种形式：文件和数据库。数据存储设计包括了文件的设计和数据库的设计。

文件设计介绍了文件的类别，并给出了文件设计依据和方法。

数据库设计介绍了数据库设计四个步骤：用户需求分析、概念结构设计、逻辑结构设计和物理结构设计阶段。

（6）介绍了系统的输出和输入设计。

输出设计主要包括输出的类型、输出设计的内容和输出设计的步骤。

输入设计包括输入设计的原则、输入的类型、输入介质和输入数据的校验方法和输入数据出错的改正方法。

(7) 系统设计的阶段性成果——系统设计报告的内容和基本格式。

9.11 本章关键术语

功能结构图（structure chart）
流程图（flow chart）
文件组织（file organization）
规范化（normal form）
关系模型（relational model）
实体（entity）
程序设计说明书（program design manual）

第10章

管理信息系统的系统实施与运行管理

【引导案例】

青钢集团系统实施

青岛钢铁集团(以下简称"青钢集团"),在通过管理信息系统设计方案之后,开始着手进行具体应用系统的实施。

首先,青钢集团专门设立了中央计算机房,并在相关部门成立了计算机室。然后,依据系统设计阶段规定的硬件结构和软件结构进行了硬件设备及所需系统软件的购置。为了建立网络环境,由太极计算机公司负责结构化布线、网络系统的安装与调试。同时,北京科技大学项目组依据系统设计报告开始进行软件开发。为了节省成本及方便进行,青钢集团在北京科技大学建立了模拟环境,专门用于软件开发工作。

在进行软件开发之前,开发人员在清华大学参加了专门的系统软件及开发工具的培训。在高博士的领导下,北京科技大学项目组依据系统设计报告中给出的目标系统模块设计结果实现了系统分析和设计中提出的各项功能。

在程序设计和系统调试完成之后,成立了一个系统调试小组,由青钢集团和北京科技大学双方人员共同组成,进行系统的测试。测试小组提供了相应的测试方案和建议的测试数据,在青钢集团实际应用环境中进行了数据和系统功能的正确性检验。

系统测试顺利通过之后,开始组织对系统的使用人员进行系统应用培训。由于青钢集团信息中心的网络维护人员和系统维护人员具有很高的业务水平和很强的业务能力,不需要再进行培训,因此培训的对象主要是数据录入人员和系统操作人员。完成培训工作之后,进入系统试运行阶段。为此,开始了基本数据的准备、编码数据的准备、系统的参数设置、初始数据的录入等多项工作。

> 为了保证系统的实施及以后的规范化管理，青钢集团制定了《计算机系统应用管理规范》《计算机机房管理制度》《计算机系统安全保密制度》《计算机系统文档管理规定》等一系列的管理规定。
>
> 系统在试运行半年无误后，正式交付使用。青钢集团遵照相应的管理规范，组成相关部门和个人负责具体的日常业务处理，记录系统的运行情况，青钢信息中心负责系统的维护，保证系统的正常运行，包括硬件设备的更新与升级、计算机病毒的检测与清除、软件系统的修改与完善、系统故障的排除等。
>
> 系统运行至今，系统维护工作一直没有间断，部分硬件设备已经被更新，部分软件功能也已经被修改、完善。
>
> 另外，在系统正常运行半年后，青钢集团还组织相关部门人员及相关领域的专家对已实施的管理信息系统的工作情况、技术性能、经济效益进行了分析和评价，并依据评价结果对系统进行了完善和修改。
>
> **问题**
> 1. 信息系统实施作为信息系统开发最后一个阶段的重要性是什么？
> 2. 信息系统实施包含什么内容？具体如何进行？
>
> 资料来源：高学东. 管理信息系统基础教程［M］. 北京：经济科学出版社，2007.

10.1　系统实施

系统实施是系统开发的最后一个阶段，是成功实现系统的阶段，而且也是取得用户对系统信任的关键阶段。它的主要任务是将系统设计阶段获得物理模型转换成可在计算机上运行的软件系统，即将原来纸面上的、类似于设计图式的新系统方案转换为用户看得见、可运行、能够帮助用户完成所需要功能的软件系统。

通过青钢集团系统实施的过程，可以知道系统实施的主要内容包括物理系统的实施、程序设计、程序调试及系统测试、人员培训、数据准备与录入、系统切换和评价等内容。

与系统分析、系统设计阶段相比较，系统实施阶段的特点是复杂、工作量大、投入的人力、物力多。因此，在系统实施之前，要制订周密的计划，保证系统实施的顺利进行。

10.1.1　物理系统的实施

管理信息系统的物理系统的实施是指计算机系统和通信网络系统设备的订购、机房的准备和设备的安装调试等一系列活动的总和。

1. 计算机购置的基本原则

随着电子信息产业的发展，计算机技术的发展可谓日新月异，要在众多的计算机产品中购置适合本系统的计算机产品，应该遵循下面 4 个原则。

（1）能够满足 MIS 的设计和运行的基本要求。
（2）合理的性价比。
（3）良好的可扩充性。
（4）良好的售后服务和技术支持。

2. 计算机的环境要求

（1）温度，常温环境下，即 10～45℃，超出此范围，不能保证计算机能够正常地运行。

（2）湿度，计算机能够在 30%～80% 的相对湿度环境下工作，超出此范围，不能保证计算机能够正常地运行。

（3）电磁干扰，在计算机内有一个非常重要的部件，即硬盘，自其上存储数据的介质是一种磁材料。如果将计算机经常放置在较强的磁场环境下，就有可能造成硬盘上数据的损失，甚至这种强磁场还会干扰计算机的正常运行，使计算机出现一些莫名其妙的现象，如显示器可能会产生花斑、抖动等。这种电磁干扰主要有音响设备、电机、大功率电器、电源、静电及较大功能的变压器如 UPS，甚至日光灯等。因此在使用计算机时，应尽量远离电磁干扰源。

（4）防尘，计算机应该在一个相对干净的环境中运行，否则，会使尘土进入计算机内部，经过长期的积累后，会引起电路的短路，还可能出现读写磁盘错误，划伤盘面，甚至造成磁盘上的数据的损坏和丢失。因此，计算机机房要安装双层玻璃门窗。

（5）硬件通过电缆线连接至电源，防止静电感应。

（6）防止由于突然停电造成的事故发生，应安装备用电源设备，如功率足够的不间断电源（UPS）。

当计算机设备到货以后，应该马上按照订货合同进行开箱验货。计算机系统的安装与调试任务应由供货方负责完成。系统运行用的常规诊断校验系统也应由供货方提供，并负责培训操作人员。

10.1.2 网络系统的实施

管理信息系统通常是一个由通信线路将各种设备连接起来组成的网络系统。根据设计阶段的设计物理配置方案，选择合适的网络产品、网络类型和合适的传输介质来实施满足用户需求的网络系统。

1. 网络产品选择

目前，Cisco 公司是世界上最大的计算机网络产品供应商；网络产品性能稳定，但价格较贵；而 3COM 公司的产品性能稳定可靠，售后服务好，价格相对 Cisco 要低一些，在我国有广泛的市场份额和多个成功案例，据此，在构建信息系统网络时，路由器设备可以采用 Cisco 公司的产品，而交换机设备可以采用 3COM 公司的产品。

2. 网络类型及结构

管理信息系统的网络系统根据规模选择局域网（LAN）或广域网（WAN）。

（1）局域网（local area network，LAN）是在一个局部的地理范围内（如一个学校、工厂和机关内），将各种计算机、外部设备和数据库等互连起来组成的计算机通信网。它还可以通过数据通信网或专用数据电路，与远方的局域网、数据库或处理中心相连接，构成一个更大范围的信息处理系统。局域网网内可以实现文件管理、应用软件共享、打印机共享、扫描仪共享、工作组内的日程安排、电子邮件和传真通信服务等功能。

（2）广域网（wide area network，WAN）通常指的是利用公共电信网络，实现远程设备之间通信的计算机通信网。广域网覆盖范围可能是多个城市、一个国家、大洲甚至是全球。通常所说的 Internet 就是一种典型的广域网。

3. 常见的传输介质

（1）双绞线。
（2）同轴电缆。
（3）光纤电缆。
（4）微波和卫星通信等。

10.2 程序设计

程序设计简称编程，又称编码，其任务是使用选定的计算机程序设计语言，将软件系统详细设计所得到的各个模块的信息处理功能和过程描述转换成能在计算机系统上运行的源代码，即源程序。其主要依据是系统总体结构图、数据库结构设计、代码设计方案等。这个步骤直接关系到能否有效地利用计算机达到预期的目的。

10.2.1 程序设计的目标

为了保证程序设计能够正确顺利地进行，程序设计人员既要充分理解程序模块的内部过程和外部接口，还要正确地运用程序设计语言及软件开发环境和工具，保证系统功能的正确实现。一个高质设置的程序必须满足以下 5 方面的要求。

（1）正确性。编制的程序能够严格按照规定的要求正确无误地提供预期的全部功能。

（2）可维护性。由于管理需求的不确定性和环境的变化，会使信息系统的需求发生改变。因此，必须对系统的功能进行完善和调整，因此，就要对程序进行补充和修改。此外，计算机软硬件升级也需要对程序进行相应的升级。因此，设计程序的可维护性即适应性要强，能够及时进行修改和调整。

（3）可理解性。程序不仅要求逻辑正确、计算机能够执行，而且应当层次清楚、便于阅读。这是因为程序的维护工作量很大，程序维护人员经常要维护他人编写的程序。一个不易理解的程序将会给程序维护工作带来困难。

（4）可靠性。程序应当具有较好的容错能力，不仅正常情况下能正常工作，而且在异常情况下也便于处理，不致产生意外的操作，造成严重损失。对于管理信息系统而言，可靠性是非常重要的，它包括程序运行的安全可靠性、数据存取的正确性、操作权限的控制等。

（5）效率。程序的效率是指程序能否有效利用计算机的资源。但是，随着计算机硬件技术的发展，使计算机效率不再像以前那样举足轻重。此外，程序效率与程序的可维护性通常是矛盾的。在实际的编程过程中，常常牺牲一定时间和空间来提高程序的可理解性和可维护性。

10.2.2 程序设计的方法

目前程序设计的方法主要有结构化法、速成原型法、面向对象法和可视化法。

1. 结构化程序设计法

结构化程序设计的基本原则是自顶向下和逐步细化的过程，利用一组单入口、单出口的基本控制结构和反复嵌套进行程序设计，尽量在程序中不用无条件转移语句。

在结构化程序设计中，主要的思想是自顶向下逐步细化，这个思想在系统分析和设计阶段都要使用。每个系统都是由功能模块构成的层次结构。底层的模块一般规模较小，功能较简单，完成系统某一方面的处理功能。在设计中使用自顶向下法的目的在于一开始从总体上理解和把握整个系统，而后对组成系统的各功能模块逐步求精，从而使整个程序保持良好的结构，提高软件开发的效率。

在模块化程序设计中应注意以下四个问题。

（1）模块的独立性。在系统中模块之间应尽可能地相互独立，减少模块间的耦合，即信息交互，以便于将模块作为一个独立子系统开发。

（2）模块大小划分要适当。模块中包含的子模块数量要合适，既便于模块的单独开发，又便于系统重构。

（3）模块功能要简单。底层模块一般应完成一项独立的处理任务。

（4）共享的功能模块应集中。对于可供各模块共享的处理功能，应集中在一个上层模块中，供各模块引用。

按照结构化程序设计的原则，所有的程序都可以由顺序结构、选择结构和循环结构及其组合来实现。

2. 速成原型程序设计方法

速成原型法在程序设计阶段的具体实施方法是，首先将 HIPO 图中类似带有普遍性的功能模块集中，如菜单模块、报表模块、查询模块、统计分析和图形模块等；然后寻找有无相应、可用的软件工具，如果没有则考虑开发一个能够适合各子系统的通用的模块，然后用这些工具生成程序模型原型。如果 HIPO 图中有一些特定的处理功能和模型，而这些功能和模型又是现有工具不可能生成出来的，则再考虑编制一段程序加入。利用现有的工具和原型法可以很快地开发出所要的程序。

3. 面向对象程序设计方法

结构化程序设计方法能有效地将各种复杂的问题分解为一系列相对容易实现的子问题，有利于软件开发和维护；但是程序的数据和对数据的操作相互分离，当数据结构改变，程序的大部分甚至所有相关的处理过程都要进行修改。因此，开发大型程序具有一定的难度，软件的可重用性差，维护工作量大。而面向对象程序设计与以往各种程序设计方法的根本区别是程序设计的思维方法不同，比结构化程序设计更加成熟，能够有效地弥补结构化程序设计的不足。

面向对象程序设计方法认为，客观世界是由各种各样的实体组成的，这些实体就是面向对象方法中的对象。每个对象都有各自的内部属性和操作方法，整个程序是由一系列相互作用的对象构成的，对象之间的交互通过发送消息来实现，详见 11.1.1 节。

4. 可视化程序设计方法

在可视化编程出现之前的程序设计中，基本上采用传统的编制程序代码的方式设计用户图形界面等，不仅需要大量的程序代码，而且在程序设计过程中看不到界面显示的效果，只有在程序执行时才能观察到，当界面效果不好时还需要返回到程序中修改。可视化编程则基于事件驱动的原理，通过调用各种可视控件如按钮、列表框和滚动条等，每个可视化的控件对应多个事件和事件驱动程序，并为控制对象设置属性，根据开发者的需要，直接在属性窗口中进行用户界面的布局设计，通过一系列的交互设计能很快地完成一个应用项目的编程工作。该项技术具有编程简单、自动生成程序代码、效率高的优点，因而被广泛采用。

10.2.3 程序设计语言

在程序设计之前，从系统开发的角度考虑选用哪种语言来编程是很重要的。

一种合适的程序设计语言根据设计去完成编程困难最少，也可以减少程序调试的工作量，并且可以得出更容易阅读和维护的程序。

（1）只有模块化机制。选择适合信息系统的程序设计语言应该有理想的模块化机制、可读性好的控制结构和数据结构，同时具备较强的数据管理能力，如数据库语言。

（2）语言可提供交互功能。选用的语言必须能够提供开发美观的人机交互程序的功能，如色彩、窗口等，这对用户来说是非常重要的。

（3）有较丰富的软件工具。如果可以利用某种语言支持程序开发软件工具，则会使系统的实现和调试变得比较容易。

（4）软件可移植性要求。如果系统预期在不同环境下实现或者应该具有较长的使用寿命，则应该选择标准化程度高、可移植性好的语言。

（5）数据类型丰富。选择提供数据类型丰富的语言，有的程序设计语言甚至可以根据需要自定义数据类型，因此可以用来实现各种复杂的数据结构的运算。

（6）编译效率高且差错能力强。

（7）具有独立编译机制。

一般来说，同时满足以上要求的语言仅仅是理论上的，应用实践中还应该考虑实际环境的限制，例如：

① 用户要求。如果系统将来由用户自行维护，则用户希望使用其熟悉的语言开发。

② 可以得到的语言系统。目标系统可以运行的语言版本常常是有限的。

③ 工程规模。如果工程规模庞大，则可以选择几种语言混合实现。

④ 程序员知识与经验。完全掌握、熟练使用一种语言需要大量的实践积累，因此在其他要求不矛盾的情况下应该选用程序员熟悉的语言。

⑤ 应用领域。不同应用领域的语言不但具有支持该应用领域的特殊机制，而且还存在大量可以利用的标准程序库等软件资源。

10.2.4　开发工具

目前，市场上可供选择的开发工具很多，不同的开发工具有各自的特点，且适合开发不同的管理信息系统，在使用时应根据需要加以选择。

开发工具的选择主要取决于所开发系统的最终用户和开发人员两个因素。最终用户需求是一切软件的来源和归宿，也是影响开发工具的决定性因素；开发人员的爱好、习惯、经验也影响着开发工具的选择。下面介绍几种常见的开发工具。

1. 套装软件（set of software）

套装软件是将流行的若干软件集成起来形成一套软件。例如，套装软件

Office 就是将文字处理软件（Word）、电子表格软件（Excel）和绘图软件（Power Point）融合在一起，可同时运用文字处理、表格设计、数据库和绘图功能。其中 Excel 还具备一定规模的生成模型的函数。

2. 数据库管理

现在的数据库管理系统不只是局限于数据管理，而且具备了相当强的软件生成功能。例如，Oracle 数据库管理系统中，利用 SQL * FORMS 可以通过选择一些菜单和相应的功能键方便地进行对库操作；SQL * PLUS 的触发器机制为保证数据的完整性、一致性和合法性提供必要的检验手段；SQL * REPORT 和 SQL * GRAPH 为报表、图形生成提供方便。以上这些 ORACLE 软件工具配合起来使用，可以形成一个综合的应用软件开发环境。

又如，Windows 具有功能很强的菜单生成器、屏幕编辑器、报表编写器、应用生成器和跟踪调试工具，可以快速地生成各种菜单程序、输入输出屏幕、报表和应用程序。

3. 统一建模语言（UML）

统一建模语言是为面向对象开发方法设计的一种通用的可视化建模语言。

UML 能够真实、全面，并清晰地定义和描述客观系统；在系统开发的各个阶段，不需要转换概念和表示的方法，而且可以为采用不同编程语言和不同开发平台的应用系统建模。

在 UML 中通常用以下几种系列图来描述系统。

(1) 当描述系统的行为需求时，采用例图。
(2) 当规定问题域的词库时，采用类图。
(3) 当类和对象如何相互作用时，采用时序图、协作图、状态图、活动图。
(4) 当描述系统的软件结构时，采用类图和组件图。
(5) 当规定系统中软件的行为时，采用顺序图、协作图、状态图、活动图。
(6) 当描述运行软件的处理器和设备的拓扑时，采用配置图。

由于 UML 的这些图不必手工绘制，可以直接利用可视化建模工具（如 Rational Rose、Prosa 等）在计算机上生成，并将 UML 模型转换为多种程序设计语言代码（C ++、Visual C ++、Visual Basic、CORBA、Java 等），因而可以大大提高系统开发的效率。

更突出的是这种开发方法不仅可以运用前向工程从模型生成程序源代码和关系数据库中的表，而且还可以使用反向生成器工具实现逆向工程，将程序源代码转换为 UML 模型的图。这为反复修改、采用迭代式系统开发过程和实现业务流程优化创造了条件，从而明显地提高了系统的适应性和可维护性。详见 11.2 节。

4. 可视化（visual basic）编程工具

Visual Basic 是一种可编程的应用软件，其特点是提供给用户一种可以跨越多个软件平台（如电子表格软件、Fox-Pro 类型的数据库、字处理软件、绘图软件）的通用语言。软件开发人员只要掌握一种核心的语言，即可方便地与其他软件连接，而且看到的是相同的用户界面。

Visual Basic 结合了面向对象技术，提供了一个运用对象的编程环境。

5. 计算机辅助软件工程（CASE）

软件开发工具的发展非常迅速，已由原来单纯辅助编程的工具进一步发展成为支持系统分析和系统设计（如生成数据流程图、功能结构图和各种文档资料等）乃至整个系统生命周期的大型软件环境，称为计算机辅助软件工程（computer aidtd software engineering，CASE）。

CASE 中集成了多种工具，这些工具既可以单独使用，也可以组合使用，其特点是为系统开发提供了全过程的开发环境。

10.3 程序和系统调试

在 MIS 开发过程中采用各种措施保证软件质量，但是实际开发过程中还是不可避免地会产生差错。系统中可能隐藏着错误和缺陷，未经周密测试的系统投入运行，将会造成难以想象的后果。因此系统测试 MIS 是保证软件质量必须进行的工作。大量统计资料表明，程序和系统测试的工作量占 MIS 开发总工作量的 40% 以上。因此，在 MIS 开发过程中必须高度重视软件测试工作。

10.3.1 测试目标

为保证软件的质量和可靠性，在需求分析、软件设计各个阶段结束之前，要求进行严格的技术复审。但是审查并不能发现所有的错误和功能、性能缺陷，同时程序编码也可能引入许多错误。这些错误、缺陷如果在软件交付运行以后才暴露，则改正这些错误的代价可能是巨大的，甚至是灾难性的。例如，Mariner-I 宇宙飞船发射失败和法国气象卫星坠毁。软件测试是在软件投入运行之前对软件需求分析、设计规格和编码的最终复审，是保证软件质量可靠性的关键步骤。

10.3.2 软件测试方法

一般而言，测试包括三个方面，即设计测试用例、执行被测程序和分析执行结果并发现错误。

测试用例是指以发现程序错误为目的而精心设计的一组测试数据，包括预定要测试的功能，应该输入的测试数据和预期的结果。可以写成：测试用例 = 输入

数据＋期望结果

目前，软件测试方法主要有正确性证明、静态检查、动态检查三种手段。

1. 正确性证明

正确性证明是指利用数学方法证明程序的正确性，该技术目前还处于初级阶段。

2. 静态检查

静态检查是指通过人工评审软件的文档或程序，发现其中的错误。静态测试法成效比较明显，可以查出30%～70%的逻辑错误，成本低，是一种行之有效的检验手段。

（1）代码审查，通过阅读程序发现软件错误和缺陷。

（2）静态分析，主要对程序进行控制流分析、数据流分析、接口分析和表达式分析。

3. 动态检查

动态检查是指有控制地运行程序，从多种角度观察程序运行时的行为，发现其中的错误（测试就是为了发现错误而执行程序）。通常使用以下两种方法进行测试。

（1）黑盒测试。如果已知产品的功能，则对它的每一个功能进行测试，检查是否达到了预期的要求，即黑盒测试是指在不考虑系统内部结构而运行系统，以检查在一定的输入状态下，系统的输出是否与期望结果相同。

黑盒测试时完全不考虑程序内部的结构和处理过程，只按照规格说明书的规定来检查程序是否符合它的功能要求。

黑盒测试检查的主要方面有以下四种：

① 程序的功能是否正确或完善；

② 数据的输入能否正确接收，输出是否正确；

③ 是否能保证外部信息（如数据文件）的完整性等；

④ 用设计测试用例时，必须使用所有可能的输入数据来检查程序是否产生正确的输出。

黑盒测试不可能实现穷尽测试。例如，有一个很简单的小程序，输入量只有A和B两个，输出量只有C一个。如果计算机的字节长为32位，A和B的数据类型只是整数类型。利用黑盒法进行测试时，将A和B的可能取值进行排列组合，输入数据的可能性有：$2^{32} \times 2^{32} = 2^{64}$种。假设这个程序执行一次需要1毫秒，要完成所有的测试，计算机需要连续工作5亿年。显然，这是不能容忍的，而且设计测试用例时，不仅要有合法的输入，而且还应该有非法的输入，在这个例子中，输入还应该包括实数、字符串等，这样，输入数据的可能性就更多了。因此穷尽测试是不可能实现的。

（2）白盒测试。如果已知产品的内部工作过程，则对它的每种内部操作进行测试，检查是否符合设计要求。

白盒测试时将程序看作是一个透明的盒子，即测试人员完全了解程序的内部结构和处理过程。所以测试时按照程序内部的逻辑测试程序、检验程序中的每条通路是否都能按预定的要求正确工作。白盒测试又称为结构测试。

利用白盒测试设计测试用例时，应包括以下三类测试：

① 语句测试：要求程序中的每个语句至少测试一次；

② 分支测试：要求程序中的每个分支至少测试一次；

③ 路径测试：要求程序中的每条路径至少测试一次。

白盒测试也不能实现穷尽测试。

10.3.3 软件测试步骤

1. 单元测试（程序测试或单调）

单元测试，是对源程序中的每一个程序单元进行测试，验证每个模块是否满足系统设计说明书的要求。在单元测试中主要从模块的模块接口测试、局部数据结构测试、路径测试、错误处理测试、边界测试五个特征进行检查。

单元测试又分为程序代码测试和程序功能测试。

（1）程序代码测试。利用精心挑选的测试数据，使程序和模块中的每一条语句都能得到执行，即能够测试程序中的任一逻辑通路。常用的测试数据有以下三种。

① 用正常数据测试。

② 用异常数据测试，即采用非正常的数据，检查程序是否能正常工作，如采用空的数据。

③ 用错误数据测试。试验程序对错误的处理能力，包括显示出错信息及允许修改错误的可能性。具体检查内容有输入键错误、输入数据错误、操作错误。

（2）程序功能测试。经代码测试正确的程序只是基本上验证程序逻辑上的正确性，但并不能验证程序是否满足程序说明中定义的功能，也不能验证数据本身是否完备。

程序功能测试则面向程序应用环境，把程序看作一个"黑盒子"，认为程序只要满足应用功能上的需求，即是可行的。

2. 集成测试（分调）

集成测试是将已测试过的模块组合成子系统，重点测试各模块之间的接口和联系。它所测试的内容包括单元间的接口及集成后的功能。

模块的连接方法有以下两种。

（1）非增量式集成，将所有的模块按设计要求一次性全部组装起来，然后进行整体测试。

（2）增量式集成，一个一个地扩展模块，一步一步地增大测试的范围，错误易于定位和纠正。

3. 系统测试（联调或总调）

总调是将所开发的系统应用在模拟的产品环境中，其目标是保证系统与网络、数据库、硬件和任何其他公司所特有的平台和环境因素相协调，保证整个系统运行一致，并且使应用程序能满足用户要求的灵活性。总调的内容包括以下两部分。

（1）主控程序和调度程序调试。测试的目的不是处理结果的正确性，而是验证控制接口和参数传递的正确性，以及发现并解决资源调度中的问题。

（2）系统程序总调。将主控和调度程序与功能模块联结起来进行能行性测试，检查模块间相互关系方面的错误和缺陷。

4. 特殊调试

除了上述常规测试之外，还有一些必要的性能测试，这些测试不是针对程序在正常情况下运行的正确与否，而是根据系统需求选择进行的，主要包括以下内容。

（1）峰值负载测试、容量测试、响应时间测试、恢复能力测试等。

（2）严格核对计算机处理和人工处理的两种结果。

（3）实况测试。以过去手工处理方式下得出正确结果的数据作为输入，将系统处理结果与手工处理结果进行比较，主要考察系统运转的合理性与效率，包括可靠性（作业处理的成功率是否高）。

5. 测试报告的编制

测试报告用于反映测试的全部过程和测试结果，对于管理软件这样的应用软件系统，重点应描述功能测试（即确认测试）的结果，每一功能作为一个条目在测试报告中加以刻画，描述的内容包括软件应该具有的能力、性能的限制、存在的缺陷、进一步改进的措施。并在测试报告的最后对该软件是否达到既定的要求，是否可以取代手工管理系统做出评价。

10.3.4 软件调试

软件调试是在测试完成结果分析之后，对结果分析发现的错误进行程序诊断并寻求改正的过程。

1. 软件调试过程

软件调试过程，如图 10-1 所示。

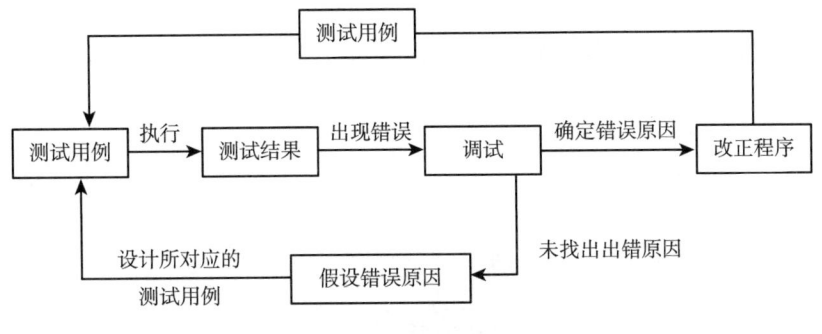

图 10-1 软件调试过程

2. 软件调试策略

（1）内存信息检查。
（2）程序执行信息跟踪。
（3）试探法，猜测试探。
（4）回溯法，人工沿程序控制流逆向追踪。
（5）区分查找法，区分程序段查找。
（6）归纳法。
（7）演绎法。

10.4　系统切换、运行与维护

10.4.1　系统切换（系统转换）

管理信息系统的实施中有一个新旧系统的交替过程，即旧的管理信息系统逐渐退出，由新的管理信息系统来代替，称为系统的转换。因此系统切换是指由旧的手工处理系统向新的计算机信息系统过渡。

1. 系统切换（系统转换）的内容

（1）新系统和旧系统的切换。
（2）将旧系统的文件转换成新系统的文件。
（3）数据的整理和录入。
（4）人员、设备、组织结构的改造和调整。
（5）有关资料档案的建立和移交。

2. 系统转换前的准备

（1）数据准备。

① 若将原来系统中的数据整理出来，其工作量是比较大的。
② 将整理出来的数据转化为新系统所要求的格式。
（2）文档准备。
（3）用户培训。

3. 系统切换方法

信息系统的切换一般有三种方式，如图 10－2 所示。

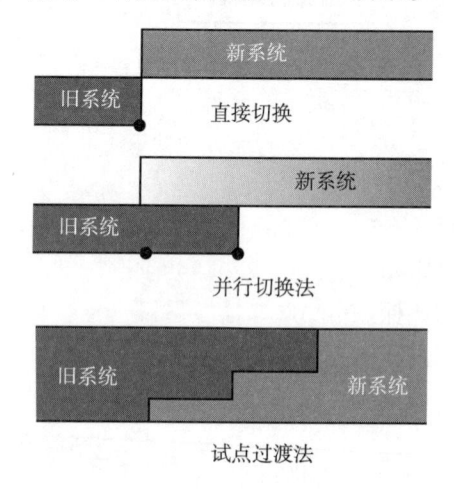

图 10－2 信息系统切换的三种方式

（1）直接切换法。在指定的时间点，停止原系统的使用，启动新系统。

优缺点：转换方式费用低，方法简单，但风险大。适用于处理过程不太复杂的小型简单系统。

（2）并行切换法。一般可分两步进行：第一步，以新系统为正式作业，原系统为校核用；第二步，经过一段时间运行，在验证新系统处理准确可靠后，原系统停止运行。

优缺点：有利于减轻管理人员心理压力、安全性较好，但费用高，两个系统的数据一般不具备可比性。适用于处理过程复杂、数据重要的系统。

（3）试点过渡法。优缺点：安全性较好，但费用高。适用于处理过程复杂、数据重要的大型复杂系统。一般多采用这种方式进行系统转换。

4. 系统切换应注意的问题

系统切换过程中应注意以下问题，这些问题解决得好，将给系统的顺利切换创造条件。

（1）新系统的投运需要大量的基础数据，这些数据的整理与录入工作量特别庞大，应及早准备、尽快完成。

（2）系统切换不仅是机器的转换、程序的转换，更难的是人工的转换，应提前做好人员的培训工作。

(3) 系统运行时会出现一些局部性的问题，这是正常现象，系统工作人员对此应有足够的准备，并做好记录。系统只出现局部性问题，说明系统是成功的，反之，如果出现致命的问题，则说明系统设计质量不好，整个系统甚至需要重新设计。

10.4.2 系统运行管理

系统运行管理主要是指一个信息系统研制工作基本完成以后的工作。这些工作主要由系统管理员完成。运行管理主要包括以下四个方面的内容。

1. 系统运行管理的组织机构

系统运行管理的组织机构包括各类人员的构成、各自的职责、主要任务及其内部组织结构。

2. 基础数据的管理

基础数据的管理包括对数据收集和统计渠道的管理、计量手段和计量方法的管理、原始数据的管理、系统内部各种运行文件、历史文件（包括数据库文件等）的归档管理等。

3. 运行管理制度

运行管理制度包括系统操作规程、系统安全保密制度、系统修改规程、系统定期维护制度及系统运行状况记录和日志归档等。

4. 系统运行结果分析

系统运行结果分析是指得出某种能反映组织经营生产方面发展趋势的信息，以提高管理部门指导企业经营生产的能力。

10.4.3 系统维护

管理信息系统需要在使用中不断完善，经过调试的系统难免会有不尽如人意的地方，或有的地方效率可以提高，或有使用不够方便的地方；管理环境的新的变化，对信息系统提出了新的要求。

1. 系统维护的内容

（1）程序的维护。程序的维护是指根据需求变化或硬件环境的变化对程序进行部分或全部的修改。修改时应充分利用原程序，修改后要填写程序修改登记表；在程序变更通知书上注明新老程序的不同之处。

（2）数据文件的维护。数据文件的维护（主文件的定期更新不算在内）有许多是不定期的，必须在现场要求的时间内维护好。维护时一般使用开发商提供的文件维护程序，也可以自行编制专用的文件维护程序。

（3）代码的维护。代码的维护（如订正、添加、删除至重新设计）应由代码管理小组（由业务人员和计算机技术人员组成）进行。变更代码应经过详细讨论，确定之后应书面写清、贯彻。

（4）机器、设备的维护。包括机器、设备的日常维护与管理。

2. 维护的类型

根据信息系统需要维护的原因不同，系统维护可以分为以下 4 种类型。

（1）更正性维护（corrective maintenance）。是指由于发现系统中的错误而引起的维护，包括诊断问题和改正错误。在软件交付使用后，由于开发时测试的不彻底、不完全，必然会有一部分隐藏的错误被带到运行阶段中。改正软件性能上的缺陷、排除实施中的错误使用，应进行的诊断和改正错误的过程，是改正性维护。

（2）适应性维护（adaptive maintenance）。为了适应外界环境的变化而增加或修改系统的部分功能的维护工作。

随着计算机的飞速发展，外部环境（新的硬、软件配置）或数据环境（数据库、数据格式、数据输入/输出方式、数据存储介质）可能发生变化，为了使软件适应这种变化，而修改软件的过程称为适应性维护。

（3）完善性维护（perfective maintenance）。为了改善系统功能或适应用户的需要而增加新的功能的维护工作。

在软件的使用过程中，用户会对软件提出新的功能与性能要求。为了满足这些要求，需要修改或再开发软件，以扩充软件功能、增强软件性能、改进加工效率、提高软件的可维护性。这种情况下进行的维护活动称为完善性维护。

（4）预防性维护（preventive maintenance）。对一些使用寿命较长，目前尚能运行，但可能要发生变化的部分进行维护，以适应将来的修改或调整。

通常，预防性维护定义为："把今天的方法学用于昨天的系统以满足明天的需要"。也就是说，采用先进的软件工程方法对需要维护的软件或软件中的某一部分（重新）进行设计、编制和测试。

3. 系统维护的管理

系统的修改，往往会"牵一发而动全身"。程序、文件、代码的局部修改，都可能影响系统的其他部分。

10.5 本章小结

第一，系统实施的概述；系统实施是成功实现系统的阶段，而且也是取得用户对系统信任的关键阶段。它的主要任务是将系统设计阶段获得物理模型转换成可在计算机上运行的软件系统。系统实施主要包括物理系统实施、网络系统的实施和程序设计（软件系统实施）；

第二，程序设计是使用选定的计算机程序设计语言，将软件系统详细设计所得到的各个模块的信息处理功能和过程描述转换成能在计算机系统上运行的源代码，直接关系到能否有效地利用计算机达到预期目的。常见程序设计方法有：结构化法、原型法和面向对象方法。

第三，系统测试是保证 MIS 质量的关键环节。它包括程序的测试和系统调试。

常见测试方法有：黑盒测试和白盒测试；软件测试步骤：单元测试、集成测试、系统测试和特殊测试等。

系统调试是在测试完成结果分析之后，对结果分析发现的错误进行程序诊断并且寻求改正的过程。

第四，系统切换是新的管理信息系统来代替旧的管理信息系统的过程。系统切换是一个复杂的过程，不只是新系统替换旧系统，还包含许多其他的工作；常见系统切换方法：直接切换法、并行切换法和试点过渡法；

系统运行管理是信息系统研制工作基本完成之后的工作，主要由管理员来完成。

系统维护是对系统进行必要的修改与完善，清除系统运行时发生的故障和错误，增强系统的适应性而进行的工作。系统维护包括：程序的维护、数据文件维护、代码维护和机器、设备的维护。

10.6　本章关键术语

系统实施（system implementation）
网络系统（network system）
程序设计（program design）
结构化程序设计（structure programming）
自顶向下的模块化设计方法（top-dowmn programming）
软件测试（software testing）
程序调试（program debug）
系统切换（system swtich）
系统运行管理（system running management）
系统维护（system maintenance）

第 11 章

面向对象的系统开发

【引导案例】

通过系统开发和系统集成拯救生命

美国南部佐治亚州亚特兰大的疾病防控中心跟踪了大量从流行性感冒暴发时病人抗药性的信息情况等。遗憾的是,并非所有需要信息的人都能够获得该信息的应用软件。

尽管在全国各地设有办事处,并且能与上百个国家和地区的机构保持联系,但疾病防控中心有很多信息是存储在彼此独立的不同服务器中,而且应用软件之间也没有方便的通信能力。疾病防控中心的信息技术最初是将这些信息集成在一个面向服务的体系架构(SOA)内。面向服务的体系架构是一种对注重方便地跨所有信息库整合的应用软件、信息及应用软件与硬件平台进行整体化思考的方法。

虽然在私营机构中大部分业务使用信息技术度量机制,如投资回报、转化率和测量一个系统的点击数,但疾病防控中心在关注人类生命方面也是这么做的。例如,疾病防控中心的生物敏感系统在流感大流行期间最初能够提供早期警告和关键信息,并且系统需要和药房配制药物进行整合。在流感暴发的早期阶段,甚至根据乙酰氨基酚的销售情况,在人们开始涌向医院之前,就可能提醒政府官员疾病有流行的征兆。

疾病防控中心整合的范围最初几乎是难以理解的,因为自然界和人类社会中的相互联系和相互作用是极其复杂的。经食物传播的疾病、有害的药物反应、医院感染,甚至美国环保局所估计的河流和池塘中的细菌在某些方面之间都有可能存在相互关系。疾病防控中心利用数据的信息技术系统收集数据和分析数据,通过公共健康信息网络向全国的研究人员和卫生保健专业人员提供正确的信息。

> **问题**
> 1. 所有的计算机都使用一种通用的二进制语言。在这种情况下，为什么在计算机系统之间建立便利的通信会那么困难？
> 2. 在系统开发中，原型法可用于建立一个目标系统的模型，在你的个人生活中，创建某些事物时是如何运用原型法的？
> 3. 资源外包往往由另一个国家的跨国企业负责系统开发。为什么疾病防控中心不想采用外包形式？
>
> 资料来源：[美] 斯蒂芬·哈格. 信息时代的管理信息系统（原书第9版）[M]. 北京：机械工业出版社，2019.

11.1 面向对象的基本理论

面向对象法（object oriented，OO）是一种认识客观世界，从结构组织模拟客观世界的方法。面向对象法产生于20世纪60年代，在20世纪80年代后获得广泛应用。它一反那种功能分解方法只能单纯反映管理功能的结构状态，数据流程模型（DFD）只是侧重反映事物的信息特征和流程，信息模拟只能被动迎合实际问题需要的做法，而面向对象的角度为人们认识事物，进而为开发系统提供了一种全新的方法。这种方法以类、继承等概念描述客观事物及其联系，为管理信息系统的开发提供了全新思路，成为当前重要的开发方法之一。

11.1.1 面向对象的基本思想

面向对象方法认为：客观世界是由许多各种各样的对象所组成的，每种对象都有各自的内部状态和运动规律，不同的对象之间的相互作用和联系构成了各种不同的系统。人们设计和实现一个客观系统时，如果能在满足需求的条件下，把系统设计成由一些不可变的（相对固定）部分组成的最小集合，这个设计就是最好的。因为它把握了事物的本质，因而不再会被周围环境（物理环境和管理模式）的变化以及用户没完没了的变化需求所左右，而这些不可变的部分就是所谓的对象。客观事物都是由对象组成的，对象是在原来事物基础上抽象的结果。任何复杂的事物都可以通过对象的某种组合而构成。

面向对象技术为了实现从客观世界中的对象到目标系统中的对象的转换，将对象表示为一个封装了数据和操作的整体。数据用于描述对象的状态或特征、属性；操作用于完成对自身封装数据的处理和对象内部数据同外界的交互，从而改变对象的状态。

面向对象的思想是针对传统结构化方法的面向过程的思想提出的，两种方法的比较如表11-1所示。

表 11-1　　　　　　　　　面向过程与面向对象方法的比较

比较项目	面向过程方法	面向对象方法
研究方法	将数据和过程分离的结构化方法	将数据和数据的操作看成是一个不可分割的整体
基本构件/模块	过程	对象
比较项目	面向过程方法	面向对象方法
程序设计范式	数据结构 + 算法	对象 + 方法
模块驱动方式	数据驱动	事件/消息驱动

11.1.2　面向对象的基本概念

（1）对象。由数据及其操作所构成的封装体，是系统中用来描述客观事物的一个模块，是构成系统的基本单位。用计算机语言来描述，对象是由一组属性和对这组属性进行的操作构成的。

对象包含三个基本要素，分别是对象标识、对象状态和对象行为。例如，对于姓名（标识）为 Joe 的教师而言，其包含性别、年龄、职位等个人状态信息，同时还具有授课等行为特征，Joe 就是封装后的一个典型对象。

（2）类。现实世界中实体的形式化描述，类将该实体的属性（数据）和操作（函数）封装在一起。例如，Joe 是一名教师，也就拥有了教师的特征，这些特征就是教师这个类所具有的，如图 11-1 所示。

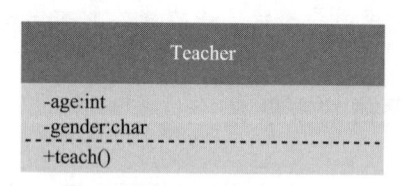

```
┌─────────────────┐
│     Teacher     │
├─────────────────┤
│ -age:int        │
│ -gender:char    │
├─────────────────┤
│ +teach()        │
└─────────────────┘
```

图 11-1　类的构成

类和对象的关系可理解为，对象是类的实例，类是对象的模板。如果将对象比作房子，那么类就是房子的设计图纸。

（3）抽象。通过特定的实例抽取共同特征以后形成概念的过程。抽象是一种单一化的描述，强调给出与应用相关的特性，抛弃不相关的特性。对象是现实世界中某个实体的抽象，类是一组对象的抽象。

（4）封装。将相关的概念组成一个单元模块，并通过一个名称来引用它。面向对象封装是将数据和基于数据的操作封装成一个整体对象，对数据的访问或修改只能通过对象对外提供的接口进行。

（5）继承：表示类之间的层次关系（父类与子类），这种关系使得某类对象可以继承另外一类对象的特征，继承又可分为单继承和多继承。

如图 11-2 所示，Dog 和 Cat 类都是从 Mammal 继承而来，具有父类的 eyeColor 属性特征，因此在子类中就可以不用重复指定 eyeColor 这个属性。

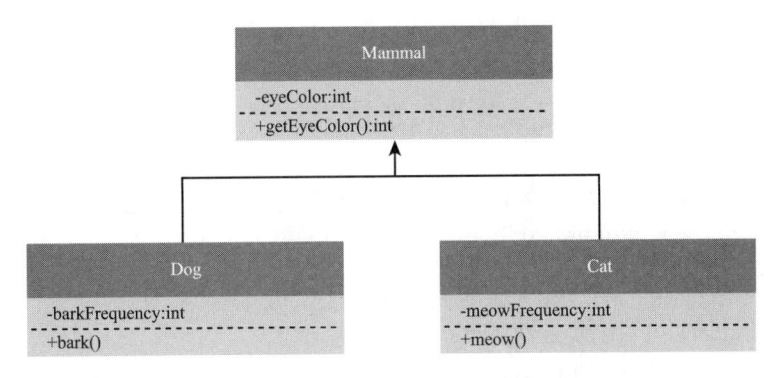

图 11-2 类的继承

（6）多态。使得在多个类中可以定义同一个操作或属性名称，并在每个类中可以有不同的体现。多态使得某个属性或操作在不同的时期可以表示不同类的对象特性。

如图 11-3 所示，Rectangle 和 Circle 都继承于 Shape，对于 Shape 而言，会有 getArea（）的操作。但 Rectangle 和 Circle 的 Getarea（）方法的实现是完全不一样的，这就体现了多态的特征。

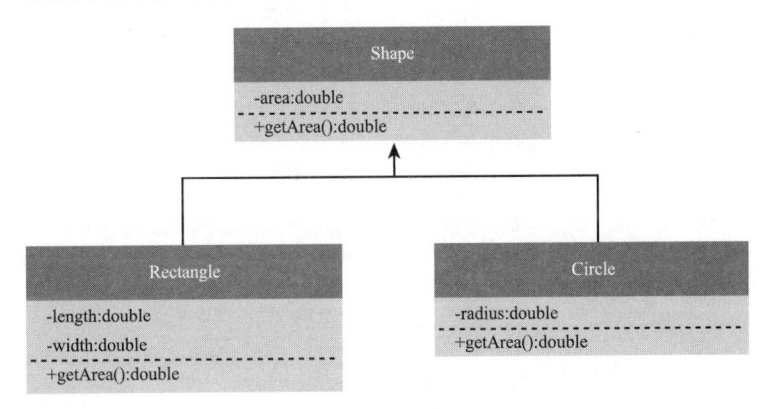

图 11-3 多态

（7）接口：描述对操作规范的说明，其只说明操作应该做什么，并没有定义操作如何做。可以将接口理解成为类的一个特例，它规定了实现此接口的类的操作方法，把真正的实现细节交由实现该接口的类去完成。

（8）消息：体现对象间的交互，通过它向目标对象发送操作请求。

（9）组件：表示软件系统可替换的、物理的组成部分，封装了模块功能的实现。组件应当是内聚的，并具有相对稳定的公开接口。

（10）复用：指将已有的软件及其有效成分用于构造新的软件或系统。组件技术是软件复用实现的关键。

（11）模式：描述了一个不断重复发生的问题，以及该问题的解决方案。其包括特定环境、问题和解决方案三个组成部分。应用设计模式可以更加简单和方便地去复用成功的软件设计和架构,从而帮助设计者更快更好地完成系统设计。

11.1.3 面向对象方法的开发过程

按照面向对象方法的基本思想,可将其开发过程分为四个阶段:

(1) 系统调查和需求分析。

对所要研究的系统面临的具体管理问题以及用户对系统开发的需求进行调查研究,弄清目的,给出前进的方向。

(2) 面向对象分析(OOA)。

面向对象分析(object-oriented analysis,OOA)是在分析整理系统调查资料的基础上,针对面向对象方法所需要的素材进行归类分析和整理,抽象识别对象及其行为结构、属性和方法等,即分析问题的性质以及求解问题。

使用面向对象分析方法分析事物时,一般分为五个基本步骤,分别为确定对象和类、确定结构、确定主题、确定属性及确定方法。具体步骤如表 11 – 2 所示。

表 11 – 2　　　　　　　面向对象分析的开发步骤

步骤	内容	说明
第一步	确定对象和类	对象是对数据及其处理方式的抽象,反映系统保存和处理现实世界中某些事物信息的能力;类是多个对象的共同属性和方法的集合描述,包括如何在一个类中建立对一个新对象的描述
第二步	确定结构	结构指的是问题域的复杂性和连接关系:类成员结构反映了泛化与特化的关系,整体部分结构反映整体和局部之间的关系
第三步	确定主题	主题是事物的总体概貌和总体分析模型
第四步	确定属性	属性是指数据元素,可用来描述对象或分类结构的实例,可在图中给出,并在对象的存储中指定
第五步	确定方法	方法是在收到消息后必须进行的一些处理方法,方法需要定义,并且在对象的存储中指定

(3) 面向对象设计(OOD)。

面向对象设计(object-oriented design,OOD)是对面向对象分析阶段的分析结果作进一步抽象、归类和整理,并最终以范式的形式确定。其主要作用是将面向对象分析的结果进行规范化整理,以便能被面向对象编程直接使用。

面向对象设计的主要内容包括对象定义规格的分析整理、数据模型和数据库设计及优化。

(4) 面向对象程序设计(OOP)。

面向对象程序设计(object-oriented programming,OOP)是将面向对象设计阶段的范式直接映射为应用程序软件,分为可视化设计和代码设计两个阶段。可视化设计阶段的主要任务是进行用户界面设计，将管理信息系统的所有功能与界面中的命令联系起来；代码设计阶段的主要任务是为对象编写所需相应的代码，发挥对象必要的功能并建立不同对象之间的连接关系。

11.1.4 面向对象方法的特点

面向对象法是以对象为中心的一种开发方法。具有以下特点：

（1）封装性。在面向对象方法中，程序和数据是封装在一起的，对象作为一个实体，它将操作隐藏在行为中，状态由对象的"属性"来描述，并且只能通过对象中的"行为"来改变，外界一无所知。可以看出，封装性是一种信息隐藏技术，是面向对象法的基础。因此，面向对象方法的创始人科德（Coad）和尤顿（Yourdon）认为面向对象就是"对象＋属性＋行为"。

（2）抽象性。在面向对象法中，把抽出实体的本质和内在属性而忽略一些无关紧要的属性称为抽象。类是抽象的产物，对象是类的一个实体。同类中的对象具有类中规定的属性和行为。

（3）继承性。继承性是指子类共享父类的属性与操作的一种方式，是类特有的性质。类可以派生出子类，子类自动继承父类的属性与方法。可见，继承大大地提高了软件的可重用性。

（4）动态链接性。动态链接性是指各种对象间统一、方便、动态的消息传递机制。

11.1.5 面向对象方法的优缺点

1. 面向对象方法的优点

（1）面向对象方法使系统描述和信息模型的表述与客观实体意义一一对应，符合人们的思维习惯，有利于信息系统开发过程中用户与系统开发人员的交流，缩短系统开发周期，提升系统开发的效率和准确性。

（2）系统开发的基础统一于对象上，减少了各阶段工作中的许多中间转换环节，避免多余劳动，加速系统的开发进程。

（3）面向对象技术中的各种概念和特性，大大提高了软件的一致性、模块独立性、模块继承性以及代码的共享和重用，同时与分布式处理、多级先同意及网络通信等发展相适应，应用前景广阔。

2. 面向对象方法的缺点

（1）必须依靠软件基础支持，对系统分析和设计人员要求较高。

（2）不适合应用于大型的管理信息系统开发，可能会造成系统结构不合理以及系统各部分关系不协调等问题。

11.2 面向对象方法的建模工具

自20世纪90年代，各种支持面向对象系统开发过程的工具不断涌现。统一建模语言（unified modeling language，UML）就是其中应用最广泛的工具之一。

11.2.1 UML 的产生与发展

面向对象建模语言出现于20世纪70年代中期。到1994年，建模语言的种类激增至50多种。这些建模语言各有千秋，为系统分析、设计提供不同的模型，模型表述元素也各不相同。最突出的问题是，缺乏支持分析、设计及实施各阶段成果有效交流的公共平台。这极大地妨碍了用户及开发人员之间的交流，导致开发各阶段出现错误或阻滞。格雷迪·布切（Grady Booch）、詹姆士·鲁博（James Rumbaugh）和伊瓦·雅各布森（Ivar Jacabson）三人在原有各自进行的面向对象分析与设计方法学研究的基础上，相互借鉴与合作，共同推出了标准建模语言 UML。自1995年开始，许多公司纷纷支持 UML 标准，逐渐形成 UML 联盟，包括 DEC、Hewlett–Packard、Intellicorp、Microsoft、Oracle、Texas Instruments、Rational 等公司。1998年 OMG 接手 UML 标准的维护工作，并且制订了若干新的 UML 修订版。

作为一种定义良好、易于表达、功能强大且普遍适用的建模语言，UML 的作用域不仅局限于面向对象的分析与设计阶段，还支持系统开发的全过程。UML 为开发人员提供了标准的、易于理解的表达方式用于构建系统蓝图，便于不同的开发人员共享和交流工作结果。例如，对于客户，能够理解开发人员的工作及进度，当开发人员没有充分理解客户需求时，或客户突然改变需求时，还能够指出变化的需求。在 UML 提供的平台上，系统分析员、客户、程序员和其他系统开发人员能够相互理解，并以一致的方式来组织系统分析与设计的过程。目前，UML 已成为行业事实标准，广泛地应用在信息系统的相关领域。

11.2.2 UML 的基本模型

UML 提供一套相互组合的图表元素，支持以图形方式对系统需求、功能、结构等内容进行建模，描述系统组成结构、功能结构及实现细节，为开发者或开发工具使用这些图形符号和文本语法进行系统建模提供了标准。从组成结构角度看，UML 包括以下若干种。

（1）类图（class diagram）。

类图几乎是所有面向对象开发方法的支柱。类图描述类和类之间的静态关系，比如关联、聚类、组成和继承等关系。与数据模型不同，类图不仅显示了信息的结构,同时还描述了系统的行为。类图是定义其他图的基础。

图 11-4 是一个类图示例。其中,矩形方框代表类的图标,它被分成三个区域。最上面的区域中是类名,中间区域是类的属性,最下面区域里列的是类的操作。

| 洗衣机(类名称) |
| 型号(类属性) |
| 漂洗(类操作) |

图 11-4 类图

类图为开发人员提供了模仿现实世界的表达方式,它允许分析员使用客户采用的术语与其交流,促使客户提出所要解决问题的相关细节。

(2) 对象图(object diagram)。

对象图与类图一样,反映系统的静态过程,但它是从实际的或原型化的情景来表达的。对象图显示某时刻对象和对象之间的关系。对象图是类图的实例,几乎使用与类图完全相同的标识。例如,某个洗衣机的品牌可能是"海尔",型号为"XDL500",序列号为"OL57774",一次最多洗涤重量为 4 kg 的衣物。在 UML 中,表示对象的图标也是个矩形,只是对象名下面要带下划线。具体实例的名字位于冒号的左边而该实例所属的类名位于冒号的右边,比如,海尔:洗衣机。

(3) 用例图(use case diagram)。

用例这一概念是第二代面向对象技术的标志,是从用户的角度对系统行为或系统使用场景的描述。一个用例是用户与计算机之间的一次典型交互作用。对于系统开发人员来说,用例很有实用价值,可以帮助其从用户的观察角度收集可靠的系统需求。这对于建立人机交互的信息系统尤为重要。图 11-5 说明了如何通过用例图来描述使用一台洗衣机洗衣服。代表洗衣机用户的直立小人形被称为参与者(actor),椭圆形代表用例,值得注意的是,参与者(发起用例的实体)可以是人,也可以是系统。

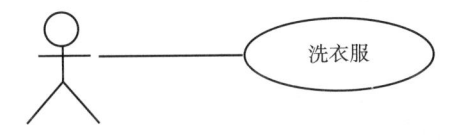

图 11-5 用例图

需求分析阶段的用例模型是系统开发者和用户反复讨论的结果,表明了开发者和用户对需求规格达成的共识。首先,它描述了待开发系统的功能需求;其次,它将系统看作黑匣子,从外部执行者的角度来理解系统;最后,它不仅驱动了需求分析之后各阶段的开发工作,而且被用于验证和检测所开发的系统。

(4) 状态图 (state diagram)。

在任何给定的时刻,一个对象总处于某一特定的状态。比如,一部电梯可以处于上升、停止或下降状态。洗衣机可以处于浸泡、洗涤、漂洗、脱水或关机等状态。一个状态图包括一系列的状态以及状态之间的转移,如图 11-6 所示。图中最顶端的符号代表起始状态,而底端的符号表示终止状态。

图 11-6 状态图

(5) 顺序图 (sequence diagram)。

运行的系统中,对象之间要发生交互,且这些交互要经历一定的时间段。顺序图所表达的则是这种对象之间的基于时间的动态交互关系,着重体现对象间消息传递的时间顺序。顺序图存在两个轴:水平轴表示不同的对象,垂直轴表示时间。图中的对象用一个带有垂直虚线的矩形框表示,并标有对象名和类名。垂直虚线是对象的生命线,用于表示在某段时间内对象处于活动状态。对象间的通信通过对象的生命线间的消息来表示。

图 11-7 是顺序图的示例。图中注水管、洗涤缸和排水管三个对象用矩形图标表示。整个图反映了各对象随时间变化所经历的交互过程。图中进程是从上到下的,对象之间发送的消息有:注入净水、保持静止、停止、旋转洗涤、排污水等。

(6) 活动图 (activity diagram)。

活动图的应用非常广泛,既可用来描述操作(类的方法)的行为,也可以描述用例和对象内部的工作过程。活动图依据对象状态的变化来捕获动作(将要执行的工作或活动)与动作的结果。活动图中一个活动结束后将立即进入下一个活动(在状态图中状态的变迁可能需要事件的触发)。

用例和对象行为的各个活动之间通常也具有时间顺序。如图 11-8 所示。

图 11-7 顺序图

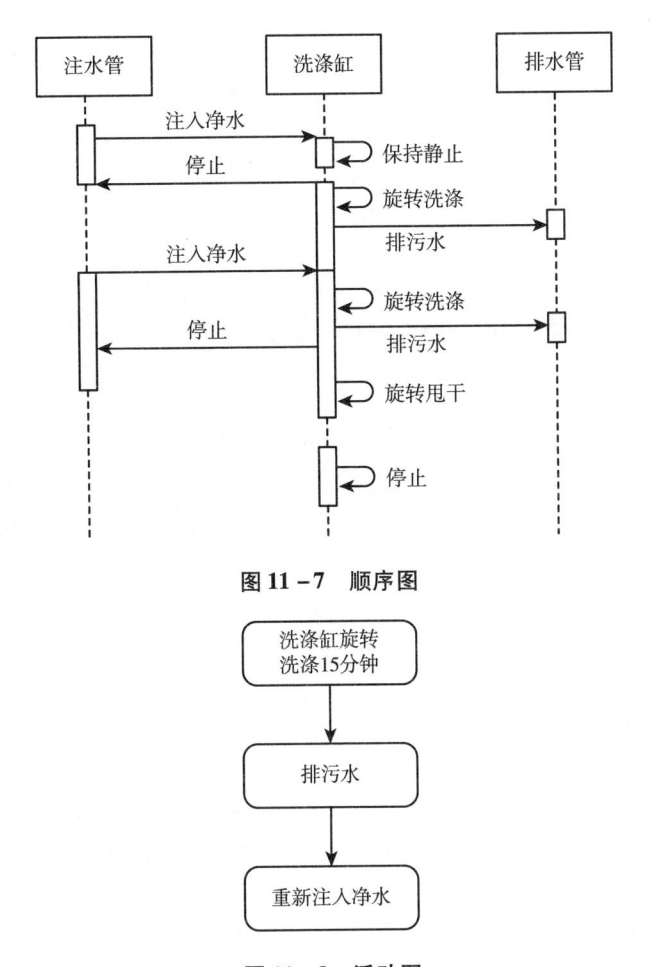

图 11-8 活动图

（7）协作图（collaboration diagram）。

协作图表达为完成系统的工作目标，系统中相互合作的对象间的交互关系和链接关系。虽然时序图和协作图都用来描述对象间的交互关系，但侧重点不一样。顺序图着重体现交互的时间顺序，协作图则着重体现交互对象间的静态链接关系。

图 11-9 是协作图的一个例子。其中，洗衣机构件类中增加了一个内部计时器。在经过某段时间后，定时器停止注水，然后启动洗涤缸旋转洗涤。图中的序号代表命令消息的发送顺序，计时器对象先向注水管对象发送停止进水的消息，再向洗涤缸对象发送旋转洗涤的消息。

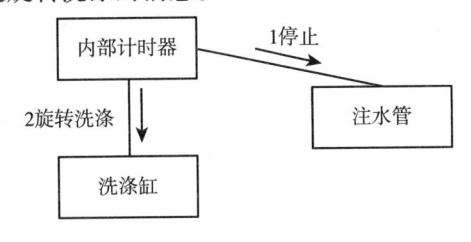

图 11-9 协作图

(8) 组件图（component diagram）和配置图（deployment diagram）。

组件图与配置图与整个计算机系统密切相关。UML 用组件图表示信息系统的软件结构，由于现代软件开发多是基于构件的，这种开发方式对群组开发尤为重要。UML 的配置图显示信息系统的物理体系结构。它可以描述计算机和设备，展示其间的连接以及驻留在每台机器中的软件。

11.3 面向对象的信息系统开发实例

我们以本科生毕业设计选题管理系统的开发为例，详细阐述面向对象的系统开发流程。同时考虑篇幅原因，对系统的规模和功能做了一定程度的限制和简化，仅以大学最基层教学单位——教研室作为系统需求方进行需求分析、系统分析、系统设计和实施。

11.3.1 需求分析

1. 需求调查

根据《某大学毕业设计（论文）工作管理规定》的有关精神与实际情况，毕业设计（论文）（以下简称"毕业设计"）选题阶段的运行过程如下：

（1）申报题目。

由具备指导教师资格的教师每人提出 10 个毕业设计的题目，并填写《某大学毕业设计（论文）题目申请表》。

（2）审查题目。

教研室成立毕业设计选题审查小组（由 4~5 人组成），对指导教师提出的题目进行审查，以确定题目和指导教师。

（3）公布题目。

教研室主任向学生公布毕业设计的题目，学生根据自己的兴趣和特长选择题目，选题应遵守一人一题的原则。

（4）导出选题信息。

选题完成后，教研室主任填写《某大学毕业设计（论文）题目落实统计表》，并以打印文档和电子文档两种形式报教务处实践教学科。为了保证毕业设计的严肃性，课题落实后一般不再变动。

2. 建立用例图

从以上需求陈述中，我们发现系统中的参与者有：指导教师、审查小组、教研室主任、学生。识别出参与者后，从参与者的角度就可以发现系统的用例，并绘制出系统的用例图，如图 11-10 所示。

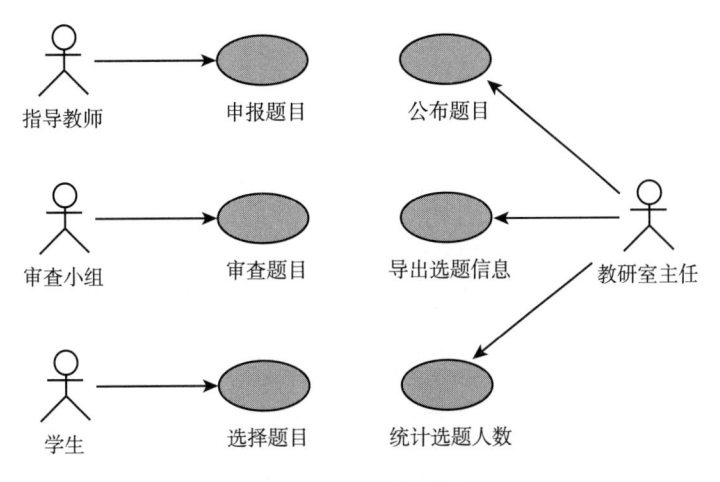

图 11-10　用例图

3. 描述用例

（1）申报题目用例的描述。

采用表格的形式描述该用例，如表 11-3 所示。

表 11-3　　　　　　　　　　　申报题目用例

用例名称	申报题目
参与者	指导教师
前置条件	指导教师已经登录成功
后置条件	将题目存入数据库中
基本操作流程	1. 指导教师输入题目名称 2. 系统验证题目的有效性（如长度是否满足要求，是否存在非法字符等） 3. 显示输入的所有题目名称
可选操作流程	如果输入的题目无效或与别的题目重复，则提示重新输入题目

（2）审查题目用例的描述。

采用表格的形式描述该用例，如表 11-4 所示。

表 11-4　　　　　　　　　　　审查题目用例

用例名称	审查题目
参与者	审查小组负责人
前置条件	审查小组负责人已经登录成功，所有教师均已将题目申报完毕
后置条件	设置通过标记为"True"或"False"
基本操作流程	题目合格，则设置通过标记为"True"
可选操作流程	1. 题目不符合专业培养目标，则设置通过标记为"False"。 2. 题目难度不合适，则调整题目的范围，然后设置通过标记为"True"。 3. 题目有语病，则对题目进行局部调整，然后设置通过标记为"True"。 4. 导出不合格题目清单（据此要求指导教师重新申报题目）

(3) 公布题目用例的描述。

采用表格的形式描述该用例，如表 11-5 所示。

表 11-5　　　　　　　　　　　公布题目用例

用例名称	公布题目
参与者	教研室主任
前置条件	教研室主任已经登录成功，所有题目均已审查合格
后置条件	设置选题开始标记
基本操作流程	1. 教研室主任开启选题任务，学生可以在网上开始选题 2. 教研室主任打印题目清单
可选操作流程	无

(4) 选择题目用例的描述。

采用表格的形式描述该用例，如表 11-6 所示。

表 11-6　　　　　　　　　　　选择题目用例

用例名称	选择题目
参与者	学生
前置条件	学生已经登陆成功，选题功能已开启
后置条件	将选题信息写入数据库中
基本操作流程	1. 学生在公布的题目中选择一个 2. 显示学生的选题信息
可选操作流程	如果题目已经被其他学生选了，则要求学生选择另外的题目

(5) 导出选题信息用例的描述。

采用表格的形式描述该用例，如表 11-7 所示。

表 11-7　　　　　　　　　　　导出选题信息用例

用例名称	导出选题信息
参与者	教研室主任
前置条件	教研室主任已经登录成功，所有学生均已选题完毕
后置条件	关闭选题功能
基本操作流程	教研室主任导出所有学生的选题信息
可选操作流程	无

(6) 统计选题人数用例的描述。

采用表格的形式描述该用例，如表 11-8 所示。

表 11-8　　　　　　　　　　　统计选题人数用例

用例名称	统计选题人数
参与者	教研室主任
前置条件	教研室主任已经登录成功，所有学生均已选题完毕
后置条件	无
基本操作流程	教研室主任统计选择软件工程类和论文类题目的学生人数
可选操作流程	无

11.3.2　系统分析

1. 寻找系统中的类

通过对系统需求的分析，我们发现系统中的类有：指导教师（Tutor）、教研室主任（Director）、审查小组（Inspector）、学生（Student）、题目（Topic）、选题清单（List）。另外，由于前四个类存在大量的重复的属性（如编号、姓名等），为了简化系统模型，我们可以建立一个父类（People）。除此之外，还需要增加一个数据库访问类（Data）。

（1）类 People。

① 属性。

该类作为其他类的父类，具有三个通用的属性。

ID：int。各类人员的编号。

Password：string。各类人员的登录密码。

Name：string。各类人员的姓名。

② 操作。

无。

（2）类 Tutor。

类 Tutor 描述指导教师的信息。

① 属性。

从 People 类中继承 ID、Password、Name 三个属性。

JobTitle：string。指导教师的职称。

Diploma：string。指导教师的学历。

② 操作。

AddTopic（topic：Topic）：添加题目

（3）类 Director。

类 Director 描述教研室主任的信息。

① 属性。

从 People 类中继承 ID、Password、Name 三个属性。

② 操作。

StartSelect（open：boolean）：开启或关闭选题功能。

OutputTopic（）：导出题目信息。

OutputList（）：导出选题信息。

CountType（）：统计选软件工程类和论文类的学生的人数。

（4）类 Inspector。

类 Inspector 描述审查小组负责人的信息。

① 属性。

从 People 类中继承 ID、Password、Name 三个属性。

② 操作。

PassInspector（pass：boolean）：置题目通过审查与否标记。

DeleteTopic（ID：int）：删除 ID 指定的不合格题目。

ModifyTopic（ID：int，str：string）：将 ID 指定的存在局部问题的修改为 str 指定的新题目。

OutputNoPass（）：导出不合格题目清单（据此要求指导教师重新申报题目）。

（5）类 Student。

类 Student 描述学生的信息。

① 属性。

从 People 类中继承 ID、Password、Name 三个属性。

Class：string。学生所在的班级。

② 操作。

SelectTopic（ID：int）：选题编号为 ID 的题目。

ShowTopic（ID：int）：显示学号为 ID 的学生的选题信息。

（6）类 Topic。

类 Topic 描述题目的信息。

① 属性。

TopicID：int。题目的序号。

Title：string。题目名称。

Flag：Boolean。题目是否已通过审查的标记（初始值为空，True 为通过审查，False 为没有通过审查）。

Type：string。题目类型（软件工程或论文）。

② 操作。

AddTopic（title：string，tutorID：int）：增加一个 tutorID 指导教师申报的名称为 title 的题目。

DeleteTopic（ID：int）：删除题目。

ModifyTopic（ID：int，str：string）：修改题目。

ControlFlag（flag：boolean）：用于修改题目是否通过审查的标记值。

ShowTopic（）：显示所有的题目。

(7) 类 List。

类 List 描述选题的信息，即哪个学生选择了哪个指导的一个题目。

① 属性。

无。

② 操作。

AddItem（TopicID：int，TutorID：int，StudentID：int）：增加一条选题信息。

DeleteItem（StudentID：int）：删除一条选题信息。

ShowItem（ ）：显示所有的选题信息。

(8) 类 Data。

类 Data 为数据库访问类，用于将相关数据从数据库中读出来，或写入数据库中。该类只有几个通用的操作。

Read（sql：string）：根据 sql 语句读出数据库中的数据。

Update（sql：string）：根据 sql 语句更新数据库中的数据。

Delete（sql：string）：根据 sql 语句删除数据库中的数据。

Add（sql：string）：根据 sql 语句添加数据库中的数据。

2. 建立类图

根据以上分析，建立如图 11-11 所示的类图。

通过对系统需求的分析，我们发现系统中的类有：指导教师（Tutor）、教研室主任（Director）、审查小组（Inspector）、学生（Student）、题目（Topic）、选题清单（List）。另外，由于前四个类存在大量的重复的属性（如编号、姓名等），为了简化系统模型，我们可以建立一个父类（People）。除此之外，还需要增加一个数据库访问类（Data）。

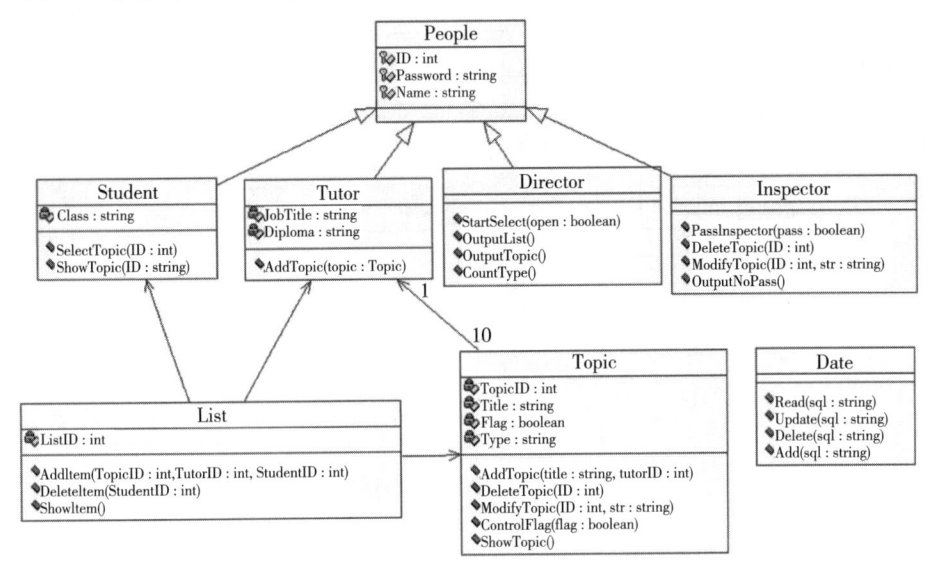

图 11-11 类图

3. 建立交互图

交互图包括顺序图和通信图，二者是类图的辅导模型。在建立顺序图和通信图时，将会发现新的操作，并可以将它们添加到类图中。

（1）申报题目的顺序图。

申报题目的顺序图如图 11-12 所示。

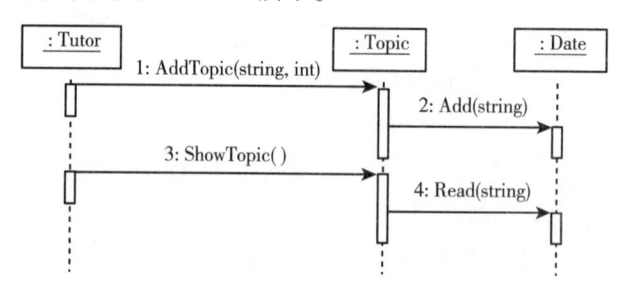

图 11-12　申报题目的顺序图

（2）审查题目的顺序图。

审查题目的顺序图如图 11-13 所示。

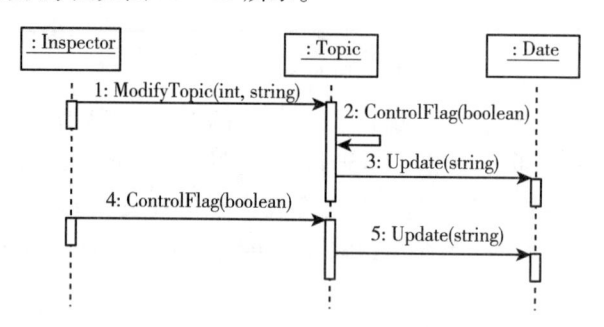

图 11-13　审查题目的顺序图

（3）公布题目的顺序图。

公布题目的顺序图如图 11-14 所示。

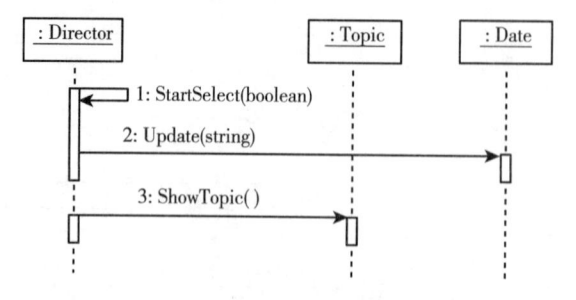

图 11-14　公布题目的顺序图

（4）选择题目的顺序图。

选择题目的顺序图如图 11-15 所示。

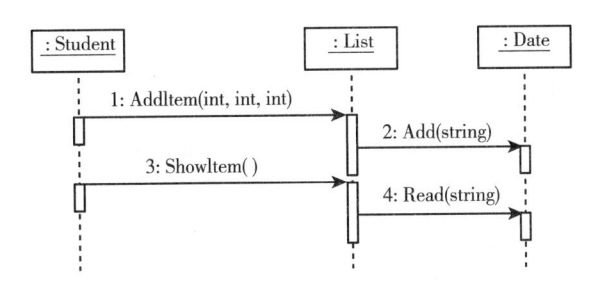

图 11-15 选择题目的顺序图

（5）导出选题信息的协作图。

导出选题信息的协作图如图 11-16 所示。

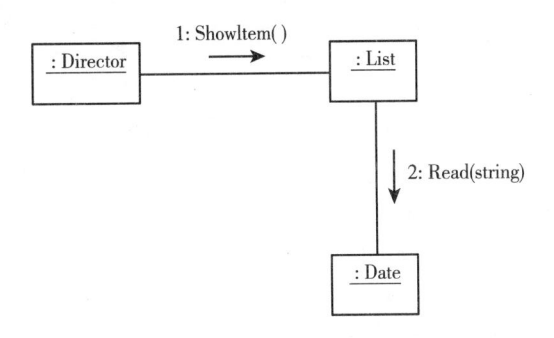

图 11-16 导出选题信息的协作图

11.3.3 系统设计

在系统设计阶段，要考虑系统的实现环境，对分析阶段的类图模型进行调整与完善，并对人机界面和数据库进行设计，最终形成一个可实现的系统设计模型。本系统将采用 C#进行编程。C#是微软公司发布的一种面向对象的、运行于 .NET Framework 之上的高级程序设计语言。

1. 类图的调整与修改

在系统设计阶段要对系统分析阶段的类图，根据实现条件对其进行补充与调整。需要补充与调整方面有很多：如有的编程语言不支持多重继承和多态，在设计模型中就要去掉多重继承，并考虑如何不使用多态而仍能完成原有的功能；根据编程语言的特性，确定属性的数据类型；若能得到可复用的模型成分，则要对模型进行修改；根据需要还可能要合并或分开一些类、属性或操作。

本系统中，由于系统分析阶段的类图较为简单，没有出现多重继承，C#语言对多态的支持性很好，因此不需要对类图做其他修改。

2. 人机界面设计

人机界面的设计包括供各类人员登录用的首页面设计、申报题目页面设计、选择题目页面设计、选题信息页面设计等，限于篇幅原因，各页面的设计效果图此处不再一一展示呈现。

3. 数据库设计

本系统将采用关系数据库系统存储永久对象（需要长期存储的对象）。主要工作是将类图转换为关系模型。

（1）数据库需求分析。

从类图可知，类 People 分别与类 Tutor、类 Director、类 Inspector、类 Student 存在继承关系，且本系统中没有与 People 相对应的对象，因此，不必为 People 建立数据表，可以将其属性下移到四个子类中。另外，由于类 Director 和类 Inspector 的属性完全相同，因此可以将其合并为一个关系模型，只需在关系模型中增加一个字段，以表明二者的身份即可。这样，就可以为这两个类只建立三个关系模型，如表 11-9、表 11-10、表 11-11 所示。

从类图可知，类 Tutor 与类 Topic 存在一对多的关联关系，因此，需要在类 Topic 中增加一个属性"TutorID：int"，表明一个题目是由哪个教师申报的。因此，Topic 关系模型的结构如表 11-12 所示。

从类图可知，类 List 分别与类 Student、类 Tutor、类 Topic 存在关联关系，因此需要在类 List 中增加"StudentID：int"、"TutorID：int"、"TopicID：int"三个属性，以表明是哪个学生选择了哪个教师的哪个题目。因此，List 关系模型的结构如表 11-13 所示。

另外，为了能灵活地控制选题功能的开启与关闭，需要建立一张表 State，以保存该选题功能的状态。该表中只需要一个 Boolean 型的字段 Flag。当 Flag 取 True 值时，表示开启选题功能，学生可以开始选择题目。当学生选题完毕，要将选题功能关闭，此时将 Flag 的值修改为 False。因此，State 关系模型的结构如表 11-14 所示。

（2）建立数据库逻辑模型。

根据以上分析，应建立以下六个关系模型，如表 11-9 至表 11-14 所示。

表 11-9 Tutor

字段	类型	长度	备注
ID	int	7	指导教师的编号
Password	string	10	指导教师的密码
Name	string	20	指导教师的姓名
JobTitle	string	6	教师的职称
Diploma	string	6	教师的学历

表 11-10　　　　　　　　　　　DirectorAnd Inspector

字段	类型	长度	备注
ID	int	7	教研室主任或审查小组负责人的编号
Password	string	10	教研室主任或审查小组负责人的密码
Name	string	20	教研室主任或审查小组负责人的姓名
Role	string	9	用于区别教研室主任或审查小组负责人的身份

表 11-11　　　　　　　　　　　　　Student

字段	类型	长度	备注
ID	int	7	指导教师的编号
Password	string	10	指导教师的密码
Name	string	20	指导教师的姓名
Class	string	6	学生所在的班级

表 11-12　　　　　　　　　　　　　Topic

字段	类型	长度	备注
TopicID	int	3	题目的序号
Title	string	30	题目的名称
Flag	Boolean		题目是否已通过审查
Type	string	4	题目类型（soft 或 text）

表 11-13　　　　　　　　　　　　　List

字段	类型	长度	备注
ListID	Int	2	选题的序号
StudentID	int	7	学生的学号
TopicID	int	3	题目的序号
TutorID	int	7	指导教师的职工号

表 11-14　　　　　　　　　　　　　State

字段	类型	长度	备注
Flag	boolean		开启与关闭的标记

4. 类中操作的算法设计

为便于编写程序，应该为类中较为复杂的操作设计其算法。在此用 UML 模型中的活动图来描述类 Director 中 CountType 操作的算法。该操作的功能是统计表 List 中选择软件工程类（soft）和论文类（text）题目的学生人数，其算法如图 11-17 所示。

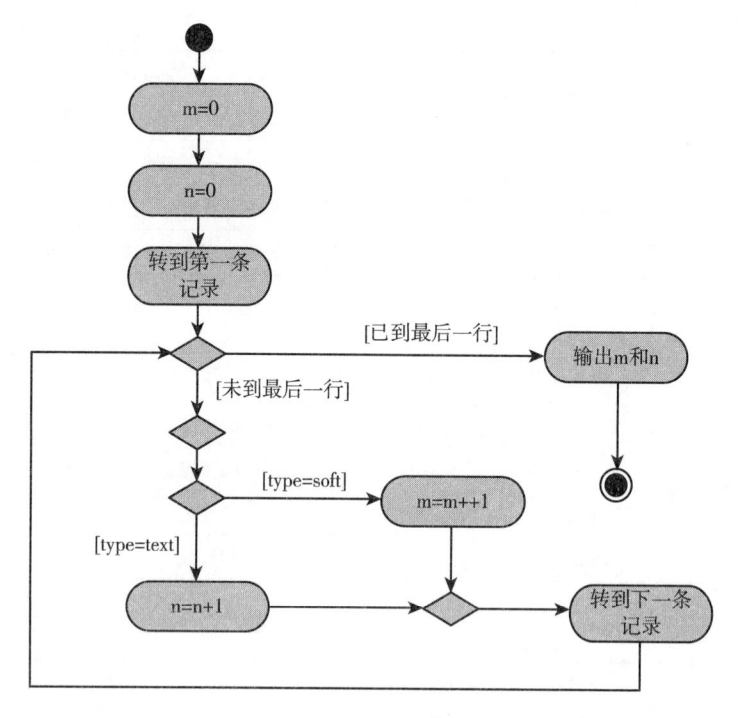

图 11-17　活动图

11.3.4　系统实施

这一阶段主要是将系统设计阶段得到的模型利用程序设计实现，包括选择程序设计语言编程，经过测试和转化。最终得到能被用户使用的实际软件系统。在前面各阶段得到的对象（类）及其关系最终都必须通过程序语言和数据库等技术实现。本阶段占整个开发周期的比重较小，限于篇幅从略。

11.4　本章小结

第一，面向对象的开发方法是用面向对象的观点和术语描述客观世界、问题空间中的事物及其联系，模块封装和内部信息掩藏是其主要特征。在面向对象的开发方法中，对象是最为重要的概念。任何令人感兴趣或要加以研究的客观世界中具有确定边界、可感知的事物或概念被称为对象。对象的属性描述了对象状态、组成和特性，即对象的静态特征；对象的操作描述了对象具有的行为，即对象的动态特征；消息则描述对象间的联系。因此，可用对象描述整个客观世界。与对象相关的概念还有类、方法和消息等。其中，类是相似对象的集合，它与对象的继承性有密切联系。对象具有封装性、继承性、自治性、封闭性、通信性及多态性等特征。

第二，面向对象的系统开发流程分为系统调查和需求分析、面向对象分析（OOA）、面向对象设计（OOD）及面向对象程序设计（OOP）4个阶段。系统调查和需求分析阶段是对所要研究的系统面临的具体管理问题以及用户对系统开发的需求进行调查研究，弄清目的，给出前进的方向；OOA的主要任务是在分析整理系统调查资料的基础上，针对面向对象方法所需要的素材进行归类分析和整理，抽象识别对象及其行为结构、属性和方法等，即分析问题的性质以及求解问题；OOD是对OOA阶段的分析结果作进一步抽象、归类和整理，并最终以范式的形式确定。其主要作用是将面向对象分析的结果进一步规范化整理，以便能被面向对象编程直接使用；OOP是将面向对象设计阶段的范式直接映射为应用程序软件，分为可视化设计和代码设计两个阶段。可视化设计阶段的主要任务是进行用户界面设计，将管理信息系统的所有功能与界面中的命令联系起来；代码设计阶段的主要任务是为对象编写所需相应的代码，发挥对象必要的功能并建立不同对象之间的连接关系。

第三，介绍了UML的产生与发展历程以及UML的基本模型。

第四，用一个信息系统开发的实例详细介绍了面向对象的系统开发流程。

11.5　本章关键术语

面向对象法（object oriented，OO）

面向对象分析（object-oriented analysis，OOA）

面向对象设计（object-oriented design，OOD）

面向对象程序设计（OOP）

统一建模语言（unified modeling language，UML）

类图（class diagram）

对象图（object diagram）

用例图（use case diagram）

状态图（state diagram）

顺序图（sequence diagram）

活动图（activity diagram）

协作图（collaboration diagram）

组件图（component diagram）

配置图（deployment diagram）

第4篇

典型应用篇

第 12 章

电子商务系统

【引导案例】

拼多多的成功之道

毫无疑问,拼多多是近几年最受关注的国内企业。2015 年成立,2018 年实现美股上市,拼多多走了 3 年的上市路,阿里走了 8 年,京东走了 16 年。2019 年底,拼多多的活跃买家达到 5.85 亿人,GMV(平台成交金额)突破万亿大关,达到这个成绩阿里用了 14 年,京东用了 20 年,拼多多只用了 5 年。而拼多多的创始人黄峥更是中国最优秀的创业者之一,一个年纪轻轻的"80 后",两次以 137 亿美元财富名列彭博社"全球 40 岁以下白手致富富豪榜"第二位;以 1000 亿身家登上胡润全球富豪榜前一百名;以 1368.4 亿元人民币的财富,名列《2020 新财富 500 富人榜》第 8 位。黄峥和拼多多所取得的这些成绩与发展,市场都是有目共睹的,因此即使出现了假冒其他品牌,出售盗版图书等问题,拼多多仍获得无数投资人和消费者的青睐。

一个产品的成功,前提是商业模式是否合理,是否有足够的成长空间。拼多多作为新生的电商平台,异军突起,打得阿里和京东措手不及。五年的时间里,拼多多市场占有率和竞争力的不断上升已经证明了其发展的无限可能性。

1. 农村包围城市战略

近几年,中国的消费品市场出现了"3% 中国和 97% 中国"的概念,北上广深四座一线城市加上杭州、成都、武汉等十五座新一线城市,他们代表了中国城市最发达的消费水平,但这些城市的面积只占中国国土面积的 3%,在剩下 97% 的国土面积上,存在着将近 300 个地级市,3000 个县城,40000 个乡镇,以及 66 万个村庄,它是另一个消费市场——下沉市场。

3% 的市场,消费者的消费空间已到了饱和的状态,而 97% 市场中的数十亿人口,有着巨大的消费潜力。拼多多的发展也是从这占据 97% 国土面积的下沉市场开始的。如同近年网上兴起的"长尾理论"——在销售产品时，厂商关注的是少数几个所谓"VIP"客户，"无暇"顾及在人数上居于大多数的普通消费者，然而针对"头部"客户的竞争和营销基本饱和，厂商关注"尾部"产生的总体效益甚至会超过"头部"。拼多多正是将眼光放在了这一部分尾部的消费者上，虽然这一部分消费者的购买力很低，主要购买产品也是附加值不高的生活及日用品，但是任何一种比例极小的需求，只要把它的基数放大，都是一个很大的市场。很多有学识有胆略的人都对这种市场嗤之以鼻，但拼多多正视了它的价值。

农村包围城市的战略让拼多多不仅占领了下沉市场，也开始逐渐通过下沉市场影响一二线城市的消费。我们知道，人们对于高品质商品的追求不会覆盖到生活的所有方面，在某些场景下低价商品具有极大的吸引力（例如一个男生可能在数码产品上表现奢侈，但买快消品就追求低价）。因此一二线城市的用户在一些低价的快消品方面也成为拼多多的忠实用户。

2. 团购遗产的继承与发扬

将"团购"称为遗产是因为团购策略并不是从拼多多起源的，早在拼多多产生前，百度糯米、美团等平台就已经开始用团购等方式吸引消费者，刺激消费，然而由于操作方式等原因，团购并没有在电商市场上激起水花。拼多多巧妙地利用了已经被其他团购平台"教育"好的、熟知团购红利的消费者，开启了"社交+电商"的新玩法。

通过病毒式分享来砍价，发起拼单的用户成为拼主，获得现金奖励。任何人都可以发起团购，动员身边的人购买，这种模式下，用户的参与感很强。而电商和社交真正融为一体，为了达成交易，社交的传播和拓客作用也得到了最大的发挥。拼团需要两方面因素：一是价格吸收顾客；二是有足够大的社交平台提供分享。而拼多多依附微信，通过低入驻费吸引上游卖家，以低价产品吸引下游客户，正好符合了这两点要求。

2015年正是智能手机开始全民普及、大叔大妈接入移动互联平台的时期，也是微信变成全民社交软件的时代。不同于其他平台，拼多多迅速地抓住了这个时代变革所带来的机会，开发出了独特的商业模式。

有很多商业评论说拼多多是在阿里京东的夹缝中杀出一条血路，但业内专家认为，拼多多是发现了大片待开发的荒野，用新的工具达到了资源的最大化利用。拼多多的成功，是偶然，也是必然。

3. 助农扶贫，承担电商新责任

拼多多在下沉市场扎稳根基后，提出了消费端"最后一公里"和原产地"最初一公里"的直连，即通过尽可能缩短农产品流通的路线，让农民所获得的利益最大化。2019年拼多多平台农产品成交额达到1364亿元，成为中国最大的农产品上行平台，在传统产销模式下，农产品出村进城要经历5个以上环节，耗费高，耗时长。拼多多的农产品上行模式，把周期较长的分散

> 性需求转化为周期较短的批量化需求，形成产地直发的"超短链"，提供了让利供需两端的充足利润空间。自2020年2月10日起，拼多多在全国率先开启了"市县长当主播，农户多卖货"的电商助农新模式。截至2020年4月30日，拼多多已联合全国多省区的150多位市县长直播带货，帮助各地特色农产品上行，成交订单量超过1.1亿单，售出农产品总计超过7亿斤。
>
> 拼多多助农扶贫的活动开展后，让大部分认为拼多多就是低端假货销售平台的人有了很大的改观。拼多多的助农扶贫活动本着承担社会责任的初心，提升了自己在消费者心目中的地位，树立了正面的社会形象，这一波营销战略对农户和消费者影响巨大。
>
> **问题**
>
> 1. 作为短时间内迅速崛起，并与阿里和京东抗衡的国内第三大电商，有的人认为拼多多产品山寨，价低质廉，也有人认为它另辟蹊径，是一种商业奇迹，对此你怎么看？
> 2. 你还能举出哪些基于"长尾理论"的成功案例？
> 3. 你理解的农村电子商务的"最后一公里"都有哪些？
>
> 资料来源：陈兴杰. 人文学会·《拼多多为何成功》[J]. 电商报，2019.

12.1 电子商务的概念与功能

电子商务产生于20世纪60年代，发展于20世纪90年代，经历了局部的、专用网的电子交易到开放的基于Internet的电子交易过程，特别是进入21世纪后，Internet的快速发展给电子商务注入了新的活力，为电子商务发展提供了新的发展空间。

12.1.1 电子商务的概念

电子商务的定义有很多，许多组织和研究学者都给电子商务下了定义，不同的组织和不同领域的学者定义的角度又不同，如从通信技术、业务流程、产品或服务的交易等不同角度给电子商务下定义，但到目前为止未形成一个广泛统一的定义。大体上，这些定义可以分为两大类，一类是单纯地从商品或服务的交易角度定义；另一类是从整个供应链角度定义。

单纯地从商品或服务的交易角度定义的电子商务通常称为Electronic Commerce（以下简称"EC"），也被称为狭义的电子商务，它是指借助包括互联网在内的任何通信网络从事信息、产品和服务的营销、买卖和交换的过程，该过程可以划分为以下四个阶段。

（1）搜索阶段。寻找期望的供应商或消费者。

(2) 下单和支付阶段。确认买卖行为。

(3) 订单改造与配送阶段。执行订单并为客户运送产品或实施服务。

(4) 售后服务阶段。产品使用指导、维护、客户关怀等。

EC 反映的是客户（个人或企业）与产品或服务提供商（如生产企业、零售商等）之间的商务关系。例如消费者在网络上购买电子商店的商品；用户在网上享受服务商的服务等。例如，阿里巴巴、当当网、京东商城、苏宁易购等提供的就是一种 EC 模式。

从整个供应链角度定义的电子商务通常称为 electronic business（EB），是指企业从原料供应到生产、分销、零售等全部经营过程与经营活动的信息化、网络化，公司内部部门之间及公司与供应商、分销商、零售商直到客户之间的协同和信息共享是 EB 的主要特征。它反映的是一种更为广泛的商业关系，既涵盖了客户与产品或服务提供者之间的商务关系（即 EC），又包括企业内部业务部门之间、企业与分销商、零售商之间，企业与原料供应商之间及企业与政府部门之间的各种商务关系，如戴尔、IBM 就是一种 EB 模式，因此它也被称为广义的电子商务，是指利用各种信息技术手段进行的全部商业经营管理活动。

12.1.2 电子商务的功能

电子商务是基于互联网而提供全过程的网上营销、交易、管理和服务，它充分利用了互联网的功能并结合商务活动的需要，对传统的商务功能进行了改造与扩展，形成了自身的功能。它主要包括广告宣传、咨询洽谈、网上订购、网上支付、电子账户、服务传递、意见反馈、交易管理等多项功能。这些功能既是电子商务的主要内容，又是电子商务优势之所在。

1. 广告宣传

它是电子商务的基本功能之一，主要是利用流量较大的门户站点或针对性强的专业站点的主页（home page）发布各类商业信息，也可以利用电子邮件，注册大型搜索引擎等工具来传递商业信息。与传统广告相比，网上的广告成本低廉、信息量丰富、传播范围广并能实现互动。

2. 咨询洽谈

电子商务可以借助实时的电子邮件、新闻组（news group）和实时的讨论组（chat）来了解市场和商品信息、洽谈交易事务，如有进一步的需求，还可以用网上的白板会议（white board conference）来交流即时的图形信息。网上的咨询和洽谈能超越人们面对面洽谈的限制，提供各种方便的异地交谈形式。

3. 网上订购

网上的订购通常都是在产品介绍的页面上提供订购提示信息和订购交互格式

的表单。当客户填完订购单后,通常系统会回复确认信息单来保证订购信息的收悉。订购信息也可以采用加密的方式使客户和商家的商业信息不会泄露。

4. 网上支付

网上支付是电子商务过程的重要环节。客户和商家之间可以采用电子支票、数字现金和信用卡账户等形式进行支付。在网上直接采用电子支付手段可以节约时间,降低交易成本。但网上支付需要更为可靠的信息传输安全性控制,以防止欺骗、窃听、冒用等非法行为。

5. 电子账户

网上的支付必须有电子金融来支持,即银行或信用卡公司及保险公司等金融单位要为金融服务提供网上操作的服务,其中电子账户管理是其基本的组成部分。信用卡卡号或银行账号都是电子账户的一种标志,而其可信度需配以必要技术措施来保证,如数字证书、数字签名、加密等手段的应用,在一定程度上保证了电子账户操作的安全性。

6. 服务传递

对于已付款的客户,应将其订购的货物尽快地传递到他们的手中。而有些货物在本地,有些货物在异地,通过网络能够实现物流的调配。最适合在网上直接传递的货物是信息产品,如软件、电子读物、信息服务等,它能直接从电子仓库中将货物发送到用户端。

7. 意见反馈

电子商务能十分方便地利用网页来收集用户对销售服务的反馈意见。这使企业的市场运营形成一个封闭的回路。客户的反馈意见不仅能提高售后服务的水平,更使企业获得改进产品、发现市场的商业机会。

8. 交易管理

整个交易的管理将涉及人、财、物多个方面,企业和企业、企业和客户及企业内部等各方面的协调和管理。因此,交易管理是涉及商务活动全过程的管理。电子商务的发展,将会提供一个良好的交易管理的网络环境及多种多样的应用服务系统,继而保障电子商务获得更广泛的应用。

12.2 电子商务模式

电子商务模式,是指在网络环境中基于一定技术基础的商务运作方式和赢利模式。研究和分析电子商务模式的分类体系,有助于挖掘新的电子商务模式,为电子商务模式创新提供途径，也有助于企业制定特定的电子商务策略和实施步骤。

电子商务可以按照不同的标准划分为不同的类型，若按参与交易的主体进行划分，目前参与电子商务活动的主体主要有三部分，即企业、客户、政府。由此电子商务的基本模式可分为 B2C、B2B、B2G、C2B、C2C、C2G、G2B、G2C 和 G2G 9 种类型，如图 12-1 所示。限于篇幅原因，本章就 B2C、B2B 两种电子商务模式进行重点介绍。

主体	企业	客户	政府
企业	B2B	C2B	G2B
客户	B2C	C2C	G2C
政府	B2G	C2G	G2G

图 12-1 电子商务的 9 种商务模式

12.2.1 B2C

企业与消费者之间的电子商务（business to customer，B2C）。这是消费者利用因特网直接参与经济活动的形式，类似于商业电子化的零售商务。随着因特网的出现，网上销售迅速地发展起来。B2C 就是企业通过网络销售产品或服务给个人消费者。企业厂商直接将产品或服务推上网络，并提供充足资讯与便利的接口吸引消费者选购。B2C 是目前电子商务中最丰富多彩的商务模式。

在 B2C 电子商务模式中，提供的商品与服务主要包括：

（1）便利商品。这种类型的商品具有比较低的价格和频繁的购买特点。如常见的食品。

（2）专业商品。这种类型的商品具有比较高的价格和不是经常购买的特点。如立体音响系统、计算机、单反相机、品牌服装。

（3）日用商品。它是 B2C 中最好销售的商品。这种类型的商品在哪里购买都无所谓（买方能力强）。如书、音乐、电影等。价格和订购便捷非常重要。

（4）数字商品。这种类型的商品通过因特网购买和交付，所以它是 B2C 电子商务中最好的产品类型。如音乐、软件等。

（5）大规模定制。大规模定制是指企业能够给予客户机会让客户按照自己的规格标准去定制企业的产品和服务的能力。如戴尔提供的定制购买计算机服务、苹果的 iTunes 提供的你所想要的音乐服务（没必要是整张光碟）等。

12.2.2 B2B

企业与企业之间的电子商务（business to business，B2B）。B2B 方式是电子商务应用最多和最受企业重视的形式，企业可以使用 Internet 或其他网络对每笔交易寻找最佳合作伙伴，完成从订购到结算的全部交易行为。它以企业为主体，在企业之间进行电子商务活动，其代表是马云的阿里巴巴电子商务模式。

B2B 电子商务是电子商务的主流，也是企业面临激烈的市场竞争、改善竞争条件、建立竞争优势的主要方法。开展电子商务，将使企业拥有一个商机无限的发展空间，这也是企业谋生存、求发展的必由之路，它可以使企业在竞争中处于更加有利的地位。B2B 电子商务将会为企业带来更低的价格、更高的生产率和更低的劳动成本及更多的商业机会。

B2B 主要是针对企业内部以及企业（B）与上下游协力厂商（B）之间的资讯整合，并在互联网上进行的企业与企业间交易。借由企业内部网（intranet）建构资讯流通的基础，以及外部网络（extranet）结合产业的上中下游厂商，达到供应链（SCM）的整合。因此透过 B2B 的商业模式，不仅可以简化企业内部资讯流通的成本，更可以使企业与企业之间的交易流程更快速、更能减少成本的耗损。

具体而言，在 B2B 电子商务模式中，提供的商品类型主要分为两类：

（1）维护、维修和运营物料（MRO 物料，也称间接物料）。是指运营一个现代化的企业所必需的物料，但是与企业的主要商务活动没有直接关系。MRO 物料类似于 B2C 电子商务模式中的便利商品和日用商品，如办公品供应，设备的维修部件，润滑油等。

（2）直接物料。是指在制造企业的生产中使用的物料或者是在零售业中摆放在商品架上出售的物资。直接物料关系着企业的主要商务活动，所以企业客户能否在令人满意的质量、数量以及交货时间上收到它们所需的物料十分重要。实际需求中，企业购买者可以参加到直接物料的逆向拍卖（逆向拍卖：买方先公布一定数量自己感兴趣购买的商品，然后卖方通过展开竞标，不断投入更低的价格。最低标价商获赢。）中来获取直接物料。

在 B2B 电子商务模式中，企业与企业间的交易活动是在电子化市场中进行的。所谓电子化市场，是指一个交互式的企业所提供的一个中立的市场空间，市场中有很多的买方和供应商从事电子商务交易。电子市场的主要特征包括横向电子市场以及纵向电子市场，如图 12-2 所示。

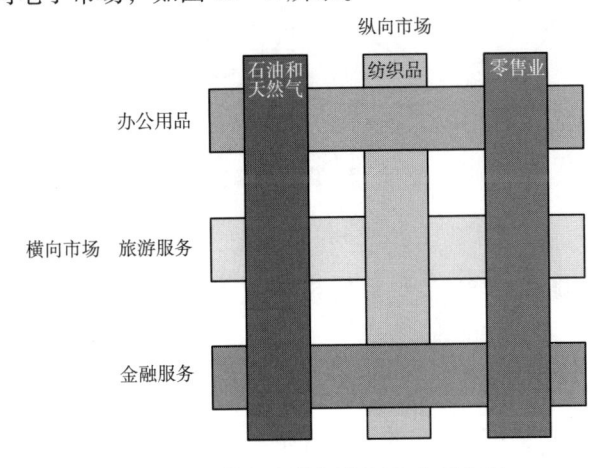

图 12-2 横向和纵向的 B2B 电子市场

横向电子市场是指针对某一产品或服务,连接很多行业买方和卖方的电子化市场,主要是 MRO 物料的交易。此外,MRO 物料包括范围很广泛的产品和服务,如办公品、旅游、运输以及金融服务等。

纵向电子市场是连接特定行业的买方和卖方的电子市场,主要是直接物料的交易。因为每一个行业都有独一无二的直接物料需求,所以许多某一特定行业的公司在该电子市场中进行产品和服务的交易,共享产品和零部件开发等重要信息。

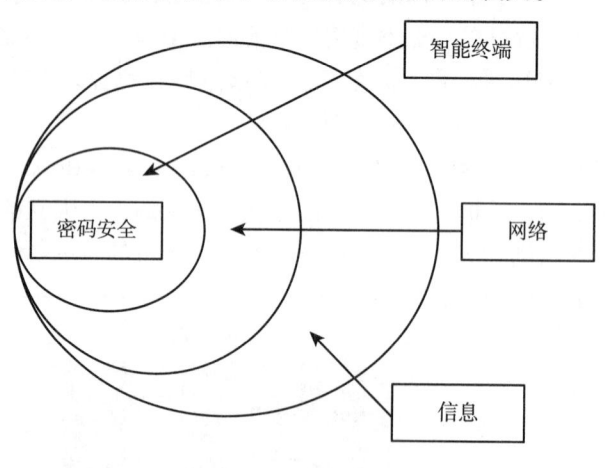

12.3 电子商务安全

12.3.1 电子商务安全的概念

电子商务安全是一切电子商务交易顺利开展的基础,它是指利用相关信息技术,采取有效的安全手段和措施,进而对电子商务系统进行有效管理和控制,确保电子商务系统中数据及交易环境得到极大程度的保护。如图 12-3 所示,从内到外电子商务的安全主要包括 4 个层面的安全:密码的安全、智能终端的安全、网络的安全以及信息的安全。密码安全是通信安全中最核心的部分;智能终端安全是指确保应用程序不被修改或非法访问;网络安全是指任何确保网络安全的措施;信息安全指数据不被非法窃取、篡改或恢复能力的丧失。

图 12-3 电子商务安全

12.3.2 实施电子商务主要使用的安全技术

1. 数据加密技术

数据加密技术是指采取一定的密钥机制,让一系列数据从有规律的明文转化为看似无规律的密文,同时还可将密文转化回明文的技术。数据加密技术包括对称式密钥加密技术和非对称式密钥加密技术。对称式密钥加密技术下，数据的加密和解密为同一个密钥。对称式密钥常见算法有 DES、IDEA、AES 等。而非对称式密钥加密技术下，数据的加密密钥和解密密钥不同，但两者又存在某种规律的关系。这种非对称式密钥常见算法有 RSA、ECC 等。一般情况下，发送者可将加密密钥公开，接收者将自己的密钥用于解密。因此非对称式密钥加密技术又称为公开密钥加密技术。需要注意的是，无论是对称式还是非对称式加密技术，用户能做的就是将密钥不被窃取，保证密钥的安全，也是整个电子商务安全的核心。两种类型的区别及优缺点如表 12-1 所示。

表 12-1 两种密钥加密技术的对比

特征	对称式密钥加密技术	非对称式密钥加密技术
加解密速度	快	慢
保密程度	高	高
密钥传输安全性	低	高
多人通信时密码数量	$n(n-1)/2$ 个	n 对
密码分配难易程度	难	易
数字签名	否	是

2. 认证技术

认证技术主要包括身份认证技术、数字签名、数字时间戳以及 CA 认证机构认证等，如表 12-2 所示。

表 12-2 不同的认证技术

认证技术	解释	特征
身份认证技术	是对电子商务交易双方身份的认证	所知（如密码、口令）、所有（如证件等）、所具备的个人生物特征（指纹、DNA 等）实现安全认证
数字签名	利用非对称加密技术对报文加密形成的数字签名并以附件形式发送，实现信息在网络上安全传输。	保证交易信息的完整性和不可否认性
数字时间戳	由专门机构提供，经加密而形成的凭证文件，由添加时间戳的文本的摘要（Digest）、DTS 收到文件的日期和时间及 DTS 的数字签名	防止文件篡改和伪造
认证机构认证	独立、权威及公正的第三方提供用户身份认证的证书	给用户签发证书，确认身份

3. 安全支付技术

在电子商务交易过程中，除了对用户身份认证、所传输的信息进行数据加密外，还需要保证电子支付过程的安全。这就要求安全支付技术兼具认证性、保密性、数据完整性、交互性等特点。目前国内外公认的安全支付技术协议主要包括

SSL（安全套嵌层）和 SET（安全电子协议）两大协议技术标准。这两大支付技术底层标准的出现，为后续支付技术的开发，提供了兼容性和扩展性。如表 12-3 所示。

表 12-3　　　　　　　　　SSL 和 SET 两大支付协议对比

认证技术	SSL	SET
概念	保证任何安装了安全套接层的客户机和服务器间事务安全的协议，涉及了所有 TCP/IP 应用程序	为克服 SSL 协议的问题而开发的电子商务安全底层协议
目的	提供互联网安全通信服务，提高应用程序交互的数据安全	保证支付信息的机密性、支付过程的完整性、交易方的合法身份验证以及交互性
过程	先利用握手协议确认双方身份，后使用 RSA 算法加密技术对数据进行加密	利用电子钱包、电子证书、支付网关和认证中心对交易方全程身份认证和信息加密
特点	有利于商家，而不利于客户。整个过程只使用客户认证服务器验证用户身份，无法防止商家主观性欺诈	保证传输数据的安全 订单信息和个人支付账号信息的相互隔离 持卡人和商家的身份得到相互认证 规范协议信息标准，可在不同操作系统运行

12.3.3　电子商务安全的对策

（1）通过健全密码管理体制、培养密码管理意识、完善密码标准化建设体系、强化密码技术自主创新、构建密码人才培养机制，以形成良好的密码产业生态环境，来应对密码安全带来的问题；

（2）通过培养良好的智能终端使用习惯包括操作系统漏洞补丁升级、智能终端安全查杀，甚至自主创新操作系统，以培养智能终端安全生态，来应对智能终端安全带来的问题；

（3）通过制定严格的网络安全管理规章制度、对网络访问进行权限控制、网络管理人员进行权限分级，并借助密码加密手段和智能终端管理，来应对网络安全带来的问题；

（4）在密码安全、智能终端安全和网络安全共同安全的基础上，从国家层面制定信息安全的等级保护制度，培养用户保密意识，构建信息安全保障体系，做好风险评估预警、危机预案和灾难恢复工作，来应对信息安全带来的挑战。

12.4　电子商务的货币支付

12.4.1　电子支付概述

随着经济的发展与信息技术的不断进步，人们对支付系统的运作效率和服务质量要求越来越高，促使支付系统不断从手工操作走向电子化。电子支付（electronic payment）是指通过电子信息化的手段实现交易中的价值与使用价值的交换。自计算机和网络通信技术在 20 世纪 70 年代开始普及应用以来，一些电子支付方式，如 EFT 和信用卡等开始投入使用，因此电子支付的出现要早于 Internet。随着 20 世纪 90 年代全球范围内 Internet 的普及和应用，Internet 的方便性、易用性、即时性、互动性为支付方式的变革提供了很好的技术支持，一些电子支付方式逐渐采用 Internet 为运行平台，出现了网上支付方式。网上支付（internet payment）是基于电子支付发展起来的，它是电子支付的一个最新阶段，是基于 Internet 的且适合电子商务发展的电子支付。作为电子支付的一种重要的业务类型，网上支付在电子商务流程中起着极其关键的作用，是不可或缺的组成部分。网上支付是以金融电子化网络为基础，以各种电子货币为媒介，采用计算机网络特别是 Internet，以电子信息传递的形式实现资金的流通和支付。网上支付过程涉及客户、商家、金融机构和认证机构，是电子商务的核心部分。网上支付具有以下四方面特征。

（1）网上支付具有更高的资金周转速度。网上支付通过看不见但准确的数字流来完成传输，而传统支付方式则通过现金的流转、票据的转让和银行的汇兑等物理实体的流转来完成款项支付，因此网上支付具有更快的速度，加快了资金周转。

（2）网上支付具有轻便性和低成本性。与电子货币相比，纸币和硬币的成本较高，世界银行体系之间的货币结算和搬运费用占到其全部管理费的 5%。采用网上支付方式，由于电子系统的建立和维护开销都很小，且 Internet 的应用费用很低，对软硬件设施要求并不高，接入简便，无论小公司还是大企业都可以从中受益。

（3）网上支付具有更高的安全性。采用数字证书和数字签名等实现对网上商务各方的认证，防止支付欺诈和保证相关业务的不可否认性。采用对称密钥加密技术和公开密钥加密技术，对相关支付信息流进行加密。

（4）网上支付更为方便和快捷。传统支付需要在较封闭的系统中运行，大多需要面对面处理。而网上支付的工作是基于一个开放的系统平台，Internet 应用的特点就是兼容性强，对软硬件设施的要求并不高，联网和应用都十分简便。对于交易各方而言，网上支付过程简单，大部分支付过程对于客户和商家都是透明的，使客户和商家感到快捷，体现了电子商务的效率。

网上支付有着不同的分类标准，而且随着电子商务的发展与技术的进步，还会有更新的网上支付工具研发出来并投入应用，又将产生新的分类。本书主要叙述目前普遍认同的三种网上支付的分类。

1. 按开展电子商务的实体性质分类

电子商务的参与者包括各类企业、政府机构和消费者，从这一角度，可以将网上支付分为以下两大类。

（1）B2C 型的网上支付方式。B2C 型的网上支付主要是在企业与个人、个人与个人进行电子商务时采用，如信用卡的网上支付、电子现金和电子钱包等工具的网上支付。这类支付方式适用于金额不是很大的网上交易，应用起来较为方便灵活，实施简单，风险也不大。

（2）B2B 型的网上支付方式。B2B 型的网上支付多用于企业与企业、企业与政府机构间进行的网上交易，对安全可靠、快速有更高的要求，并且适合较大金额的资金转账，如电子支票和电子汇兑等工具的网上支付。这类支付通常运行在专用的金融网络平台上，但这并不妨碍它们为 B2B 电子商务提供支付支持。专用金融网络平台本身就是电子商务业务网络平台的一部分。

当然 B2C 型和 B2B 型网上支付方式之间的界限也是模糊的，并不绝对。例如，信用卡虽然多用于个人网上支付，但用于企业间的小额支付也是可以的。电子支票也可以用于个人之间、个人与企业之间的支付。不同规模的企业及个体消费者的消费能力、网上商品与服务的价格是不同的，因此同一个商务实体针对这些不同规模的资金支付，也可能采用不同的支付方式。

2. 按网上支付金额的规模分类

根据电子商务中支付的金额大小来划分，可以将网上支付分为以下三类。

（1）微支付。微支付（micro payment）针对的是款额特别小的电子商务交易，如浏览一个收费网页、在线下载一首歌曲、上网发送一条手机短信等。这种情况若使用信用卡支付，每次运作的成本可能超出了支付金额本身，所以类似零钱应用的微支付就有了很大的需求空间。目前电子现金是实现微支付的方式之一，可以提供在线的灵活支付。

（2）消费者级网上支付。消费者级网上支付是满足个人和企业在电子商务中一般性支付需要的支付服务系统，也称小额零售支付系统，通常满足价值为 5~500 美元的网上支付。小额支付处理的金额虽小，但支付业务量很大，因此这类系统必须具有极强的处理能力。实现消费者级网上支付常用的方式有信用卡、小额电子支票等。

（3）商业级网上支付。商业级网上支付是满足一般商业部门之间的电子商务业务支付要求的网上支付系统，如企业间、银行间、银行证券间，也称中大额资金转账系统，通常满足价值大于 500 美元的网上支付要求。虽然发生次数远少于消费者级网上支付，但其支付金额规模占到整个社会支付总额的 80% 以上，因此是一个国家支付系统的主动脉。实现商业级网上支付的常用方式有 EFT、电子支票和中国国家现代支付系统等（china national advanced payment system，CNAPS）。

3. 按支付数据流的内容性质分类

根据电子商务流程中用于网上支付的支付数据流的内容性质的不同，即传递的是指令还是具有一般等价物性质的电子货币本身，可以将网上支付分为以下两类。

（1）指令传递型网上支付。

网上支付的支付指令是指启动支付的电子化命令，即一串指令数据流。支付指令的用户没有真正拥有货币，只是发送支付指令给金融中介机构替他转拨货币，完成转账业务。大部分的网上支付方式都属于指令传递型网上支付，如信用卡、电子支票、EFT 等。

（2）货币传递型网上支付。

货币传递型网上支付是客户进行网上支付时在网络上传递的具有等价物性质的电子货币本身。电子现金网上支付方式是货币传递型网上支付的典型代表，用户从银行账户兑换一定数量的电子现金，银行将电子现金发送给用户，用户可以用电子现金购买接收电子现金商家的商品和服务。

与传统的支付方式相比，基于 Internet 的网上支付方式必须具有其独特的功能，才能保证交易各方在安全、快捷、高效的环境下完成交易。网上支付的基本功能包括以下内容。

（1）防止支付欺诈。即使用数字证书实现对交易各方的认证，防止支付欺诈。为了实现网上支付的安全，必须对各方身份的有效性进行认证，通过认证中心（CA）向参与各方发放数字证书，可以证实其身份的合法性。

（2）交易信息加密。即使用加密技术实现对交易信息进行加密。采用对称密钥技术和公开密钥技术的结合保证交易信息传输的保密性，可以防止未被授权的第三者获取信息的真实含义。

（3）实现交易信息的完整性和不可抵赖性。即使用数字摘要技术实现交易信息的完整性和不可抵赖性。为了确保交易信息没有被未授权者建立、删除、篡改，而是完整地到达接收方，可以将数字摘要和交易信息一并发往接收方，接收方通过数字摘要来判断所接收的信息是否完整。若发现接收的信息不完整，则要求发送方重发保证信息的完整性。

（4）实现交易行为的不可抵赖性。即使用数字签名技术实现交易行为的不可抵赖性。为了确保交易者不能抵赖做过的交易，可以使用公开密钥加密技术中的私钥对交易信息进行数字签名，将数字签名和交易信息一并发往接收方，这样交易者就不能抵赖曾经发送的交易信息。

（5）网上支付的方便与快捷。即满足用户对网上支付方便、快捷的要求。对交易各方而言，支付过程不能太过烦琐，大部分支付过程对客户和商家应是透明的，并且能让客户和商家感到快捷实用，才能体现电子商务的效率，发挥网上支付的优势。

12.4.2 网上支付方式

1. 银行卡

银行卡是传统的支付工具，银行卡的产生和发展推动了 ATM 和 POS 等电子支付方式的发展，现在它们又成为网上支付工具。基于银行卡的网上支付将以往传统银行卡的功能在 Internet 上延伸，通过各种支持银行卡网上支付的协议实现客户所要求的支付结算。银行卡支付在网上使用比较早，应用较为成熟，是目前使用最为广泛、发展速度最快的一种支付方式。银行卡载体主要有磁卡和芯片卡。磁卡的主要优点是成本低，但是存在保密性差、容易被复制和存储量小的缺点，使磁卡逐渐被芯片卡取代。芯片卡是在特定材料制成的塑料卡片中嵌入微处理器和存储器等 IC 芯片的数据片。新一代的银行芯片卡是兼容接触式和非接触式的双界面芯片卡。接触式的一面需要插入读卡器中才能工作。而非接触式的一面通过内置天线与读取终端相距一定距离便能自动读取卡中的信息并进行处理，这样可以支持快速支付。芯片卡的优点还在于容量大，能存储用户相关信息从而拓展到多行业应用，还可以存储密钥、数字证书及指纹；安全性高，具有读写加密功能，复制难度很高，能保证联机交易信息的安全。中国银联表示，2015 年起不再发行磁卡。

2. 第三方支付

第三方支付平台是具备一定实力、信誉保障和较强银行接口技术的独立机构，采用与各大银行签约的方式，提供与银行支付结算系统接口的网上支付通道，通过与银行的二次结算获得分成。

在使用基于第三方支付平台的信用卡网上支付前，买方（卖方）要在第三方支付平台上注册一个相应的买方（卖方）账户，买方需要开通网银，预先通过其信用卡向其买方账户中充值。图 12-4 描述了基于第三方支付平台的网上支付流程。

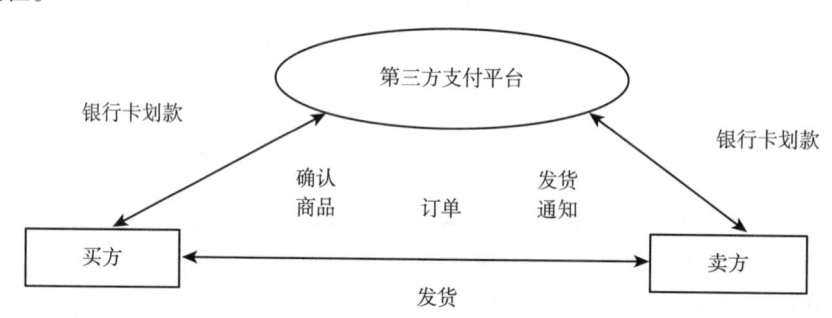

图 12-4 基于第三方支付平台的网上支付流程

（1）买方在电子商务网站上选购商品，买卖双方在网上达成交易意向。

（2）买方选择利用第三方支付平台作为支付中介，直接用信用卡或者买方账户将货款划到第三方支付平台。

（3）第三方支付平台将客户已经付款的消息通知卖方，并要求卖方在规定时间内发货。

（4）卖方收到通知后按照订单发货。

（5）买方收到货物，并检验商品进行确认后，通知第三方支付平台给卖家付款。

（6）第三方支付平台将货款划入卖方账户中，交易完成，卖方可将卖方账户中的货款转入其信用卡。

2010年底，为了解决办理和使用网上银行门槛高，第三方支付操作复杂而导致用户流失率高的问题，支付宝首次联合中行推出信用卡快捷支付。快捷支付中，用户无须到银行柜台开通网银，只需在网上将支付宝账户关联名下的一张或多张信用卡；付款时也无须登录网上银行，每次付款时，选择其中一张卡，只需输入支付宝支付密码即可完成。支付宝快捷支付服务推出后迅速被市场认可，快捷支付推出仅半年有余，用户数便突破2000万户。随后，支付宝迅速与工行、农行、建行等十几家银行信用卡部门达成合作，并且合作范围也迅速从信用卡向用户量更大的借记卡领域延伸，财付通等其他第三方支付工具也纷纷推出了快捷支付的方式。但是银行出于与第三方支付竞争的考虑，同时认为快捷支付直接跳过了银行相关系统，虽然不需要开通网银，更快捷方便，但也加大了风险，在2014年国有四大银行纷纷调低了快捷支付的单笔和日累计的限额。向支付宝账户5万元以上的大额转账，只能选择通过有硬件证书的网银。以建行为例，若是使用网银充值支付宝，对于二代网银U盾客户，单笔和日累计限额均为50万元。

与银行卡支付相比，第三方支付有以下三方面的优势。

（1）互联网的虚拟性决定了B2C尤其是C2C的交易风险难以控制。第三方支付平台本身具有较强的实力和信誉，很大程度上突破了网上交易中的信用问题，有利于推动电子商务的快速发展。对商家而言，通过第三方支付平台可以规避无法收到客户货款的风险，同时能够为客户提供多样化的支付工具，尤其为无法与银行网关建立接口的中小企业提供了便捷的支付平台。对客户而言，不但可以规避无法收到货物的风险，而且货物质量在一定程度上也有了保障，增强了客户网上交易的信心。

（2）银行通过第三方平台银行可以扩展业务范畴，同时也节省了为大量中小企业提供网关接口的开发和维护费用，为银行带来一定的利润。

（3）第三方支付平台具有支付网关的功能，提供一系列的应用接口程序，将多种银行卡支付方式整合到一个界面上，负责交易结算中与银行的对接，避免了信用卡信息在网络多次公开传输而导致的信用卡信息被盗事件，使用网上交易变得更加简单安全。

由于有大量资金寄存在支付平台账户内，而第三方平台为非金融机构，因此也存在资金风险。2010年9月，中国人民银行开始实施《非金融机构支付服务管理办法》，旨在促进支付服务市场健康发展，规范非金融机构支付服务行为，防范支付风险，保护当事人的合法权益。该管理办法指出，第三方支付平台作为非金融机构提供支付服务，应当取得《支付业务许可证》方可成为支付机构，依法接受中国人民银行的监督管理。从2011年5月26日央行发放第一批支付许可证开始，已有超过200家企业获得了支付许可证。在发展十年后的第三方支付平台，合法身份的确立使其走出"灰色地带"并带来空前的发展空间。

根据《2016—2022年中国互联网理财市场深度分析及发展趋势研究报告》，

2014年中国第三方互联网支付交易规模市场份额中，支付宝占比49.6%，财付通占比19.5%，银商占比11.4%，快钱占比6.8%，汇付天下占比5.2%，易宝支付占比3.2%，环迅支付占比2.7%，其他占比1.6%。艾瑞咨询的报告显示，2014年中国第三方互联网支付市场交易规模达8万亿元，同比增长50.3%，整体市场持续高速增长，在整体国民经济中的重要性进一步增强。2013年通过与金融机构的深度合作，使第三方互联网支付平台找到了新的业务增长点，如支付宝旗下的余额宝、微信的理财通和苏宁的零钱宝等。余额宝是支付宝打造的余额增值服务，把钱转入余额宝即购买了与支付宝达成合作的天弘基金旗下的货币基金，可获得收益。余额宝内的资金还能随时用于网购支付和灵活提取，就像使用支付宝余额一样方便。支付宝推出余额宝提升了用户的依赖度，将用户闲散的活期存款吸引到了余额宝中，方便用户购物支付，在一定程度上分流了银行存款的利益。

3. 电子现金

电子现金（electronic cash）是一种以数据形式流通的货币，是将现金数值转换成为一系列的加密序列数，通过这些序列数来表示现实中金额的币值。客户利用电子现金在网上直接传输交换，发挥类似现金的职能。电子现金与货币的最大区别是电子现金可以随时兑换成现金。电子现金的网上支付模式目前尚处于起步阶段，但这种结算方式有很好的前景。用电子现金在网上支付前，使用的客户和电子现金的接收商家要分别安装相应的电子现金软件。为了安全交易与支付，商家与发行银行需要从认证中心（CA）申请数字证书。图12-5描述了基于电子现金的网上支付流程。

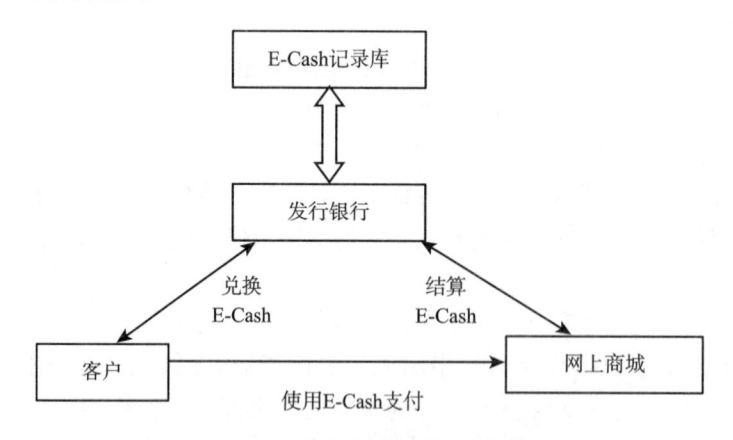

图12-5 基于电子现金的网上支付流程

（1）客户在E-Cash发行银行有一定存款，向银行请求将部分存款兑换成电子现金。

（2）银行根据客户的请求将相应的电子现金发送至客户的计算机中，即可使用。

（3）客户验证能够接收电子现金的商家的身份，下订单，选择用电子现金支付。

（4）客户将订单和相应数目的电子现金发送到商家的服务器。

（5）商家收到电子现金后，将接收到的电子现金发送给电子现金发行银行验证电子现金的有效性，确认后兑换等额资金转入商家资金账户。

电子现金支付的主要优势在于以下四方面。

（1）满足客户的消费习惯。一些国家的消费者更习惯于使用现金，由于现金不适合在线交易，在这些国家开展 B2C 电子商务交易时，电子现金就满足了这种重要的需求。

（2）处理成本低。信用卡发行银行的收入来自按交易额向商家收取的处理费，对于小额交易的商家，银行通过信用卡结算就很难盈利。而电子现金的处理成本比信用卡低，对于互联网上存在的小额支付市场非常有吸引力。

（3）消费者在使用电子现金时能避免暴露自己的身份，即使银行和商家相互勾结也不能跟踪电子现金的使用，从而隐蔽了电子现金用户的购买历史。匿名性也防止了商家收集个人或企业的消费习惯信息，而消费者在使用信用卡时在一定程度上放弃了隐私性。

（4）独立性和便携性。独立性是指电子现金和任何网络或存储设备无关，即电子现金不依赖于专用的存放电子货币的存储机制，是真正自由浮动的通货。便携性是指在所有形式的公平交易中，在买卖双方之间可以自由转账，而信用卡就没有在买卖双方之间自由转账的性质，信用卡的接受方必须在银行建立商家账户。

但是，使用电子现金同实际现金一样很难进行跟踪，由此出现了一个问题——"洗钱"。用电子现金采购可以轻易地进行洗钱，而非法获取的电子现金可以匿名采购商品，所购商品可以公开销售以换得真正的现金。就像传统现金一样，电子现金也可以伪造。同时，在使用过程中，如果用户的硬盘损坏，电子现金丢失，钱就无法恢复。更令人担心的是电子现金也可能被伪造。一旦电子伪钞获得成功，发行人和客户所付出的代价可能是毁灭性的。由于电子现金由公司发行，需要所有电子现金发行公司都遵从共同的标准，这样一家发行公司就可以接受另一家发行公司的电子现金，但目前无法做到这一点。每家发行公司都有自己的标准，导致电子现金不能被广泛接受。

总体而言，电子现金的网上支付模式目前尚处于起步阶段，电子现金在某些地区取得了成功，有关电子现金的支付体系还在发展完善中，但电子现金的 IC（integrated circuit）卡模式却得到了很好的发展。电子现金的 IC 卡模式是将货币价值的汇总余额存储在 IC 卡上，当从卡内支出货币金额或向卡内存入货币金额时，将改写 IC 卡内的记录余额。从卡内支出货币金额的去向和向卡内写入货币金额的来源也可以是另一张 IC 卡。对于普通消费者来说，电子现金非常适用于交易频率高并且单次金额小的小额快速支付。电子现金消费对使用者来说都是匿名的，使用电子现金消费可以保护使用者的信息，特别适合公共或商务场合，如公交、超市、菜市场、饭店等，可以有效提高支付效率、缩短支付时间，在很短时间内快速完成交易，免去了钞票清点找零的麻烦，也避免了假钞的风险和使用人身份信息的泄露。但匿名性也导致电子现金不记名不挂失。目前国内银行推出的具有"Quick Pass"（闪付）标识的金融 IC 卡，就是典型的电子现金 IC 卡模式的应用。用户可以通过 ATM 等存储设备，将现金转为电子现金存入，可以在具有"Quick Pass"标识的刷卡设备上刷卡，无须密码和签名。电子现金上限是 1000 元，可以根据自身需要及风险承受能力设定电子现金账户内的金额，也可以自行设定电子现金存款额度和交易额度。银行方面表示，金融 IC 卡丢失后可以挂失，但其中的电子现金部分无法挂失。

4. 电子支票

电子支票（electronic check）是客户向收款人签发的、无条件的数字化支付指令。电子支票与传统支票几乎有着同样的功能，是纸质支票的电子版本，它包含纸质支票的所有信息，并基于相同的法律规范。因此电子支票能够适应企业现有的商务流程。与传统支票相比，电子支票为数字化信息，通过网络传输，所以能够加快支票的支付速度，缩短资金的在途时间，处理成本也比较低。用电子支票支付，事务处理费用较低，而且银行也能为参与电子商务的商家提供标准化的资金信息，它有可能成为最有效率的支付手段。电子支票采用公开密钥体系结构，使用数字签名代替手写签名，可以实现支付的真实性、保密性、完整性和不可否认性，比传统支票更安全。电子支票主要应用于 B2B 电子商务的交易中。

电子支票网上支付的过程为：消费者和商家达成购销协议并选择用电子支票支付；消费者通过网络向商家发出电子支票，同时向银行发出付款通知单；商家通过验证中心对消费者提供的电子支票进行验证，验证无误后将支票送交银行索付；在商家索付时，银行通过验证中心对电子支票再次进行验证，验证无误后进行后台的资金清算工作，并向买卖双方发送支付结算成功的信息。

1996 年，美国通过的《改进债务偿还方式法》成为推动电子支票在美国应用的一个重要因素。该法规规定，自 1999 年 1 月起，政府部门的大部分债务将通过电子方式偿还。1998 年，美国的金融服务技术财团（financial service technology consortium，FSTC）通过美国财政部的财政管理服务支付了一张电子支票，以显示系统的安全性。尽管电子支票可以大大节省交易处理的费用，但是，对于在线支票的兑现人们仍然非常谨慎，因此电子支票在世界范围内的普及还需要有一个过程。

5. 移动支付

移动支付，是允许用户使用其移动终端（通常是手机）对所消费的商品或服务直接或间接向银行、金融企业发送支付指令的一种支付方式。作为移动互联网增值业务的焦点，移动支付大大丰富了人们的消费方式。

移动支付的产业链由消费者、商家、金融机构、移动运营商、设备制造商等多个环节组成。移动支付的运作模式主要有以移动运营商为运营主体的移动支付业务、以金融机构为运营主体的移动支付业务和以第三方服务提供商为运营主体的移动支付业务三类。在移动支付业务产业价值链中，移动运营商、金融机构、第三方服务提供商拥有各自不同的资源优势，只有彼此合理分工、密切合作，才能推动移动支付业务的健康发展，实现各个环节之间的共赢。移动支付根据应用场景可以分为远程支付和近场支付。远程支付比近场支付起步早，目前的市场份额中远程支付也占据了优势。远程支付是指通过移动运营商提供的移动网络与网上银行或第三方支付的支付系统建立连接，进行支付的方式。2013 年，原本独守线上远程支付的财付通和支付宝，开始布局线下远程支付，推出微信支付和支付宝钱包。线下的远程支付先采用二维码识别和声波识别等方式，识别的支付信息再交给远程支付系统进行处理。近场支付是指通过具有近距离无线通信技术的移动终端实现本地化通信，进行支付的方式。近距离无线通信（near field communication，NFC）是目前近场支付中被寄予厚望的技术。它是一种短距高频的无线电技术，能在短距离内与兼容设备进行识别和数据交换。NFC 由非接触式射频识别（RFID）及互联互通技术整合演变而来。NFC 移动支付方案支持用户刷手机进行快速支付，但是对硬件有要求，用户必须持有内置 NFC 芯片的手机，而且商家的 POS 机也要升级以支持 NFC，这造成了近场支付推广的难度。

在全球范围内，NFC 在美国和欧洲最早进入商用阶段。2010 年谷歌就将 NFC 协议加入了 Android 中。谷歌曾期望借助谷歌钱包推广 NFC 支付，但效果不理想。支持终端过少，以及谷歌业务广泛导致支持者过少，成为阻碍其发展的重要因素。后期，谷歌曾转向实体卡。尼尔森报告显示，美国手机支付人群中，有 37% 的消费者曾使用 NFC 进行支付。但目前最流行的移动支付方式仍然是二维码扫描。2010 年起，中国三大电信运营商和中国银联相继针对 NFC 启动了移动支付业务，双方均希望以自身为核心建立包含整个产业链。此后，两大阵营进行了近 3 年的标准之争，最终以电信运营商妥协结束。移动支付业务虽然宣传已久，但始终难见成效。根据 2012 年《通信世界杂志》报道，2012 年，中国移动与中国银联达成协议，NFC 行业标准统一为 13.56M 频段，标志着 NFC 在国内大规模普及的最大障碍被扫清。2014 年，中国移动计划 NFC 手机销售目标达到 3000 万部，而中国电信、联通也纷纷针对 NFC 手机规定了相应的补贴政策。对任何一家希望通过 NFC 来拓展移动支付业务的厂商来说，部署更多的线下刷卡 POS 机是决定生态环境是否健全的标志。中国银联正在积极地推动这一建设。中国银联支持这一功能的 POS 机已占市场份额的 1/5，并将继续加速推进对传统 POS 机的改造。此外，银联还将针对改造带来的费用成本提供相应补贴。

2014 年 10 月 20 日，苹果公司的"苹果支付"（Apple Pay）服务正式在美国上线。截至 2015 年 3 月，美国有超过 2500 家银行已支持 Apple Pay，接受 Apple Pay 的网店多达 70 余万处，而且每天都有更多的商户和 App 在加入这个行列。苹果支付服务采用近场通信技术，用户可用苹果手机进行免接触支付，免去刷信用卡支付步骤。用户的信用卡、借记卡信息事先存储在手机中，用户将手指放在手机的指纹识别传感器上，将手机靠近读卡器，即完成支付。2016年2月18日凌晨5点，Apple Pay业务在中国上线。Apple Pay在中国支持中国工商银行、中国农业银行、中国建设银行、中国银行、中国交通银行等19家银行发行的借记卡和信用卡。将它们与Apple Pay关联，就能使用新的支付服务。中国将成为全球第五个、亚洲第一个上线该服务的国家。使用Apple Pay不需要手机接入互联网，也不需要点击进入App，甚至无须唤醒显示屏，只要将iPhone靠近有银联闪付标志的读卡器，并将手指放在Home键上验证指纹，即可进行支付。也可以在iPhone处于黑屏锁定状态时，轻点两下主屏幕按钮进入Wallet，快速进行购买。如果交易终端显示需要输入密码，还需要输入银行卡的交易密码，只需一两秒钟就可以完成Apple Pay支付。根据工行提供的信息，Apple Pay中的支付卡有效期为5年，不收取年费和挂失手续费。客户申请的Apple Pay支付卡与绑定的已有信用卡使用统一账户，共享账户信用额度。Apple Pay支付卡单笔支付限额为2万元人民币，日累计支付限额为5万元人民币。客户可以通过工行营业网点、电子银行等渠道申请调整卡片信用额度。如果客户调整实体卡信用额度，Apple Pay支付卡不同步调整。除了限额以内免输密码、使用银联芯片信用卡"免密免签"功能或在境外免输密码网络交易等几种情况，Apple Pay在支付时要求笔笔输密，密码与实体卡密码相同，且不能单独修改。如果实体卡密码有调整，Apple Pay的密码也要同步更新。

12.5 电子商务与物流系统

12.5.1 电子商务下现代物流的特征

电子商务突破了传统环境下时间和空间乃至地域的限制，对现代物流的要求也越来越高。因此作为电子商务的可靠保障，影响电子商务企业运作质量和盈利的现代物流业，呈现出一些新的特征：

（1）配送随机性强、区域性广。7×24小时购物的出现，导致购物的随机性大大增强，进而配送的时效限制也带来了配送的随机性增强。同时由于电子商务突破了区域的限制，其消费者分布也呈现分散广泛的特征。

（2）配送时效性要求进一步提高。物流配送的时效性会极大影响客户的购物体验。在21世纪快鱼吃慢鱼的竞争格局下，积极响应客户需求，大幅提升客户体验成为各大电子商务企业追逐的热点之一。而这对物流的配送要求进一步提高。

（3）配送频率高、种类多。不同于以往传统大客户集中大批量采购对物流的要求，电子商务企业中普通消费者往往小批量、多种类、高频次购买产品，这就需要现代物流能够跟上电子商务市场需求的变化。

（4）服务个性化、交付安全性标准进一步提升。由于电子商务的消费者对配送地点、配送方式以及配送时间的要求千差万别，需要现代物流企业能够紧跟市场需求，否则我行我素，糟糕的配送服务在激烈的竞争下会被市场淘汰。同时，正是因为小批量、多种类、高频次、个性化购物的出现，客观导致交付安全的可靠性大幅度降低。因此需要在维持货物破损率不提升的情况下，逐步降低破损的情况发生。

（5）低成本的要求。一方面是物流成本占GDP的比重过高，另一方面是消费者对物流低成本的要求。这需要政府和物流企业共同努力解决，否则这将会形成电子商务发展的瓶颈。

12.5.2 第三方物流

电子商务物流的模式主要涉及3种，第三方物流是最为常见的电子商务物流模式之一。它是指独立于电子商务交易双方以外的第三方，为客户提供配套的、专属的、个性化定制物流系统运营。其与其他2种电子商务物流模式（自建物流和第四方物流）的对比如表12-4所示。

表12-4　　　　　　　　　　3种电子商务物流模式对比

电商物流模式	简介	特点	举例
第三方物流	独立于电子商务交易双方的第三方物流模式	第三方独立外包；不受电商企业控制；电商轻资产，有利于集中资源发挥核心优势	顺丰
自建物流	电子商务企业自建的物流模式	重资产；需强力的物流管理团队；物流易控	京东
第四方物流	集成供应链上交易双方、第三方物流公司，提供整个供应链物流解决方案的第四方物流模式	第四方并非一定独立；提升客户满意度；优化资源配置；社会化物流；节约成本，避免恶性竞争	菜鸟网络

12.5.3 物流信息化

物流的信息化，带来的是物流管理效率的提高、配送路线的优化、客户关系满意度的提升。其主要涉及以下6个部分的内容：

（1）物流配送中心的信息化。它是物流系统的核心。集存储、集散转运、流通加工、配送、信息传递、代购代销及相关服务等多种功能于一体的物流管理中心，承担物资的集中和分发等多种功能；

（2）物流信息网络系统的建立。它是物流系统信息的基础设施，同时也是整个物流系统管理和调度的信息平台。使用移动通信、卫星通信和数据安全等现代网络通信技术，实现同上下游企业或其他合作物流企业之间的信息连接。物流系统效率的高低取决于这个系统是否能高效运行；

（3）物流运输网络的信息化。在物流中心管理系统的统一调度和控制下，完成货物的运输，实现物流运输资源的最佳配置和最佳运输线路的安排等管理功能；

（4）仓储的信息化。现代化的大型仓储场地和设备是物流系统存储、管理货物的基地，也是现代物流的重要标志。立体的存储货架、现代化存取货物的机械设备以及智能化仓储管理信息系统，确保实现存储空间的高效利用和货物的快速分拣；

（5）客户服务系统的实时性。为客户提供全方位的物流信息服务，如客户货物跟踪信息、客户投诉和信息反馈以及客户信息查询等服务；

（6）物流管理系统的高效性。物流管理包括规划、组织实施和协调控制的过程。物流管理系统通过物流管理组织，对整个物流活动进行计划、实施、评价等工作，不断提高物流的效率，以最低的物流成本达到客户所满意的服务水平。

12.6 电子商务与 CRM

来自北美和欧洲的权威机构提供的统计数据表明，全世界 500 强企业在 5 年内大约会流失 50% 的客户。企业争取一个新客户的成本是保留一个老客户的 5～10 倍。留住 5% 的客户有可能会为企业带来 100% 的利润。在企业的所有客户中，大约有 50% 的客户没有为企业带来利润。根据对一些公司 CEO 的问卷调查统计分析，可知他们最关心的话题是企业如何留住客户，增加客户对企业的忠诚度。在网络环境下，企业间的竞争更加激烈，对客户关系的管理也更加受到企业的重视。

12.6.1 CRM 的概念及功能

客户关系管理（customer relationship management，CRM）是指企业利用信息技术和互联网技术实现对客户的整合营销，向客户提供满意的产品和服务，并与客户建立稳定、相互信任的密切关系的动态过程。CRM 是一种将重点放在建立长久、稳定的并为企业和客户双方增加价值的客户服务方法，是一项选择和管理客户以优化长期价值的企业战略。它注重的是与客户的交流，企业的经营需要以客户为中心，而不是传统的以产品或以市场为中心。为方便与客户的沟通，CRM 可以为客户提供多种交流的渠道。

CRM 通过对客户详细资料的深入分析，来提高客户满意度，从而提高企业的竞争力。它主要包含以下七个方面（以下简称"7P"）：

（1）客户概况（profiling）：分析客户的层次、风险、爱好、习惯等。

（2）客户忠诚度（persistency）：分析客户对某个产品或商业机构的忠实度、

持久性、变动情况等。

（3）客户利润（profitability）：分析不同客户所消费的产品的边缘利润、总利润额、净利润等。

（4）客户性能（performance）：分析不同客户所消费的产品按种类、渠道、销售地点等指标划分的销售额。

（5）客户未来（prospecting）：分析客户数量、类别等情况的未来发展趋势、争取客户的手段等。

（6）客户产品（product）：分析产品设计、关联性、供应链等。

（7）客户促销（promotion）：分析广告、宣传等促销活动的管理。

传统的 CRM 包括市场营销、销售、客户服务 3 个方面的功能。随着信息技术及电子商务的快速发展，客户在购买方式、服务要求等方面有了更多的选择和要求，因此现代企业管理中应用的 CRM 应当具备与之适应的基本能力。

1. 信息分析能力

CRM 系统有大量关于客户和潜在客户的信息，企业应该充分利用这些信息，对其进行分析，使决策者所掌握的信息更加完全，从而可以更及时地作出决策。良好的商业情报解决方案应能使 CRM 和 ERP 协同工作，这样企业才能将利润创造过程和费用管理联系起来。

2. 对客户互动渠道进行集成的能力

无论客户是通过 Web 与企业联系，或是与具有 SFA（sales force automation，营销自动化）功能的手提电脑的销售人员联系，或是与呼叫中心的代理联系，与客户的互动都应该是无缝、统一和高效的。

3. 支持网络应用的能力

在支持企业内外的互动和业务处理方面，Web 的作用越来越大，这使 CRM 的网络功能越来越重要。以网络为基础的功能对一些应用（如网络自主服务、自主销售）是很重要的。为了使客户和企业员工都能方便地使用 CRM，需要提供标准化的网络浏览器。从而，用户只需很少的训练或不用训练就能使用这个系统。另外，业务逻辑和数据维护的集中化，可以减少系统的配置、维护和更新的工作量，从而大大节省基于互联网的系统的配置费用。

4. 建设集中的客户信息仓库的能力

CRM 解决方案采用集中化的信息库，所有与客户接触的雇员都可以获得实时的客户信息，而且各业务部门和功能模块之间的信息能够统一起来。

5. 对工作流进行集成的能力

工作流是指一类能够完全自动执行的经营过程，根据一系列过程规则，将文档、信息或任务在不同的执行者之间进行传递与执行。CRM 解决方案应该具有很强的功能，为跨部门的工作提供支持，使这些工作能够动态地、无缝地完成。

6. 与 ERP 功能的集成

CRM 与 ERP 在财务、制造、库存、分销、物流和人力资源等方面连接起来，从而提供一个闭环的客户互动循环。这种集成不仅包括低水平的数据同步，而且还应包括业务过程的集成，这样才能在各系统之间维持业务规则的完整性，工作流也就可以在系统之间流动。同时，这两者的集成使企业能够在系统之间收集商业情报。

12.6.2 电子商务环境下 CRM 的体系结构

传统商务模式下要实现产品"为客户定制"、企业与客户之间进行"一对一"的信息交流是非常困难的。但电子商务环境下，互联网的平台提供了低成本、高速度的信息交流渠道，产品成本从设计到组装到运输到付款到维修，每个环节都可以做到"量身定做"。例如，可以根据顾客的喜好和需求定制产品；追踪顾客的行为和习惯从而为顾客提供所需要的产品和服务；根据顾客的行为特征提供相应的信息服务等；还可以利用网络实现在线帮助，根据顾客的喜好为其推荐适合其风格的产品，甚至可以为顾客提供定制的或具有顾客个性化的网页等。淘宝网的 CRM 系统，鼓励网店做好客户信息的收集整理工作，并与顾客建立紧密联系，实现网站与网店之间、网店之间客户信息资源的共享。通过分析每位客户的原始资料和历史交易记录，进而推断出客户的消费习惯、消费心理、消费层次、忠诚度和潜在的价值，然后再向客户推荐他想要的产品，并在每天 9：00 和 18：00 进行更新，推荐不同的产品，这样客户进行交易的可能性比较大，可以使企业拥有更多忠诚的用户。

电子商务环境下的 CRM 与传统 CRM 目标一致，都是为了更好地了解和满足目标客户的需求，提高客户满意度和忠诚度，并改善企业业务流程，提高各个环节的自动化水平。CRM 体系结构如图 12-6 所示。

1. CRM 功能模块

CRM 功能模块的作用是实现企业的基本商务活动的优化及自动化，主要涉及营销自动化、销售自动化、客户服务与支持三个基本的业务流程。

（1）营销自动化。营销自动化（marketing automation，MA）也称技术辅助式营销，即在电子商务环境下通过设计、执行和评估市场营销行为（包括传统营销行为及网络营销行为），使市场营销人员能够直接对市场营销活动的有效性加以计划、执行、监视和分析，并优化营销流程，使营销任务和过程自动化。

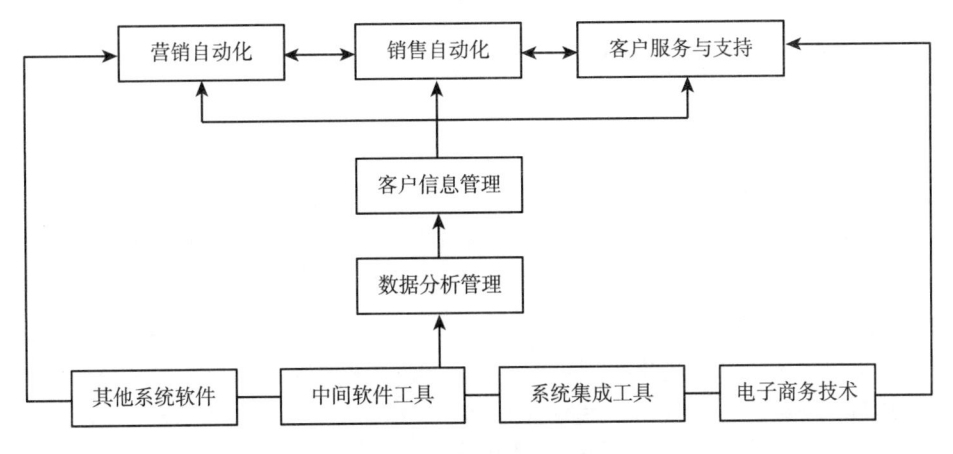

图 12-6　CRM 体系结构

（2）销售自动化。销售自动化（sales automation，SA）也称技术辅助式销售，是 CRM 中最基本的模块，也是最关键的部分。销售自动化的目的是运用相应的销售技术来达到提升销售和实现过程自动化的目的，其主要用户是销售人员和销售管理人员。这一模块要与营销及客户服务集成，才能实现在电子商务环境下提高销售能力的目标。

（3）客户服务与支持。客户服务与支持（customer service & support，CS&S）也称客户的服务支撑，主要是在商品售前、售中及售后中提供良好的客户服务，提高客户的满意度，保持良好的客户关系。在电子商务环境下，能够为客户提供的服务不仅包括有形的物质产品服务，还包括无形产品的服务，同时还需要为客户提供一种新型的服务——网络自助服务。

在电子商务环境下，以上的 3 个功能模块是相互配合、相互支持的。营销部门为销售部门发现客户并提供机会，销售部门抓住机会并反馈信息，客户服务部门为营销和销售提供优质的服务。

2. CRM 技术模块

CRM 技术模块是 CRM 体系的纵向模块，它是对功能模块的支撑，包括接收和处理客户资料的客户信息管理模块、对客户资料进行分析整理的数据分析管理模块及保障系统动作和与其他应用系统集成的基础技术管理模块。

（1）客户信息管理。客户信息管理模块用来保存及处理客户信息，以便提高信息处理、传输的效率和准确性，为企业决策和功能应用提供支持。

（2）数据分析管理。数据分析管理模块主要实现商业决策分析智能客户数据库的建设、数据挖掘、知识库建设等工作。

（3）基础技术管理模块。该模块主要包括其他模块的应用软件管理（如数据库管理系统等）；中间软件和系统工具的管理；企业及系统集成管理（如与 CRM 及 ERP 的集成管理等）；电子商务技术和标准管理（如 Internet 技术和应用、EDI 技术及标准等）。

12.6.3 CRM 的发展趋势

电子商务和 CRM 的集成是企业发展战略，在电子商务环境下，CRM 系统有了更深刻的意义。电子商务是建立在现代信息技术之上的"非接触经济"，交易双方越是非接触，CRM 就越显得重要。因此，电子商务的发展将 CRM 推到了一个新的高度，产生了基于 Internet 平台和电子商务战略下的电子 CRM 系统（ECRM）。同时 CRM 和 SCM、ERP 将紧密结合，互相支持、互相依赖。CRM 中的市场策略、销售管理直接影响到企业与供应商之间的业务活动，从而决定 SCM 的实施与管理重点。同时，SCM 管理的水平又直接影响到企业的生产和销售及客户服务水平的高低，进一步影响客户满意程度。CRM 从改善客户关系的角度，ERP 从优化企业生产流程的角度，相辅相成地提高了企业的综合竞争力和利润水平。CRM 将与知识管理进行整合，收集及处理更多来自企业外部及内部的信息，并做出及时的反馈，完善企业内部数据库及 CRM，帮助企业始终与目标客户保持紧密的联系，提供给企业更具竞争力的资源。未来 CRM 将更加客户化、集成化、智能化和社会化，客户将拥有更多的主动权，而不是被动的"被销售"。

12.7 电子商务的发展趋势

电子商务已经不再是一种"新兴商业模式"，而逐渐成为一种常态为人们所熟知。未来电子商务的发展不会局限于单一模式，而是多种模式的复合体。未来电子商务的发展可能会建立在"移动性"（mobile）基础上，将社会化（social）、本地化（local）和泛在化（ubiquitous）等融入电子商务中；就行业发展而言，垂直电子商务与平台型化电子商务仍将并存；同时，传统企业与电商企业的线上、线下业务融合趋势会越来越明显；从地理空间的角度来看，电子商务的国际化趋势将越来越近。

12.7.1 移动商务

根据《中国互联网络发展状况统计报告》，截至 2020 年 12 月底，我国有 9.89 亿网民，其中，手机网民规模达到 9.86 亿人，网民使用手机上网的比例达 99.7%。伴随着移动互联网用户规模的迅速扩大，移动购物逐渐成为网民购物的首选方式之一。其中，网络支付用户规模达 8.54 亿人，占网民整体的 86.4%。手机网络支付用户规模达 8.53 亿户，占手机网民的 86.5%。移动电子商务市场交易额占互联网交易总额的比重快速提升。

近年来，我国传统电子商务交易平台企业纷纷向移动电子商务转型。淘宝网、京东商城等企业推出了手机客户端和手机网站，不断优化用户体验。大量中小企业推出自身的移动 App 客户端，有效提高了营销精准度和促销力度。移动电子商务市场的产业集中度正在快速提高。

移动电子商务催生了新的商业模式。首先，移动互联网具有定位功能，它实现了线下实体店和在线网络店的充分融合，出现了 O2O 模式，每家实体店或企业都可以在移动互联网上发布自己的终端应用，实体店主要提供产品展示和体验功能，解决服务客户的"最后一公里"问题，而交易则在网上完成。也就是说，互联网渠道不再是和线下隔离的销售渠道，而是一个可以和线下无缝链接并能促进线下发展的渠道。O2O 模式是一个"闭环"模式，电商可以跟踪分析用户的交易情况和满意程度，快速调整营销策略。其次，很多领域的供求信息有高度的分散性和瞬时性，供求不匹配导致市场失灵，移动互联网为撮合供需双方达成交易提供了新的技术手段。再次，随着移动支付的普及，手机将取代银行卡等成为综合智能终端，移动支付和微信支付的应用带动了网络基金、P2P 网贷、众筹等线上金融服务的移动化转型。移动电子商务不仅仅是电子商务从有线互联网向移动互联网的延伸，它更大大丰富了电子商务应用，深刻改变了消费方式和支付模式，并有效渗透到各行各业，促进了相关产业的转型升级，是我国提振内需和培育新兴产业的重要途径。

12.7.2 线上与线下融合

电子商务发展至今，一个显著的特点是线上与线下的界限在逐渐模糊，呈现出相互融合之势。线下与线上融合，可以分为两种类型：一是传统企业走向线上，同时，线上企业开始关注线下；二是线上、线下的本地化电商模式。

传统企业走向线上，线上企业开始关注线下电子商务能够让商家与消费者面对面，减少传统线下销售的中间环节，有助于提升销售量。在电子商务大潮的影响下，越来越多的传统企业开始"触电上网"，尝试开辟新的销售渠道。除了耳熟能详的制造业巨头推出网购平台之外，大大小小的商家，甚至是个体经营者也在一些 C2C 网站、论坛、微博等平台上试水网络销售。此外，地方政府也在大力推动传统企业上网，以此拉动内需和提振地方产业发展。与此同时，线上企业也越来越关注线下市场的开拓。电子商务的线上模式与实体店的线下模式并非水火不相容，电子商务的出现并没有令实体店消亡。线上与线下也可以共处一个和谐共生的商业生态中。对于非标准化商品，以及一些昂贵的、大件的商品（如家具等）而言，线下实体店的体验对线上销售有着极为重要的促进和补充。另外，电子商务并没有完全覆盖整个人群，因此线上企业也开始关注线下市场的开拓。

本地化电子商务模式，是指针对本地市场，通过线上与线下的双向互动来实现销售的一种电商模式。较为常见的形式是为本地用户提供各种优惠折扣，促进线上、线下的销售，如当前热门的团购等。这种电商模式由于立足于本地市场，商家对用户的消费习惯具有深刻的理解，有助于推出更为符合当地用户需求的商品或服务，这是其他外来电商难以做到的。消费者信息、历史消费数据、商家推广信息等均能够被实时记录并储存。对这些有价值的数据进行深度挖掘，有助于为商家实现精准的市场与销售策略提供强有力的情报支撑，能够有效解决传统营销中的难以追踪每笔消费、无法了解营销效果、很难掌控销售规模等难题。此外，本地化电商模式中商家与消费者之间的地理空间"隔阂"进一步缩小，线上的优惠促销带来用户的消费体验，而用户的消费体验也能进一步促进线上、线下的交互，消费者与商家之间的信任更容易建立与提升，有助于形成良性的商业形态。

12.7.3 跨境电商

跨境电子商务（cross-border e-commerce），简称跨境业务。是指不同关境的交易主体，通过电子商务平台达成交易、进行支付结算，并通过跨境物流送达商品、完成交易的一种国际贸易活动。

跨境电子商务作为推动经济一体化、贸易全球化的技术基础，具有非常重要的战略意义。跨境电子商务不仅冲破了国家间的障碍，使国际贸易走向无国界贸易，同时它也正在引起世界经济贸易的巨大变革。对企业来说，跨境电子商务构建的开放、多维、立体的多边经贸合作模式，极大地拓宽了进入国际市场的路径，大大促进了多边资源的优化配置与企业间的互利共赢；对于消费者来说，跨境电子商务使他们非常容易地获取其他国家的信息并买到物美价廉的商品。

跨境电子商务按进出口方向分为出口跨境电子商务和进口跨境电子商务：

（1）出口跨境电商。出口跨境电商是国内卖家将商品直销给境外的买家，一般是国外买家访问国内商家的网店，然后下单购买，并完成支付，由国内的商家发国际物流至国外买家。

（2）进口跨境电商。进口跨境电商是海外卖家将商品直销给国内的买家，一般是国内消费者访问境外商家的购物网站选择商品，然后下单，由境外卖家发国际快递给国内的消费者。

跨境电商按运营模式分，主要分为B2B和B2C两种模式。其中，B2B模式主要应用于企业之间的采购与进出口贸易等。B2B可以分为三种模式：一是垂直模式，主要是整合某一专业领域的上下游产业链；第二种是综合模式，网站属于一个开发性的中间平台，如阿里巴巴、中国制造网等；第三种是自建平台，企业自己建立平台直接销售自有或者采购的货品。B2C模式主要应用于企业直接销售或消费者全球购活动。B2C模式下，我国企业直接面对国外消费者，以销售个人消费品为主，物流方面主要采用航空小包、邮寄、快递等方式，其报关主体是邮政或快递公司，目前大多未纳入海关登记。

未来，随着大量第三方在线平台的建立，跨境电商的交易门槛将大幅降低，越来越多的零售电商甚至消费者会直接参与到网上购买和销售，供应链将进一步缩短，中间环节不断减少，B2C模式的使用将显著增加，甚至出现不同国家消费者之间少量商品互通没有C2C模式和生产制造商直接到消费者的M2C模式。

12.7.4 农村电商

农村电商（rural e-commerce）最早起源于欧美日韩，这些国家对农村电商的发展主要致力于信息的整体化建设和服务多样化建设。我国的农村电商虽发展较欧美国家略晚，但已从萌芽阶段迅速转为发展壮大阶段，相关政府扶持法规政策逐步出台，物流基础设施日趋完善，国外农村电商发展的实践经验为我国涉农领域走进互联网信息时代提供了宝贵意见。

狭义的农村电商，指的是其通过计算机信息技术、网络等平台，并采用数字电子化手段为从事生产为主的涉农领域的经营主体提供服务或产品，是围绕农村产品的生产、加工、经营和消费开展的系列性电子化的交易和管理活动。

广义上来讲，农村电子商务是一个全方位的管理，关系到一种新的经济模式，涵括覆盖了农村的生产、销售、物流供应链等多个方面，同时涉及甚广，由运营商、政府、网站运营为主导，企业、农户、网络平台、政府、物流、金融机构，各个要素缺一不可。

随着大数据时代的到来，电子商务逐步变得人性化和条理化，电商技术不断革新和进步，这些都将为农村电子商务的发展提供先进的技术支持和保障。通过农村电商，可以将我国零散的农村联系起来，打破空间和时间上造成的局限，提高零散农户间的竞争力，从而为我国的农业市场提供一个广阔发展的上升空间。

12.7.5 订阅电商

订阅电商（subscribe e-commerce）是一种用户将未来一段时间所接受的产品和服务的所有费用全部付清，然后获得平台或者商家在一定时间内规律性提供的产品或服务的电商模式。其宗旨是使消费者的购物方式更加便捷和购物体验更加优越，进行决策降级和周期性个性化推送。该模式是由家庭订购牛奶的传统订购模式进一步发展起来，结合现代的电子商务形成"订阅电商"。一次付费、分期服务是其重要特征。订阅电商的一个主要形式是订阅盒，用户付费后，商家会用一个特定的盒子来装用户的所有产品，不知道盒子里装的是什么样的商品所经常带来的惊喜也是吸引和维持用户的一个重要原因。

第一个订阅服务电子商务网站是在 2009 年创办的名为 Blacksocks 的欧洲在线商店，提供男士黑袜子。它被认为是第一家注册的订阅电子商务公司，其用户群体是商务人士，该公司会在支付一年的定金后定期向客户发送袜子。十多年来，它已在欧洲成功销售了 1000 万双黑袜子，并且用户的忠诚度很高。随着 Blacksocks 的成功，国外的订阅电商遍地开花，各种行业都出现了订阅电商模式，之后更发展出了 Dollar Shave Club、Stitch Fix、Trunk Club 这些大的订阅电商公司。截止到 2019 年，订阅电商已经成为外国人生活密不可分的一部分。

国内的订阅电商发展可以大概分为两个阶段：

（1）第一阶段（2011年~2015年）：2011年7月，国内第一家订阅电商网站Myluxbox的成立，开创了国内订阅电商新纪元。

（2）第二阶段（2015年~至今）：垂衣、花点时间等现如今还活跃在市场上的公司多在这个时间成立。

经过多年的发展，国内的订阅电商仍是小众电商，未来市场发展潜力巨大。

12.7.6 长尾效应

长尾效应首先由克里斯·安德森（Chris Anderson）提供，他根据销售曲线解释了电子商务的收益率。图12-7显示在沃尔玛和Rhapsody网站上流行音乐歌曲的销售情况。可以发现在沃尔玛实体店内库存的唱片大约有25000张。沃尔玛在零售店内将唱片放置在货架上销售，这就是所有的收入来源。而Rhapsody将销售过程数字化，省去了货架放置等成本。不仅如此，Rhapsody 40%的收入来自销售分部曲线的尾部。这就是所谓的长尾。

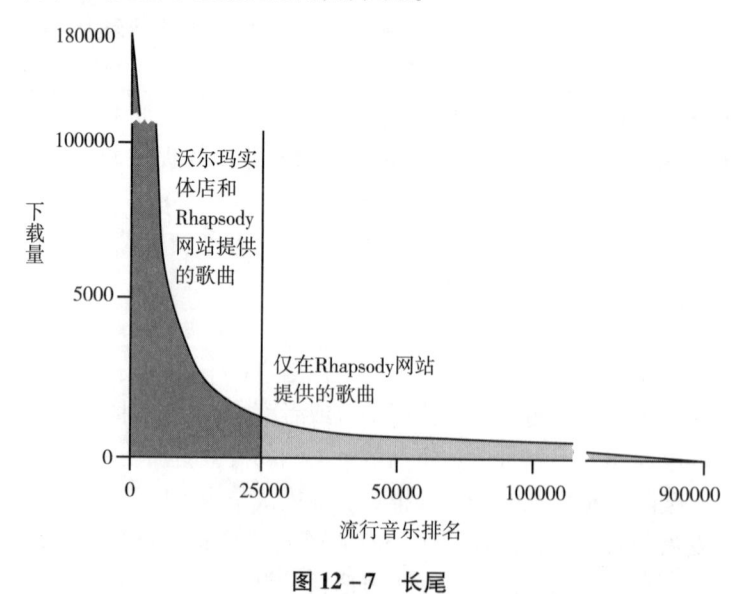

图12-7 长尾

长尾效应是网络时代兴起的一种新理论，它认为，由于成本和效率的因素，过去人们只能关注重要的人或重要的事，如果用正态分布曲线来描绘这些人或事，人们只能关注曲线的"头部"，而将处于曲线"尾部"、需要更多的精力和成本才能关注到的大多数人或事忽略。例如，在销售产品时，厂商关注的是少数几个所谓"VIP"客户，"无暇"顾及在人数上居于大多数的普通消费者。而在网络时代，由于关注的成本大大降低，可以以很低的成本关注正态分布曲线的"尾部"，关注"尾部"产生的总体效益甚至会超过"头部"。

长尾效应在于它的数量上，将所有非流行的市场累加起来就会形成一个比流行市场还大的市场。长尾效应的根本就是要强调"个性化""客户力量"和"小利润大市场",虽然可能赚很少的钱,但是要赚很多人的钱,在将市场细分到很细很小的时候,然后就会发现这些细小市场的累计会带来明显的长尾效应。因此,克里瑞·安德森(Chris Anderson)认为,网络时代是关注"长尾"发挥"长尾"效益的时代。

12.8 本章小结

第一,单纯地从商品或服务的交易角度定义的电子商务通常称为 Electronic Commerce(以下简称"EC"),也被称为狭义的电子商务,它是指借助包括互联网在内的任何通信网络从事信息、产品和服务的营销、买卖和交换的过程。从整个供应链角度定义的电子商务通常称为 Electronic Business(以下简称"EB"),是指企业从原料供应到生产、分销、零售等全部经营过程与经营活动的信息化、网络化。既涵盖了客户与产品或服务提供者之间的商务关系(即 EC),又包括企业内部业务部门之间、企业与分销商、零售商之间,企业与原料供应商之间以及企业与政府部门之间的各种商务关系。

第二,电子商务模式,就是指在网络环境中基于一定技术基础的商务运作方式和盈利模式。电子商务可以按照不同的标准划分为不同的类型,若按参与交易的主体进行划分,电子商务模式主要有 B2C、B2B、B2G、C2B、C2C、C2G、G2B、G2C 和 G2G 九种类型。

第三,B2C 是目前电子商务中最丰富多彩的商务模式。在 B2C 电子商务模式中,提供的商品与服务主要包括:便利商品、专业商品、日用商品、数字商品和大规模定制。

第四,在 B2B 电子商务模式中,提供的商品类型主要分为 MRO 物料和直接物料两类。

第五,电子商务安全是一切电子商务交易顺利开展的基础,它是指利用相关信息技术,采取有效的安全手段和措施,进而对电子商务系统进行有效管理和控制,确保电子商务系统中数据及交易环境得到极大程度的保护。电子商务的安全主要包括密码的安全、智能终端的安全、网络的安全以及信息的安全 4 个层面。

第六,电子商务的货币支付按照开展电子商务的实体性质、网上支付金额的规模以及支付数据流的内容性质进行了详细的分类。网上支付方式主要包括银行卡、第三方支付、电子现金、电子支票、移动支付等。

第七,物流是电子商务突破传统环境下时间和空间乃至地域限制的基础。第三方物流是最为常见的电子商务物流模式之一,它是指独立于电子商务交易双方以外的第三方,为客户提供配套的、专属的、个性化定制物流系统运营。

第八,CRM 是指企业利用信息技术和互联网技术实现对客户的整合营销,向客户提供满意的产品和服务，并与客户建立稳定、相互信任的密切关系的动态过程。

第九，传统的 CRM 包括市场营销、销售、客户服务 3 个方面的功能。随着信息技术以及电子商务的快速发展，客户在购买方式、服务要求等方面有了更多的选择和要求，因此现代企业管理中应用的 CRM 应当具备信息分析能力、对客户互动渠道进行集成的能力、支持网络应用的能力、建设集中的客户信息仓库的能力、对工作流进行集成的能力以及与 ERP 功能的集成能力。电子商务环境下 CRM 体系结构主要从 CRM 的功能模块和技术模块两个方面进行详细的说明。

第十，针对电子商务未来发展方向中的移动商务、线上与线下融合、跨境电商、农村电商、订阅电商以及长尾效应做了较为详细的阐述。

12.9　本章关键术语

电子商务（electronic business，EB）
消费者与消费者之间的电子商务（business to consumer，B2C）
企业与企业之间的电子商务（business to business，B2B）
网络安全（network security）
电子支付（electronic payment）
电子现金（electronic cash）
电子支票（electronic check）
近距离无线通信（near field communication，NFC）
苹果支付（Apple pay）
物流系统（logistics system）
第三方物流（third party logistics）
客户关系管理（customer relationship management，CRM）
营销自动化（marketing automation，MA）
销售自动化（sales automation，SA）
客户服务与支持（customer service & support，CS&S）
跨境电商（cross-border e-commerce）
农村电商（rural e-commerce）
订阅电商（subscribe e-commerce）

第13章

决策支持系统

【引导案例】

"广州亚运会公共交通平行管理系统"成功服务于广州市亚运会

2011年11月11日,由中科院自动化研究所承担的"数字亚运"项目"广州市亚运公共交通管理辅助决策支持系统"在成功运行一年后,顺利通过了广州市科技和信息化局组织的项目最终验收。

广州亚运会前夕,该项目创新研发的重大成果"广州市亚运公共交通平行管理系统"(以下简称PtMS)在广州市交通信息指挥中心正式投入使用,为保障亚运会期间广州市公共交通的畅通提供了智能化管控和服务。2010年12月,PtMS继续为亚(残)运会期间的广州市公共交通保驾护航。2011年上半年,PtMS被顺利改造,并继续为广州市日常公共交通管理与控制服务。

本项目在亚运会之前就建立起亚运人工交通系统,涉及243个路段,76个交叉口,320个场所,10万~100万人工入口,750~2000辆公交车等的规模。并完成了对亚运交通组织实施方案的定量化评估,事前为交通管理者提供了翔实、可靠的评估分析报告、决策支持和三维演示,提高了交通管理决策的科学化水平,是亚(残)运会期间交通畅通、安全、高效、可靠运行的重要保障。

PtMS中的"公共交通调度模块"首次实现了公交车站人流数据的实时检测、车流和路况数据的实时自动检测和分析报警功能,代替了管理者人眼的判断功能,提高了交通管理效率和可靠性;基于双闭环平行控制原理,不断优化亚运公交专线管理和亚运公交区域管理,为亚运会期间观众和市民来往主要场馆提供及时、可靠的公共交通保障。"出租车管理模块"基于双闭环平行控制原理,能够动态预测客流,科学地制订、评估和优化各种情况下的诱导方案,实时地为司机提供乘客和路况信息,减少空车找乘客时间,为乘客提供出租车信息,减少乘客找出租车的时间。还为天河体育中心等场馆开发优于传统信息系统和仿真系统的人工系统，实现了几种管理方案在同一种管理指标体系下的优劣比较，一种管理方案在不同管理指标体系下的优劣比较。亚运网站为交通出行者提供重要的交通信息服务的同时，还提供亚运人工交通系统产生的交通诱导信息，它与交通行政管理部门内部的智能交通系统一起，共同实现交通中人、车、路在不同时间、空间环境的自适应协同。

亚运会之后，为保证项目成果能够继续为广州市公共交通服务，自动化研究所在按照广州交通委员会的需要，新增添三项功能，包括：（1）将车流检测应用到高速路口和快速路口的排队长度和密度的自动检测和自动报警，从而降低了交通管理人员的工作强度，缩短了对路口拥堵的响应时间，极大地减轻了监控中心工作人员的工作强度，被用户称为"一种新的管理方式"。（2）主干道视频的监控。将30多路监控视频全部换成主干道，并与广州交通委员会现有的实时分析系统结合起来，利用视频分析车流和人流结果，对实时分析系统显示的数据进行校正。为出租车、私家车等的诱导功能提供数据基础。（3）覆盖广州BRT通道内的主要线路、站台的视频分析。实时检测站台的饱和程度，超过一定程度时自动报警，提示采取空车切入等措施。基于平行系统提供BRT车辆的动态调度、驾驶员的排班动态优化及突发事件应急处理等功能，初步实现了从自动化管理到智能化管理的跨越。

PtMS技术成果在实际应用中不断深化和推广，实现了公共交通管理从凭借经验制定、靠信息化系统和人力执行，提升到靠科学化制定、智能化系统执行的新水平，进一步挖掘现有交通基础设施的潜能，为城市公共交通管理和大型活动疏散提供了可靠保障，为构建"低碳广州、智慧广州、幸福广州"作出实质性贡献。

问题

1. 从上述案例可以看出，决策支持系统中主要有哪些技术？
2. 你所在的城市有没有实现"智慧城市"？你认为智慧城市建设中需要哪些智能化管理？
3. 你所了解的决策支持系统中，使用方对提供的决策数据满意度如何？

资料来源：中国科学院自控化研究所数据。

13.1 决策支持系统概述

13.1.1 决策支持系统的概念

决策支持系统（decision support system，DSS），是以管理科学、运筹学、控制论和行为科学为基础，以计算机技术、仿真技术和信息技术为手段，针对半结构化的决策问题，支持决策活动的具有智能作用的人机系统。该系统能够为决策者提供所需的数据、信息和背景资料，帮助明确决策目标和进行问题的识别，建立或修改决策模型，提供各种备选方案，并且对各种方案进行评价和优选，通过人机交互功能进行分析、比较和判断，为正确的决策提供必要的支持。通过与决策者的一系列人机对话过程，为决策者提供各种可靠方案，检验决策者的要求和设想，从而达到支持决策的目的。

决策支持系统一般由交互语言系统、问题系统及数据库、模型库、方法库、知识库管理系统组成。在某些具体的决策支持系统中，也可以没有单独的知识库及其管理系统，但模型库和方法库则是必需的。由于应用领域和研究方法不同，导致决策支持系统的结构有多种形式。决策支持系统强调的是对管理决策的支持，而不是决策的自动化，它所支持的决策可以是任何管理层次上的，如战略级、战术级或执行级的决策。

13.1.2 决策支持系统的发展

从20世纪70年代决策支持系统概念被提出以来，决策支持系统已经得到很大的发展。1980年斯普拉格（Sprague）提出了决策支持系统三部件结构（对话部件、模型部件、数据部件），明确了决策支持系统的基本组成，极大地推动了决策支持系统的发展。20世纪80年代末90年代初，决策支持系统开始与专家系统（expert system，ES）相结合，形成智能决策支持系统（intelligent decision support system，IDSS）。智能决策支持系统充分发挥了专家系统以知识推理形式解决定性分析问题的特点，又发挥了决策支持系统以模型计算为核心的解决定量分析问题的特点，充分做到了定性分析和定量分析的有机结合，使解决问题的能力和范围得到了很大的发展。智能决策支持系统是决策支持系统发展的一个新阶段。20世纪90年代中期出现了数据仓库技术（data warehouse，DW）、联机分析处理（on-line analytical processing，OLAP）和数据挖掘（data mining，DM）新技术，DW+OLAP+DM逐渐形成新决策支持系统的概念。因此，将智能决策支持系统称为传统决策支持系统。新决策支持系统的特点是从数据中获取辅助决策信息和知识，完全不同于传统决策支持系统用模型和知识辅助决策。传统决策支持系统和新决策支持系统是两种不同的辅助决策方式，两者不能相互代替，应该是互相结合的。

把数据仓库、联机分析处理、数据挖掘、模型库、数据库、知识库结合起来形成的决策支持系统，即将传统决策支持系统和新决策支持系统结合起来的决策支持系统是更高级形式的决策支持系统，成为综合决策支持系统（synthetic decision support system，SDSS）。综合决策支持系统发挥了传统决策支持系统和新决策支持系统的辅助决策优势，实现更有效的辅助决策，综合决策支持系统是今后的发展方向。

具体来说，决策支持系统经历了以下六个发展阶段。

(1) 20 世纪 70 年代中期，由美国麻省理工学院的米切尔·S. 斯科特（Michael S. Scott）和彼德 G. W. 基恩（Peter G. W. Keen）首次提出了"决策支持系统"一词，标志着利用计算机与信息支持决策的研究与应用进入了一个新的阶段，并形成了决策支持系统新学科。

(2) 在整个 20 世纪 70 年代，研究开发出了许多较有代表性的 DSS。例如，支持投资者对顾客证券管理日常决策的 profolio management；用于产品推销、定价和广告决策的 bran-daid；用以支持企业短期规划的 projector 及适用于大型卡车生产企业生产计划决策的 capacity information system 等。

(3) 到 20 世纪 70 年代末，DSS 大都由模型库、数据库及人机交互系统等三个部件组成，被称为初阶决策支持系统。

(4) 20 世纪 80 年代初，DSS 增加了知识库与方法库，构成了三库系统或四库系统。知识库系统是有关规则、因果关系及经验等知识的获取、解释、表示、推理及管理与维护的系统。知识库系统知识的获取是一大难题，但几乎与 DSS 同时发展起来的专家系统在此方面有所进展。方法库系统是以程序方式管理和维护各种决策常用的方法和算法的系统。

(5) 20 世纪 80 年代后期，人工神经元网络及机器学习等技术的研究与应用为知识的学习与获取开辟了新的途径。专家系统与 DSS 相结合，充分利用专家系统定性分析与 DSS 定量分析的优点，形成了智能决策支持系统 IDSS，提高了 DSS 支持非结构化决策的能力。

(6) 近年来，DSS 与计算机网络技术结合构成了新型的能供异地决策者共同参与进行决策的群体决策支持系统 GDSS。GDSS 利用便捷的网络通信技术在多位决策者之间沟通信息，提供良好的协商与综合决策环境，以支持需要集体做出决定的重要决策。在 GDSS 的基础上，为了支持范围更广的群体，包括个人与组织共同参与大规模复杂决策，人们又将分布式的数据库、模型库与知识库等决策资源有机地集成，构建分布式决策支持系统（DDSS）。

13.1.3 决策支持系统的基本功能

决策支持系统的功能包括以下七个方面。

(1) 管理并随时提供与决策问题有关的组织内部信息，如订单要求、库存状况、生产能力与财务报表等。

(2) 收集、管理并提供与决策问题有关的组织外部信息，如政策法规、经济统计、市场行情、同行动态与科技进展等。

(3) 收集、管理并提供各项决策方案执行情况的反馈信息，如订单或合同执行进程、物料供应计划落实情况、生产计划完成情况等。

(4) 能以一定的方式存储和管理与决策问题有关的各种数学模型，如定价模型、库存控制模型与生产调度模型等。

(5) 能够存储并提供常用的数学方法及算法，如回归分析、线性规划、最短路径算法等。

（6）上述数据、模型与方法能容易地修改和添加，如数据模式的变更、模型的连接或修改、各种方法的修改等。

（7）能灵活地运用模型与方法对数据进行加工、汇总、分析、预测，得出所需的综合信息与预测信息。

13.1.4　决策支持系统的工作机制

不同的决策支持系统在应用和复杂性方面有很大差异，但它们有某些共同的特征。典型的决策支持系统由对话部件、模型部件、数据部件三个部件组成。本节通过图 13 - 1 描述决策支持系统的工作机制。

在图 13 - 1 中，当用户开始分析时，用户通过用户对话部件告诉决策支持系统将采用哪个模型（位于模型部件中）用于哪些信息（位于数据部件中）；模型需要利用来自数据部件的信息，并对这些信息加以分析，然后将分析结果返回到对话部件，即在用户面前显示出来。

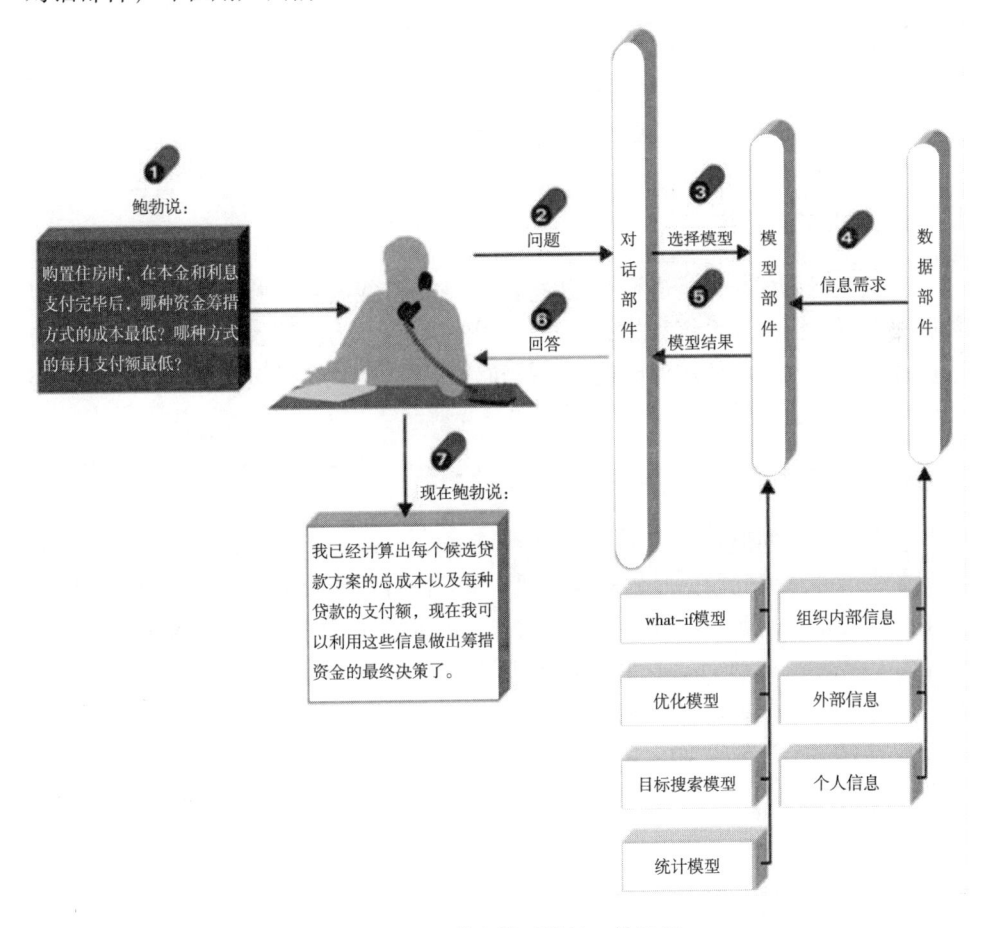

图 13 - 1　决策支持系统的工作机制

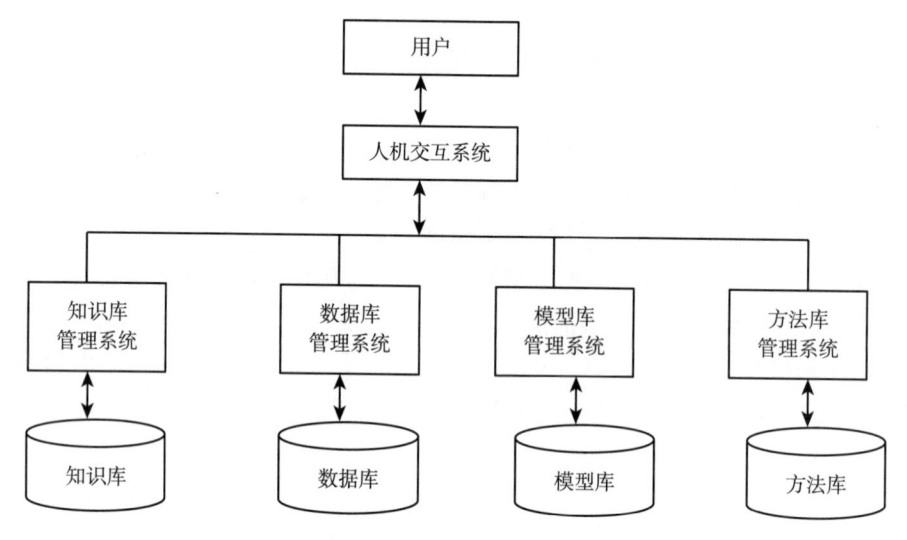

13.2 决策支持系统的结构

决策支持系统的结构如图 13-2 所示。

图 13-2 决策支持系统的结构

1. 人机交互系统

人机交互系统是人机进行交互的窗口，它负责接收和检验用户的请求，协调数据库系统、模型库系统和方法库系统之间的通信，为决策者提供信息收集、问题识别及模型构造、使用、改进、分析和计算等功能。人机接口应友好和具有较强的灵活性及适应性。

2. 知识库系统

它以结构化的形式存储了相关的经验和知识，通过推理机完成知识的推理过程。在决策和解决问题的时候需要推理，没有进行推理的决策实际上不能算真正意义上的决策。问题越结构化，需要的推理也越少，当问题完全结构化时，一般的信息系统才可以处理，这时就没有所谓的"决策"。知识和推理是决策的本质。知识管理部分主要集中管理决策问题领域的知识（规则和事实），包括知识的获取、表达、管理等功能。

3. 数据库系统

数据库系统包括数据库和数据库管理系统，负责管理和存储与决策问题领域有关的数据。数据库系统反映了决策支持系统的基本特点，即所有决策层次都基于数据集的存取。

4. 模型库系统

模型库系统包括模型库和模型库管理系统，它能够有效地完成对模型的存储、修改、查询、调用及模型之间的相互组合。同时模型库和数据库之间能够相连，使用的数据统一存放在数据库中。模型库管理系统是随决策支持系统的需要发展起来的，它使 DSS 迈上了一个新台阶。

5. 方法库系统

方法库系统包括方法库和方法库管理系统。方法库由基本方法和标准算法组成，为模型提供基本模块和程序；方法库管理系统实现对方法库的有效管理，包括对库中元素进行有效的组织和存储、修改（增加、删除和更新）及查询和安全保密。

13.3 群体决策支持系统

群体决策支持系统（group decision support system，GDSS），是指在系统环境中，多个决策参与者共同进行思想和信息的交流，群策群力，寻找一个令人满意和可行的方案，但在决策过程中只由某个特定的人做出最终决策，并对决策结果负责。群体决策支持系统从 DSS 发展而来，通过决策过程中参与者的增加，使信息的来源更加广泛；通过大家的交流、磋商、讨论有效地避免了个体决策的片面性和可能出现的独断专行等弊端。

1. GDSS 的功能

群体决策支持系统的主要目的是为了加快决策行为的进程；改进决策结果的质量；提高群体工作的效益；减少群体工作时的不良作用。为了实现这一目的，群体决策支持系统主要包含以下功能。

（1）成员管理。成员管理是指对决策成员的基本情况、兴趣偏好、层次权限及动态信息的描述与控制。成员管理主要包括成员档案管理、成员活动管理和成员权限管理 3 个部分。成员档案管理是指对决策成员的静态信息的描述和控制，包括成员的简历、单位、部门、职务、学历、技术职称、知识偏好等。这些信息以数据文件的形式存储于群体决策支持系统中，为选择决策活动参与人员提供依据。成员活动管理是指对决策成员参与决策活动的情况的管理，包括决策问题或决策步骤中的参与成员的计划、实际参与情况的记录及参与人员的临时变更等。成员权限管理是指对决策成员的身份、地位、级别及层次关系的记录和控制。决策成员依据不同的权限发挥作用，不做逾越权限的活动，但权限并不是一成不变的，在不同的决策问题或步骤中，同一决策成员可能具有不同的权限。

（2）任务管理。任务管理是对决策问题和决策目标的管理，支持对决策问题和决策目标的描述、修改和储存,任务管理中最重要的功能是问题库的建立和管理。问题库的作用有两点:一是便于成员检索和存取与自己相关的决策问题;二是便于今后对类似问题的快速求解。

(3) 信息支持。信息支持是指群体决策支持系统向决策群体提供各种信息交流的渠道,使他们能够方便、快速、准确地获取和共享所需的组织内部信息和外部信息。信息支持主要包括信息检索和信息访问、信息共享、信息交流、信息记录和信息存储4个方面。

(4) 交互支持。交互支持是指群体决策支持系统为决策群体提供文本、语音、图像、动画和视频等多种交互手段及各种操作工具。对于同一个决策任务,群体决策支持系统可以支持多种不同的输入和输出方式,同时,群体决策支持系统可以支持多个决策成员并行地进行交互操作。

(5) 统计计算。统计计算功能是指群体决策支持系统提供计算器、电子表格等工具,帮助决策群体对决策期间产生的数字信息进行整理、总结、分析和计算,包括对投票结果的统计、数学模型参数的数值计算、决策方案评估指标的计算及报表分析等。

(6) 模型支持。模型支持是群体决策系统最重要的功能之一,强有力的模型支持能够提高决策者对决策问题的理解、表达和分析能力。群体决策支持系统的模型支持包括模型库的建立和维护、模型的增删和修改、单个模型的运行和多个模型的组合运算等。在群体决策环境中,由于各个决策成员处理问题的方式不同,对模型的选择和运行方式也可能有所不同,因此群体决策支持系统应采用适合群体作业的模型支持方式,对同一决策问题为不同的决策成员提供不同的决策参数和决策模型。

(7) 方案管理。方案管理是指对决策方案的描述、修改、评估和存储。方案管理需要以方案集和评价指标集为基础,决策成员针对自己相关的决策任务产生决策方案,并将其存入方案集中,随时供自己和其他决策成员进行修改和评估。

(8) 决策支持控制。决策支持控制是指对决策过程和决策策略的控制和调度。良好的控制机制能够协调各决策成员、各功能模块及各终端显示设备间的关系,使群体决策活动有条不紊地进行,从而改善决策的质量和效果,提高决策全体成员的满意程度和置信度。

2. GDSS 的组成和结构

群体决策支持系统的基本组成包括以下四个部分。

(1) 决策者。决策者是指参与决策活动的所有成员。由于决策活动有些是单独进行的,有些是集体进行的,因此决策成员可以大致分为两种角色:一种是负责全局性活动和最终裁决的决策主持者;另一种是在各自的分工范围内进行活动的一般决策成员,如信息成员、计划成员、执行成员等。一个群体决策支持系统的决策群体中至少包含一名决策主持者和若干名一般决策成员。

(2) 硬件平台。硬件平台包括计算机、网络通信设备、多媒体设备、图形设备、打印设备等。群体决策支持系统的硬件平台一般都采用分布式结构，以适应多人活动的需要。

（3）软件系统。软件系统是群体决策支持系统的核心，它驻留在分布式的硬件平台上，提供决策支持工具。

（4）规程。规程是指对群体决策行为的限定规则和协调策略。规程包括静态和动态两部分，静态部分包括规则、条理及决策环境的相关定义等；动态部分则包括决策活动的执行计划、条件和章程等。

13.4　智能决策支持系统

13.4.1　智能决策支持系统的概念

智能决策支持系统（intelligence decision support system，IDSS）是人工智能（artificial intelligence，AI）和 DSS 相结合，应用专家系统（expert system，ES）技术，使 DSS 能够更充分地应用人类的知识，如关于决策问题的描述性知识、决策过程中的过程性知识、求解问题的推理性知识，通过逻辑推理来帮助解决复杂的决策问题的辅助决策系统。

IDSS 的概念最早由美国学者波恩切克（R. H. Bonczek）等于 20 世纪 80 年代提出，它的功能是既能处理定量问题，又能处理定性问题。IDSS 的核心思想是将 AI 与其他相关科学成果相结合，使 DSS 具有人工智能的特点。

IDSS 主要解决半结构化和非结构化的决策问题。企业管理中的决策基本上可以分为结构化决策和非结构化决策。结构化决策涉及的变量较少，通过计算机语言来编制相应的程序，就可以在计算机上处理这些信息，结构化决策完全可以用计算机来代替。在非结构化决策中，可能提供出很多正确的解决方案，但是没有精确的计算公式能够计算出哪个解决方案最优，也没有规则和标准能够衡量哪种方案是最佳解决方案。半结构化和非结构化的决策问题，既要利用自动化数据处理，又要靠决策者的直观判断。因此，对决策者的技能要求不同于传统的数据处理系统。IDSS 是将数据模型、算法和推理方法结合起来的问题处理系统，并不取代决策者本人的工作，它只是根据系统积累的数据、知识和经验，利用管理模型、方法和推理规则，协助决策者处理决策过程中的问题，并且可以对决策者提出的问题迅速做出反应，提供有关的背景材料，供决策者分析、比较各种方案。IDSS 只是起辅助作用，最后还是靠决策者做出有效的决定，决策者是决策的主体，系统力求为决策者扩展做出决策的能力，而不是取而代之。

13.4.2　智能决策支持系统的结构

IDSS 是在传统 DSS 的基本上增设了推理机，在人机对话子系统加入了自然语言处理系统（LS），具体来说，IDSS 由以下三部分构成。

1. 智能人机接口

智能人机接口接受用自然语言或接近自然语言的方式表达的决策问题及决策目标，较大限度地改变了人机界面的性能。

2. 问题处理系统

问题处理系统处于 DSS 的中心位置，是联系人与机器及所存储的求解资源的桥梁，主要由问题分析器与问题求解器两部分组成。

（1）自然语言处理系统。转换产生的问题描述由问题分析器判断问题的结构化程度，对结构化问题选择或构造模型，采用传统的模型计算求解；对半结构化或非结构化问题则由规则模型与推理机来求解。

（2）问题处理系统。美国问题处理系统是 IDSS 中最活跃的部件，它既要识别与分析问题，设计求解方案，还要为问题求解调用四库中的数据、模型、方法及知识等资源，对半结构化或非结构化问题还要触发推理机作推理或新知识的求解。

3. 知识库子系统和推理机

知识库子系统的组成可以分为知识库管理系统、知识库及推理机三部分。

（1）知识库管理系统。知识库管理系统的功能主要有两个：一是回答对知识库知识的增加、删除、修改等知识维护的请求；二是回答决策过程中问题分析与判断所需知识的请求。

（2）知识库。知识库是知识库子系统的核心。知识库中存储的是那些既不能用数据表示，也不能用模型方法描述的专家知识和经验，这些既是决策专家的决策知识和经验知识，同时也是一些特定问题领域的专门知识。知识库中的知识表示是为描述世界所做的一组约定，是知识的符号化过程。对于同一知识，可有不同的知识表示形式，知识的表示形式直接影响推理方式，并在很大程度上决定着一个系统的能力和通用性，是知识库系统研究的一个重要课题。

（3）推理机。推理是指从已知事实推出新事实（结论）的过程。推理机是一组程序，它针对用户问题去处理知识库（规则和事实）。推理原理如下：若事实 M 为真，且有一规则"IF M THEN N"存在，则 N 为真。因此，如果事实"任务 A 是紧急订货"为真，且有一规则"IF 任务 A 是紧急订货 THEN 任务 A 按优先安排计划"存在，则任务 A 就应优先安排计划。

13.4.3 IDSS 关键技术

IDSS 主要是以知识和模型为主体，结合大量数据，形成定性和定量相结合的辅助决策信息。IDSS 由于开发的困难，发展较慢，但已经形成了研究热潮，取得了不少成果，为各级决策者进行科学决策提供了强有力的手段。企业智能决策支持系统的目标是采用决策支持系统的结构和方法作为概念框架进行信息的分析和管理。企业智能决策支持系统不仅具有一般决策支持系统的所有特征，而且有不同于传统决策支持系统的特点。由于应用范围和决策方法的不同，企业智能决策支持系统需要集成现有的决策方法和数据，更有效地支持决策过程，其部件包含了数据源、决策工具与方法和系统结构的很多方面。

由于各数据源数据类型不同，很多应用中的数据源还处在不同的抽象层次，不能直接合成到数据仓库中，因此需要用到各种数据处理方法。数据仓库技术（DW）、联机分析处理（OLAP）和数据挖掘（DM）是作为三种独立的信息处理技术出现的。

1. 数据仓库技术（DW）

数据仓库作为一种新技术，主要是为决策支持系统和 OLAP 应用提供软件架构。它从异构和分布式数据源中收集数据，这些数据首先被聚合，然后按照 OLAP 所定义的组织标准进行定制。数据仓库的结构能够通过一种分层存储的方式加以定义，这种方式涉及的存储形式包括从底层的数据源到高度的聚合数据。在这两种存储形式之间，按照 OLAP 程序的要求，还存在一些其他不同的存储形式。其中之一就是对操作型数据的存储，操作型数据是以单一的方式来表示数据源中的数据。企业级数据仓库则包含高度聚合的数据，并且被组织成多维表的形式。从每个数据源中抽取的数据可以存储在中间数据容器中。显然，这种分层存储方式只是一种逻辑上的表示方式，它体现了从数据源到数据集的数据流动过程。所有这些存储形式都不一定要具体实现，如果确实需要的话，它们也只能形成同一数据库的不同层面而已。企业数据仓库的建设，是以现有企业业务系统和大量业务数据的积累为基础。数据仓库不是静态的概念，只有把信息及时交给需要这些信息的使用者，供他们做出改善其业务经营的决策，信息才能发挥作用，信息才有意义。而将信息加以整理归纳和重组，并及时提供给相应的管理决策人员，是数据仓库的根本任务。

2. 联机分析处理（OLAP）

联机分析处理（on-line analytical processing，OLAP）是使分析人员、管理人员或执行人员能够从多种角度对从原始数据中转化出来的、能够真正为用户所理解的、并真实反映企业的信息进行快速、一致、交互地存取，从而获得对数据的更深入了解的一类软件技术。OLAP 的目标是满足决策支持或者满足在多维环境下特定的查询和报表要求。自从 20 世纪 60 年代关系数据库之父埃德加·弗兰克·科德（E. F. Codd）提出了关系模型以来，数据库技术特别是联机事务处理 OLTP（on-line transaction processing）发展得比较成熟，它的根本任务是及时地、安全地将当前事务所产生的记录保存下来。随着时间的推移，历史数据不断堆积，总量不断变大，人们已经不满足于仅仅处理当前数据，怎样将日益堆积的数据进行有效的管理，挖掘其中埋藏的信息宝库成了新的问题。同时在激烈的市场竞争中，商业企业需要迅速地获取重要的业务指标、销售和利润趋势、市场和产品的获利率、财务状况、客户分布及外部竞争数据等诸多关键信息。OLTP 已不能满足终端用户对数据库查询分析的需要，SQL 对大型数据库进行的简单查询也不能满足终端用户分析的要求，用户的决策分析需要对关系数据库进行大量计算才能得到结果，而查询的结果并不能满足决策者提出的需求。因此，Codd 提出了多维数据库和多维分析的概念，即联机分析处理——OLAP。

OLAP 是以数据库或数据仓库为基础的，其最终数据来源与 OLTP 一样均来自底层数据库系统，但由于二者面向的用户不同，OLTP 面对的是操作人员和低层管理人员，OLAP 面对的是决策人员和高层管理人员，因而数据的特点与处理数据仓库的决策支持系统的设计及实现也明显不同。关系数据库擅长迅速地检索少量记录，应用于决策支持系统时，反应速度较慢且浪费系统资源。数据仓库作为 OLAP 的基础，从中选出细节数据的一个子集传送到 OLAP 数据库中，进行数据的汇总或聚集。数据仓库能够容纳细节数据，OLAP 数据库保存的是各种轻度综合的数据，分析员还可以向下获取到数据仓库的细节级，与此同时 OLAP 数据库中的汇总数据也被存储在数据仓库中。数据定期从数据仓库导入 OLAP 数据库，由于操作型环境的数据进入到数据仓库时已被集成，因此 OLAP 数据库就不用从操作型环境中抽取与集成数据。

3. 数据挖掘（DM）

数据挖掘（DM）又被称为数据开采，是应用特定的算法，从大量数据中搜索或产生一个感兴趣的模式或数据集。简单地说，数据挖掘就是从大量数据中提取或"挖掘"知识。数据挖掘过程分为数据准备、开采和表述三个步骤。在解决实际问题时，经常要同时使用多种模式。一个数据挖掘系统或仅仅一个数据挖掘查询就可能生成成千上万的模式，但是并非所有的模式都令人感兴趣。一个重要的概念——兴趣度，通常被用来衡量模式的总体价值，它包括正确性、新奇性、可用性和简洁性。数据仓库和数据挖掘是作为两种独立的信息技术出现的。数据仓库是不同于数据库的数据组织和存储技术，它从数据库技术发展而来并为决策服务，通过 OLAP 工具验证用户的假设；数据挖掘是通过对文件系统和数据库中的数据进行分析，获得具有一定可信度知识的算法和技术。它们从不同侧面完成对决策过程的支持，相互间有一定的内在联系。因此，将它们集成到一个系统中，形成基于数据挖掘的 OLAP 工具，可以更加有效地提高决策支持能力。数据挖掘和数据仓库的协同工作，一方面，可以迎合和简化数据挖掘过程中的重要步骤，提高数据挖掘的效率和能力，确保数据挖掘中数据来源的广泛性和完整性；另一方面，数据挖掘技术已经成为数据仓库应用中极为重要和相对独立的方面和工具。数据仓库技术用于数据的存储和组织；联机分析处理用于数据的分析；数据挖掘则致力于知识的自动发现。由于这三种技术内在的联系性和互补性，数据驱动的决策支持系统以数据仓库为基础、以 OLAP 和 DM 工具为手段

（DW + OLAP + DM = IDSS），结合了传统的决策支持系统在知识管理和推理方面的优势和数据仓库系统中决策信息源的广泛性，能够支持企业级的管理决策任务。

13.5　本章小结

第一，决策支持系统（decision support system，DSS），是以管理科学、运筹学、控制论、和行为科学为基础，以计算机技术、仿真技术和信息技术为手段，针对半结构化的决策问题，支持决策活动的具有智能作用的人机系统。决策支持系统一般由交互语言系统、问题系统以及数据库、模型库、方法库、知识库管理系统组成。

第二，决策支持系统的结构主要包括人机交互系统、知识库系统、数据库系统、模型库系统以及方法库系统。

第三，群体决策支持系统（GDSS）从DSS发展而来，通过决策过程中参与者的增加，使得信息的来源更加广泛；通过大家的交流、磋商、讨论而有效地避免了个体决策的片面性和可能出现的独断专行等弊端。群体决策支持系统的基本组成包括决策者、硬件平台、软件系统、规程四个部分。

第四，智能决策支持系统（intelligence decision supporting system，IDSS）是人工智能（artificial intelligence，AI）和DSS相结合，应用专家系统（expert system，ES）技术，使DSS能够更充分地应用人类的知识，如关于决策问题的描述性知识，决策过程中的过程性知识，求解问题的推理性知识，通过逻辑推理来帮助解决复杂的决策问题的辅助决策系统。IDSS主要解决半结构化和非结构化的决策问题。

第五，IDSS是在传统DSS的基本上增设了推理机，在人机对话子系统加入了自然语言处理系统（LS），主要由智能人机接口、问题处理系统、知识库子系统和推理机组成。IDSS关键技术主要包括数据仓库技术（DW）、联机分析技术（OLAP）和数据挖掘（DM）技术。

13.6　本章关键术语

决策支持系统（decision support system，DSS）
群体决策支持系统（group decision support system，GDSS）
智能决策支持系统（intelligence decision support system，IDSS）
人工智能（artificial intelligence，AI）
专家系统（expert system，ES）

第 14 章

商业智能

【引导案例】

柒牌时装门店数据可视化，助力门店销售额增长提效

福建柒牌时装科技股份有限公司始创于1979年，是一家以服饰研究、设计和制造为主，集销售为一体的综合性集团公司，经过近40年的艰苦奋斗，目前企业净资产18.3亿元，拥有5000多名员工，在国内率先引进多条生产线，已在全国31个省份设立3500多家专卖店。2001年以来连续16年产品销售收入、利润总额名列全国服装行业十强。

直营中心从2020年下半年要求重点店铺做好销售日报、交接开会记录、班会记录，由店长每日做好记录并上报督导、区经、分总。由于店铺员工技术技能水平参差不齐，店员在此项日常工作花费较大时间精力，店员抱怨影响日常工作，希望通过自动化完成。

经过深入调研、评估，希望帮助分公司提高日常办公经营效率，承接相关报表和表单录入的工作，可以通过进一步逻辑算法，将下级日志汇总分析形成给到上级的报告、报表，为督导、区经，并且集成到钉钉中。

当前的SAP系统不能在报表中实现文本录入功能，经过对市场上的商业智能工具评估对比，确定某商业智能报表工具可以实现报表中数据反写，并且能与钉钉实现系统集成。为此决定采购某商业智能工具实现语音录入店铺日志交接信息，快速生成自动化标准报表，与钉钉做集成提供权限控制，可以在电脑、手机、平板电脑上方便使用。

业务场景一：店铺日志——早会交接班会

痛点/需求：（1）传统店铺日志需要编写、实时上报、查看、汇总，过程复杂低效，并且容易出错；（2）店铺管理中的早会、交接班会执行不到位；（3）店员不清楚主推品类、款式；（4）店员、店长、经销客户不清楚销售目标。

解决过程：(1) 店铺日志可以自动获取昨天或者当天销售数据，提高手动取数效率，店铺提交日志，各层级领导可以查看店铺日志；(2) 通过店铺日志执行汇总表监督店铺开会执行情况；(3) 通过店铺日志填写主推款及 FAB，指导店员主推；(4) 通过店铺日志查看自动同步 DRP 录入的店铺人员目标。

实现价值：(1) 解决店员技术和效率问题：店铺人员报表和 Excel 工具使用技能差，所有直营店在做数上要每天花费 400 小时（800×0.5 小时），通过 BI 辅助每天节约大约 400 个小时。(2) 解决店铺员工 BI 账号问题：采用新 BI 工具与钉钉集成后打破了账号数量限制，给分公司办公室、直营店铺已开通了 800+ 个账号。(3) 解决盗版风险问题：避免了 POS 机安装 Excel，避免了被微软起诉盗版的风险，通过 BI 辅助每家店节约 300 元，800 多家店节约约 24 万元成本。(4) 为督导、直营经理、区域经理、分总、大区总、战略经营提供自动化监控报表，避免了手工日志表格无法统计汇总和分析提炼经营问题，实现了标准化、自动化，起到了强化运营管理作用。

业务场景二：商业智能对经销商的支持

痛点/需求：(1) 经销客户没有数据运营报表支持：经销客户没有分析人员配备和分析系统支持，在数据运营方面存在信息不同步低实销的情况，在很多决策上没有实时的准确的数据支持，效率低下，容易导致决策失误。(2) 店铺畅销款缺断货无人检查：店铺人员在销售中往往只是围绕着自己的货分析自己产品的数据，不知道哪些产品在自己省份、在全国的销售及其搭配情况，容易遗漏销售机会，导致畅销款囤积在仓库，没有及时上架。当得知某款产品在自己省份、在全国是畅销款，发现自己店铺没货或者库存不足，没有及时补货，导致延误销售机会。

解决过程：(1) 通过加盟客户日报查看各时间维度个门店销售情况，通过产品生命周期查看各品类折扣和售罄及其同期和平均对比，代理商可以提高分析运营数据效率；(2) 通过热销搭配款分析报表分析畅销款订发库销数据，通过购物篮分析挖掘出搭配款，及时检查指导。

实现价值：(1) 解决客户技术和效率问题：客户报表和 Excel 工具使用技能差，所有客户在做数上要每天花费 600 小时（1200×0.5 小时），通过 BI 辅助每天节约大约 600 个小时，很大程度上提高分析运营数据效率，解决客户产品搭配推荐无数据依据可参考，帮助门店及时调整产品陈列；(2) 解决客户 BI 账号问题：采用新 BI 工具与钉钉集成后打破了账号数量限制，给客户已开通了 1200+ 个账号；(3) 解决盗版风险问题：避免了 POS 机安装 Excel，避免了被微软起诉盗版的风险，通过商业智能辅助每家店节约 300 元，1200 多个客户节约 36 万元成本。(4) 为客户提供自动化监控报表，避免了手工日志表格无法统计汇总和分析提炼经营问题，解决客户报表出数技术和效率问题，很大程度上提高分析运营数据效率，解决客户产品搭配推荐无数据依据可参考，帮助客户及时调整产品陈列，为客户提供自动化监控

> 报表，分析提炼经营及产品问题。
>
> **问题**
> 1. 柒牌时装公司的商业智能系统与传统信息管理系统有什么区别？
> 2. 柒牌时装公司的商业智能系统如何嵌入公司日常业务管理？
> 3. 柒牌时装公司的商业智能系统给该公司及其门店带来了哪些价值？
>
> 资料来源：帆软软件有限公司网站。

14.1 商业智能的概念

14.1.1 由来与发展

当前的时代是信息爆炸的时代，数据已经成为新的生产要素，其价值愈发凸显。作为数据的生产者和消费者，企业需要思考的是如何利用生产运营过程中产生的数据反哺生产运营。数据驱动决策的需求正在不断地推动企业寻找信息化建设与数字化转型的新方式，而商业智能便提供了一个绝佳的思路。

商业智能问世已有二十余年，受到广大企业的青睐与追捧，硕果累累。虽然不少企业没有特别强调商业智能这一概念，但是商业智能的广泛应用已成既定事实。商业智能市场规模增长迅速，国内市场增速更是大于全球市场。加特纳（Gartner）在 *Market Share: Analytics and Business Intelligence*（Worldwide，2018）报告中指出，分析和商业智能软件市场在 2018 年增长了 11.7%，达到 216 亿美元。现代 BI 平台继续以 23.3% 的速度增长，增速最快，其次是数据科学平台，增长 19.0%。帆软数据应用研究院发布的《2019 年中国大数据 BI 行业预测报告》显示，国内 BI 市场在 2018 年增速达到 25.8%，高于全球市场增速。企业数字化转型进程已经迈入商业智能阶段。

商业智能（business intelligence，BI），也被称为商业智慧或商务智能。早在 1958 年，IBM 的研究员汉斯·皮特·卢恩（Hans Peter Luhn）就将"智能"定义为"对事物相互关系的一种理解能力，并依靠这种能力去指导决策，以达到预期的目标。"这期间出现的领导信息系统（executive information system，EIS）和决策支持系统（decision support system，DSS）等技术应用，可以看作是 BI 的前身。但是由于技术、企业环境现状等因素的限制，BI 经历了一段漫长的探索期。

1996 年，知名咨询机构加特纳集团正式提出 BI 的定义：一类由数据仓库（或数据集市）、查询报表、数据分析、数据挖掘、数据备份和恢复等部分组成的、以帮助企业决策为目的的技术及其应用。由此看出 BI 并不全是新的技术，而是对一些现代技术的综合运用。BI 技术提供使企业迅速分析数据的技术和方法，包括收集、管理和分析数据，将数据转化为有价值的信息，并分发到企业各处,让企业决策有数可依,从而减少决策的盲目性,理性地驱动企业管理和运营。

2013 年,加特纳集团对 BI 的概念进行了更新与扩展,在"business intelligence"一词中加入"analytics",合并成"analytics and business intelligence"(ABI,分析与商业智能),并且纳入应用、基础设施、工具、实践等多项内容,将其定义为"An umbrella term that includes the applications, infrastructure and tools, and best practices that enable access to and analysis of information to improve and optimize decisions and performance"。如果说最初的 BI 还不够智能,其中的"intelligence"翻译为"情报"可能更为恰当,那么"analytics and business intelligence"则是融合了计算机、统计学等相关知识,随着技术的发展,未来 intelligence 将成为真正的"智能"。

除去加特纳等研究机构,国内外的学者在一些文献中,也对 BI 进行了类似的定义。表 14-1 对加特纳和部分文献书籍中的 BI 定义进行了整理。

表 14-1　　　　　　　　　　　商业智能的主流定义

年份	来源	定义
1996	加特纳(Gartner)	一类由数据仓库(或数据集市)、查询报表、数据分析、数据挖掘、数据备份和恢复等部分组成的、以帮助企业决策为目的的技术及其应用
2002	余长慧,潘和平	商业智能是从大量的数据和信息中发掘有用的知识,并用于决策以增加商业利润,是一个从数据到信息到知识的处理过程
2005	郑洪源,周良	商业智能是构筑在企业业务系统基础之上,以知识获取和共享为目的的解决方案。它通过对企业内外数据的整合、分析,提取出有价值的信息,帮助用户在加强管理、促进营销和企业发展方面做出及时、正确、科学的决策,并分析、发现和把握新的商机
2008	内加什和格雷(Negash & Gray)	BI 是一个数据驱动的过程,它将数据存储和收集与知识管理结合起来,为业务决策过程提供输入
2013	穆里提和科策(Muriithi G. M. & J. E. Kotzé)	一个总括术语,包括应用程序、基础架构和工具,以及能够访问和分析信息以改进和优化决策与性能的最佳做法
2013	史蒂夫·威廉姆斯	提供具有成本效益的商业智能解决方案即服务的概念框架
2014	王飞,刘国峰	帮助你把一些数据转化成具有商业价值的,而且可以获取的信息和知识,同时在最恰当的时候,通过某种方式把信息传递给需要的人。从专业的角度来说,商业智能就是利用数据仓库、数据分析和挖掘技术,以抽取、转换、查询、分析和预测为主的技术手段,帮助企业完成决策分析的一套解决方案
2016	加特纳(Gartner)	一个总称,包括向业务用户提供相关报告、记分卡、仪表板、电子邮件警报、预先构造的用户指定查询、即席查询功能、多维分析、统计分析、预测、模型和/或模拟,以用于增加收入、降低成本或两者兼而有之

由表 14-1 看出，国内外对 BI 的定义存在较多类似之处，学界的共识即核心观点均是从数据中获取知识，辅助决策。具体地，可以将 BI 的定义拆分为四个方面来理解：

(1) 输入：数据（内部、外部；结构、半结构、非结构）、事实、关系；
(2) 方法：数据存储、ETL、数据分析、多维分析、预测等技术；
(3) 产物：有价值的知识、信息；
(4) 目的：辅助科学决策、发掘商业价值。

拆分后，BI 的概念更加清晰且易于理解：BI 是一种解决方案，它以辅助决策为目的，通过相关的数据技术方法来处理企业各类数据，产出可量化的、可持续的数据价值，这些价值表现在帮助企业实现业务监测、业务洞察、业务优化、决策优化甚至数据盈利。

此外，表 14-1 中的相关定义还呈现出一个明显的趋势：无论是国内还是国外，随着时间的推移，BI 概念发展得越来越广泛，涵盖的内容越来越多。从最初的技术应用到处理过程，再到一整套的解决方案，BI 体系日益庞大。这一趋势也对应了信息技术和企业数据的发展过程，BI 在输入和方法层面逐渐吸纳扩充了较多的内容。

14.1.2 企业从业人员的认知

虽然 BI 问世已有二十余年，学术界和 Gartner 等商业咨询机构也都对 BI 的概念做出了较为清晰的解释，BI 却并没有想象中的"如雷贯耳"，有些企业从业人员甚至没有听说过 BI。造成这一现象的原因可能是以下四点。

首先，企业界和学界存在一定的边界；其次，有些小型企业用不上 BI，有些企业虽然拥有报表系统、数据仓库等 BI 技术，但是并没有特意提及"BI"一词；再次，技术门槛使得最开始的 BI 只和少部分 IT 人员有关；最后，除去互联网企业和各行业龙头企业，我国也是在近几年才真正掀起 BI 热潮。因此企业从业人员对 BI 存有困惑也在情理之中。那么我国企业从业人员对 BI 的理解如何？是否与专业定义存在区别？有没有偏离 BI 原有的含义？

基于以上疑问，帆软数据应用研究院对 770 多家企业的 1400 多名从业人员（多为企业 CIO 和业务管理人员）进行了调研。通过对调研数据的整理、清洗和分析，制作了图 14-1、图 14-2、图 14-3 所示的词云图，并由词云图得出以下结论：

(1) 整体上来看，国内企业人员对 BI 的认知处于宏观目标层面，对 BI 功能的认知集中在数据分析与数据可视化上；
(2) 国内企业中 BI 的主要表现形式仍然是报表系统；
(3) 工作内容和工作性质的区别使得 IT 部门和业务部门的从业人员对 BI 的认知存在不同之处，IT 部门更重视技术，业务部门则更重视 BI 带来的业务价值，不同业务部门的理解存在差异。

图 14-1　企业从业人员的整体认知

资料来源：帆软数据应用研究院，2019.

图 14-2　IT 部门从业人员认知

资料来源：帆软数据应用研究院，2019.

图 14-3　业务部门从业人员认知

资料来源：帆软数据应用研究院，2019.

与研究机构和文献中的定义相比，我国企业从业人员对 BI 的理解侧重于数据的分析和展示，BI 更多地被等同于数据分析与数据可视化。因此在大多数企业中，BI 更多的是指分析和前端展示工具，而不是一个完整的体系。

这一理解偏差带来的结果就是 BI 正逐渐走向狭义，即狭义的 BI 就是指 BI 工具，而 BI 工具即指数据分析与展示工具。国内企业的理解认知正确与否无法断言，这些认知来源于企业的反复实践，但是长此以往势必会带来不少问题。一方面，企业容易忽略 BI 数据底层的基础，一味地追求数据分析与展示，不能系统地看待 BI；另一方面，我国的信息化环境与欧美发达国家不同，企业规模大小不一，信息化水平参差不齐，市场上缺乏类似加特纳的研究机构引导，并且加特纳的结论不一定适用于我国的企业，如果不形成统一的 BI 认知，将不利于中国 BI 行业的健康发展。

14.1.3 国内用户对商业智能的诉求

当前国内企业应用 BI 产品，最期待获得的数据价值，一是数据整合，二是数据展示效率，三是辅助管理决策。根据帆软数据应用研究院 2019 年 12 月发布的《商业智能（BI）白皮书 1.0》（以下简称《帆软白皮书》）显示，72.8% 的受访企业最想获得的数据价值是整合多系统数据，打通多系统的数据，解决掉数据壁垒问题，实现信息透明。69.1% 的企业想要提高报表的输出效率，期望能够更快、更准、更省事。53.7% 的企业则希望通过数据分析，辅助企业决策，实现科学化、数据化的决策。

在数据展示方式的选择上，几乎所有的企业都会使用传统的数据报表来展示信息，有 84.3% 的企业会选择使用酷炫的图形图表来制作报表。加特纳在 *Survey Analysis: Traditional Approaches Dominate Data and Analytics Initiatives* 报告中也提到"报表能力"和"仪表板能力"是 BI 平台最关键的部分。

对于 BI 功能，企业比较看重报表能力、移动端、填报录入、管理驾驶舱这几项。超过半数的企业非常重视常规报表制作与展示和移动端 BI 功能。接近一半的企业期待用数据填报来解决企业内部数据采集和录入的问题，数据填报也是解决数据分散在 Excel、Word 中的有效办法。对于机器学习、自然语言识别、人工智能这些未来 BI 的功能，企业并不"感冒"，仅有一成的企业表示关注。这些功能更多的是停留在概念层面，目前仍处于炒作期，实际的使用场景还不多。

从部门层级来看，企业更多地希望 BI 能服务领导层与业务管理层。调研数据显示，超过 80% 的企业希望通过 BI 解决领导层与业务管理层的数据分析需求。其他层级尤其是 IT 的需求相对较低。这也表明国内企业对 BI 的主要期待在于寻求管理层的决策支撑，BI 结合业务才能体现真正的价值。

14.1.4 商业智能与商业智能工具

基于前文所述，我国企业亟须形成对 BI 的统一认知，并将 BI 与 BI 工具进行区分，从而共建稳定的市场环境，促进我国 BI 产业发展。在文献研究和企业调研的基础上，结合我国的市场环境，对 BI 作出如下定义：

商业智能（BI）是利用数据仓库、数据可视化与分析技术，将指定的数据转化为信息和知识的解决方案，其价值体现在满足企业不同人群对数据查询、分析和探索的需求，实现对业务的监测和洞察，从而支撑管理决策、提升管理水平、提高业务运营效率、改进优化业务。企业部署应用到实际生产环境中的 BI，通常被称为数据决策系统、报表分析系统、数据分析项目等，可以统称为 BI 系统。BI 系统一般符合三层技术架构，即数据底层、数据分析层、数据展示层，后文将详细介绍。

在数据领域生态图谱中，BI 工具作为大数据领域下一个细分领域，与数据可视化工具、数据挖掘工具同处于分析工具子领域中（见图 14-4）。因此 BI 工具与数据可视化工具、数据挖掘工具存在交集，如一些 BI 工具已经具备数据挖掘功能。但是三者之间的区别也很明显。数据可视化工具，专攻于让数据更炫、更精美的展示，有较高的技术门槛，如 Echarts，它是一个纯 java 的数据可视化库。数据挖掘工具，则是专攻于从大型数据集中发现并识别模式，如 R 语言、weka 等。

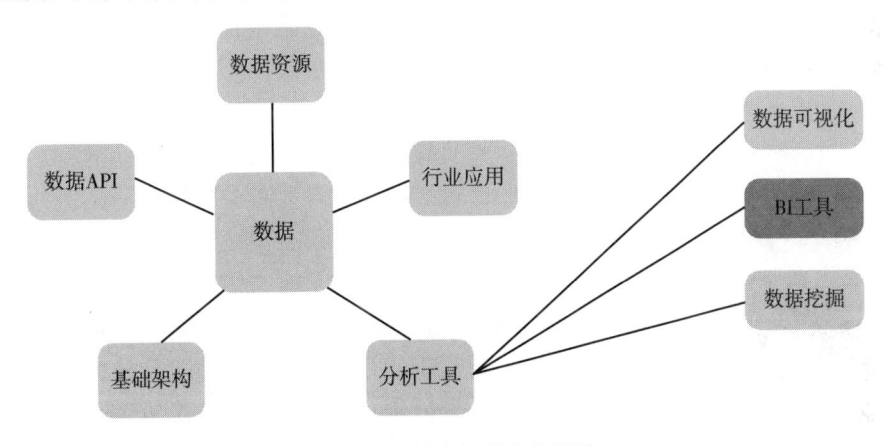

图 14-4 数据领域生态图谱

结合国内外 BI 工具的能力现状、企业需求和应用情况，以及 BI 工具在数据领域生态图谱中所处的位置，对 BI 工具做出如下定义：商业智能（BI）工具即狭义的商业智能，是指以数据可视化和分析技术为主，具备一定的数据连接和处理能力的软件工具，使用者能通过可视化的界面快速制作多种类型的数据报表、图形图表，满足企业不同人群在一定的安全要求和权限设置下，实现在 PC 端、移动端、会议大屏等终端上对数据的查询、分析和探索。

14.2　商业智能的价值

BI 的价值在于满足企业不同人群对数据查询、分析和探索的需求，帮助企业实现业务监测、业务洞察、业务优化、决策优化甚至数据盈利。实现业务监测、洞察、优化以及决策优化的前提是数据统一准确，BI 系统的上线会极大地推动企业数据标准的统一，解决数据孤岛等问题，否则 BI 也就丧失了业务监测、洞察的能力，无法为企业运营和管理赋能。具体地，BI 价值体现在支撑管理决策、提升管理水平、提高业务运营效率和改进优化业务四个方面。

14.2.1 支撑管理决策

企业数据驱动决策的需求促使了 BI 的诞生，因此支撑管理决策是 BI 最核心的目的，也是其最直接的价值。

某时装企业的 BOSS 交互屏系统，通过对已有的业务系统数据信息进行高效地分析，并将分析结果展示在领导办公室的显示屏上，让领导能直观、便捷地查看各个管理部门的财务数据指标，合理调度配置资源。该企业旗下 500 多个店铺的库存和财务数据，领导都能在交互屏和移动端上直接查看。据业务部门反馈，上线 BI 后，领导再也没有通过电话的方式向其索要财务数据。同时，业务部门每次汇报可直接参照办公室交互屏，边汇报边操作，集中精力进行业务分析，减少了在查看报表、核对数据上的时间浪费。

某化工集团通过 BI 系统对全国各地的耕地面积和施肥量进行了分析。化肥的使用量与有效耕地面积和作物种类有直接关系，所以及时了解各地的耕地面积变化和作物类型，对于评估市场容量、制定市场政策有重要作用。该集团的数据中心实现了与外部大数据平台的对接，能够及时了解全国各地耕地面积和施肥量需求变化，为管理层制定地区布局和销售策略提供了有力的依据。

某电气企业，利用 BI 对销售渠道的维护与拓展进行了梳理和分析，按照时间维度和区域维度对拓展计划达成率进行统计和对比，将渠道进行分类，统计不同渠道的销售额贡献情况，再与投入的资源作对比，从而辅助决策后续各渠道的资源投入占比，实现无效渠道的快速准确定位，避免浪费。

14.2.2 提升管理水平

在支撑管理决策的基础上，BI 还能够进一步帮助企业基于数据的透明和流程化，促进 PDCA 高效循环，并能形成一定的激励机制，提升管理水平。

某医院的高层领导每年会给各科室分配年度收入任务，该医院在 BI 系统上设计了年度科室总收入 TOP10 报表，高层领导发现积极优秀的科室后，及时进行表彰，并开展经验交流分享，帮助其他科室提高进步。中层领导在 BI 系统上根据自身科室的收入构成，进一步分析需要提高哪部分的收入，或者如果发现部分收入异常，如何调整。这样一来，医院的各级人员都有很明确的目标引导，整个医院的管理水平有了很大改善。

某连锁超市利用 BI 系统将 KPI 体系和赛马体系结合运营管理，在强化管理的同时又能调动业务部门的积极性和创造性。KPI 体系主要是上下级的任务分配，用惩罚施加压力。赛马体系则是同级之间的相互竞争，用奖励引导积极性。并且个人绩效奖惩和团队绩效奖惩并重，最终激发出业务部门的强大活力和创造力。

14.2.3 提高业务运营效率

除了管理层面上的价值，BI 在业务层面上也有出色的表现，最明显的一点是提高业务运营效率。业务运营过程中涉及的大量手工报表、人工统计、逐级取数等操作，都可以由 BI 来代替，既能减少人为干涉错误，提高数据的准确性，又可以提高效率，节省时间成本。

某行业的一家领军企业，其 OA 软件已经上线了 13 年，但在办事效率上并没有感受到明显的提升，员工在软件原因和人的原因中摇摆不定，争论不休，然而工作效率并没有任何起色。信息中心主动承担需求，开发流程绩效分析报表，每天通过微信和短信推送流程执行排名，并将此排名和人事部门绩效相结合。工具端和制度端双管齐下后，该企业的办事效率提高了 80%。

很多企业每月都有经营会议，使用 PPT 来复盘、分析工作的完成情况。但是在执行操作时，往往会出现表面意义大于实际内涵的情况。花费大量时间和精力制作的 PPT 并不能保证数据的完全准确，而且无法进入数据仓库产生再利用价值。某家化工企业利用 BI 工具进行了创新，让 IT 部门对月度经营分析报表进行信息化，并在每个会议室配备一个 iPad。此后的月度经营会议只需要报告者打开 iPad，基于数字演讲，开会时间直接从月中提前到了月初。还有某服装企业，利用 BI 系统将数据打通，生成实时报表，仅月报一项就减少了 20 个人的工作量。

14.2.4 改进优化业务

提高业务运营效率更多的是改善数据的准确性，减少相应的人力成本。而改进优化业务则是 BI 在业务层面上更重要的价值，能够从业务本身出发，完善整个业务体系，从而提升业务价值。

某电商公司为品牌商和零售商提供服务。作为服务商，核心竞争力就在于提供优质的服务，但是服务质量的评判成了一大难题。以前，该公司更多的是通过直观感受和个人经验，人为判断的结果可想而知。现在，该公司上线了 BI 系统，搭建了投诉分析模块，对每个部门制定了投诉指标。通过投诉分析模块，可以实时查看到当前各部门、各人员的被投诉数据和排名。有了量化后，下一步就是进行改善。在 BI 系统上对被投诉原因进行分析并采取处理措施后，经过近 1 年的努力，将月均投诉从 33 次减少到月均 7 次的水平，降幅达 79%，而且月均投诉次数仍在持续下降中。可以说 BI 对公司整个业务的改进优化起到了决定性的作用。

据《帆软白皮书》统计发现，某集团年产值近 600 亿元，每年花在辅料采购上的费用高达 30 多亿元。该集团的辅料采购依赖于一个经验丰富的采购员，IT 部门将他的采购经验固化为一些分析报表，并嵌入到采购系统中作为参考，经过一年的统计，在销售额不断增长的情况下，采购费用反而下降了5.1亿元，整个采购业务得到了极大的优化。

某连锁零售企业，利用BI有效地改善了生鲜业务运营过程中的库存盘点与出清、销售预测、产品定价等问题，实现了数字化生鲜运营。最终精简了30%的非生鲜SKU，生鲜折价损失额下降20%，线上订单数月环比增长高达65%，生鲜业务的价值大幅提升。

14.3 商业智能的功能与技术

14.3.1 功能架构

按照从数据到知识的处理过程，一般BI系统的功能架构如图14-5所示，分为数据底层、数据分析和数据展示三个功能层级。其中，数据底层负责管理数据，包括数据采集、数据ETL、数据仓库构建等；数据分析主要是利用查询、OLAP、数据挖掘，以及数据可视化等分析方法抽取数据仓库中的数据并进行分析，形成数据结论；最终通过数据展示呈现报表和可视化图表等数据见解。

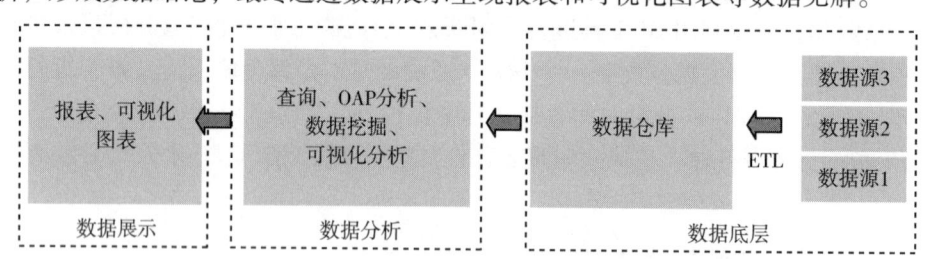

图14-5 商业智能系统的功能架构

14.3.2 商业智能的主要技术

对照BI的功能架构，BI的主要技术也可以分为展示类、分析类和支撑类三个层级，如图14-6所示。

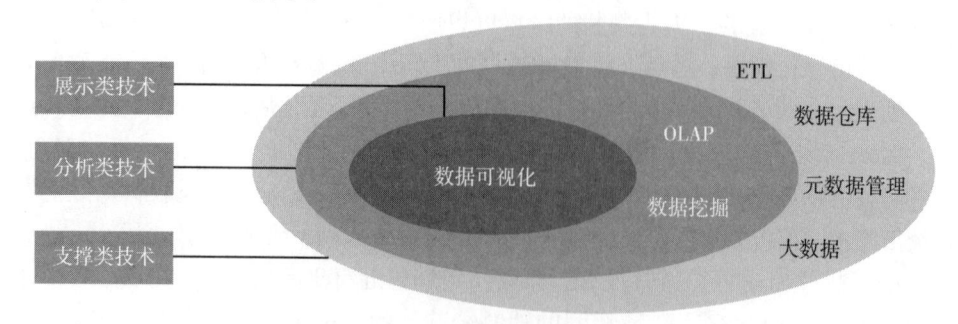

图14-6 商业智能的主要技术

最核心的是展示类的数据可视化技术，抛开企业数据量级的不同和深度分析的需求，数据可视化技术能够满足最基本的 BI 目标，即将数据转化为信息并辅助决策；数据可视化的具体形式又分为报表和可视化图表两大类，其中报表是我国大多数企业目前的主要数据展示形式。

数据可视化旨在借助于图形化手段，清晰有效地传达与沟通信息。其基本思想是将数据库中每一个数据项作为单个图元素表示，大量的数据集构成数据图像，同时将数据的各个属性值以多维数据的形式表示，可以从不同的维度观察数据，从而对数据进行更深入地观察和分析。例如柱形图、折线图和饼图等一些基础的图表就可以直观地展示出数据。当数据较为复杂时，可以通过复杂图表搭配多样的交互效果来将数据直观化。

其次是 OLAP、数据挖掘等分析类技术，能够基于现有数据提供更深入的洞察。数据挖掘技术需要一定数据量的支撑，而企业不一定要等到数据量足够大时才能应用 BI，结合我国企业的信息化现状，数据挖掘目前并不是 BI 系统的关键技术需求。

联机分析处理（online analytical processing，OLAP）主要关注多维数据库和多维分析。OLAP 委员会对联机分析处理的定义为：使分析人员、管理人员或执行人员能够从多种角度对从原始数据中转化出来的、能够真正为用户所理解的并真实反映企业维特性的信息进行快速、一致、交互的存取，从而获得对数据更深入了解的一类软件技术。

最后是支撑类技术，包括 ETL、数据仓库、元数据管理和大数据技术等，用于管理烦杂的、不断增长的企业数据，为整个 BI 系统体系提供持续的、强力的、稳定的支撑。

数据仓库（data warehouse）是一个面向主题的（subject oriented）、集成的（integrated）、相对稳定的（non-volatile）、反映历史变化（time variant）的数据集合，用于支持管理决策（decision making support）。数据仓库的出现，并不是要取代数据库。大部分数据仓库还是用关系数据库管理系统来管理的，数据库、数据仓库相辅相成、各有千秋。

ETL 是 Extract-Transform-Load 的缩写，用来描述将数据从来源端经过抽取（extract）、交互转换（transform）、加载（load）至目的端的过程。它是构建数据仓库的关键环节，数据仓库主要是为决策分析提供数据，所涉及的操作主要是数据的查询，所以 ETL 过程在很大程度上受企业对源数据的理解程度的影响，也就是说从业务的角度看数据集成非常重要。

大数据（big data）是指无法在一定时间范围内用常规软件工具进行捕捉、管理和处理的数据集合，是需要新处理模式才能具有更强的决策力、洞察发现力和流程优化能力的海量、高增长率和多样化的信息资产。顾名思义，大数据技术就是收集、存储、处理、分析大数据的相关技术。当前大部分企业已满足大数据的"5V"特征，因此，BI 引入大数据技术，旨在从大数据中快速获取价值。

元数据（metadata）又称中介数据、中继数据，用于描述数据属性的信息，是描述数据的数据（data about data）。其使用价值主要在于在识别资源、评价资源、追踪资源在使用过程中的变化、实现简单高效地管理大量网络化数据、实现信息资源的有效发现、查找、一体化组织和对使用资源的有效管理。由于元数据也是数据，因此可以用类似数据的方法在数据库中进行存储和获取。

14.3.3 功能需求与技术趋势

随着企业信息化水平的不断提高，在辅助决策这一核心目标不变的条件下，BI 在展示类、分析类和支撑类技术层面上都会进一步扩张，纳入更多的新兴技术。面对未来更快的数据增长、更多的数据类型，以及更复杂的数据应用场景，如何提供更强力的支撑，如何产出更精准的数据见解来辅助决策将是企业需要重点考虑的问题。目前大数据技术已经趋于成熟，支撑类技术在一段时间内将减缓甚至停止扩张，未来 BI 的功能和技术需求将围绕精准决策发展。

1. 国内外信息化水平和市场环境存在差异，BI 发展趋势需要因地制宜

加特纳在 2019 年的 *Magic Quadrant for Analytics and Business Intelligence Platforms* 报告中对 2020 年 BI 产品的发展趋势进行了预测，其中，引入增强分析、自然语言处理和语音生成等 AI 技术将是主流。需要注意的是，与欧美发达国家相比，我国信息化水平整体较为落后，尤其是非互联网行业。现阶段 AI 技术还不够智能，成熟度仍有待提升，在 BI 中贸然引入 AI 反而可能会带来消极影响，我国的 BI 更需要贴合中国的市场环境和中国企业的实际需求。针对国内 BI 市场的调研数据表明，我国企业对 AI + BI 模式暂无明显需求，目前 AI 与 BI 仅存在极小的重合部分，仍是泡沫。表 14 – 2 中整理了国内外研究机构对 BI 发展趋势的不同预测。

表 14 – 2　　　　　　　　国内外 BI 功能需求与发展趋势预测

国外	国内
·到2020 年，增强分析将成为新用户购买 BI 产品、数据科学和机器学习平台、以及嵌入式分析的主要驱动力 ·到2020 年，有 50% 的分析查询会通过搜索、自然语言处理或语音生成，或者自动生成 ·到2020 年，为用户提供对内部和外部数据策划目录的访问权限的组织将从分析投资中获得 2 倍的业务价值 ·到2020 年，业务部门的数据和分析专家数量的增速将是 IT 部门专家的 3 倍，这会迫使企业重新考虑其组织模式和技能 ·到2021 年，自然语言处理和会话分析这两个功能，会在新用户、特别是一线工作人员中，将分析和商业智能产品的使用率从 35% 提升到 50% 以上	·易用性、稳定型、功能、大数据分析能力是当前我国企业选型 BI 时的主要考虑因素 ·报表制作、移动端、填报录入、管理驾驶舱是当前我国企业选型 BI 时重点关注的功能 ·在我国企业 2 年内最需要的 BI 功能中，图像处理、语音工程和文本分析等功能排在最后 ·在我国企业未来 3~5 年将会应用的 BI 功能中，图像处理、语音工程和文本分析等功能依然排在最后，占比均不足 20% ·我国企业的 BI 建设在未来 5 年内将仍然以数据管理和数据分析为主；预计在 2025 年左右，我国的 BI 将迈入智能化阶段

资料来源：Gartner/帆软数据应用研究院，2019。

2. 根据国内外的不同趋势预测,结合国内市场环境,得出以下结论:

(1) BI 未来最主要的趋势是与 AI 技术融合,但是目前在中国仍是泡沫;
(2) 我国企业的 BI 建设在未来 5 年内将仍然以数据管理和数据分析为主;
(3) 预计在 2025 年左右,我国的 BI 将开始迈入智能化阶段。

当然,随着 AI 技术和 BI 系统的不断成熟,AI 在 BI 中的应用将会越来越多,二者重合的部分也越来越多,但是因为它们存在本质上的区别,因此不会完全重合,如图 14-7 所示。

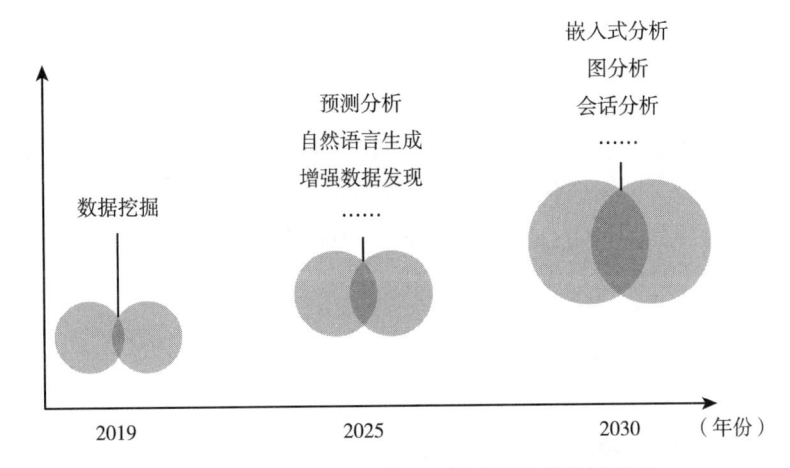

图 14-7 国内企业 BI 与 AI 技术融合的发展趋势

14.4 商业智能工具

BI 工具是以数据可视化和分析技术为主,具备一定的数据连接和处理能力的软件工具,使用者能通过可视化的界面快速制作多种类型的数据报表、图形图表,可以满足企业不同人群在一定的安全要求和权限设置下,实现在 PC 端、移动端、会议大屏等终端上数据的查询、分析和探索。按照技术发展和对用户需求的响应,当前 BI 工具可以分为报表式 BI、传统式 BI 和自助式 BI 三类。

14.4.1 报表式 BI

报表式 BI 工具主要面向 IT 人员,适用于各类固定样式的报表设计,通常用来呈现业务指标体系,支持的数据量相对不大。国内的报表式 BI 于 1999 年左右开始起步,在 2013 年趋于成熟。由于国内企业对于格式的纠结和坚持,当前我国非常多的企业对表格式报表仍然情有独钟,解决中国式复杂报表经常成为企业选型的重点需求。

报表式 BI 大多都采用类 Excel 的设计模式，虽然主要面向的对象是 IT 部门，但是业务人员也能快速学习和掌握，并在既定的数据权限范围内，制作一些基本的数据报表和驾驶舱报表。例如 FineReport 自主研发的 HTML5 图表，可以满足不同人群的视觉展示需求，也可以进行一些简单的即席分析操作，如图表类型的切换、排序、过滤等。

14.4.2 传统式 BI

传统式 BI 同样面向 IT 人员，但是侧重于 OLAP 即席分析与数据可视化分析。传统式 BI 以 Cognos 等国外产品为代表，其优势是在大数据量上的性能和稳定性，劣势也十分明显——数据分析的能力和灵活性差。2012 年，全球知名的咨询机构 Forester 的报告显示，在拥有传统式 BI 的企业或机构中，83% 以上的数据分析需求无法得到满足，这表明很多企业重金打造的 BI 系统几乎成了摆设，收效甚微。此外，项目耗资不菲、实施周期极长、项目风险大、对人才要求高等特征，也不利于传统 BI 的推广和普及。

14.4.3 自助式 BI

由于传统式 BI 的缺陷屡遭诟病，以及业务人员数据分析需求的增长，自助式 BI 开始快速成长起来。自助式 BI 面向业务人员，追求业务与 IT 的高效配合，让 IT 人员回归技术本位，做好数据底层支撑；让业务人员回归价值本位，通过简单易用的前端分析工具，基于业务理解轻松地开展自助式分析，探索数据价值，实现数据驱动业务发展。

2014 年起，自助式 BI 工具迎来了高速发展，可视化数据分析、Self-BI 在国内市场集中出现，传统式 BI 开始衰退。需要注意的是，自助式 BI 也有其适用范围，企业在选择时应综合考虑自身需求与自助式 BI 的特征。自助式 BI 主要有以下四项优势。

（1）数据量的灵活性。尽管传统 BI 工具具备较好的大数据量处理性能，但是在一些数据量较小的企业就显得笨重，拥有更简单的思路却不能使用更简单的处理方式。自助式 BI 则更加灵活，其具备大数据量处理能力，在面对小数据量时，分析更为轻松。

（2）产品采购的成本下降。采购传统 BI 工具的成本偏高，还有一些额外的培训、服务咨询成本。自助式 BI 产品工具只着重解决某些问题，不一定需要大而全。

（3）项目周期缩短、人力成本降低。以前项目周期主要消耗在 ETL 处理和数据仓库建模、性能优化等方面。如今，建模的要求不再那么高，性能优化在大多数场景下也不再是问题。项目周期从以前的按月或年为单位快速地减少到按天、周、月为单位。

（4）IT 驱动逐步走向业务驱动。IT 负责基础数据架构的整理和接口开放维护，业务人员自行进行快速的可视化分析和报表分析维护。

总而言之，当企业存在业务人员自主分析、解决重点关注问题、灵活应对小数据量业务、快速迭代项目周期等需求时，自助式 BI 将是一个明智的选择。

最后需要注意的是，三类 BI 产品分别适用于不同的场景，不是相互替代的关系。它们将长期共存，供企业按需选择，直到信息化基础条件发生根本的改变。

14.5　商业智能生态系统

数据有限而价值无限，每个企业都想从数据金矿中采炼更多，但知易行难，遇到不少问题。有的为基础数据治理费心，有的为数据分析平台应用率低、价值不明显而伤神。价值不是讲出来的，而是用出来的。很多公司曾经花费了巨额资金、耗时一年多搭建的商业智能（BI）系统荒废了。

机构通过调研发现，BI 系统应用成功面临四大挑战：数据人才的培养、数据的整合与治理、与管理层及业务部门的配合以及 IT 部门自身的能力提升。据《帆软白皮书》统计，被这四大问题困扰的企业均超过 50%。另外，衡量数据分析的价值产出、公司重视程度或预算投入这两项挑战也占据了较大的比例，占比均超出 40%。还有 13.95% 的被调研企业认为，项目风险的控制也是 BI 价值产出的一道阻碍，风险控制不善将会给企业带来非常大的损失。

所以，BI 项目能不能成功，能不能持续产生令人满意的价值，不仅取决于 BI 系统这一技术要素，还取决于当前企业的文化氛围、管理制度、IT 和数据部门的素质能力、IT 部门与业务部门的沟通配合等，即数据价值的产出，跟公司大环境、跟人、跟信息化平台都紧密相关。这些关键要素的存在和彼此关系，就如同大自然一样，是一个整体统一的系统。

在 BI 系统中引入生态学思维，可以构建 BI 生态系统。企业在建设和运营 BI 系统的时候，应当站在整个生态系统的层面上，综合各项要素，构建 BI 生态系统。

BI 系统的本质是数据分析与可视化，是为了更好地呈现数据来辅助决策与运营。结合生态学思维，BI 系统的未来，便是 BI 生态系统（business intelligence ecosystem），即商业智能生态系统。如图 14-8 所示，BI 生态系统，首先它是个 BI 系统，其次它是生态的。BI 系统以及存在其之上的制度文化、协调沟通、流程配合、技术能力等影响数据价值产出的关键因素，共同构成了一个不可分割的、有序关联结合的、充满活力生机的整体。

通过构建这种紧密结合的有机整体，方能有效率地、可持续地产出数据价值。

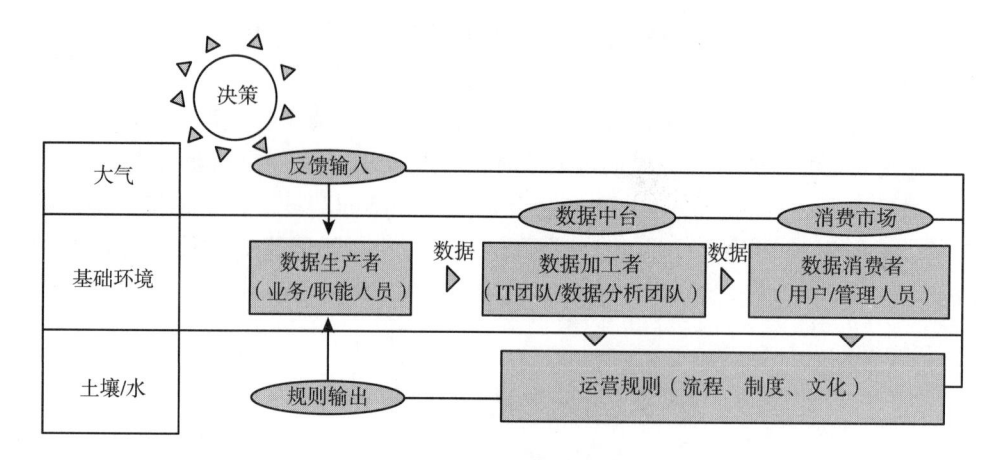

图 14-8　BI 生态系统的数据循环

从 BI 系统到 BI 生态系统，不止是词面意义的变化，更是内在发生了根本变化，这是升维的过程，是"天人合一"与"知行合一"的实践。

用图 14-9 来表示 BI 生态系统，其核心能力为持续输出数据价值，关键的支撑模块为 BI 系统（基础环境）、运营规则和参与者（数据生产者、数据加工者、数据消费者）。

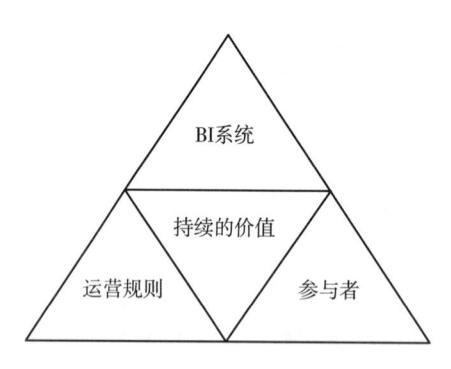

图 14-9　BI 生态系统的核心能力

相应地，企业在构建 BI 生态系统时，也应围绕三大关键支撑模块展开。

（1）选用合适的技术平台，并尽最大可能发掘其功能和价值，上文已提到，这里不再赘述。

（2）参与者都要找到自己在数据价值链上的位置，关注自身成长，也要考虑人与人之间的协同配合，然后付出相应的权利和义务。管理层的定位是有力的支持者，需要领导层能够理解大数据，重视大数据的价值，理解大数据建设是一个系统性的工程，并且能给企业的 IT 人员带来更多有利的支撑。业务人员的定位是有力的配合者，需要业务人员无论高中基层都要积极主动做好配合，明确信息化的事是所有人的事。IT 部门的要务在于如何持续产出。积极性与主动性、人员的技术能力与综合能力，以及企业的制度与文化氛围等都是影响 IT 部门价值产出的重要因素。

（3）通过对运营规则的设计和优化，塑造一个良好的工作或文化环境，增强人与人之间的关系和价值产出，保持 BI 生态系统的良好运转。BI 系统是需要有管理思想在里面的，否则难以最大化发挥价值。所以运营规则的设计，需要秉承"数据管理双驱动模型"理念，让数据链和管理链更好地运转。管理层从管理链输出压力，将业绩目标层层转化为数据指标；BI 系统从数据链提供信息，将基础数据层层提炼，形成有效信息，给管理层决策提供数据支持。围绕数据链，核心是要保障数据畅通，有效的途径是进行数据资产管理。围绕管理链，核心是施行数据化管理，让更多的精力放在经营分析上，可采取的方式有优化报表体系或重新搭建经营指标体系、更加理解用户或是促进形成数据驱动的文化等。

BI 生态系统是站在更高的层面上，让数据产出持续价值的系统化方案，也是非技术角度下的 BI 未来重要发展方向。对于已经上线了 BI 的企业来说，BI 生态系统是指导更进一步的方法，甚至是转败为胜的方法。对于还没有上线 BI 的企业来说，BI 生态系统提供了一套方法论，告诉你应该怎么做，应该怎么避免走别人走过的弯路，如何更快地产出数据价值。

14.6　本章小结

第一，商业智能的定义涵盖四个方面：输入，数据（内部、外部；结构、半结构、非结构）、事实、关系；方法，数据存储、ETL、数据分析、多维分析、预测等技术；产物，有价值的知识、信息；目的，辅助科学决策、发掘商业价值。

第二，商业智能是利用数据仓库、数据可视化与分析技术，将指定的数据转化为信息和知识的解决方案，其价值体现在满足企业不同人群对数据查询、分析和探索的需求，实现对业务的监测和洞察，从而支撑管理决策、提升管理水平、提高业务运营效率、改进优化业务。

第三，商业智能工具即狭义的商业智能，是指以数据可视化和分析技术为主，具备一定的数据连接和处理能力的软件工具，使用者能通过可视化的界面快速制作多种类型的数据报表、图形图表，满足企业不同人群在一定的安全要求和权限设置下，实现在 PC 端、移动端、会议大屏等终端上对数据的查询、分析和探索。

第四，商业智能的价值在于满足企业不同人群对数据查询、分析和探索的需求，帮助企业实现业务监测、业务洞察、业务优化、决策优化甚至数据盈利，具体地，体现在支撑管理决策、提升管理水平、提高业务运营效率和改进优化业务四个方面。

第五，商业智能系统的功能架构分为数据底层、数据分析和数据展示三个功能层级。其中数据底层负责管理数据，包括数据采集，数据 ETL，数据仓库构建等；数据分析主要是利用查询、OLAP、数据挖掘，以及数据可视化等分析方法抽取数据仓库中的数据并进行分析，形成数据结论；最终通过数据展示呈现报表和可视化图表等数据见解。

第六，商业智能系统的主要技术也可以分为展示类、分析类和支撑类三个层级。

第七，商业智能工具是以数据可视化和分析技术为主，具备一定的数据连接和处理能力的软件工具，可以分为报表式 BI、传统式 BI 和自助式 BI 三类。

第八，商业智能生态系统的核心能力为持续输出数据价值，关键的支撑模块为 BI 系统（基础环境）、运营规则和参与者（数据生产者、数据加工者、数据消费者）。

14.7　本章关键术语

商业智能（business intelligence）
联机分析处理（online analytical processing，OLAP）
数据仓库（data warehouse）
面向主题（subject oriented）
管理决策支持（decision making support）
ETL（Extract-Transform-Load）
大数据（big data）
元数据（metadata）
商业智能生态系统（business intelligence ecosystem）

第 15 章

企业资源计划

【引导案例】

雀巢的 ERP 风险之旅

2000年6月，总部位于瑞士的食品巨头雀巢公司与SAP签署了一份价值2亿美元的合同，此后又追加8000万美元用于咨询和维护，在世界范围内推进ERP项目，加强对全球80多个国家的200多家分公司和分支机构的管理。

理智的人都知道，实施ERP未必是件好事，雀巢公司的豪举更受到了资本市场的怀疑。雀巢公司宣布实施ERP一年之后，跟踪雀巢股票走势的恒生银行分析师对雀巢股票做了降级处理。并认为：从长远意义而言，ERP系统可能会给雀巢带来好处，但就中短期影响而言，形势并不乐观，因为这个项目试图实行集权化管理，由此将触及原来分散式的企业文化，这样做的风险很大，一旦触及公司文化的深层，风险就会不期而至。

1. 美国分公司打头阵

实际上，雀巢公司实施ERP的总部集体行动，并非是一时心血来潮步美国分公司的后尘。雀巢美国分公司总部位于加州的格伦代尔，员工数约为16000人，2020年营业收入为81亿美元，拥有雀巢公司旗下的众多品牌，有饮料部、糖果与快餐部、食品服务部、外贸部、营养品部、精制食品部、销售部7大业务部。

1997年，雀巢美国分公司率先在SAP帮助下实施ERP项目，代号取为BEST（business excellence through systems technology），预计需要6年时间，预算成本为2.1亿美元（与后来母公司ERP投资相当），初步定于2003年第一季度完成。

随着时光隧道进入2003年，雀巢美国分公司副总裁兼CIO杰丽·杜恩（Jeri Dunn）喘了一口长气，似乎经过漫长黑暗的穿行之后，终于看到了隧道尽头的光明。但是，雀巢美国分公司 ERP 的实施并非一帆风顺，期间数次遭遇难以解决的瓶颈问题，犯下了若干沉重代价。在管理相对规范、IT 支持系统较发达的美国分公司尚且如此，在全球其他分公司推行 ERP 的难度就可想而知了。实际上，雀巢的 ERP 之旅不仅引起业界的广泛关注，更值得业界深思的是：这些教训不仅仅应该引起总公司的警戒，对于其他急于实施 ERP 项目的公司也有非常强烈、现实的教育意义。

杰丽·杜恩坦言，自从负责（美国分公司）八九个自治的分支机构，推行通用的流程、系统和组织结构，总公司就要管理 80 多个国家的分公司，做相同的事情，只是级别高一些罢了。

如果抱着一种盲目乐观的心态，当然就不会遇到抵触情绪和痛苦经历，那么未来项目实施可能会令人极度失望。

雀巢公司全球 ERP 项目将投入 5 亿美元，用于升级硬件、软件和数据中心，然后再与即将完工的美国分公司 ERP 集成到一起。杰丽·杜恩已经将其手下 70 余名员工借调去参加母公司的全球项目，利用他们来之不易的经验、教训，避免再犯同样错误。雀巢美国分公司实施 ERP 的过程尽管异常艰难——员工抱怨甚至愤怒；流程再造成本昂贵；项目实施没完没了；但杰丽·杜恩坚信这样做很值得，截至目前，BEST 项目已经为美国分公司节省了 3.25 亿美元的开支，供应链改善的回报结果相当高（雀巢公司总部不在美国，不必向 SEC 披露财务信息，所以具体的官方数字不详）。

即使不考虑 BEST 项目的投资回报，雀巢公司从 ERP 实施中学到的经验和教训也是一笔无价之宝。杰丽·杜恩认为从这个项目中得到的最大教训就是：重大软件项目的实施其实不是软件的事，而是管理的变革。"如果不管业务的运作情况，只是安装 ERP 软件，18~24 个月内就完全可以搞定，不过，第 19~25 个月你可能就要准备下岗。"

有些道理听起来很简单，说起来更是滔滔不绝。但只有亲身经历过才知道其中深刻和刻骨铭心的道理。雀巢公司通过自己艰难的实践，体会到实施全球 ERP 不只是简单的软件安装，正如杰丽·杜恩所言：上马 ERP 时，你正在试图改变人们传统的工作方式、挑战他们的原则、信念及延续了多年的做事风格。

2. 香草的刺激

香草可能是世界上最不够刺激的东西，其英文单词就有"刺激性小"之意，但在雀巢美国分公司，香草却非常刺激，因为它刺激了雀巢公司领导们麻木的神经，提醒他们雀巢公司的运行效率曾经多么低下，曾经错失了多少良机！

在 1991 年之前，雀巢公司只是一些独立运营的混合体，产品品牌归瑞士母公司所有。1991 年，雀巢美国分公司成立，品牌管理被统一重组到这家新公司。尽管如此,它仍然只相当于一家控股公司,而不是一个完整的统一体。虽然各个分支机构都需要向雀巢美国分公司报告工作,但各自的地理位置很分散,商业决策也有相当大的自主权。完全是"诸侯割据,各霸一方"的局面。雀巢美国分公司曾试图引入一些通用做法,整合分散的组织,实现规模经济,提高运作效率,但是,多年的自治运营成为了一道不可逾越的障碍。

1997年,当项目组对雀巢美国分公司的各种系统进行检查时,发现管理极其混乱,雀巢公司的每个工厂都从同一家供应商处购买香草,但互不沟通,所以供应商就漫天叫价,同是香草居然支付29种不同的价格!以前没有注意到这一点是因为每家分支机构和工厂都根据自己的意愿给香草编制代号。甲可能编为1234,后面有一套规范说明,乙可能编为7778,所以公司根本就无法进行比较。

更令人头痛的是,各个分支机构还特别喜欢自治式的业务运营,母公司早就知道这个问题,所以在1991年成立了雀巢美国分公司,统一品牌管理,以期达到"削藩"的效果。当时杰丽·杜恩是雀巢著名品牌 Stouffer's Hotels 应用系统的副主管,被召集到瑞士帮助设计公司全球项目的通用方法,制定每家分公司都要遵循的技术标准,以便将来借助集团购买力实现节流的目的,并增进各个分支机构间的数据共享。

1997年,杰丽·杜恩返回美国,出任雀巢美国分公司的CIO,这个时候,她才发现一件很尴尬的事,在瑞士总部制定的那些建议很少被采用,做标准的只管做标准,而不管实施,换言之,理论与实践基本脱节,实施标准也只是总部信誓旦旦的一句口号。

3. 用ERP"统一"雀巢帝国

1997年春天,杜恩回美国之前,雀巢美国分公司主席兼CEO乔·韦勒(Joe Weller)提出了"一体化雀巢"的口号,力图将各个分散的品牌整合到一个高度统一的公司中。6月,杰丽·杜恩和主管财务、供应链、渠道及采购的高级经理组成了一个主要利益相关者小组,总结研究公司哪些地方做得好,哪些地方做错了,然后将发现的结果呈报高层领导核心,以便决策时参考。

杰丽·杜恩描述当时的情形,深感实际情况有多糟糕,公司有9个不同的分类账务,28个客户条目,还有很多采购系统,对于跟某家供应商做了多少笔交易,连公司自己人都不清楚,因为每家工厂都有自己的采购组,只根据自己的需要进行采购。

他们很快就给韦勒(Weller)拿出了一份蓝图,列出了认为在3~5年内可以获得重大改进的地方,建议采用SAP的ERP系统重整公司业务流程,杜恩说,"显而易见,这将是一次业务流程再造,不改变业务运行模式,就无法达到预期的目标,随后的整合将出现难以预想的困难,每一个身处其中的人,都深知这不是一个软件项目。"

尽管在实施之前就打了这样的"预防针",但是后来惨不忍睹的事实仍证明:无论韦勒还是那些参与方案制订的主要利益相关者,都没有真正理解BEST项目将如何改变雀巢公司的业务流程及可能导致的痛苦程度,因为他们把ERP当成了一个纯软件项目。

1997年10月,雀巢美国分公司召开ERP项目誓师大会,由50名高层业务经理和10名高级IT专家组成实施小组。目标是制定一套对公司各个分支机构都适用的通用工作程序,所有部门的功能——制造、采购、财务、销售等,都必须抛弃原有的方式,接受新的"一体化雀巢"理念。

另外,还有一个技术小组用了18个月的时间,检查各个部门的所有条目数据,考虑如何实现一个全公司通用的结构,从那时起,各个分支机构的香草代码都被编为1234。ERP系统可以根据统一的业务流程,在各个部门被定制化。例如,在供应链一环,小组并没有使用SAP的产品,因为SAP的供应链管理模块理念太新,隐藏的风险太大,雀巢转向SAP的合作伙伴Manugistics,这家公司的供应链模块遵循SAP的标准,可以很容易地集成到SAP的ERP系统中。

1998年3月,ERP项目已经有了眉目,首先实施SAP的5个模块——采购、财务、销售与配送、应收账款与接收账款及Manugistics的供应链模块,每个分支机构都将采用这五大模块,如糖果部采购组和饮料部采购组使用的最佳准则和数据是一样的。

4. 一盘散沙

开发工作始于1998年7月,其中4个模块(3个SAP模块和一个Manugistics模块)要求在2000年之前完成。虽然事先制定了进度表,但由于一些代码修改及千年虫问题,在匆忙完成既定任务的同时,又出现了大量的新问题,其中最为棘手的是逆反心理在不同阶层中开始滋生。员工的逆反情绪源于项目启动时犯下的一个重要错误:主要利益相关小组中没有来自那些受到新系统和业务流程直接影响的团体的代表。所以,结果总是令销售部和其他部门的领导不满,因为变革所带来的东西与他们并没有实质性的利害关系。杰丽·杜恩称之为是她犯下的近乎致命的错误。

2000年年初,项目实施陷入混乱,工人不知道如何使用新系统,甚至连新的工作流程都不明白。没有人想学习业务运作的新方式,公司士气低落,预测产品需求的员工流动率高达77%,计划制订者不情愿也无法抛弃熟悉的电子表格,而转向复杂的Manugistcis模块,部门主管和他们手下员工一样迷茫。抱怨增多的时候,ERP的实施出现了停滞甚至撤退。当时杰丽·杜恩每天接到的求助电话高达300个,现在她承认,当时认为这些变革是可管理的想法是多么的幼稚。

很快又出现了一个技术问题。由于解决千年虫问题的时间非常紧迫,那些负责推进改革的人面临很大的压力,项目小组在匆忙之中忽略了模块之间的集成点,一时陷入迷茫,不知道如何将各个部门实现协同工作。虽然所有采购部门都使用通用的代码和系统，遵循通用的过程。但它们的系统并没有跟财务部、计划部和销售部集成在一起。例如，一名销售人员可能已经给一个很有价值的大客户打了一个折扣，并将结果输入到新系统，但账务接收人员却不知晓，当该客户按折扣率付款之后，账务接收人员却以为他只支付了一部分款项，还有欠款。原来的品牌管理过于散乱，而过程整合又很匆忙，项目组在推进过程做法的时候忽略了部门之间的整合工作。

2000年6月，项目搁浅，公司撤销另一联合组长的职务，将其分配到瑞士总部工作，改由杰丽·杜恩全面负责雀巢美国分公司的ERP项目。这个行动充分显示出总部对美国分公司ERP项目的不满。2000年10月，杰丽·杜恩召集雀巢美国分公司的19名主要利益相关者和业务主管，聚集在一起开了3天检讨会。

经过激烈的讨论，小组成员痛定思痛，所有最初的革新需要重新开始，先分析业务需求，再制定结束日期，不能像以往将项目套进一个预先设定结束日期的模子，并且还得出两点结论：首先必须确保得到主要部门领导的支持，其次要确保所有的员工都确切知道正在发生什么变化，何时、为什么及如何发生的。

5. 结局：痛苦但却划算

2001年4月，规划设计结束，项目小组有了一套可遵循的详细说明方案，一个月之后，公司任命了一名流程改革主管，专门负责各个分支机构和项目小组之间的联络沟通，协同杰丽·杜恩会见更多的部门领导，并定期调查员工受新系统影响的程度，以配合项目的实施。例如，雀巢公司最近将一个制造软件包的实施推迟了6个月，因此反馈的信息表明用户对变革过程还没有适应。

众所周知。实施ERP项目要花费大量的资金和漫长的时间。Forrester公司的一位分析师在最近做的一项调查中发现，54%的受访者反映他们的项目持续了两年以上的时间，其他46%的受访者认为在两年内初见成效。雀巢美国分公司的ERP项目不管从时间还是资金上，都远远有些太过。

杰丽·杜恩并不掩饰自己犯过的失误并勇于承认，善于总结，她也没有因为项目的漫长和经历的种种困难而感到沮丧。她认为运行ERP不宜采用工程性做法，只有稳扎稳打才能成功。实施ERP项目之后。需求预测准确了，节省了大量资金，雀巢美国分公司已经获得了很显著的投资回报。

过去，当一名销售员将一组数字传送给需求规划人员时，发现他们根本就不理解这些数据的含义，接着需求规划人员就将那组数字又原封不动地传送给工厂，工厂也不明白需求规划者和销售员的数据要求。然后，工厂还要花费大量的精力再修改这些数字。当ERP就绪之后，通用的数据库和业务流程就可以对各种产品进行高可信度的需求预测，并且，由于整个雀巢美国分公司使用的都是相同的数据，预测的准确度就可以达到配送中心一级，这样，当一个地方积压了太多的某类产品而另一个地方却不足的情况发生时。公司就可以减少库存和再配送的开支。杰丽·杜恩说公司因为 ERP 系统而节省了 3.25 亿美元的开支，供应链改善的贡献率相当高。

如果上天能给雀巢美国分公司 CIO 杰丽·杜恩一次重新实施 ERP 项目的机会，她将首先专注于改革业务流程、制定通用的大宗买进框架，然后再安装软件。面对历时 6 年，即将结束的这项浩大的工程，一向爽快干练的杰丽·杜恩感慨万千："若先上系统，那仅仅是在安装软件，而不是执行方案，安装软件和执行方案之间存在很大的区别。"

问题

1. 本案例中，雀巢公司在它漫长的 ERP 项目之旅的过程中犯下了几个严重的错误，这是导致它在实施 ERP 项目时花费的时间与资金都远远超过其他企业的最重要原因，雀巢公司 ERP 项目实施的教训是什么？

2. 通过本案例的描述，联系周围所了解的，你认为企业在全面实施 ERP 项目过程中可能会遇到的主要风险有什么？

3. 重大软件项目实施的关键是什么？

资料来源：[美] 斯蒂芬·哈格. 信息时代的管理信息系统（原书第 9 版）[M]. 北京：机械工业出版社，2019.

15.1　企业资源计划的概念

在激烈的全球市场竞争中，无论是流程式制造业还是离散式制造业，无论是从事单件生产、多品种小批量生产、少品种重复生产，还是从事标准产品大批量生产，制造业内部管理都可能遇到以下一些问题：企业拥有卓越的销售人员推销产品，但是生产线上的工人却没有办法如期交货；车间管理人员则抱怨说采购部门没有及时供应他们所需要的原料。实际上，采购部门的效率过高，仓库中囤积的某些材料 10 年都用不完，仓库库位饱和，资金周转很慢；许多公司要用 6~13 个星期的时间才能计算出所需要的物料量，所以订货周期只能为 6~13 个星期；订货单和采购单上的日期和缺料单上的日期都不相同，没有一个是肯定的；财务部门不信赖仓库部门的数据，不以它来计算制造成本……

以上这些情况正是大多数企业目前所面临的一个严峻的问题。20 世纪 90 年代以来，随着企业信息处理量的不断加大，企业资源管理的复杂化也不断加大，这要求信息的处理有更高的效率，传统的人工管理方式难以适应这些要求，必须要依赖于计算机信息系统来实现。大多数企业使用了多种形式的计算机辅助管理系统，各个部门的工作效率有了显著的提升，如财务会计、人事工资、库存管理、档案管理等。然而，这些仅仅是企业部门孤立的信息化，并不是企业整体的信息化，因为单个部门效益的提升，并没有带来企业整体效益的提升。生产计划人员在安排生产时，无法通过孤立的信息系统获知生产车间的产能现状，导致生产能力不均、产品积压；采购人员无法通过系统获知各生产物料的库存量和需用量，所以库存难以控制；生产管理人员无法即时获知生产订单在各个工序上的完工状态，所以产品成本和质量难以控制；企业销售人员无法获得产品和市场的状态信息，所以也难以做出准确的预测。

因此，企业整体效益的提升来自充分的信息共享和整体业务的优化、业务信息的有效集成，信息的集成要求扩展到企业整个资源的利用和管理，需要统一的、实时的信息共享和业务的整体协调，以消除信息孤岛所带来的沟通不畅和资源利用困难的现象。ERP正是专门为解决企业信息集成而产生的系统解决方案。基于信息技术的基础，利用现代企业的先进管理思想，把企业的计划、采购、生产、财务、营销等各个环节有效地集成起来，为企业提供决策、计划、控制与管理的系统化的平台。

ERP是企业资源计划（enterprise resource planning）的简称，是20世纪90年代美国Gartner Group咨询公司根据当时计算机信息技术的发展及企业对供应链管理的需求，预测在今后信息时代企业管理信息系统的发展趋势和即将发生变革而提出的概念。它以信息技术为基础，利用先进的管理思想，对企业所拥有的人力、资金、材料、设备等所有资源进行综合平衡和充分考虑，为企业提供决策、计划、控制与经营业绩评估的全方位和系统化的管理平台。它代表了当前在全球范围内最广泛、最有效的一种企业管理方法，这种管理方法通过计算机软件得到体现，因此ERP也代表一类企业管理软件系统。可以从管理思想、软件产品、管理系统三个层次给出ERP的定义。

(1) ERP是20世纪90年代美国Gartner Group咨询公司提出的一整套企业管理系统体系标准，其实质是在MRP Ⅱ（manufacturing resource planning）基础上进一步发展而成的面向供应链（supply chain）的管理思想。

(2) ERP是综合应用了客户机/服务器体系、关系数据库结构、面向对象技术、图形用户界面、第四代语言（4GL）、网络通信等信息产业成果，以ERP管理思想为灵魂的软件产品。

(3) ERP是整合了企业管理理念、业务流程、基础数据、人力、物力、计算机硬件和软件于一体的企业资源管理系统。

15.2 企业资源计划的发展过程

随着计算机软硬件技术的发展，企业管理信息系统不断地吸收新的管理理念，扩大管理的范围并逐步发展强大起来。ERP系统的发展大致经历了时段式MRP、闭环式MRP、MRP Ⅱ、ERP等发展阶段，目前正向新一代ERP Ⅱ协同商务发展。

15.2.1 时段式 MRP

MRP（material requirement planning）是20世纪60年代为解决订货点法存在的缺陷而提出的，它首先将物料需求区分为独立需求和相关需求并分别加以处理。独立需求是指需求量和需求时间由企业外部的需求来决定，如客户订购的产品、售后维修需要的备品、备件等；相关需求是指根据物料之间的结构组成关系由独立需求的物料所产生的需求，如零部件、原材料等的需求。其次在库存状态数据中引入了时间分段的概念。所谓时间分段，就是给库存状态数据加上时间坐标，即按具体的日期或计划时区记录和存储状态数据，从而解决了何时订货及订货数量的问题。

MRP的基本思想是：首先从最终产品的生产计划（独立需求）导出相关物料（原材料、零部件等）的需求量和需求时间（相关需求），然后根据物料的需求时间和生产（订货）周期来确定其开始生产（订货）的时间。

基本 MRP 的依据是主生产计划（master production schedule，MPS）、物料清单（bill of material，BOM）和库存信息。

1. 主生产计划

主生产计划（master production schedule，MPS）是确定每一具体的最终产品在每一具体时间段内生产数量的计划。主生产计划详细规定生产什么、什么时段应该产出，它是独立的需求计划。主生产计划根据客户合同和市场预测，将经营计划或生产大纲中的产品系列具体化，使之成为展开物料需求计划的主要依据，起到了从综合计划向具体计划过渡的承上启下作用。

2. 产品结构与物料清单

MRP系统要正确计算出相关需求物料的数量和时间，首先要知道企业所制造的产品结构和所有要使用到的物料。产品结构列出构成成品或装配件的所有部件、组件、零件等的组成、装配关系和数量要求。为了便于计算机识别，必须把产品结构图转换成规范的数据格式，这种用规范的数据格式来描述产品结构的文件就是物料清单（bill of material，BOM）。它必须说明组件（部件）中各种物料需求的数量和相互之间的组成结构关系。

3. 库存信息

库存信息是保存企业所有产品、零部件、在产品、原材料等存在状态的数据库。在MRP系统中，将产品、零部件、在产品、原材料甚至工装工具等统称为"物料"。为便于计算机识别，必须对物料进行编码。物料编码是MRP系统识别物料的唯一标识。

（1）现有库存量：是指在企业仓库中实际存放的物料的可用库存数量。

(2) 计划收到量（在途量）：是指根据正在执行中的采购订单或生产订单，在未来某个时段物料将要入库或将要完成的数量。

(3) 已分配量：是指尚保存在仓库中但已被分配掉的物料数量。

(4) 提前期：是指执行某项任务由开始到完成所消耗的时间。

(5) 订购（生产）批量：在某个时段内向供应商订购或要求生产部门生产某种物料的数量。

(6) 安全库存量：为了预防需求或供应方面的不可预测的波动，在仓库中经常应保持最低的库存数量作为安全库存量。

15.2.2 闭环式 MRP

MRP 能够根据有关的数据计算出相关物料需求的准确时间与数量，但它还不够完善，其主要缺陷是没有考虑到生产企业现有的生产能力和采购的有关条件的约束。因此，计算出来的物料需求的日期有可能因设备和工时的不足而没有能力生产，或者因原料的不足而无法生产。同时，它也缺乏根据计划实施情况的反馈信息对计划进行调整的功能。正是为了解决以上问题，MRP 系统在 20 世纪 70 年代发展为闭环式 MRP 系统。

闭环式 MRP 系统在时段式 MRP 的基础工业上增加了反馈功能，除了物料需求计划外，还将生产能力需求计划（capacity requirement planning，CRP）、车间作业计划和采购作业计划全部纳入 MRP 系统，并在计划执行过程中加入来自车间、供应商和计划人员的反馈信息，利用这些信息平衡调整计划，从而使生产的全过程围绕物料需求计划形成了一个封闭的系统。

闭环式 MRP 的基本原理是企业根据发展的需要与市场的需求来制定企业生产规划；根据生产规划制订主生产计划，同时进行生产能力与负荷的分析，主要是针对关键资源的能力与负荷的分析过程，只有通过对该过程的分析，才能达到主生产计划基本可靠的要求。再根据主生产计划、企业的物料库存信息、产品结构清单等信息来制订物料的需求计划；由物料需求计划、产品生产工艺路线和车间各加工工序能力数据（即工作中心能力）生成对能力的需求计划，通过对各加工工序的能力平衡，调整物料需求计划。如果这个阶段无法平衡能力，还有可能修改主生产计划；采购与车间作业按照平衡能力后的物料需求计划执行，并进行能力的控制，即输入输出控制，并根据作业执行结果反馈到计划层。因此，闭环式 MRP 能较好地解决生产计划与控制的问题（如何时、何地、需要何种物料、需要多少、何时下单等），大大地降低了企业延期交货的现象，并提高了用户服务水平。闭环式 MRP 的主要缺陷在于由 MRP 系统处理物流，由财务系统处理资金流将造成数据录入的重复和不一致；没有充分考虑到资金流与物流数据的同步集成。

15.2.3 MRP Ⅱ

闭环式 MRP 系统的出现，使生产活动方面的各种子系统得到了统一。但这还不够，因为在企业的管理中，生产管理只是一个方面，它所涉及的是物流，而与物流密切相关的还有资金流。这在许多企业中是由财务人员另行管理的，这就造成了数据的重复录入与存储，甚至造成数据的不一致性。于是人们想到，应该建立一个一体化的管理系统，避免不必要的重复性工作，减少数据间的不一致性现象和提高工作效率。实现资金流与物流的统一管理，要求把财务子系统与生产子系统结合到一起，形成一个系统整体。20 世纪 80 年代，在 MRP 的基础上，人们将 MRP 的信息共享程度扩大，使生产、财务、销售、工程技术、采购等紧密结合在一起，共享有关数据，集成为一个全面管理生产的一体化的系统，并称为制造资源计划（manufacture resource planning）系统，英文缩写还是 MRP，为了区别物料需求计划系统（也缩写为 MRP）而记为 MRP Ⅱ。

MRP Ⅱ 实质是以 MRP 为核心的闭环生产计划与控制系统。MRP Ⅱ 中的资源包括人力、物料、设备、能源、资金、空间和时间。MRP Ⅱ 第一次真正地把财务子系统与生产子系统结合到一起，使得制造、财务、销售、采购及工程技术等信息得到了统一集成，形成了以生产计划为主线，通过运用科学方法对企业的各种制造资源与产、供、销、财各个环节进行有效的计划、组织和控制，使企业的物流、信息流、资金流流动畅通。同时，MRP Ⅱ 能动态监察产、供、销的全部生产过程，做到了在企业部门之间数据共享和数据统一，实现了企业整体效益和资金流与物流的信息集成。

15.2.4 ERP

自 20 世纪 80 年代以来，顾客需求瞬息万变、技术创新不断加速、产品生命周期不断缩短、市场竞争日趋激烈，过去单一的生产模式变成了混合型的生产模式，MRP Ⅱ 在应对这些复杂和多变的混合生产时，已经无法准确地适应企业的管理需要；由于 MRP Ⅱ 是通过对计划的及时滚动来控制整个生产过程，相比起更加快捷的互联网来说显得及时性较差，只能实现事后控制。同时，企业越来越强调利润控制的作用，因此简单的财务数据和生产数据的集成，已经无法满足管理控制的要求。正是在这种形势下，ERP 随之产生。

ERP 是先进的现代企业管理模式，主要实施对象是企业，目的是将企业的各个方面的资源（包括人、财、物、产、供、销等因素）合理配置，以使其充分发挥效能，使企业在激烈的市场竞争中全方位地发挥能量，从而取得最佳经济效益。ERP 系统在 MRP Ⅱ 的基础上扩展了管理范围，提出了新的管理体系结构，在设计中不仅考虑了企业自己的资源，还考虑了经营过程中的有关各方，如供应商、制造工厂、分销网络、客户等，从而把企业的内部和外部资源有机地结合在一起。这里充分贯彻了供应链的管理思想，将用户的需求和企业内部的制造活动及外部供应商的制造资源一同整合，体现了完全按客户需求制造的思想。

在 ERP 系统的这种设计思想中体现出以下两个方面。

（1）它把客户需求和企业内部的制造活动及供应商的制造资源整合在一起，体现了完全按用户需求制造的思想，这使得企业适应市场与客户需求快速变化的能力增强。

（2）它将制造业企业的制造流程看作是一个在全社会范围内紧密连接的供应链，其中包括供应商、制造工厂、分销网络和客户等；同时将分布在各地所属企业的内部划分成几个相互协同作业的支持子系统，如财务、市场营销、生产制造、质量控制、服务维护、工程技术等，还包括对竞争对手的监视管理。ERP 系统提供了可对供应链上所有环节进行有效管理的功能，这些环节包括订单、采购、库存、计划、生产制造、质量控制、运输、分销、设备与维护、财务管理、人事管理、实验室管理、项目管理、配方管理等。

从系统功能上来看，ERP 系统虽然只是比 MRP II 系统增加了一些功能子系统，但更为重要的是这些子系统的紧密联系及配合与平衡。正是这些功能子系统将企业所有的制造场所、营销系统、财务系统紧密地结合在一起，从而实现全球范围内的多工厂、多地点的跨国经营运作；其次，传统的 MRP II 系统将企业归类为几种典型的生产方式进行管理，如重复制造、批量生产、按订单生产、按订单装配、按库存生产等，对每一种类型都有一套管理标准。而在 20 世纪 80 年代末 90 年代初期，企业为了紧跟市场的变化，纷纷从单一的生产方式向混合型生产发展，而 ERP 则能很好地支持和管理混合型制造环境，满足了企业的这种多角度经营需求；最后，MRP II 是通过计划的及时滚动来控制整个生产过程，它的实时性较差，一般只能实现事中控制。而 ERP 强调企业的事前控制能力，它可以将设计、制造、销售、运输等通过集成并行地进行各种相关的作业，为企业提供了对质量、适应变化、客户满意、效绩等关键问题的实时分析能力。

15.2.5　ERP II

2000 年，Gartner 再一次提出了一个全新的概念——ERP II，并且预言，ERP II 将取代 ERP 而成为企业信息化管理的发展趋势之一。

Gartner 给 ERP II 的定义是：ERP II 是通过支持和优化企业内部和企业之间的协同运作和财务过程，以创造客户和股东价值的一种商务战略和一套面向具体行业领域的应用系统。为了区别于 ERP 对企业内部管理的关注，Gartner 在描述 ERP II 时，引入了"协同商务"的概念。协同商务（collaborative commerce，CC），是指企业内部人员、企业与业务伙伴、企业与客户之间的电子化业务的交互过程。为了使 ERP 流程和系统适应这种改变，企业对 ERP 的流程及外部的因素提出了更多的要求，这就是 ERP II。

ERP II 与 ERP 的主要区别是 ERP II 强调了协同商务的作用。下面从 ERP II 的特点来说明其对于 ERP 的优势。ERPⅡ系统包含如下 6 个基本特征，分别从业务、应用和技术方面定义了其战略取向。

（1）ERPⅡ的作用。从传统 ERP 的资源优化和业务处理，扩展到利用企业间协作运营的资源信息，并且不仅仅是电子商务模式的销售和采购。

（2）领域。ERPⅡ的领域已经扩展到非制造业。

（3）功能性。超越传统通用的制造、分销和财务部分，而扩展到那些针对特定行业或行业段业务。

（4）业务处理。从注重企业内部流程管理发展到外部联结。

（5）系统结构。与单调的 ERP 系统结构不同，ERPⅡ系统结构是面向 Web 和面向集成设计的，同时是开放的、组件化的。

（6）数据处理方式。与 ERP 系统将所有数据存储在企业内部不同，ERPⅡ面向分布在整个商业社区的业务数据进行处理。

可以看出，除了系统结构不同外，ERPⅡ的这些特征代表了传统的 ERP 的扩展，体现了新一代 ERP 的发展趋势。

15.3 ERP 系统

由于各个 ERP 厂商的产品风格与侧重点不尽相同，因而其 ERP 产品的模块结构也相差较大。除实际的产品外，从企业的角度来描述 ERP 系统的功能结构，即 ERP 能够为企业做什么，它的模块功能到底包含哪些内容。

从管理职能而言，ERP 系统主要涉及企业的人、财、物、信息资源的管理和对产、供、销过程的管理，同时这些管理职能将会涉及业务处理、运行控制、管理控制和战略计划等 4 个层次。总之，ERP 系统是将企业所有资源进行整合集成管理，简单地说是将企业的物流、资金流、信息流三大流进行全面一体化管理的管理信息系统。ERP 系统的功能模块不同于以往的 MRP 或 MRPⅡ的功能结构模块，它不仅可以用于生产企业的管理，而且在许多其他类型的企业，如一些非生产、公益事业的企业也可以导入 ERP 系统进行资源计划和管理，它应该包括 4 个层次的资源管理和过程管理职能，至少应包括财务子系统、成本管理子系统、生产计划与控制子系统、市场销售子系统、采购管理子系统、库存管理子系统、人力资源子系统、设备管理子系统、质量管理子系统、高层战略管理子系统。

15.3.1 财务子系统

在 ERP 的整个方案中，财务子系统是不可或缺的一部分。ERP 中的财务子系统与普通的财务软件不同，作为 ERP 系统中的一部分，它和系统的其他子系统有相应的接口，能够相互集成。企业中的人、财、物、产、供、销等所有活动都须以货币的形式反映到财务系统中，留待财务子系统的处理和加工；反过来，财务子系统又可为其他子系统提供必要的信息，以影响和促进其他子系统的管理。财务子系统主要包括会计核算模块和财务管理模块。

1. 会计核算模块

会计核算模块主要用来记录、核算、反映和分析资金在企业经济活动中的变动过程及其结果。具体包括利用各种台账文件对货币资金、银行借款、固定资产、供应过程、生产过程、销售过程等发生的经济活动进行业务处理，由总账、应收账、应付账、现金、固定资产、工资、多币制等部分构成。

（1）总账模块。它的功能是处理记账凭证输入、登记、输出日记账、一般明细账及总账分类、编制主要会计报表。它是整个会计核算的核心，应收账、应付账、固定资产核算、现金管理、工资核算、多币制等各模块都以其为中心互相传递信息。

（2）应收账模块。企业应收的由于商品赊欠而产生的正常客户欠款。它包括发票管理、客户管理、收款管理、账龄分析等功能。它和客户订单、发票处理业务相联系，同时将各项事件自动生成记账凭证，导入总账。

（3）应付账模块。会计中的应付账是企业应付购货款等账，它包括发票管理、供应商管理、支票管理、账龄分析等。它能够与采购模块、库存模块完全集成以替代过去烦琐的手工操作。

（4）现金管理模块。主要是对现金流入流出的控制及零用现金及银行存款的核算。它包括对硬币、纸币、支票、汇票和银行存款的管理。在 ERP 中提供了票据维护、票据打印、付款维护、银行清单打印、付款查询、银行查询和支票查询等与现金有关的功能。此外，它还与应收账、应付账、总账等模块集成，自动生成凭证，导入总账。

（5）固定资产核算模块。完成对固定资产的增减变动及折旧有关的计提和分配的核算工作。它能够帮助管理者对目前固定资产的现状有所了解，并能通过该模块提供的各种方法来管理资产，以及进行相应的会计处理。

它的具体功能有：登录固定资产卡片与明细、计算折旧、编制报表，以及自动编制转账凭证，并转入总账。它由应付账、成本、总账模块集成。

（6）多币制模块。这是为了适应当今企业的国际化经营，对外币结算业务的要求增多而产生的。多币制将企业整个财务系统的各项功能以各种币制表示和结算，且客户订单、库存管理及采购管理等也能使用多币制进行交易管理。多币制与应收账、应付账、总账、销售、采购等各模块都有接口，可以自动生成所需的数据。

（7）工资核算模块。自动进行企业员工的工资结算、分配、汇总及各项相关经费的计提。它能够登录工资、打印工资清单及各类汇总报表，计提各项与工资有关的费用，自动生成凭证，导入总账。这一模块是与总账、成本模块集成的。

2. 财务管理模块

财务管理模块的功能主要是基于会计核算的数据，再加以分析，从而进行相应的预测、管理和控制活动，它侧重于财务计划、控制、分析和预测。具体内容包括根据前期财务分析做出下期的财务计划、预算；利用会计核算提供的数据实施各项财务分析并做出相应的财务决策（如投资决策、融资决策、股利决策等）。

15.3.2 成本管理子系统

成本管理子系统主要承担制订计划成本、核算成本、分析成本及控制成本的任务，满足会计成本核算的事前预测、事后核算分析的需要，是整个生产系统实现闭环控制的重要环节。在企业生产经营活动中，成本管理的作用是有组织地、系统地运用预测、计划、控制、核算、分析、考核等方法，对构成产品成本的各种因素及影响产品成本的各个经营环节实施管理，以达到降低成本、提高经济效益的目的。成本管理子系统与财务、生产、库存、销售等系统全面集成，利用该系统可以更准确、快速地进行成本费用的归集和分配，提高成本计算的及时性和正确性。同时通过定额成本的管理、成本模拟、成本计划，能够更为有效地进行成本预测、计划、分析和考核，提高企业对成本的管理水平。工业企业成本管理工作的内容大致包括成本核算、成本计划、成本预测、成本控制、成本分析等环节。

1. 成本核算功能

通过用户对成本核算对象的定义，对成本核算方法的选择，以及对各种费用分配方法的选择，自动对从其他系统传递的数据或手工录入的数据进行汇总计算，输出用户需要的成本核算结果或其他统计资料。

2. 成本计划功能

成本计划是以统一的货币形式，产生企业规定计划期内的产品生产耗费和各种产品的成本水平计划方案。主要由产品单位成本计划、生产费用预算、产品销售收入计划及毛利等构成。

3. 成本预测功能

运用移动平均、年度平均增长率，对部门总成本和任意产量的产品成本进行预测，满足企业经营决策的需要。

4. 成本控制功能

企业的生产制造过程是动态的，成本的产生过程也是动态的。随着生产制造过程的进行，各种成本数据也随之产生，这样企业可以在掌握生产计划的同时也掌握有关的成本与会计数据,并随时根据成本中心执行的情况,加以必要的控制和调整。

5. 成本分析功能

可以对分批核算的产品进行追踪分析,计算部门的内部利润,对历史数据对比分析,分析计划成本与实际成本的差异。

15.3.3 生产计划与控制子系统

生产计划与控制子系统是 ERP 系统的核心所在,它将企业的整个生产过程有机地结合在一起,使企业能够有效地降低库存,提高效率。同时各个原本分散的生产流程的自动连接,也使生产流程能够前后连贯地进行,而不会出现生产脱节,耽误生产交货时间。

生产计划与控制子系统是一个以各类计划为导向的先进的生产、管理方法的集合。这些计划构成一个多层次的阶梯结构。生产计划与控制子系统将综合分析各类计划及相关信息(关键设备等),制订月度生产计划和月度生产准备计划;生产处则根据单产品综合日程计划、年度、季度生产计划和生产准备及生产完成情况进行处理,综合生产月度计划,切实保证节点。ERP 系统中生产计划部分中最典型的是主生产计划、物料需求计划和能力需求计划。

15.3.4 市场销售子系统

市场销售子系统是从产品的销售计划开始,对其销售产品、销售地区、销售客户各种信息的管理和统计,并对销售数量、金额、利润、绩效、客户服务做出全面的分析,帮助企业的销售人员完成客户档案及信用管理、产品销售价格管理、销售合同管理等一系列的销售事务,为企业的销售人员提供客户的信用信息、产品的订货情况及产品的销售情况和获得情况,指导企业的经营活动顺利进行,提高企业的客户服务水平,使企业的市场适应能力增强,始终能在竞争中保持优势地位。市场销售子系统与库存管理、成本管理、生产计划与控制等子系统有着紧密的联系。市场销售子系统一般包括销售计划管理功能模块、销售合同管理模块及客户档案管理功能模块。

销售计划管理功能模块主要用以编制建议排产计划和编制销售计划。建议排产计划是全厂安排活动的重要依据,制订时应综合考虑市场的预测情况、指令性计划、历年生产统计数据、合同汇总数据等参数。

销售合同管理模块是 ERP 的入口,所有的生产计划都是根据其下达并进行排产的,而销售合同的管理贯穿产品生产的整个流程。销售合同管理模块主要包括合同的登记、合同执行情况的维护和跟踪、销售合同的统计与分析等内容。

客户档案管理功能模块能对客户的相关信息实现查询和统计分析功能,用来实时掌握客户需求情况和动态，并对其进行分类管理，进而对其进行针对性的客户服务，以达到最高效率的保留老客户、争取新客户。

15.3.5 采购管理子系统

采购管理子系统是对采购业务过程进行组织、实施与控制的管理过程，可以帮助采购人员控制并完成采购物料从请购计划、采购下达、采购到货处理及到货接收检验入库的全过程，有效地监控采购计划的实施，采购成本的变动及供应商交货履约情况，为采购部门和财务部门提供准确、及时的信息，并辅助管理决策。采购管理子系统能够随时提供订购、验收的信息，跟踪和催促对外购或委托加工的物料，保证货物及时到达，从而帮助采购人员选择最佳的供应商和采购策略，确保采购工作高质量、高效率及低成本地执行。采购管理子系统应支持多币种采购，与生产、库存、应付管理及成本等子系统均有良好的接口。

借助采购管理子系统，采购需求信息由生产等其他部门直接下达，无须手工录入采购订单，只要将采购项目合并下达即可自动生成采购单，方便、灵活。采购物品收货检验后可按已分配的库存货位自动入库，并及时更新库存，同时由成本与应付子系统完成结转采购成本及应付款的工作，无须财务人员手工填制凭证。

15.3.6 库存管理子系统

仓库在整个生产企业中是连接生产、采购、销售的中转站，是生产过程必备的周转场所。库存管理子系统用来控制存储物料的数量，帮助企业的仓库管理人员对库存物品的入库、出库、移动和盘点等操作进行全面的控制和管理，以达到降低库存、最小限度地占用资金、杜绝物料积压与短缺现象，提高客户服务水平，保证生产经营活动顺利进行的目的。

库存管理子系统是一个多层次的、动态的、真实的库存控制管理系统，可以从多种角度管理库存物品的库存数量、库存成本和资金占用情况，如从级别、类别、货位、ABC 分类等角度，以便用户可以及时地了解和控制库存业务各方面的准确情况和数据。库存管理子系统与采购、生产、销售、成本等子系统之间有着密切的联系，如采购物料通过库存接受入库，生产所需的原材料和零部件通过仓库发放，产品由成品仓库发货，库存物料成本及占用资金由成本管理来核算等。

15.3.7 人力资源子系统

以往的 ERP 系统基本上都是以生产制造及销售过程（供应链）为中心的，因此，长期以来一直把与制造资源有关的资源作为企业的核心资源来进行管理。但近年来，企业内部的人力资源开始越来越受到企业的关注，被视为企业的资源之本。在这种情况下，人力资源管理作为一个独立的模块，被加入 ERP 系统，和 ERP 中的财务、生产系统组成了一个高效的、具有高度集成性的企业资源系统，它与传统方式下的人事管理有着根本的不同。

人力资源子系统一般由招聘管理、档案管理、薪资管理、考勤管理、差旅核算、辅助决策等几个模块组成。人力资源子系统通过强大的招聘管理实现对人才频繁流动的人力资源进行互动管理；通过档案管理记录员工各方面的变化，查询员工的历史资料；通过薪资管理实现企业薪酬体系的标准化、规范化管理及工资的核算与发放等工作；通过考勤管理、差旅核算等模块实现对每一位员工的出勤情况、差旅情况进行管理；通过辅助决策模块，可以使企业发现人才、选拔人才、留住人才，从而优化人力资源。

招聘管理模块主要对招聘过程、招聘的成本进行科学管理，从而优化招聘过程，降低招聘成本，为选择聘用人员的岗位提供辅助信息，并有效地帮助企业进行人才资源的挖掘。招聘管理包括招聘需求申请、审批、发布招聘信息、建立测评试题库、测试成绩管理、录取与招聘评估等活动。

档案管理模块主要记录和管理人员的各种信息及相关的信息变动情况，并提供多角度的统计分析功能。在档案管理模块中，建立起人员的各种信息中心，包括人员的培训信息、人员的考勤信息、人员的职位信息、人员的业绩管理信息等。

薪资管理模块主要提供工资核算、工资发放、经费计提、统计分析等功能。根据公司跨地区、跨部门、跨工种的不同薪资结构及处理流程制定与之相适应的薪资核算方法；能够支持工资的多次或分次发放、代扣税或代缴税及银行代发工资或现金发放工资等功能；经费计提的内容和计提的比例可以进行设置。

考勤管理模块主要提供员工出勤情况的管理，帮助企业完善作业制度。主要包括各种假期的设置、班别的设置、相关考勤项目的设置，以及请假单的管理、加班迟到早退的统计、出勤情况的统计等。提供与各类考勤机系统的接口，并为薪资管理模块提供相关数据。

差旅核算模块能够自动控制从差旅申请、差旅批准到差旅报销的整个流程，并且通过集成环境将核算数据导入财务成本核算模块。

辅助决策模块对于企业人员、组织结构编制的多种方案，进行模拟比较和运行分析，并辅之以图形的直观评估，辅助管理者做出最终决策；制定职务模型，包括职位要求、升迁路径和培训计划，根据担任该职位员工的资格和条件，系统会提出针对本员工的一系列的培训建议，一旦机构改组或职位变动，系统会提出一系列的职位变动或升迁建议；进行人员成本分析，可以对过去、现在、将来的人员成本做出分析及预测，并通过 ERP 集成环境，为分析企业成本提供依据。

15.3.8 设备管理子系统

设备管理子系统通过对企业的设备与仪器台账的基本信息、运行情况、保养情况、故障和事故情况处理、设备使用部门的变动情况及有关备件管理等信息的管理，使各级部门能及时地了解设备从安装、使用、变动到报废等过程的信息。

设备管理子系统主要包括设备台账管理、设备统计、备件库存管理、编制设备大修计划等功能。其中设备台账是设备管理的基础，它包括设备的一般特性、设备的状态数据和设备的能力数据等部分；在设备台账的基础上，建立设备统计台账文件，并根据此文件按时做出各种统计报表；根据备件库的出库、入库单据，登记备件的库存流水文件和累计台账文件，对备件库的收、支、存进行统计，实现备件库存管理；根据设备的完好状态、修理周期和年度生产大纲对设备能力的要求，编制较为合理的重点设备大修计划，并依据大修任务的负荷和维修车间的维修能力进行能力测算和平衡。

15.3.9 质量管理子系统

质量管理子系统也是ERP系统的一个重要组成部分。因为质量的好坏直接关系到企业的生存与发展。在日益强化保护消费者权益的今天，质量管理尤为重要，质量管理的活动覆盖企业生产经营活动的全过程，从供应商的开发、原材料的采购、产品的制造到产品的销售、售后服务等都贯穿了质量管理活动。

质量管理子系统主要通过对原材料质检信息、半成品质检信息、产成品质检信息及产品售后质量反馈信息的收集、统计、分析，向企业的各级管理人员提供企业各环节的质量分析报告，使他们能及时地了解质量信息及存在的问题，及早采取措施，避免不必要的损失，提高企业的信誉。质量管理子系统与采购管理子系统、车间作业管理子系统、销售管理子系统是高度集成的，并且有着灵活的接口，企业可以根据各自的具体特点进行接口的设置。

15.3.10 高层战略管理子系统

每个组织均有一个最高领导层，如公司总经理和各职能领域的副总经理组成的委员会，这个子系统主要为他们服务。该系统主要提供信息查询、决策支持、日常公文处理、会议安排、内部指令发送、外部信息交流及制定竞争策略和融资战略等辅助支持功能。

15.4 ERP实施

在引入ERP系统的过程中，系统的实施是一个极其关键也是最容易被忽视的环节。项目实施的成败最终决定着ERP效益的充分发挥。通常，ERP项目的实施应当包括企业内、外信息集成两个方面，大致包括ERP实施前期准备、系统实施及系统实施后评价等阶段。

15.4.1 ERP 实施前期准备

软件购买安装之前，称为前期准备工作阶段。这个阶段非常重要，关系项目的成败，但往往为实际操作所忽视。这个阶段的工作主要包括以下内容。

1. 总体规划，分步实施

在实施 ERP 项目之前，企业要根据实际需求和现实技术经济能力，规划企业是先安装 MRP Ⅱ 还是直接安装 ERP；是以资金流为核心还是以物流为核心；是分阶段分步实施还是全面实施；哪一部分先安装哪一部分后安装；每一个子系统或模块的功能与要实现的具体目标各类信息的分类、编码、数据的来源与去向、共享关系等。总之，首先要对 ERP 项目做统筹规划，在科学规划的基础上再按管理上的急需程度、实施中的难易程度等确定优先次序，在效益驱动、重点突破的指导下，分阶段、分步骤实施。科学的实施方法可以起到事半功倍的作用，保证 ERP 项目的顺利推行。

2. 设立专门项目组织

ERP 的实施是一个大型的系统工程，管理改革要配合进行。为了保证项目按计划进度顺利实施，需要组织上的保证，如果项目的组成人选不当、协调配合不好，将会直接影响项目的实施周期和成败。因此通常要成立三级项目组织，即项目领导小组、项目实施小组和职能组。

ERP 系统不仅是一个软件系统，它更多的是先进管理思想的体现，关系到企业内部管理模式的调整、业务流程的变化及相关人员的变动，所以必须坚持"一把手原则"。企业的最高决策人要亲自参加到 ERP 的实施中，并与系统相关的副总一起组成项目领导小组，负责制订计划的优先级、资源的合理配置、重大问题的改变及政策等。

ERP 项目实施工作主要是由项目实施小组来推动、完成的，项目实施小组非常重要，主要负责制订实施计划，并监督执行；负责指导、组织和推动职能组的工作，积极参与业务改革；负责组织原型测试，模拟运行 ERP 系统，并提出有关意见；负责把 ERP 培训贯彻落实到企业的各个层次；负责按要求收集数据，录入数据，并编制企业的 ERP 数据规范；负责制定岗位工作准则及提交各个阶段的工作报告等。项目实施小组的组长，也就是该项目的项目经理，要有足够的权威、较强的组织能力和项目管理能力，同时要对企业的管理情况、产品、工艺流程非常熟悉，有丰富的项目管理和实施经验。项目实施小组其他成员一般由企业主要业务部门的主管、业务骨干、计算机系统维护人员等构成。

职能小组是指各个具体业务的执行人员，是实施 ERP 系统的核心，一般由各个部门的主要业务操作人员组成，完成部门的 ERP 项目实施工作任务或进行 ERP 项目专题讨论。职能小组要在项目实施小组的领导下，根据部门工作的特点，制定本部门的 ERP 项目实施方法与步骤，熟练掌握与本部门各业务工作点有关的软件功能，提出具体意见，包括业务改革的执行意见。

3. 教育与培训

ERP 作为管理技术和信息技术的有机结合，是对企业级的信息集成，它应用到企业的方方面面，涉及每个部门、每个员工，其在管理上所反映出的思想和理论通常比实际运作中的要先进，这首先要求企业各级管理层要不断学习先进的管理理论，如精益生产、准时制生产、供应链管理、全面质量管理等。这是因为只有企业的各级管理者及员工才是真正的使用者，真正了解企业的需求，只有他们理解了 ERP，才能判断企业需要什么样的 ERP 软件，才能更有效率地运用 ERP。对企业高层领导和 ERP 项目涉及的人员分不同层次、不同程度进行软件具体功能的培训，使他们掌握 ERP 的基本原理和管理思想，这是 ERP 系统应用成功的思想基础，同时，对企业高层领导和 ERP 项目人员进行的培训要贯穿 ERP 的整个实施过程，定期和不定期地召开研讨会，了解系统实施的最新成果。培训的类型有理论培训、实施方法培训、项目管理培训、系统操作应用培训、计算机系统维护等。

4. 软件选型

现在市场上声称能提供 ERP 系统软件和实施服务的软件供应商或咨询公司有一二百家，作为应用企业就要从这些纷扰繁杂的信息中，找到真正适合自己的 ERP 产品和合作伙伴。ERP 软件系统功能涉及企业生产和管理的方方面面；不同的 ERP 软件所关注的重点可能有所不同，就算是同样的功能也可能各具特色；而不同的企业也具有不同的特点，因此一个企业要选择一个合适的 ERP 软件就需要做相当多的工作。

在选型过程中，首先，要知己知彼。知己，就是要弄清楚企业的需求，即先对企业本身的需求进行细致地分析和充分地调研，做好需求分析的工作；知彼，就是要弄清软件的管理思想和功能是否满足企业的需求，了解 ERP 系统目前的发展情况和优缺点，可以避免日后由于前期过高的期望值而带来的失望。这两者是相互交织进行的，可以通过软件的先进管理思想找出企业现有的管理问题，特定的软件则可能由于自身的原因，不能满足企业一定的特殊需求，也需要一定的补充开发。其次，还要了解实施的环境，这里的环境包括两个方面：国情（如财务会计法则等一些法令法规，还包括系统汉化等）、行业或企业的特殊要求。根据这些运行流程和功能，从"用户化"和"本地化"的角度为 ERP 选型。

实施 ERP 是一个庞大的综合性系统工程，其中软件选型尤为重要。目前 ERP 软件有国内、国外的，还分不同行业类型的，其设计理念目前还是具有一定的差异性的。所以需要筛选出适合本企业的不同软件厂家及顾问公司，并进行实质性的了解，避免把精力投入过大的范围。另外，在选型过程中，对其他企业的多轮参观，可以使企业中高层管理者发现自身管理在同级营业规模企业中所处的层次，这对将来结合企业战略发展方向进行整体 IT 规划具有非常重要的指导意义。

15.4.2 ERP 实施

ERP 系统实施主要包括数据准备、系统安装调试、软件原型测试、原型模拟运行、新系统的切换运行、ERP 实施评价和企业业务流程重组等。

1. 数据准备

在运行 ERP 系统之前，要准备和录入一系列基础数据，重视基础数据的整理、修改和完善。基础数据量大，涉及面广，主要分为初始静态数据、业务输入数据、业务输出数据。初始静态数据，如物品代码、物品工艺路线、库存数据、工作中心数据等；业务输入数据，如物品入库数据、出库数据与销售订单数等；相应的业务输出数据有物品库存数据、可用库存量与物品的计划需求量等，数据整理要满足 ERP 系统的格式要求，并确保其正确性、完整性和规范性。

2. 系统安装调试

在人员、基础数据已经准备好的基础上，就可以将系统软件安装到企业中，系统安装调试包括软件、硬件的安装与调试，硬件的规划应考虑企业的现有资源，作较全面的考虑，包括考虑各种数据业务的采集，可通过与硬件供应商合作，制订与建立企业的硬件系统建设方案。在未详细规划企业的 ERP 应用工作点前，必须优先考虑在计划中心或一些主要的业务部门建立初步的系统安装与调试工作点，在建立后续的应用工作点时，再安装相应的软件。

3. 软件原型测试

这是对软件功能的原型测试（prototyping），根据收集的数据，录入 ERP 软件，进行系统的测试。这一阶段，企业的测试人员应在实施顾问的指导下，系统地进行测试工作。因为 ERP 的业务数据、处理流程相关性很强，不按系统的处理逻辑处理，则录入的数据无法处理，或根本无法录入。例如，要录入物品的入库单，则必须先录入物品代码、库存的初始数据等。

4. 用户化及模拟运行

（1）用户化与二次开发。由于不同的企业在生产规模、生产类型、管理机制、人员素质、企业的外部环境等方面往往都大不相同，即使是同一个企业，随着科技进步和市场需求的变化，它的产品组合、工艺技术、生产规模、供应协作关系等也在发展和变化，企业的管理方式和方法也必须随之作相应的变化。因此，对每个企业都完全适用的商品化软件是不存在的。因此，不论企业采用国外的软件还是国内的软件，都面临着系统的用户化和二次开发的任务。一般地，对界面的二次开发应尽量减少，重点放在报表与特殊的业务需求功能上。用户化一般指不涉及流程程序代码改动的工作，这种工作可以由实施顾问对系统维护人员进行培训，以后长期的维护工作就由这些人员完成。

（2）实战性模拟运行。在完成了用户化和二次开发后，就可以用企业实际的业务数据进行模拟运行，检查数据的准确性与合理性，确定系统运行通道的各种参数，调整和确定各种凭证和报表。这时可以选择一部分比较成熟的业务进行试运行，以实现以点带面、由粗到细，保证新系统进行平稳过渡。进行了一段时间的测试和模拟运行之后，针对实施中出现的问题，项目小组会提出一些相应的解决方案，编制实施 ERP 的工作准则与工作规程，制定企业管理改革措施，并在以后的实践中不断完善。

5. 新系统的切换运行

在经历实战性模拟运行之后，即可进入 ERP 系统的切换阶段。企业可根据其产品及生产组织的特点、原有基础及计算机应用的普及程度，确定具体的过渡方案，决定停止原手工作业方式、停止原单一系统的运行，相关业务完全转入 ERP 系统的处理。系统切换要分模块、分步骤、分业务与分部门地逐步扩展。在这个阶段，所有最终用户必须在自己的工作岗位上使用终端或客户机操作，处于真正应用状态，而不是集中于机房。

6. 新系统运行及 ERP 实施评价

在 ERP 系统成功投入企业运行后，实施的工作其实并没有完全结束，而是将转入到实施 ERP 后的系统评价及下一步的后期支持阶段。这一阶段有必要对 ERP 系统实施的结果做一个评价，以判断是否达到了最初的目标，从而在此基础上制定下一步的工作方向。另外，由于市场竞争形势的变化，将会不断有新的需求提出，同时系统的更新换代、主机技术的进步都会对原有系统带来新的挑战，因此，必须在系统运行的基础上，通过自我应用评价，制定下一目标，不断地巩固和提高 ERP 实施效果。

ERP 系统的评价与其他工程系统的评价相比，具有自己的特点。系统中包含了信息技术、设备、人员和环境等诸多因素。系统的效能是通过信息的作用和方式表现出来的，而信息的作用又要通过人们在一定的环境中，借助以计算机技术为主体的工具进行决策和行动表现出来。因此，系统的效能既是有形的，也是无形的；既是直接的，又是间接的；既是固定的，也是变动的。所以系统评价是一项难度较大的工作，它属于多目标评价问题，通常 ERP 系统项目主要从技术和经济两个方面进行评价，即功能性评价和经济效益评价。同时，由于管理信息系统是一个应用于社会组织的人—机应用系统，系统评价还包括社会效益的评价。

7. 业务流程重组

企业在实施 ERP 后，企业的管理流程会发生一些变化。一方面，ERP 的推行、实施，企业的业务数据可以共享，业务处理的速度明显加快，可以处理的业务工作量加大了，再者，由于企业的业务数据在网络中传递，使用 ERP 的业务模块已经可能不是原来的业务职能部门，如此的业务变化，为管理的变革创造了条件。另一方面，企业原来的业务管理模式是与 ERP 管理思路、信息流程不符的管理模式，ERP 带来信息短路的同时管理流程也要求短路，即对管理的高效变革，这样实施 ERP 系统也就同时使管理的变革具有必要性。企业应用 ERP 必须要开展管理创新，如何在 ERP 实施过程中进行业务流程重组是企业必须要面对的一个问题。

信息系统实施后，必须由相应的新的企业业务流程与其相适应。但是，企业业务流程的重新设计不能在系统实施之后才开始，因为这样做的后果有两个：一是信息系统的开发过程并没有充分考虑到新的业务流程，因而可能只是现有业务流程的模仿；二是管理信息系统的生命周期将会因为等待新流程的设计和实施而大大缩短。

由于上述原因，在规划和实施信息系统时，必须在规范企业现有流程的基础上，结合新系统对信息处理的特点和优势，重新设计企业业务流程。设计企业业务流程，首先要找出现有业务流程中存在的问题，其次评估新系统实施后对业务处理方式的改变。前者主要依靠业务支持人员发现问题，后者则需要系统开发人员与业务支持人员共同分析现有的业务流程，直接查找出问题，分析哪个环节在将来信息系统应用以后是多余的还是缺少的。

15.5 本章小结

第一，ERP 是 20 世纪 90 年代美国 Gartner Group 咨询公司提出的一整套企业管理系统体系标准，其实质是在 MRP Ⅱ (manufacturing resource planning) 基础上进一步发展而成的面向供应链 (supply chain) 的管理思想。它综合应用了客户机/服务器体系、关系数据库结构、面向对象技术、图形用户界面、第四代语言 (4GL)、网络通信等信息产业成果，整合了企业管理理念、业务流程、基础数据、人力、物力、计算机硬件和软件。

第二，ERP 系统的发展大致经历了时段式 MRP、闭环式 MRP、MRP Ⅱ、ERP 等发展阶段，目前正向新一代 ERP Ⅱ 协同商务发展。

第三，ERP 主要涉及企业的人、财、物、信息资源的管理和对产、供、销过程的管理，同时这些管理职能将会涉及业务处理、运行控制、管理控制和战略计划等四个层次。ERP 系统的功能模块至少应包括财务子系统、成本管理子系统、生产计划与控制子系统、市场销售子系统、采购管理子系统、库存管理子系统、人力资源子系统、设备管理子系统、质量管理子系统、高层战略管理子系统。

第四，ERP 项目实施的成败最终决定着 ERP 效益的充分发挥。通常，ERP 项目的实施大致包括 ERP 实施前期准备、系统实施及系统实施后评价等阶段。

15.6 本章关键术语

企业资源计划（enterprise resource planning，ERP）
供应链（supply chain）
物料需求计划（material requirement planning，MRP）
主生产计划（master production schedule，MPS）
物料清单（bill of material，BOM）
主生产计划（master production schedule，MPS）
生产能力需求计划（capacity requirement planning，CRP）
制造资源计划（manufacturer resource planning，MRPⅡ）
协同商务（collaborative commerce，C-Commerce）

第5篇

管理信息系统新技术篇

第 16 章

信息安全

【引导案例】

波士顿凯尔特人队大比分战胜间谍软件

几年前正当波士顿凯尔特人队在为季后赛战斗时,另一场激烈的战斗正在其信息系统上展开。杰伊·韦塞尔(Jay Wessel),球队技术副总监,正在与计算机对抗。韦塞尔和他的 IT 人员管理着分发给教练和球探、销售人员、市场雇员及财务雇员的 100 台便携式计算机,并且这些设备正在被恶意软件侵害。

像其他体育组织一样,凯尔特人队赛季中的大部分时间都是在外地。教练、球探和其他工作人员每个赛季在客场比赛 40 次以上,他们使用便携式计算机回顾并更新球员的状态。他们在机场、酒店及其他公共场所不断地登录互联网,并连接到凯尔特人队的内部网络。根据韦塞尔所说:"饭店内的互联网连接是间谍活动的一张温床。"人们会带着在路上已经被感染的便携式计算机回到波士顿总部,并阻塞网络。此外,间谍软件还会影响凯尔特人队由微软 SQL 服务器架设的专有数据库的使用性及表现,而教练需要利用此数据库来准备每一场比赛。韦塞尔和他的 IT 人员已经在清除设备及网络病毒上花费了很长时间。

在一次季后赛上,间谍软件通过印第安纳酒店的互联网连接侵入了便携式计算机。这时,韦塞尔决定采取更积极的应对措施。因为人员不足,而且公司针对安全问题可动用的资源很少,所以他的选择有限。凯尔特人队一直在使用的安全软件解决方案已经不实用。凯尔特人队运行侦察新球员所用的视频编辑套件的唯一方法是移除这些产品。

韦塞尔决定使用 Webgate 安全软件解决问题。此工具介于凯尔特人的企业防火墙和网络之间,阻止间谍软件进入凯尔特人的企业网络,并防止已经受感染的机器连接到网络。Webgate 还可以防止数据传输回间谍软件的来源

> 处。受感染的机器由韦塞尔和他的工作人员隔离并清除。Webgate 提供一个罗列出受感染的计算机、内部僵尸网络活动、远程攻击列表,以及试图暗中与外界沟通的间谍软件的列表,供韦塞尔审查。凯尔特人还使用 Surf Control(现在 Websense 的一部分)来过滤电子邮件和网上冲浪活动,Trend Micro 的防病毒软件、Sonic Wall 防火墙和入侵检测技术,以及 Aladdin eSafe 作为 Webgate 的补充。
>
> 自从安装了 Webgate 和其他这些工具。凯尔特人的网络不再受恶意软件的干扰。便携式计算机受到恶意软件干扰的情况得到改善,公司网络运行得更快,IT 部门接到的求助电话也变得少了。Webgate 及时指出,这套安全系统需要对员工进行教育才能得以运行。员工需要签署一份包括他们应如何使用办公计算机的协议,并且规定员工要尽量避免浏览可能给公司网络带来恶意软件的网站。
>
> 间谍软件给波士顿凯尔特人队带来的麻烦充分说明了信息安全的重要性。球队教练和工作人员便携式计算机中的大量间谍软件损害了公司的内部系统,使工作人员难以获得所需要的信息。
>
> **问题**
> 1. 信息安全的重要性是什么?有哪些重要影响?
> 2. 保护信息系统的安全需要从哪些方面进行?
>
> 资料来源:[美] 肯尼斯·C. 劳顿. 管理信息系统(原书第 15 版)[M]. 北京:机械工业出版社,2020.

16.1 信息系统安全

16.1.1 系统的易损和滥用

随着计算机网络技术的发展和互联网的广泛应用,信息的公开和共享性大大提高,使安全问题成为当前信息系统需要解决的最为紧迫的问题之一。特别是近年来世界范围内的计算机犯罪(computer crime)、计算机病毒(computer virus)等问题的泛滥,使信息资源在安全上的脆弱性表现得越来越明显。

1. 系统容易受到破坏的原因

通过互联网将不同地区的信息系统连接起来,使保存为电子文件形式的数据对许多类型的威胁比人工形式存在更容易受到破坏,非法进入、滥用或者欺诈不仅限制在单一的地区,而且可以在网络中的任何访问点发生。

如果计算机硬件崩溃,系统故障不是配置不当,而是不正确使用导致的损坏或者犯罪行为。程序错误、不当配置或者非授权改变导致计算机软件崩溃。停电、洪水、火灾或者其他自然灾害也会扰乱计算机信息系统。

如果有价值的信息在网络上和计算机上而在组织控制之外，那么国内或国外的公司间合作也增加了系统的脆弱性。没有强大的安全保障，有价值的数据就会丢失、毁坏或者会到错误的地方，暴露重要的交易秘密或信息。

商业交易中便携式设备越来越多的使用也增加了信息系统易损性。便携式设备和智能手机容易丢失或者失窃，并且它们的网络也容易被外来者侵入。而便携式设备常常在公司经营中使用，便携式设备中可能包含的敏感数据，如销售销量、客户名称、电话号码和电子邮件等信息会被非法闯入者获得。

互联网的开放性使它比内部网络更加脆弱。当公司网络成为互联网的一部分时，组织的信息系统更容易受到外来者的侵入。

电子邮件的广泛使用、即时消息和文件共享也增加了网络的脆弱性。电子邮件可能包含被恶意软件或非授权进入的互联系统当跳板的附件。可能使用电子邮件传送有价值的交易秘密、财务数据或者机密的客户信息给非授权接收者。流行的即时消息不需要使用一个安全层面发送给文本文件，因此它们可以被拦截或者被外来者通过公众互联网传输读取。通过 P2P 网络共享的文件，也可能传播恶意的软件或者在其他个人或者团体计算机上泄露信息给外来者。

无线网络为使用者提供便捷，但是无线网络是极其脆弱的。局域网使用802.11 标准可以使用便携式计算机、无线网络卡、外置天线和黑客软件轻易侵入。尤其近年来，使用 Wi–Fi 传输数据更容易被外来者入侵。

总而言之，上述的这些因素使企业信息系统更容易受到外部的攻击。

2. 恶意软件：病毒、蠕虫、木马和间谍软件

恶意软件程序（malware）涉及恶意代码，包含各种形式的威胁，如计算机病毒（computer virus）、蠕虫（worm）、特洛伊木马（trojan horse）、逻辑炸弹和间谍软件等。

（1）计算机病毒。计算机病毒是一种能够通过自身复制传染并起破坏作用的计算机程序。通过复制自身给其他程序，或者放入指定的位置，达到破坏系统、删除或修改数据、占用系统资源、干扰机器正常运行等目的。

（2）蠕虫。蠕虫一种独立的计算机程序，不需要依附其他程序，就可以在网络上将自己从一台计算机复制到另外一台计算机上，这也说明了为什么蠕虫比计算机病毒传播得快得多。蠕虫破坏数据和程序，可导致入侵计算机网络效率急剧下降、系统资源遭到严重破坏，短时间内造成网络系统的瘫痪。

蠕虫通常在互联网上通过下载软件、电子邮件传送的附件及电子邮件泄密信息或者临时信息传播。电子邮件蠕虫是现在最为疑难的问题。此外，现在已出现了很多以手机为目标的计算机蠕虫。移动设备蠕虫会对企业计算机造成严重的威胁，因为现在许多无线设备与公司的信息系统连接。

（3）特洛伊木马。特洛伊木马不会复制自身，从这个意义上说它不是病毒，但它经常是病毒或其他恶意软件进入一个计算机系统的途径，把病毒和其他恶意程序带入计算机。一旦不小心安装了隐藏木马的程序，该计算机就会成为被控制端。被控制端就会为黑客所在的控制端提供服务，如盗窃账号和密码、发动拒绝服务攻击等。

（4）逻辑炸弹和间谍软件。逻辑炸弹和间谍软件也是一些恶意软件。逻辑炸弹可理解为在特定逻辑条件满足时破坏计算机程序。间谍软件一旦安装后，会监控计算机用户的上网记录并用于广告用途，并涉嫌侵犯用户的隐私权。

3. 黑客和计算机犯罪

黑客（hacker）是指未经授权试图进入他人计算机系统的人，而骇客（cracker）是指有犯罪意图的黑客。通常人们把黑客和骇客看成同样的意思，他们都是利用系统安全保护的漏洞，未经授权而进入别人计算机系统的人，但黑客不会只满足于进入系统，他们还会盗窃有用信息、破坏系统等。

（1）欺骗和嗅探器。黑客通常通过欺骗手段（如假的电子邮件地址或伪装成其他人）隐瞒自己的真实身份，把Web链接到非法站点也是一种欺骗（spoofing）。

嗅探器（sniffer）是一种窃听程序，可以监控网络中传送的信息。嗅探器可以帮助发现潜在的网络故障点或网络犯罪，但如果使用不当，也会带来很大的危害并难以发现。

（2）拒绝服务攻击。拒绝服务攻击（denial of service，DoS）指黑客计算机向网络服务器或者Web服务器发送大量请求，使服务器来不及响应从而无法正常工作。分布式拒绝服务攻击（distributed denial of service，DDoS）的原理和传统拒绝服务攻击一样，只是危害更大，因为黑客可以通过操纵分布在不同地理位置的成千上万台计算机集中进行拒绝服务攻击，导致服务器的瘫痪。

虽然拒绝服务攻击并不能破坏企业信息系统，但会使企业的网站无法正常工作，合法用户无法进入网站。这对于商业网站而言，带来的损失是严重的，因为网站的关闭，使顾客无法上网购物，这种情况对于中小型企业而言是更为严重的，因为该类型的企业的网络保护措施通常没有大型企业那样周密。

（3）计算机犯罪。计算机犯罪是指利用计算机知识和技能从事的违法犯罪行为。随着计算机的普及及应用，越来越多的计算机犯罪来自企业外部，但来自企业内部的危害最大，因为他们对企业的情况更了解、更熟悉。

没有人知道计算机犯罪数量究竟有多大，究竟有多少系统被入侵，究竟有多少人受到计算机犯罪的影响？计算机犯罪导致多大的经济损失，这些问题都很难有准确的答案。根据2007年CSI对近500家公司进行的计算机犯罪和安全调查，因计算机犯罪与安全问题每年平均损失350424美元，最为严重的计算机犯罪包括拒绝服务攻击、病毒、服务盗窃、破坏计算机系统等。

（4）身份盗窃。随着互联网和电子商务的广泛应用，身份盗窃（identity theft）成为特别的困扰。身份盗窃是一种犯罪，攻击者获取一部分个人信息，如社会保障号、驾驶执照号码或者信用卡号等，以此来冒充他人。这些信息可能用于以被害人名义获取信用卡、商品或者服务，或者为盗窃者提供虚假的资格证书。根据身份欺诈调查报告，在 2007 年 8400 万美国人成为身份盗窃的受害者，损失高达 493 亿美元。

网络钓鱼（phishing）是一种网络假冒行为。网络钓鱼包括伪造网站地址或者发送看起来是合法商务询问用户机密个人数据的电子邮件消息。新的网络钓鱼技术被称为邪恶双胞胎（evil twins）。邪恶双胞胎是伪造提供值得信赖的 Wi-Fi 无线网络，来试图捕获非故意登录用户密码或者信用卡号码。

（5）点击诈骗。当通过搜索引擎点击一个广告，期望向潜在消费者直接出售其产品的广告商为每个点击付费。点击诈骗发生在一个个体或者计算机程序欺诈性地点击一个竞争者的在线广告，通过提高他们的市场开销来削弱它们。点击诈骗同样是通过使用计算机程序进行点击犯罪的。

（6）软件缺陷。软件缺陷长期威胁信息系统，造成不计其数的损失。多种因素造成软件缺陷的增加：软件程序越来越复杂；规模越来越大；进入市场的需求越来越大。例如，2007 年 4 月 17 ~ 18 日，由于软件升级错误，造成北美地区黑莓邮件系统关闭 12 小时。据美国国家标准技术研究院报告指出，美国经济每年由于软件缺陷损失达 59.6 亿美元。

商业软件缺陷不仅影响性能，而且会使安全系统易受入侵者的攻击。

（7）来自员工的内部威胁。通常人们总以为系统安全的威胁主要来自企业外部，其实内部员工的计算机犯罪造成的损失远超过来自外部的威胁。由于员工熟悉内部工作流程，有可能神不知鬼不觉地在内部非法收集机密信息。

研究发现，用户缺乏相关知识是导致网络和系统安全缺陷的主要原因。许多员工忘记设置密码或更改初始密码；有些人的密码过于简单；有些人共用相同密码，这些都会威胁到系统安全。此外，错误的数据输入或不当的数据操作都会对系统安全造成威胁。

16.1.2 安全和控制的商业价值

很多企业不愿意在信息系统安全上花费钱财，因为它与销售收入无直接关联。但是，保护信息系统与商业运营息息相关，所以需要重新考虑这个问题。

公司需要保护重要的信息，系统通常储存机密信息，如个人税务、金融资产、医疗记录及工作表现记录等，交易机密新产品开发计划、营销策略等。政府部门系统可能会存储武器信息、情报行动、军事目标等信息。这些信息异常珍贵，一旦丢失、毁坏或落入不法分子手中，后果将不堪设想。研究表明，一旦大公司的系统遭到破坏，公司便会在两天之内损失 21% 的市场份额，意味着在股票市场上平均损失 1.65 亿美元。

安全和监管上的不足会导致承担严厉的法律责任。企业不仅要保护企业的信息，还要保护企业客户、员工和合作伙伴的信息。如果不能做到这一点，企业将会卷入泄露数据的复杂诉讼。如果企业没有采取一定的措施防止泄露机密信息、数据毁损、侵犯隐私，企业将长期处于纠纷之中。

坚固的安全和控制系统同样能够提高工作效率，降低损失。美国一家传媒公司原来使用开放式的宽带网络，在2004年安装信息系统的配置和控制系统后，员工工作效率提高了，损失降低了。此前，由于安全性及其他网络问题曾致使系统瘫痪，浪费了员工的工作时间。2004~2007年，新系统减少了系统瘫痪为公司节省了59万美元。

16.1.3 安全与控制基本框架的建立

除非知道问题在哪里及知道如何抵御，否则，即使有最好的安全工具，信息系统也不是可靠和安全的。然而，在很多情况下，人们并不知道问题在哪里，所以，建立一种安全措施和计划来维持商业运营是很有必要的。

1. 信息系统控制

信息系统控制是手工的也是自动化的，由一般性控制和应用性控制构成。一般性控制包括软件控制、硬件控制、计算机程序控制、数据安全控制、实时系统过程的控制和行政控制等内容，其具体作用如表16-1所示。

表16-1　　　　　　　　　　　一般性控制

类　型	作　用
软件控制	监控系统软件的使用，防止软件程序、系统软件和某些计算机程序未经授权的访问
硬件控制	确保计算机硬件在物理上是安全的，检测设备故障。依赖计算机的组织必须为运营做好备份工作
计算机程序控制	监督部门的计算机编程工作，确保用于数据存储和处理的程序正确，包括计算机处理工作、结束异常备份、恢复程序设定
数据安全控制	确保重要的商业数据不易被未授权访问，在使用和存储时不会被更改或毁坏
实时系统过程的控制	监控系统在各个节点的过程，确保这一过程得到适当的控制和管理
行政控制	正规化的标准、规则、程序和控制，确保组织的应用控制正确执行和实施

应用控制是与其他信息化应用不同的特殊控制，如工资表和订单处理，它们通过自动和手动的方法来确保只有认可的数据才能得到精确地处理。应用控制可以分为输入控制、过程控制和输出控制。当数据输入时，数据控制检查输入数据的准确性和完整性。当然，对于输入许可、数据转换、数据编辑和错误处理，有特殊的输入控制。过程控制通过更新建立完整和安全的数据。输出控制是确保计算机处理的结果是正确的、完整的、适合分类的。

2. 风险评估

企业在投资实施安全控制措施之前，应该了解哪些信息资源需要保护，需要什么程度的保护。风险评估可以帮助回答这些问题，协助企业找到安全控制最有成本效益、最合算的方法。实际上，风险评估就是确定信息系统存在的潜在风险的等级的。

不是所有的风险都可以得到预计和测量的，但大部分公司有应对所面临风险的知识。风险评估由管理者和信息系统专家一起确定组织信息资产的价值、易受攻击点、问题可能出现故障的频率及潜在的损失。例如，一个事件一年发生次数不超过一次，对组织造成损失最多不超过1000元，在这种情况下，就没必要花费2万元来设计和维持这种控制以防止这个事件发生。而如果同样的事件每天都可能发生，每年的损失会超过30万元，那么，花费10万元去预防这个事件就非常值得。

风险评估遇到的一个问题是系统发生故障或威胁的概率很难准确确定，而有些影响又很难量化。但是，对于直接安全成本和间接安全成本的预估、拨款和控制工作还是应该的。风险评估的最终成果是一份成本最小化和保护最大化的安全控制计划。

3. 安全措施

一旦确认了系统内最主要的风险，就要建立安全措施保护公司的财产。安全措施由分类风险报表、可接受的安全目标及达成这些目标的机制构成。什么是公司最重要的信息财产？已经有哪些安全措施来保护这些信息？对于每种财产，什么等级的风险管理是可接受的？例如，是否愿意每10年丢失一次客户信用数据？或者是否要为信用卡数据建立可以经受百年一遇的灾难的安全系统？管理层必须估计需要花费多少钱来达到风险可接受的等级。

安全措施促使公司成员可以获得这些信息资源，授权政策规定了公司信息资源、计算机设施，还规定了每个用户可接受和不可接受的行为，并详细叙述了违约行为的后果。

授权政策规定了不同层次的用户对信息资源的不同应用水平。授权管理系统能够规定用户在何时何地可以访问网站或公司数据库的某个部分。

4. 信息系统运行的连续性保障

2001年9月11日，美国世贸中心双子大厦遭受了谁也无法预料的恐怖袭击。灾难发生前，约有350家公司在世贸大厦中工作。事故发生一年后，重返世贸大厦的公司变成了150家，有200家公司由于重要信息系统破坏，关键数据的丢失而永远关闭、消失了。其中一家公司称，要恢复到灾难前的状态需要50年的时间。

业务持续计划是一套用来降低公司的重要营运功能遭受未料到中断风险的作业程序，它可能是人工的或系统自动的。业务持续计划的目的是使一个公司及其信息系统在灾难事件发生时仍可继续运作。

业务持续性的基础是充分的数据备份和恢复，以及信息系统的灾难恢复计划。数据恢复是信息系统恢复和持续的保障，而对信息系统支持关键业务的企业而言，信息系统的恢复更是业务恢复和持续的前提。

目前采用最多的备份策略主要有以下三种：

（1）完全备份。完全备份（full backup）是每天对系统数据进行一次完全备份。例如，星期一用一磁盘对系统备份一次，星期二再用一磁盘对系统备份一次，以此类推。优点是安全，缺点是效率低，浪费大量磁盘空间。

（2）增量备份。增量备份（incremental backup）是每天只对新的和修改的数据进行备份。例如，星期日进行一次完全备份，然后在接下来的6天里只对当天新得和修改的数据进行备份。

（3）差异备份。差异备份在备份时将新的和修改的数据备份，即将和上一次备份的差异数据备份。和增量备份不同的是，差异备份不需要每天备份一次。

在实际应用中，备份策略通常是以上三种的结合。

5. 审核角色

管理层怎么知道信息系统的安全和控制是有效的？为了回答这个问题，企业必须组织广泛的、系统的审核。管理信息系统审核检查公司全面的安全环境，以及控制单独的信息系统。如果用合适的自动审核软件，审核应当通过系统和执行测试样本。

安全审核检查技术、程序、记录、培训和个人信息。彻底审核甚至会模拟袭击或灾难来测试技术、信息系统和公司员工的反应。

16.1.4 保护信息资源的技术和工具

1. 访问限制

访问限制有一系列的策略构成，这些策略被公司用来限制非授权内部和外部人员的不合法进入。

要想访问，用户需要得到授权和认证。所谓认证是指确定那个人是不是他自己所描述的那样。设计访问限制软件，是为了让被授权用户使用系统，或者接近认证所需要的某种方法的数据。

认证的实现一般通过使用密码，只有被授权用户才知道密码。用户使用密码获得认证可以对系统进行权限内的操作，如一位终极用户可以使用密码运行计算机系统，也可以使用密码获得特定的系统操作和文件。然而，用户的密码经常会被忘记，或者被他人有意或无意得到，这些都降低了系统的安全性。

新的认证技术，如口令、智能卡、机器鉴定克服了使用密码存在的一些问题。口令（token）是用来证明什么的设备，等同于用来证明身份的身份证。典型的口令一般都是和钥匙孔一样大小的设备，而且可以显示不断更换的密码，如近几年中国银行提供给用户的U盘，可以显示密码的设备是口令的一种。智能卡

(smart card)基本上和信用卡一般大小，配置有允许进入系统和其他数据的集成电路，通过智能卡阅读器工具解释智能卡里的数据，决定能否进入系统。

生物认证技术可以阅读及解释个人特征，如指纹、虹膜及声音等信息，然后决定是否为授权用户，是否可以进入系统。生物认证技术是以身体和行为特征作为认证信息，因此是较为准确的，但是生物认证技术是比较复杂的。

2. 网络防火墙技术、入侵检测系统 IDS 和杀毒软件

如果没有对抗入侵者的保护系统，联网是很危险的。网络防火墙、入侵检测系统 IDS 及杀毒软件和反间谍软件已经成为非常重要的商业工具。

（1）网络防火墙（fire wall）。

网络防火墙技术是保证企业计算机网络不受"黑客"攻击的一种控制性质的网络安全措施。防火墙是隔离系统网络内外的一道屏障，它的特点是在不妨碍正常信息流通的情况下，对内保护某一确定范围的网络信息，对外防范来自保护网络范围以外的威胁与攻击。

防火墙技术措施的原理是在比较明确的网络边界上，最大限度地对外攻击屏蔽来保护信息和结构的安全，但它对来自网络内部的安全威胁不具备防范作用。在实现数据保护过程中，该技术需要特殊的封闭式的网络拓扑技术结构给予支持，相应的网络开销也比较大。由于防火墙技术实施相对简单，因此被广泛采用。一般有因特网接口的企业信息系统都采用该项技术，它们通过数据包过滤、应用级网关和代理服务器等方式来实现防火墙的功能。

（2）入侵检测系统（IDS）。

入侵检测系统（intrusion detection system，IDS）的特征是全天候监控，通常会将 IDS 放在系统最为脆弱或是最被关注的地方，侦察和阻止入侵者进入。当发现可疑的或者异常的事件，就会发出警报。通常入侵检测系统分为两种：一种是基于特征的入侵检测系统；另一种是基于异常的入侵检测系统。基于特征的 IDS 只能检测已知攻击，对未知攻击则束手无策；而基于异常的 IDS 的困难在于区分正常与异常是一个非常困难的事情。至今为止，大多数部署的 IDS 主要是基于特征的。

（3）杀毒软件和反间谍软件。

防护技术必须包含反病毒保护系统。杀毒软件是为了检查计算机系统并将计算机病毒驱逐出去。但是，大多数杀毒软件只在对抗软件本身知道的病毒时才有效。为了确保有效性，杀毒软件一定要不断升级。顶尖的杀毒软件商家，如 McAfee、Symantec、Micro 等。

通过对抗间谍软件成功地捍卫了其产品的地位。一些反间谍软件工具，如 Ad-Aware、Spybot SCD 和间谍医生也都很有帮助。

3. 保护无线网络

尽管无线网络存在着一些缺陷，但是如果 Wi-Fi 用户激活软件，WEP 会提高无线网络的安全性。步骤很简单，为用户的 SSID 网络注册一个独一无二的名称，并指令用户的服务器不要泄露出去，阻止黑客进入用户的网络。当进入公司内部数据库时，公司可以通过利用安全无线网络同虚拟的私人网络技术进行交流，以此来进一步提高 Wi-Fi 的安全性。

2004 年 6 月，Wi-Fi 联合企业商业小组最终确立了它的详细说明 WPA2，以其更强势的安全标准取代了 WEP。它取代了 WEP 中使用的静态加锁密码，采用新标准的技术使用更长的密码，并且经常更换，使网络更不容易被击破。这种技术还采用加锁的鉴定系统，其带有的中心鉴定服务器可以保证只有授权的用户才能进入网络。

4. 加密和公钥基础设施

很多商家利用密码系统保护他们存储的、自然转移的或通过网络传输的数字信息。加密系统是一种将普通的文字变成密码文字的程序，加密后，除了编者和加密者本身，任何人都看不到这篇文字。数据通过利用不被人知道的数字码加密，将明文变成密文，人们将这种把普通文字变成密码文字的数字码称为加密密钥。接收者收到密文后要利用解密密钥进行解密获得明文。

网上的两种网络加密协议：安全套接字层协议 SSL 和传输层安全协议 TLS，可以使客户机和服务器能够在一个秘密的网站上互相交流，SSL 和 TLS 能为计算机间提供秘密的交流平台。

两种可以互相替换的加密措施，即对称密钥加密和公钥加密系统。在对称密钥加密中，发送者和接收者使用相同密钥加密明文和解密密文。对称加密方法的安全性取决于密钥长度。但由于在对称加密方法中，发送者和接收者使用相同的密钥进行加密解密，这就使得一旦密钥被他人获取，那么，通信的安全性就会受到极大威胁。另一种更安全的加密形式称为公钥加密系统。在这种加密体系中，通信的双方都使用两个密钥，即一个公钥和一个私钥。其中，公钥（public key，PK）是公共的，任何人都可获得，私钥（SK）是需要保密的。此外，加密算法和解密算法也公开。发送方利用接收方公钥加密明文，接收者利用自己的私钥进行解密，获得明文。需要强调的是公钥采用加密体系，私钥是不能由公钥计算得到的。

16.2　人与信息的保护

16.2.1　信息社会内的道德

道德是人们应遵循的原则和标准。道德是关于个人的选择。当面对行动的选择路径时，什么是正确的道德选择？什么是正确道德的选择原则？

1. 负责、责任、法律责任

道德是个人做出的决策，是对自己的行为后果负责。负责意味着接受对自己所作决策的潜在成本、责任和义务。责任是一个系统和社会组织的特征，它意味着一个机制存在，用以确定谁对行为负责。法律责任扩展了负责的概念之法律领域。法律作为一个政治系统的特性，其中，存在一个法律实体，允许个人挽回由他人、系统和组织造成的损失。诉讼过程是一个过程，通过法律被民众知道和理解，上诉到较高级的法院是一种保证法律应用正确的能力。

这些基本概念组成了信息系统和信息系统管理者道德的分析的基础架构。首先，信息系统被社会机构、组织和个人渗透。系统不会影响自身。然而，信息系统的影响是机构、组织和个人行为导致的。其次，技术责任的后果清楚地落在应用这些技术的机构、组织和个人上。在社会责任方法上应用信息技术意味着要负担行动后果的责任。最后，在道德、政治社会，个人和他人可以通过以诉讼为特征的法律法规挽回损失。

2. 道德分析

分析道德问题，可以通过以下五个步骤进行。

（1）识别和描述清楚事实。发现谁对谁做了什么，在何处、何时做的，以及如何做的。在许多情况下，人们会发现事实和初始报告不符，常常发现简单的收集事实直接对问题的定义和解答有帮助。

（2）定义矛盾，识别卷入的高阶价值。道德、社会和政治问题总是参考高阶价值。通常一个道德问题卷入一个困境：支持高阶价值的行动却正好是相反的途径。

（3）识别受益人。每个道德、社会和政治问题都有受益人，如游戏中的玩家，如果其在结果中有利益，他对这种情况有投资，通常他就有话语权。找到这些群体的身份和他们的需求，对以后设计解答很有用。

（4）选择有理由采取的方案。人们将发现没有一个选择能满足每个人的利益，但有些比其他好些。有时达到一个好的或者道德的方案不总是取决于受益人之间关系的平衡。

（5）识别方案的潜在后果。有些方案道德上正确但从其他观点来看它是灾难。有些方案适用一种情况，但不适用其他类似的情况。

3. 道德选择的原则

一旦完成了分析，应当秉持什么道德原则和规则用于决策？什么更高级的价值应当进入判断？虽然能够决定在众多道德中遵循哪一个，哪种道德应排在前面？考虑道德根植于许多文化中，在选择道德时应遵循以下六个原则。

（1）己所不欲，勿施于人。这是众多原则中的黄金原则，换位思考，设想自己是接受决策的对象，可以帮助他人明白决策的公平性。

（2）如果每个人采取这个行动都不对，那么对任何人采取这个行动也是不对的。

（3）如果一个行动不能重复使用，那么在任何情况下它都是不对的。这是花落泥坑规则，即如果一个行动带来一个可接受的小变化，但当其重复使用后，将带来一个长期不可接受的变化。

（4）采取能获得较高或者较大价值的行动。该原则假设可以在一个排好序的价值中选优，并了解各种行动路线的后果。

（5）回避风险原则，即采取产生最小伤害和最小潜在成本的行动。当某些行动具有很低的概率和极高的失败成本或极高的失败成本和中等概率时，为避免这些失败成本高的行动，需要特别注意具有中等概率到高概率的行动。

（6）假设所有的有形和无形的虚拟目标都是由某些人拥有，除非有特殊声明，即"没有免费午餐"原则。如果有人创造的东西对你有用，那么这个东西就具有价值，你应当假设这个创造者希望对此工作的回报。

虽然以上道德原则不能指导行动，但行动很难避开这些规则，值得人们密切关注和提高警惕。

4. 行为的专业道德准则

行为的专业道德准则是由专业协会发布的，如美国医疗协会 AMA、美国酒吧协会 ABA、信息技术专业协会 AITTP 和计算机协会 ACM 等，这些专业组负责他们自家的特殊规则。道德规则被专家们承诺用于在公共利益面前规范自己。例如，避免伤害他人、尊重知识产权和尊重隐私权等。

5. 现实世界的道德窘境

信息系统创造了新的道德窘境。例如，许多大型的电话公司正在应用信息技术减少工人的规模。声音记录软件减少人工操作员的需求，用计算机可以解决一系列计算机化的问题。许多公司利用监控软件监视员工在互联网上在做什么，以防止他们利用公司的资源进行非公司业务活动。

16.2.2 隐私权

1. 互联网时代的隐私和自由

隐私是个人单独留给自己的要求，该要求不受他人或相关组织的干扰和监督。然而，信息技术和系统安全威胁个人隐私，使侵犯个人隐私更便宜、更有利和更有效。

互联网时代提供给用户更多的自由，同时也对个人隐私提出挑战。信息经过网络从一个计算机系统到另一个计算机系统，要通过许多的计算机系统，那么这些计算机系统均能监视、捕获和存储个人信息，如计算机系统记录许多用户的在线活动，包括用户查找什么内容，访问哪些网站或网页，存取什么在线内容，个人通过网络购买了什么东西，这些监视和跟踪网站大多无须访问者的背景。网站也能利用 Cookie 技术捕获访问者的信息，只要访问者浏览网站或者购买了商品。还有许许多多的更为秘密的网络监视软件也可以获得访问者的信息，如推销员利用网络蠕虫作为监视工具监视访问者在线行为的，网络间谍软件也可以监视访问者的在线行为，收集信息给别有用心者。

可见，信息时代的信息技术和系统使隐私遭到十分严重的威胁。

2. 解决方案

除法律外，新技术也能在用户和网站互动时保护用户的隐私。许多工具可以加密电子邮件，使电子邮件或者上网匿名，保护用户的计算机不接收 Cookie 或检测出并删除间谍软件等。

现在也有工具能够帮助用户确定可能被网站抽取的个人数据，如 P3P，它提供了一个标准，沟通电子商务网站和顾客间的隐私政策。利用 P3P 用户可以选择自己和网站互动时希望的隐私规则，起到保护个人隐私的作用。

16.3 本章小结

第一，为什么计算机系统容易受到攻击？

非法进入、滥用、欺诈、硬件、软件损坏等都会损坏数据。互联网是开放型网络，企业信息系统更易受到外来者侵入。黑客发动 DOS 攻击或进入企业网络，造成系统瘫痪。Wi-Fi 网络极易利用嗅探器程序获得地址而侵入网络信息。计算机病毒和蠕虫能使系统和网络瘫痪。软件存在问题是由于程序错误无法避免，易受黑客和恶意软件攻击。终端用户也会被引入错误。

第二，阐述安全与控制的商业价值。

依靠计算机系统执行核心商业功能的企业，如果没有完好的安全与控制，降低产量和销量。信息产业，如员工记录、交易秘密、商业计划等，一旦外泄，将造成重大损失甚至使企业陷入法律纠纷。

第三，安全和控制基本结构要素有哪些？

企业需要为信息系统建立常用及专用控制。风险评估评价信息资源，确定控制点，发现控制缺陷，最终确定性价比最高的控制措施。企业应该开发统一的企业安全措施，以便在灾害恢复计划中仍能确保业务的连续性。安全政策包括允许使用政策和授权政策。全面系统的 MIS 审核可确定企业信息系统安全与控制的有效性。

第四，确保信息资源安全的重要工具与技术有哪些？

防火墙防止未授权用户进入个人网络。入侵检测系统防止外来网络流量进入企业系统。密码、口令、智能卡和生物认证技术可用来辨别系统用户。杀毒软件检查计算机系统是否染毒，清除恶意软件。反间谍软件用来阻止有害的间谍软件程序的侵入。加密、编码消息技术广泛用来保护在未受保护的网络中进行电子信息传输的安全。对称密钥加密和公钥加密技术通过辨别用户身份进一步保护电子信息传输安全。企业使用容错计算机系统或创建高可用性计算环境确保企业信息系统的可用性。软件度量和严密的软件测试能提高软件质量和稳定性。

第五，论述了人与信息的保护。

论述了影响人们决定伦理道德问题的两个因素。伦理道德是指导人们对待别人的各种行为的准则和标准。人们如何抉择一件伦理道德问题时取决于自己基本的伦理观念体系和自己在做出决定时所处的实际情况。伦理观念体系是在人们成长过程中，不断获取的关于伦理的认识和理解。

第六，论述了隐私权。

论述了隐私受到威胁的几种可能途径。隐私权是指保证当事人按照个人意愿不受别人干扰，或者独立控制个人财产而不受他人随意察看的权利。别人的窥探会威胁到你的隐私。雇主监控你的行为，企业收集关于你需求、偏好、上网习惯的资料、政府部门收集公民的各种信息，以上这些行为都会侵犯隐私权。

16.4　本章关键术语

访问控制（access control）
防病毒软件（antivirus software）
应用控制（application control）
授权管理系统（authorization management system）
生物认证（biometric authentication）
点击诈骗（click fraud）
计算机犯罪（computer crime）
计算机病毒（computer virus）
控制（controls）
拒绝服务攻击（denial of service，DoS）
分布式拒绝服务攻击（distributed denial of service，DDoS）
加密（encryption）
容错计算机系统（fault-tolerant computer system）
身份盗窃（identity theft）
侵入侦测系统（intrusion detection system）
恶意软件（malware）
网络钓鱼/网页仿冒（phishing）
公钥基础设施（public key infrastructure，PKI）
风险评估（risk assessment）

安全套接字层（secure sockets layer，SSL）
安全政策（security policy）
嗅探（sniffer）
电子欺骗（spoofing）
间谍软件（spyware）
口令（token）
特洛伊木马（trojall horse）
隐私权（privacy）
伦理道德（ethics）

第 17 章

新兴技术及其发展趋势

【引导案例】

亚马逊：无心插柳，像卖书一样卖云计算

1. 云计算的"领头羊"

IT 咨询公司 BTC Logic2010 年发表报告称，亚马逊和 IBM 是云计算市场上的"领头羊"，而微软、谷歌、RedHat 和 VMware 只算是云计算市场上的重量级选手。亚马逊因 Elastic Compute Cloud 在基础设施领域排名第一，亚马逊还在平台领域排名第一，在网络服务领域排名第二，因 S3 Simple Storage Service 在管理领域排名第三。

Caris & Co 分析师桑迪普·阿加瓦尔表示，尽管目前的规模还很小，但亚马逊网络服务的增长率已经超过该公司的核心业务，并且利润率更高。他表示，亚马逊网络服务 2011 年的营收最多将为 9 亿美元，而运营性利润率将达到 23%，高于亚马逊核心业务的 5%。他指出："很少有公司附加业务的利润率高于核心业务。"

2. 信息化的无心插柳：云计算概念的产生

作为一家超大型零售企业，亚马逊在公司信息化和规划自身电子商务系统 IT 架构的时候，不得不为了应对销售峰值去购买更多的 IT 设备。但是，这些设备平时却处于空闲状态，这在零售企业看来相当不划算。于是亚马逊发现，假如可以运用自身在网站优化上的技术和经验优势，亚马逊就可以将这些设备、技术和经验作为一种打包产品去为其他企业提供服务，那么闲置的 IT 设备就会创造价值。这就是亚马逊推出云计算服务的初衷。

亚马逊在云计算方面走在其他 IT 专业企业之前既是偶然，也是必然。看似有些"无心插柳"，但任何技术都源于需求——亚马逊自身就是云计算的最早用户。在网络互联的需求之上，直接就是亚马逊的最底层的 IT 基础架构

AWS（Amazon Web Services），这包括计算、存储、内容分发等。正是通过企业信息化变革，亚马逊像卖书一样卖云服务。

3. 像卖书一样卖云服务

为了解决这些租用服务中的可靠性、灵活性、安全性等问题，亚马逊不断优化其技术。通过这些研发与优化，亚马逊在云计算技术上持续保持领先。从2004年开始，亚马逊陆续推出了简单队列服务、Mechanical Turk等云计算服务雏形。云计算服务成熟的标志是亚马逊在2006年推出的简单存储服务（S3）和弹性计算云（EC2）。之后，数据和服务都已被放在亚马逊的"云端"了。亚马逊2011年1月推出了一款名为ElasticBeanstalk的服务，该服务帮助不懂计算机代码的新手使用亚马逊的计算资源。亚马逊副总裁哈蒙德表示："亚马逊继续进行创新，而这是传统公司，例如IBM、甲骨文和微软没有去做的。"2010年，亚马逊推出了一款名为SpotInstances的服务。该服务以非传统的方式管理使用率不高的服务器。许多企业会将所有任务集中到某些服务器上去做，同时关闭一些多余的服务器，而亚马逊则拍卖多余的计算资源。最终结果是，亚马逊获得了营收，而不是无用的服务器，客户则以较低的价格获得了计算资源。

此外，亚马逊的角色非常特殊——它不是操作系统开发商，也不是服务器或存储设备制造商，也就是说它是应用者而非IT系统制定者。因此亚马逊的平台是开放的。但是专业IT企业提供的云计算多多少少会限制企业自身系统的灵活性。此外，正因为亚马逊自己是应用者，因此它卖给企业用户的不仅是云计算技术，还有自身的经验教训，这些都能够帮助企业用户更好地应用云计算服务去创造更大的价值。正是因为这些独特的优势，亚马逊云计算服务增长显著。目前亚马逊云计算的注册开发人员数量在上年已经超过49万人（2009年数据）。它目前推出的最主要的云计算服务产品，不仅服务分类灵活、收费方式多样，而且定价方式还体现了零售企业一贯的做法。

问题

1. 云计算有哪些服务模式？
2. 在你的个人生活中，还有哪些向你提供云服务的产品或企业？他们的盈利模式什么？

资料来源：数字化企业网. 企业信息化经典案例，2015.

17.1 互联网的变化

几乎没有一项技术能被人们普遍使用并且像因特网一样快速更新。在未来几年里，人们将会见到许多基于因特网的新趋势和技术。其中包括软件即服务、推式（而不是拉式）技术、因特网电话（例如，网络电话协议，VoIP）以及 Web 2.0 等。

17.1.1 云计算的 SAAS

1. 云计算

云计算（cloud computing）是一种商业计算模型，它将计算任务分布在大量计算机构成的资源池中，使用户能够按需获取计算能力、存储空间和信息服务。它是分布式计算（distributed computing）、并行计算（parallel computing）、效用计算（utility computing）、网络存储（network storage technologies）、虚拟化（virtualization）、负载均衡（load balance）、热备份冗余（high available）等传统计算机和网络技术发展融合的产物。

从研究现状来看，云计算具有以下特点。

（1）超大规模。"云"具有相当的规模。Google 云计算已经拥有 100 多万台服务器，Amazon、IBM、微软、Yahoo 等的"云"均拥有几十万台服务器。企业私有云一般拥有数百上千台服务器。"云"能赋予用户前所未有的计算能力。

（2）虚拟化。云计算支持用户在任何位置、使用各种终端获取应用服务。所请求的资源来自"云"，而不是固定的有形的实体。应用在"云"中某处运行，但实际上用户无须了解，也不用担心应用运行的具体位置。只需要一台笔记本电脑或者一部手机，就可以通过网络服务来实现人们需要的一切，甚至包括超级计算这样的任务。

（3）高可靠性。"云"使用了数据多副本容错、计算节点同构可互换等措施来保障服务的高可靠性，使用云计算比使用本地计算机可靠。

（4）通用性。云计算不针对特定的应用，在"云"的支撑下可以构造出千变万化的应用，同一个"云"可以同时支撑不同的应用运行。

（5）高可扩展性。"云"的规模可以动态伸缩，满足应用和用户规模增长的需要。

（6）极其廉价。由于"云"的特殊容错措施可以采用极其廉价的节点来构成云，"云"的自动化集中式管理使大量企业无须负担日益高昂的数据中心管理成本，"云"的通用性使资源的利用率较之传统系统大幅提升，因此用户可以充分享受"云"的低成本优势，通常只要花费几百美元、几天时间就能完成以前需要数万美元、数月时间才能完成的任务。

（7）潜在的危险性。云计算服务除了提供计算服务外，还必然提供存储服务。但是云计算服务当前垄断在私人机构（企业）手中，而他们仅仅能够提供商业信用。对政府机构、商业机构（特别像银行这样持有敏感数据的商业机构）选择云计算服务时应提高警惕。一旦商业用户大规模使用私人机构提供的云计算服务，无论其技术优势有多强，都不可避免地让这些私人机构以"数据"（信息）的重要性挟制整个社会。对于信息社会而言，"信息"是至关重要的。另外，云计算中的数据对数据所有者以外的其他用户、云计算用户是保密的，但是对提供云计算的商业机构而言确实毫无秘密可言。

2. 软件即服务 SAAS

软件即服务 SAAS 是由 20 世纪 60 年代的 Mainframe、80 年代的 C/S、从 ASP 模式演变而来的一种完全创新的软件应用模式。它与"按需软件"（on-demand software）、应用服务提供商（the Application Service Provider，ASP）、托管软件（hosted software）具有相似的含义。它是一种通过 Internet 提供软件的模式，厂商将应用软件统一部署在自己的服务器上，客户可以根据自己的实际需求，通过互联网向厂商订购所需的应用软件服务，按订购的服务多少和时间长短向厂商支付费用，并通过互联网获得厂商提供的服务。用户不用再购买软件，而改用向提供商租用基于 Web 的软件，来管理企业经营活动，且无须对软件进行维护，服务提供商会全权管理和维护软件，软件厂商在向客户提供互联网应用的同时，也提供软件的离线操作和本地数据存储，使用户随时随地都可以使用其定购的软件和服务。对于许多小型企业来说，SAAS 是采用先进技术的最好途径，它消除了企业购买、构建和维护基础设施和应用程序的需要。

与传统软件相比，SAAS 服务依托于软件和互联网，不论从技术角度还是商务角度都拥有与传统软件不同的特性，其表现在以下三个方面。

（1）互联网。一方面，SAAS 服务通过互联网浏览器或 Web Services 或 Web 2.0 程序连接的形式为用户提供服务，使 SAAS 应用具备了典型互联网技术特点；另一方面，由于 SAAS 极大地缩短了用户与 SAAS 提供商之间的时空距离，从而使 SAAS 服务的营销、交付与传统软件相比有很大的不同。

（2）多租户。SAAS 服务通常基于一套标准软件系统为成百上千的不同客户（又称租户）提供服务。这要求 SAAS 服务能够支持不同租户之间数据和配置的隔离，从而保证每个租户数据的安全与隐私，以及用户对诸如界面、业务逻辑、数据结构等的个性化需求。由于 SAAS 同时支持多个租户，每个租户又有很多用户，这对支撑软件的基础设施平台的性能、稳定性、扩展性提出很大挑战。

（3）服务特性。SAAS 使软件以互联网为载体的服务形式被客户使用，所以服务合约的签订、服务使用的计量、在线服务质量的保证、服务费用的收取等问题都必须考虑，而这些问题通常是传统软件没有考虑到的。

3. 云计算的 SAAS

SAAS 作为全新的软件模式使软件销售稳步发展，为越来越多的企业带来了方便，但随着 SAAS 应用的增长，网络存储和带宽等基础资源成为瓶颈。

而云计算的共享基础构架，通常为一些大型服务器集群，包括计算服务器、存储服务、宽带资源等，它将巨大的系统池连接在一起以提供各种服务。云计算将所有的计算资源集中起来，并由软件实现自动管理，无须人为参与。云计算恰好解决了 SAAS 发展过程中面临的一些问题。

通常，云计算处于 SAAS 的更下层，提供一种管理网络资源的简单而高效的机制，分配计算任务、工作负载重新平衡、动态分配资源等，提供给 SAAS 不可想象的巨大资源，使 SAAS 可以不在服务器和带宽等基础设施上浪费自己的资源，而 SAAS 位于云计算和最终客户之间，可以更为专注于具体的软件开发和应用，为用户提供更好的服务。

17.1.2 信息推送技术

互联网已经成为一个全球性的超级数据库，丰富的资源信息拓宽了人们的视野，但由于互联网信息的分布散乱、动态变化、结构复杂等特点，使信息过载和信息迷向又成为妨碍互联网高效率的社会问题。如何从海量的信息中高效、全面地获取所需信息，如何提高网络的主动信息服务能力和满足用户的个性化需求成为目前最为关注的热门话题。而信息推送技术的出现从根本上改变了人们获取信息的传统方式，极大地提高了用户获取信息的效率，对信息的采集、加工、传递和利用产生了重大影响。

1. 信息推送定义

信息推送（information push）是通过一定的技术标准或协议，在 Internet 上通过定期传送用户需要的信息减少信息过载的一项新技术。准确地说，它属于第三代浏览器的核心技术，能够主动地根据用户的需求搜索、过滤信息，定期将最新的信息分门别类地传送到相应的用户设备中，帮助用户高效率地发掘有价值的信息。

从技术而言，信息推送是一项以数据挖掘、自然语言处理及互联网等多门技术为基础的综合性方向。

2. 信息推送实现方式

常用的信息推送技术包括自动拉取技术和事件驱动技术。自动拉取技术是指用户要求信息发送方按照预先约定的时间自动提交其指定的新信息，它实际上是信息检索中的定题检索服务在网络信息时代更深层次的发展；事件驱动技术则是以规则为基础，信息发送方判断预先设置的规则是否发生，如发生则将相关信息或内容提交给用户。

目前，Push 技术主要有以下三种实现方式。

（1）消息方式。根据用户提交的信息需求，利用电子邮件或其他消息系统将有关信息发送给用户。该方式并不具备很强的交互性和强制性，对资源和信息流量的要求不高，可以看出这是最弱意义上的推送，但容易实现。

（2）代理（agent）方式。通过使用代理服务器定期或根据用户指定的时间间隔在网上搜索用户感兴趣的信息内容，然后将结果推送给用户。这种方式在于对信息的请求和推送都是通过代理来实现的，因此对用户而言是透明的。优点是因为始终保持连接，效率高；缺点是必须借助于某一端口，在黑客软件和病毒泛滥的今天，端口的开放会带来意想不到的灾难性问题。

（3）频道方式。提供完整的 Push 服务器、客户端部件及相关开发工具等一整套集成应用环境，它将某些站点定义为浏览器中的频道，Push 服务器负责收集信息，形成频道内容后推送给用户，即频道式推送技术是目前普遍采用的一种模式，它将某些页面定义为浏览器中的频道，用户可以像选择电视频道那样接收有兴趣的网播信息。

3. 信息推送分类

按使用方法对信息推送系统进行分类可以分为以下三种。

（1）基于内容的推送。其起源于信息检索（information retrieval）和信息过滤（information filtering）技术。它的基本方法是基于用户先前已有的评分项作为用户对新的项进行评分，向用户推送与其过去喜欢信息的相似信息。通常推送的是包含文本内容较多的信息，如新闻、广告、电影等。

（2）协同过滤推送。向用户推送与其有相同喜好的用户所喜欢的信息。协同过滤信息推送系统首先寻找与用户有相似喜好的用户，然后将这些用户偏好的信息推送给用户。

（3）混合推送。由于基于内容的信息推送与协同过滤推送都存在一定的局限性，目前许多信息推送技术都尝试将这两种方法进行整合，提出一些混合型的信息推送策略。当前对混合推送技术的研究是信息推送技术的一大热点。

4. 常见信息推送技术

（1）Agent 推送技术。基于 Agent 的信息推送系统的体系结构模型在逻辑上可分为三层：信息表示层主要是为用户与个性化信息推送系统的交互提供一个接口，即用户通过该接口进行注册、登录、查看系统推送给用户的信息资源及反馈相关信息；信息选择层主要是对信息搜索层的搜索结果进行再加工和过滤，通过从信息表示层反馈过来的信息不断调整用户兴趣模型，实现智能化的推送服务；信息搜索层是在数据源中查找用户感兴趣的相关信息，得到一系列文档集。每一层都有相应的 Agent 为用户服务，如图 17-1 所示。

（2）协同过滤推送技术。协同过滤推送是当前最成功的推送技术。它是一个基于存储推理的变形，能够发现内容上完全不相似的资源，用户对推荐的内容可能事先是预料不到的，却是用户潜在的兴趣，它特别适合于提供个性化推荐方面的应用。在协同过滤中，用户通过相互协作选择信息，它依据其他用户对信息做出的评价挑选信息。协同过滤方法对用户的行为进行分析，并不关心信息的实际内容。因此可以完成对图像、图形、视频、音乐等的推荐。

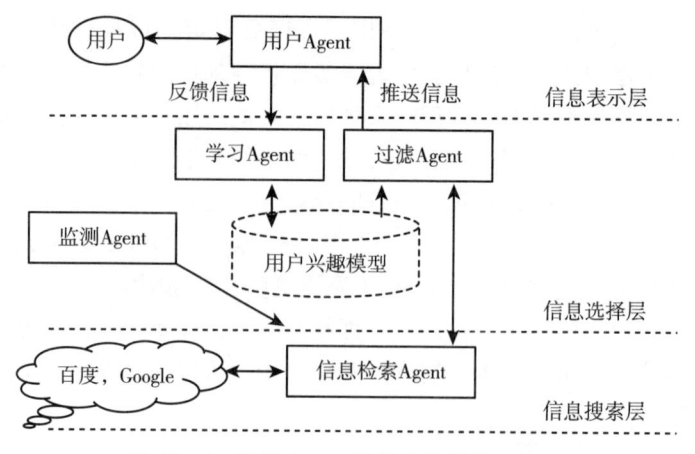

图 17-1　基于 Agent 的信息推送模型结构

（3）RSS 推送技术。RSS 是 Really Simple Syndication 的缩写，中文称作"简易信息聚合"，是基于 XML 技术的互联网内容发布和集成技术。它有强大的信息聚合和推送功能，它能够用于共享各种各样的信息，包括新闻、简讯、Web 站点更新、事件日历、软件更新、特色内容集合和基于 Web 进行拍卖的商品等。目前，越来越多的博客网站、新闻网站、政府网站及许多个人和商业网站都支持 RSS 推送技术。

信息推送技术广泛应用于许多行业。在互联网方面，很多网站如新浪、搜狐等网站利用推送技术通过因特网向读者发送预先打包好的新闻、经济、体育和其他信息；数据库方面，许多数据库提供商为自己的产品设计了自动信息推送服务系统，万方公司已经推出了基于 RSS 的数据发布的集成平台，用于把万方公司的各种数据库发布给用户。剑桥科学文摘设有个人检索文档（search profile），个人用户可以存储检索词或检索组配式，数据库在每周更新文献时，会自动将检索到的文献自动添加到其文档中，而无须用户再次检索。中国期刊全文数据库（CNKI）以"期刊导航"和"订阅推送"两种方式提供 RSS 服务；EI 数据库在读者进行完一次成功的检索后，在给出检索结果的同时在"Search Results"处，会出现基于本次检索策略的 RSS 定制服务；在图书馆方面，目前国内外很多图书馆网站已经提供了 RSS Feed 信息推送功能，如休斯敦大学图书馆（UH Library）、南阿拉巴马州大学图书馆（LiBlog）、中国科学院数字图书馆、厦门大学图书馆等。图书馆使用 RSS 服务后，只要定期公布有关服务的 RSS 地址，读者通过 RSS 客户端阅读器软件读取 RSS，就可以得到图书馆最新消息和服务，而不是每天到图书馆网站来查找所需的资源和服务；电子商务方面，eBay、Amazon、Second hand Market 在商品交易方面为用户提供信息推送服务，用户根据自己感兴趣的商品进行定制，并且随时掌握最新标价等更新信息，一旦完成交易，这个信息也就随之失效，信息推送技术在电子商务上的运用，是对 Web 的一种辅助，被认为是对消费者使用 RSS 阅读器的巨大推动。

信息推送技术的出现从根本上改变了人们获取信息的传统方式，极大地提高了用户获取信息的效率。

17.1.3 网络电话协议

1. 网络电话的定义

网络电话又称为 VOIP 电话（voice over internet protocol，VOIP)），将模拟的声音信号引经过压缩与封包之后，以数据封包的形式在 IP 网络进行语音信号的传输，通俗来讲就是互联网电话或 IP 电话。VOIP 网络电话，中文是"通过 IP 数据包发送实现的语音业务"，它使用户可以通过互联网免费或是资费很低地传送语音、传真、视频和数据等业务。

2. 网络电话的原理

网络电话可以分为软件电话和硬件电话。所谓软件电话，就是从计算机网络上下载软件，然后通过耳机与摄像头实现和对方语音或视频通话；硬件电话则依靠普通的话机拨号接到路由器上的网关，直接通过网络自由呼出或接收电话；其原理是：把源端的声像信号经过压缩、编码、打包等一系列数字化处理，通过互联网传输出去，在目的端的电话或计算机中解压、转换数字信号为可以听到的声音、可以看到的影像，从而达到使对方听到、看到的目的。

话音从源端到目的端的基本过程如下。

（1）声电转换。通过压电陶瓷等类似装置将声波变换为电信号。

（2）量化采样。将模拟电信号按照某种采样方法（如脉冲编码调制，即 PCM）转换成数字信号。

（3）封包。将一定时长的数字化之后的语音信号组合为一帧，随后，按照国际电联（ITU - T）的标准，这些话音帧被封装到一个即实时传输协议（Real time Transport Protocol，RTP）报文中，并被进一步封装到 UDP 报文和 IP 报文中。

（4）传输。在 IP 网络由源端将 IP 报文传输到目的端。

（5）去抖动。去除因封包在网络中传输速度不均匀所造成的回声抖动音等，并对回声和抖动音进行抑制。

（6）电声转换。俗称拆包，即在目的端将电信号还原为正常声音。

3. 网络电话的协议

目前，存在的一些 VOIP 协议栈，它们源于各种标准团体和提供商，如 H.323 协议、会话发起协议（SessionInitiationProtocol，SIP）、媒体网关控制协议（Media Gateway Control Protocol，MGCP）和 H.248。

（1）H.323 协议。H.323 是一套在分组网上提供实时音频、视频和数据通信的标准，是 ITU - T 制定的在各种网络上提供多媒体通信的系列协议 H.32x 的一部分。采用 H.323 协议，为现有的分组网络（如 IP 网络）提供多媒体通信标准。

若和其他 IP 技术,如互联网工程任务组(IETF)的资源预留协议(RSVP)相结合,就可以实现 IP 网络的多媒体通信。

H.323 定义了 4 种逻辑组成部分:终端、网关、网守和多点控制单元(MCU),其中终端、网关和 MCU 均被视为终端点。

(2) SIP 协议。SIP(session initiation protocol)是由 IETF 的 MUSIC 小组在 1999 年提出的一个实现实时通信的应用控制(信令)协议,它可用来创建、修改及终结多个参与者参加的多媒体会话进程。SIP 协议是一个用于建立、更改和终止多媒体会话或呼叫的包括传输层、事务层和会话层(事务用户层)的协议。

SIP 在很大程度上借鉴了其他各种广泛存在的 Internet 协议的设计思想,如超文本传输协议(HTTP)、简单邮件传输协议(SMTP)等,同时也借鉴 Web 业务成功的经验,以现有的 Internet 为基础来构架 IP 电话网。

(3) 媒体网关控制协议。媒体网关控制协议(MGCP)是由 Cisco 和 Telcordia 提议的 VOIP 协议,它定义了呼叫控制单元(呼叫代理或媒体网关)与电话网关之间的通信服务。MGCP 属于控制协议,允许中心控制台监测 IP 电话和网关事件,并通知它们发送内容至指定地址。在 MGCP 结构中,智能呼叫控制置于网关外部并由呼叫控制单元(呼叫代理)进行处理。同时呼叫控制单元互相保持同步,发送一致的命令给网关。

(4) H.248。也叫 MeGaCo(Media Gateway Control protocol,媒体网关控制协议)协议,是媒体网关控制器(MGC)与媒体网关(MG)之间的一种媒体网关控制协议,该协议是 IETF 和 ITU-T(ITU-T 推荐 H.248)共同努力的结果。Megaco/H.248 是一种用于控制物理上分开的多媒体网关的协议单元的协议,从而可以从媒体转化中分离呼叫控制。Megaco/H.248 说明了用于转换电路交换语音到基于包的通信流量的媒体网关(MG)和用于规定这种流量的服务逻辑的媒介网关控制器之间的联系。Megaco/H.248 通知 MG 将来自于数据包或单元数据网络之外的数据流连接到数据包或单元数据流上,如实时传输协议(RTP)。从 VOIP 结构和网关控制的关系来看,Megaco/H.248 与 MGCP 在本质上相似,但是 Megaco/H.248 支持更广泛的网络,如 ATM。

17.1.4　Web 2.0

1. Web 2.0 的概念

Web 2.0 源自 2004 年 3 月美国 O'Reilly 公司与 Media Live 公司的一次头脑风暴会议。蒂姆·奥莱利(Tim O'Reilly)在 2005 年 9 月 30 日发表的 *What Is Web 2.0* 一文中概括了 Web 2.0 的概念,并给出了描述 Web 2.0 的框图——Web 2.0 Meme Map。

Web 2.0 至今还未有一个统一的定义,人们从不同的角度来理解和定义 Web 2.0。

(1) 蒂姆·奥莱利的定义。蒂姆·奥莱利认为,Web 2.0 的经验是有效利用消费者的自助服务和算法上的数据管理，以便能够将触角延伸至整个互联网，延伸至各个边缘而不仅仅是中心，延伸至长尾而不仅仅是头部。Web 2.0 的一个关键原则是：用户越多，服务越好。

（2）列举式定义。Web 2.0 是包括博客（Blog）、维基（Wiki）、RSS（really simple syndication）、社会性书签（social bookmark）、Tag（大众分类或 Folksonomy）、SNS（social networking service）、Ajax 等一系列技术及其应用。

（3）特征式定义。WikiPedia 关于 Web 2.0 的定义，网站不能是封闭的，它必须很方便地被其他系统获取或写入数据；用户应该在网站上拥有他们自己的数据；完全地基于 Web，大多数成功的 Web 2.0 网站几乎完全通过浏览器来使用。

由此可见，不同的人对 Web 2.0 有着不同诠释：风险投资人看到新的投资目标；大型 IT 公司看到了可以快速扩展的收购对象；IT 草根看到了新的创业机会；网络精英与网络精神维护者看到了久违的 Internet 精神——平等、开放、协作共享、张扬个性、对于创造的高度尊重；网民们看到的是更好的网络体验，可享受更加人性化、便利化的"技术与观念"，更加丰富、优质、可获得的网络信息服务，网络上的社区、互动、资源的自我组织等。

2. Web 2.0 的理论基础

（1）长尾理论。长尾（the long tail）这一概念是由"连线"杂志主编克里斯·安德森（Chris Anderson）在 2004 年 10 月的"长尾"一文中最早提出，用来描述如亚马逊和 Netflix 之类网站的商业和经济模式。长尾理论的基本原理是：只要存储和流通的渠道足够大，需求不旺或销量不佳的产品所共同占据的市场份额可以和那些少数热销产品所占据的市场份额相匹敌甚至更大。（见第 12 章 12.5.6 有关介绍）

（2）社会性软件及社会网络。社会性软件是 Web 2.0 的核心，它关注社会资本，寻求的是一种双向整合，一方面将互联网整合到人们的日常生活中，另一方面将日常生活整合到互联网中。它构建的是社会网络，这个社会网络包括弱链接、中链接和强链接，是个人性和社会性的统一，最好地展示社会性软件力量的就是六度分隔理论。

（3）六度分隔理论。六度分隔理论是由美国著名社会心理学家斯坦利·米尔格拉姆（Stanley Milgram）于 1960 年提出的。该理论认为：你和任何一个陌生人之间所间隔的人不会超过六个。这说明了社会中普遍存在的"弱纽带"，通过"弱纽带"人与人之间的距离变得非常相近。美国哥伦比亚大学社会学系的邓肯·J. 沃茨（Duncan J. Watts）教授领导的 EMAIL 试验证明了这一规律。而这一理论也成为 Web 2.0 的社会性特征的最佳解释。

3. Web 2.0 的应用

（1）Blog。Blog 的全称是网络日志（Weblog），后来缩写为 Blog。它是一种用来表达个人思想、内容，按照时间顺序排列，并且不断更新的网络出版与交流形式。Blog 是一种新的网络信息发布方式，Blog 之间的交流主要是通过回溯引用（track back）和广播、留言、评论的方式来进行的。Blog 大量采用 RSS 技术，读者可以通过 RSS 订阅，了解 Blog 网站的最近的更新。Blog 作者亦可通过 RSS 使自己发布的文章易于被计算机程序理解并摘要。从知识管理、教育技术、网络营销等多种角度而言，Blog 都提供了新的形态和途径。

（2）RSS。RSS（Really Simple Syndication）是一种 Web 内容联合格式，包含一套用于描述 Web 内容的元数据规范，具有一套新颖的能够实现内容整合者、内容提供商和最终用户之间的 Web 内容（包括元数据）的互动的、多赢的联合应用机制。人们应用 RSS 技术，可以直接通过在线或者离线 RSS 阅读器来浏览网站摘要与新闻，不必登录网站就可以得到网站的内容。

（3）网摘。网摘又名"网页书签"，网络用户可以随时将自己浏览的网页保存在网上，还能将这些信息与其他用户共享。目前昆山图书馆的网站"我爱昆山"[1]，就提供了全文网摘服务。

（4）Wiki。Wiki 提供的是一种超文本系统。它支持面向社群的协作式写作，同时也包括一组支持这种写作的辅助工具。Wiki 站点可以有多人维护，每个人都可以发表自己的意见，或者对共同的主体进行扩展和探讨。Wiki 对于共建共享知识库有重要意义。

（5）Tag。标签 Tag，是用来描述内容的分类信息的标识。它是一种分类系统，但是每个 Tag 由用户自建，不必遵从某一分类体系。它是组织信息的一种新方式。

Web 2.0 概念下的研究与应用已经渗透到许多行业，如政府、图书馆、企业、教育等，为相关行业的发展带来难得的机遇。

17.2　生理交互方式的变革

目前，人与计算机之间的交互主要通过物理界面，包括键盘、鼠标、显示器和打印机等即基本的输入和输出设备，这些都是物理界面，不是生理的。生理界面能够捕获和应用人的真实身体特征，如呼吸、声音、身高和体重，甚至眼内的视网膜。生理交互方式的变革包括自动语音识别、虚拟现实、CAVE、生物测定和许多其他技术。

17.2.1　自动语音识别

自动语音识别（automatic speech recognition，ASR）也称为语音识别，主要是利用计算机语音处理技术将人类语音中的词汇内容转换为计算机可读的输入，为人们提供一种更方便的人机界面，使人与计算机之间、人与人之间的通信更加方便。

---

[1]　"我爱昆山"网址，http://www.52ks.com。

自动语音识别系统本质上是一种模式识别系统,它与常规模式识别系统一样包括特征提取、模式匹配、参考模式库等3个基本单元,但实际上,自动语音识别系统所处理的信息结构非常复杂。它的基本结构如图 17-2 所示。

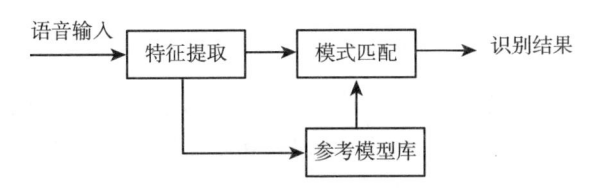

图 17-2 自动语音识别系统的基本结构

随着计算机技术的高速发展,自动语音识别正逐步成为信息技术中人机接口的关键技术,语音识别技术与语音合成技术结合使人们能够甩掉键盘,通过语音命令进行操作,突现出其强大的技术优势,在许多领域都有广阔的应用前景。如今已经得到广泛应用的有:语音邮件、IP 电话和 IP 传真、电子商务、自动语音应答系统、自动语音信箱、基于 IP 的语音数据、视频的 CTI 系统、综合语音、数据服务系统、自然语音识别系统、专家咨询信息服务系统、寻呼服务、故障服务、秘书服务、多媒体综合信息服务、专业特别服务号(168 自动信息服务系统,112、114、119 等信息查询系统)等。

17.2.2 虚拟现实

1. 虚拟现实的定义

虚拟现实(virtual reality,VR)是一种利用多种技术生成一种模拟现实世界的环境,如飞机驾驶舱、操作现场等,通过多种传感设备使用户投入该环境,实现用户与该环境直接进行自然交互的技术,是一种可以创建和体验虚拟环境的计算机仿真技术。

虚拟现实是多种技术的综合,包括计算机图形技术、多媒体技术、传感器技术、人机交互技术、网络技术、立体显示技术及仿真技术等多种科学技术。

2. 虚拟现实 VR 的特征

(1)多感知性。多感知性是指除一般计算机所具有的视觉感知外,还有听觉感知、触觉感知、运动感知,甚至还包括味觉、嗅觉、感知等。理想的虚拟现实应该具有一切人所具有的感知功能。

(2)存在感。存在感是指用户感到作为主角存在于模拟环境中的真实程度。理想的模拟环境应该达到使用户难辨真假的程度。

(3)交互性。交互性是指用户对模拟环境内物体的可操作程度和从环境得到反馈的自然程度。它是人机和谐的关键性因素。用户进入虚拟环境后,通过多种传感器与多维化信息的环境发生交互作用,用户可以进行必要的操作,虚拟环境中做出的相应响应，也与真实的一样。

（4）自主性。自主性是指虚拟环境中的物体依据现实世界物理运动定律动作的程度。

3. 虚拟现实的应用

随着计算机及人机交互手段的向前发展技术的应用，正逐步渗透到航天、军事、通信、医疗、教育、艺术、娱乐、建筑和商业等各个专业领域。以下简要介绍其部分应用。

（1）医学方面。虚拟现实技术在医学方面的应用大致上有两类。一类是虚拟人体，也就是数字化人体，这样的人体模型使医生更容易了解人体的构造和功能；另一类是虚拟手术系统，可用于指导手术的进行。皮埃珀（Pieper）及萨塔拉（Satara）等研究者在20世纪90年代初，基于两个SGI工作站建立了一个虚拟外科手术训练器，用于腿部及腹部外科手术模拟。

（2）娱乐、艺术与教育。丰富的感觉能力与3D显示环境使虚拟现实技术成为理想的视频游戏工具。在娱乐方面对虚拟现实的真实感要求不是太高，使虚拟现实技术近几年在该方面发展最为迅猛。如Chicago（芝加哥）开放了世界上第一台大型可供多人使用的虚拟现实娱乐系统，其主题是关于3025年的一场未来战争；英国开发的称为"Virtuality"的虚拟现实游戏系统；1992年的一台称为"Legal Qust"的系统由于增加了人工智能功能，使计算机具备了自学功能，大大增强了趣味性及难度，使该系统获得该年度虚拟现实产品奖。

（3）军事与航天工业。虚拟现实技术为军事与航天工业提供了广阔的应用前景。美国国防部高级研究计划局DARPA自20世纪80年代起一直致力于研究称为SIMNET的虚拟战场系统，以提供坦克协同训练，该系统可联结200多台模拟器。利用虚拟现实技术模拟战争过程已成为最先进的多快好省的研究战争、培训指挥员的方法。战争实验室在检验预订方案用于实战方面也能起到巨大作用。

1991年海湾战争开始前，美军便把海湾地区各种自然环境和伊拉克军队的各种数据输入计算机，进行各种作战方案模拟后才定下初步作战方案。后来实际作战的发展和模拟实验结果相当一致。

（4）工业仿真。虚拟现实已经被世界上一些大型企业广泛地应用到工业的各个环节，对企业提高开发效率、加强数据采集、分析、处理能力，减少决策失误，降低企业风险起到了重要的作用。虚拟现实技术的引入，将使工业设计的手段和思想发生质的飞跃，更加符合社会发展的需要，可以说在工业设计中应用虚拟现实技术是可行且必要的。

（5）商业。虚拟现实技术常被用于推销。例如，建筑工程投标时，将设计的方案用虚拟现实技术表现出来，便可把业主带入未来的建筑物参观，如门的高度、窗户朝向、采光多少、屋内装饰等，都可以感同身受。它同样可以用于旅游景点及功能众多、用途多样的商品推销。因为用虚拟现实技术展现这类商品的魅力，比单用文字或图片宣传更具有吸引力。

17.2.3 触觉感应接口

触觉感应接口（haptic interface）运用技术将触觉添加到以前只有视觉和听觉的环境中去。例如，合并了手套和步行者的虚拟现实技术应用就是触觉感应界面技术的具体实现。

许多街机游戏都包含触觉感应接口技术。例如，当你登上一个静止的喷气式滑雪板并通过调整左右两边的身体重量和前后倾斜来控制滑板的活动（在屏幕上）时，你正在通过触觉感应接口与这个街机游戏连接。很多游戏杆和游戏控制器以振动的方式给使用者提供反馈，这又是另一种形式的触觉感应接口。

通过触觉感应接口与街机游戏进行互动是这项技术的一种"娱乐"应用，同时为公司带来了可观的收益。考虑以下情况：有视力残疾的人在与计算机交互时使用触觉感应界面可以用他们的手指感觉和阅读文本。事实上任何人都可以用技术来制造财富。也许新技术最激动人心的地方就是它给人们带来的潜在效益。你能想到借助某些技术来帮助残疾人的一些方式吗？

17.2.4 生物测定

生物测定学（biometrics）利用生物特征，如指纹、视网膜的血管脉络、声音甚至呼吸进行识别。这是个严密的、狭义的定义，然而生物测定学正逐渐包含更多的内容，不仅是识别，还有许多的实际应用，如定制鞋子，使用生物测定技术，鞋店不再需要任何库存。客户到鞋店只要选择好喜欢的鞋的款式后，光脚放入一个可以扫描出客户的脚的形状的盒子中，然后，扫描得到的信息被用来为客户制作一双定制的鞋子。如果客户的双脚的大小和形状几乎相同，定制效果是非常好的。

目前许多银行的 ATM 系统都使用生物测定技术，尤其是使用虹膜扫描技术，作为身份识别安全的第三个步骤。当用户打开一个账户，申请使用 ATM 时，银行将会发给用户一张 ATM 信用卡（用户自己密码）。同时银行还将扫描用户的虹膜然后创建出一份唯一的 512 字节的扫描记录。使用 ATM 机时，用户必须插入自己的信用卡，输入自己的密码同时让机器扫描自己的虹膜。ATM 机会按照身份识别的三个步骤将用户和用户自己的账户进行比较。然后用户可以进行自己想要的任何交易。

凡是在生物测定领域变成现实的事物都能永远地改变用户的生活和用户与技术间的交互方式。

17.3 无线领域

17.3.1 蓝牙

蓝牙技术是目前一项十分先进的无线网络技术，它以低成本、短距离的无线连接为基础，能取代电缆将一定范围的计算机和通信设备连接起来，实现不同设备之间的快速互联。

1. 蓝牙技术的概念和内涵

蓝牙的英文名称是 Bluetooth，是 1998 年 5 月由爱立信、IBM、英特尔、诺基亚、东芝等 5 家公司联合制定的短距离无线通信技术标准，其目的是实现最高数据传输为 1Mb/s（有效数据传输为 721kb/s）、最大传输距离为 10m 的无线通信。

蓝牙技术具有以下明显的技术特性：能同时传送语音和数据；使用全球通用的频段；低成本、低功耗和低辐射；能应用于各种电子设备；具有网络特性等。

2. 蓝牙技术的原理

蓝牙技术系统一般由天线单元、链路控制（硬件）单元、链路管理（软件）单元和蓝牙软件（协议栈）单元 4 个功能单元组成，如图 17-3 所示。

图 17-3 蓝牙系统的组成

（1）天线单元。蓝牙技术的天线部分体积十分小巧、重量轻，属于微型天线。蓝牙空中接口建立在 0dB 的基础上，最大可达 20dBm，遵循美国联邦通信委员会（FCC）有关电平、0dBm 的 ISM 频段地标准。

（2）链路控制（硬件）单元。目前蓝牙产品的链路控制（硬件）单元包括 3 个集成器件：连接控制器、基带处理器及射频传输/接收器，此外还使用了 3 ~ 5 个单独调谐元。基带链路控制器负责处理基带协议和其他一些低层常规协议。蓝牙基带协议是电路交换与分组交换的结合，采用时分双工实现全双工传输。

（3）链路管理（软件）单元。链路管理（LM）软件模块携带了链路的数据设置、鉴权、链路硬件配置和其他一些协议 LM 能够发现其他远端 LM 并通过 LMP（链路管理协议）与之通信。

（4）协议栈单元。蓝牙技术的规范接口可以直接集成到笔记本电脑或者通过 PC 卡或 USB 接口连接，或者直接集成到蜂窝电话中或通过附加设备连接。蓝牙技术系统中的软件（协议栈）是一个独立的操作系统，不与任何操作系统捆绑，它符合已经制定好的蓝牙规范，适用于不同商用操作系统。

3. 蓝牙技术的应用

（1）蓝牙耳机等消费娱乐产品。目前市场最常见的蓝牙产品就是蓝牙耳机、蓝牙 MP3 等娱乐型产品，已经形成了一定的市场规模，相关的品牌也很多。

（2）无线局域网。随着 IT 产品的更新换代，具备蓝牙功能的产品越来越多，于是构成无线局域网就显得轻而易举了。即使产品不具备蓝牙功能,通过外接蓝牙网关和蓝牙适配器,也可以实现无线联网。

(3) 蓝牙汽车。蓝牙在汽车上的应用主要有两个方面:一方面是车载通信系统;另一方面是汽车的车轮定位仪。车载通信系统可以免提接听拨打电话,来电时与汽车音响自动切换、自动静音,避免开车打手机的危险性。而具有蓝牙模块的车轮定位仪可以极大地提高操作的工作效率,用户可以自定义一些系统参数。目前市场上的高端汽车已经具备了以上功能。

(4) 蓝牙信息家电。利用蓝牙无线通信技术把传统的家电改造成蓝牙信息家电,在家庭中建立一个通信网络,为家电信息提供必要的无线通路。然后在蓝牙 AP 的控制下,通过无线的方式实现对家庭网络上的家电和设备进行远程控制和监测。

总之,蓝牙是一种以安全的方式把众多的移动设备连接起来的网络技术,它有着无限的应用前景,蓝牙的产品将遍及通信领域的各个方面,能涉及各种各样的网络、办公电子和家电信息产品,能波及社会各个层面各个角落的每个人,对人们的生产和生活都有着深远的影响。

17.3.2 射频识别

射频识别(radio frequency identification,RFID)技术,中文称为无线射频识别、感应式电子芯片或是近接卡、感应卡、非接触卡等,是非接触式自动识别技术的一种。

最简单的 RFID 系统是由标签(tag)、读写器(reader)和天线(antenna)三部分组成,如图 17-4 所示。详见 6.4.2 节有关介绍。

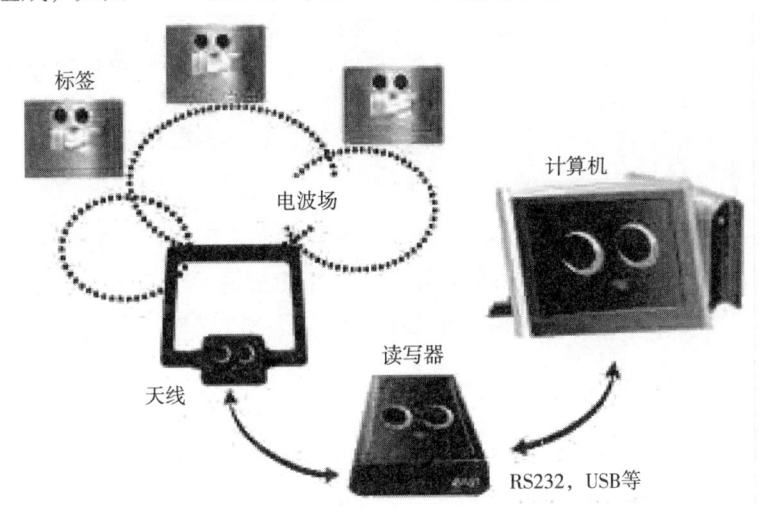

图 17-4 射频识别系统的基本结构

目前,射频识别技术已被广泛应用于工业自动化、商业自动化、交通运输控制管理等众多领域以及汽车和火车等交通监控、高速公路自动收费系统、停车场管理系统、物品管理、流水线生产自动化、安全出入检查、仓储管理、动物管理、车辆防盗等信息系统。

17.4 纯技术

17.4.1 纳米技术

纳米技术（nanotechnology）是用单个原子、分子制造物质的科学技术，研究结构尺寸在 0.1～100 纳米范围内材料的性质和应用。纳米科学技术是以许多现代先进科学技术为基础的科学技术，它是现代科学（混沌物理、量子力学、介观物理、分子生物学）和现代技术（计算机技术、微电子和扫描隧道显微镜技术、核分析技术）结合的产物。

关于纳米技术分为以下三种概念。

第一种概念是 1986 年美国科学家德雷克斯勒博士在《创造的机器》一书中提出的分子纳米技术。根据这一概念，可以使组合分子的机器实用化，从而可以任意组合所有种类的分子，可以制造出任何种类的分子结构。这种概念的纳米技术还未取得重大进展。

第二种概念把纳米技术定位为微加工技术的极限。也就是通过纳米精度的"加工"来人工形成纳米大小的结构的技术。这种纳米级的加工技术，也使半导体微型化即将达到极限。

第三种概念是从生物的角度出发而提出的。如 DNA 分子计算机、细胞生物计算机的开发，成为纳米生物技术的重要内容。

纳米技术是一门交叉性很强的综合学科，研究的内容涉及现代科技的广阔领域，主要包括以下内容。

1. 纳米材料

当物质到纳米尺度以后，在 0.1～100 纳米这个范围空间，物质的性能就会发生突变，出现特殊性能。这种既具不同于原来组成的原子、分子，也不同于宏观的物质的特殊性能构成的材料，即为纳米材料。

2. 纳米动力学

主要是微机械和微电机或总称为微型电动机械系统（MEMS），用于有传动机械的微型传感器和执行器、光纤通信系统、特种电子设备、医疗和诊断仪器等。用的是一种类似于集成电器设计和制造的新工艺。特点是部件很小，刻蚀的深度往往要求数十至数百微米，而宽度误差很小。纳米动力学有很大的潜在科学价值和经济价值。

3. 纳米生物学和纳米药物学

利用纳米技术制成具有识别能力的纳米生物细胞，并可以吸收癌细胞的生物医药，注入人体内，可以用于定向杀癌细胞。

4. 纳米电子学

包括基于量子效应的纳米电子器件、纳米结构的光/电性质、纳米电子材料的表征，以及原子操纵和原子组装等。当前电子技术的趋势要求器件和系统更小、更快、更冷，更小是指响应速度要快。

17.4.2 量子计算机

量子计算机，顾名思义就是实现量子计算的机器。它是以量子力学为理论基础，以原子量子态为记忆单元、开关电路和信息储存形式，以量子动力学演化为信息传递与加工基础的量子通信与量子计算。量子计算机是一个物理系统，它能存储和处理关于量子力学变量的信息。在经典计算中，信息以位存储，可以是"0"或"1"。在量子计算中，信息存储在量子位或量子比特（Quantum bits, or Qubits）中，可以以"0"或"1"或两者的组合形式存在，叠加态使量子计算机能够一次执行多项计算，使其性能优于传统系统。

量子计算机的应用主要在以下三个方面。

1. 保密通信

由于量子态具有事先不可确定的特性，而量子信息是用量子态编码的信息，同时量子信息满足"量子态不可完全克隆（No-Cloning）定理"，也就是说当量子信息在量子信道上传输时，假如窃听者截获了用量子态表示的密钥，也不可能恢复原本的密钥信息，从而不能破译秘密信息。因此，在量子信道上可以实现量子信息的保密通信。目前，美国和英国已实现在46千米的光纤中进行点对点的量子密钥传送。

2. 量子算法

对于一个足够大的整数，即使是用高性能超级并行计算机，要在现实的可接受的有限时间内，分解出它是由哪两个素数相乘的是一件十分困难的工作，所以人们一直认为RSA密码系统在计算上是安全的。然而，修尔（Shor）博士的大整数素因子分解量子算法表明，在量子计算机上只要花费多项式的时间即可以接近于1的概率就可以成功分解出任意的大整数，这使得RSA密码系统安全性受到极大地威胁。

3. 快速搜索

众所周知，要在经典计算机上从N个记录的无序的数据库中搜索出指定的记录，算法的时间复杂性为 O（N）。因为搜索数据库是在外存进行的，所以当记录数 N 足够大时，搜索犹如"大海捞针"一样的困难与烦琐。格罗佛（Grover）于 1997 年在物理学界顶尖杂志《物理评论快报》（Physics Review Letters）上发表了一个乱序数据库搜索的量子算法，该算法表明了量子计算特别适用于求解那些需要用穷举法对付的 NP 类问题（Non-deterministic Polynomial，即多项式复杂程度的非确定性问题）。

到目前为止，量子计算确实取得了显著进展，并同超级计算机区分开来。中国科学技术大学潘建伟、陆朝阳等组成的研究团队与中科院上海微系统所、国家并行计算机工程技术研究中心合作，构建了 76 个光子的量子计算原型机"九章"，实现了具有实用前景的"高斯玻色取样"任务的快速求解。根据现有理论，中国"九章"处理高斯玻色取样的速度比目前最快的超级计算机快 100 万亿倍，等效地对比其速度比 2020 年谷歌发布的 53 个超导比特量子计算原型机"悬铃木"快 100 亿倍。

17.4.3 多状态 CPU

目前，CPU 使用二进制，仅能处理表示为 0 或 1 的信息，这极大地减慢了处理速度。人们需要增加处理速度的 CPU 是多状态的。多状态 CPU（Multi-state CPU）处理两种以上状态表现的信息，可能是 10 个不同的状态，每个状态都表示着一个 0~9 之间的数字。当多状态 CPU 真正实现时，用户的计算机将不再需要经历与二进制转换有关的进程和之后还原转换的进程。这将加快计算机的处理速度。当然，真正的目的是制作出不用进行二进制转换而且能处理字母和特殊字符的多状态 CPU。

17.4.4 全息存储设备

如今的存储设备只能存储二维空间的信息，但全息领域的研究将会改变这一点。全息存储设备（holographic storage devices）在具有许多正面和侧面的像 3D 水晶一样的物质组成的存储媒介上储存信息。这和人们从不同角度看卡片，卡片的图像就会发生改变是相似的概念。

如果全息存储设备成为现实，人们就能在单个晶片上存储一整套百科全书，这个晶片可能具有几百个面。想象一下，技术将变得多么微小！

总之，技术在飞速发展，不管人们是否喜欢，现今社会都不可能没有技术。没有技术的世界是令人难以想象的。就像我们每天要保持基本正常生活离不开电一样，现实生活同样离不开技术，技术改变了人们的生活。当然，这并不意味着技术至上。相反，我们需要对每一项技术进行仔细评估，确定它是否能够有助于增加效益，或使组织的战略目标的方向和主动性得到提升。但技术不是万灵药。假如你把技术用在错误的商业流程中，其结果将会失之毫厘，差之千里。

17.4.5 区块链

1. 区块链概念

区块链（blockchain），学术解释是分布式数据存储、点对点传输、共识机制、加密算法等计算机技术的新型应用模式。其本质是一个去中心化的数据库，一个使用密码学方法相关联产生的数据块，每一个数据块中包含了一次交易的信息，用于验证其信息的有效性和生成下一个区块。图17-5展示了数据块的基本结构，每个块包含一个头部和一个正文。

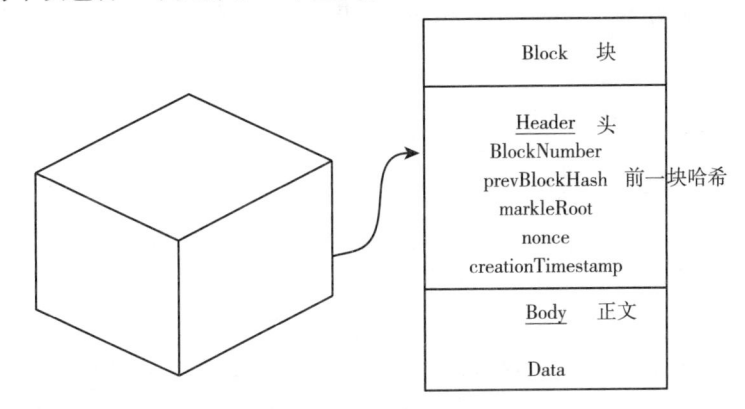

```
Block    块

Header   头
BlockNumber
prevBlockHash   前一块哈希
markleRoot
nonce
creationTimestamp

Body     正文

Data
```

图17-5 数据块的基本结构

注：哈希是一种算法，是将任意长度的输入经过核算法处理后变成固定长度的输出。

区块链则是通过 prevBlockHash 将块链接在一起，如图17-6所示。

```
Block                        Block                        Block
blockNumber:0                blockNumber:1                blockNumber:2
nonce:9239                   nonce:8276                   nonce:1237
merkleRoot:713853B0          merkleRoot:A02FA1D0          merkleRoot:8027DADF
prevBlockHash:0              prevBlockHash:713853B0       prevBlockHash:A02FA1D0

Data:Genesis I               Data:Block 2 I               Data:Block 3 I
```

图17-6 区块链的基本结构

通俗上讲，可以把区块链比作一种"账本"。传统账本由一方"集中记账"，而这种新式"账本"则可以在互联网上由多方参与、共享，各参与方都可以

"记账"并备份，而每个备份就是一个"区块"。每个"区块"与下一个"区块"按时间顺序线性相连，其结构特征使记录无法被篡改和伪造。

区块链"账本"的核心价值在于解决了"中介信用"问题，它使所有参与方都拥有完整、公开且不可篡改的交易信息。美国IBM公司首席执行官弗吉尼亚·罗梅蒂曾评价说，区块链对于可信交易的意义正如互联网对于通信的意义。

区块链记的"账"不只是狭义上的交易信息，还可以是能用代码表示的任何信息，因此在金融、社会生活、政府管理等方面拥有广阔应用前景。同时，分布式数据也保证了"账本"高度安全。这种"账本"是"集体共管共存"，由于不存在一个集中"账本"，攻击者找不到单一入口，难以破坏相关数据。

2. 区块链的应用

（1）金融领域。

提到区块链，很多人首先想到近年来被热炒的比特币，甚至把二者混为一谈。其实，比特币只是区块链技术最为人熟知的应用，该系统不依靠中心机构运营管理却运行多年，很大程度上证实了作为其基础的区块链技术的可靠性。

2019年6月，美国脸书公司宣布将发行基于区块链的加密数字货币Libra，引发关于其波动风险以及对现有货币体系影响等方面的热议。除了虚拟货币，区块链在金融业还有许多应用模式。例如，其安全、信任度高等特点可以帮助金融机构防范风险、降低成本、提高效率等。国际数据公司2021年8月发布一份报告显示，2018～2023年，银行业将领衔全球区块链支出，占全球用于区块链技术总体支出约30%。

（2）商业领域。

在商业领域，区块链实现了高度可溯源性，可帮助监管机构、交易方或消费者核查某种产品的真实来源。在全球化供应链中，该技术有助于提高交易的可靠性并提升监管效率。

（3）制造业领域。

在制造业领域，区块链有助于复杂供应链的协作和流水线化。比如，制造一架飞机可能需要来自全球的数万个零部件，区块链技术可以帮助制造商了解多级供应商及原材料的信息，在提高效率的同时降低成本。

美国国际战略研究中心在2018年底发布一份报告，详细介绍了区块链在医疗、制造业、运输业和农业等领域的成功应用案例。其中一个案例就是欧洲飞机制造商空中客车公司已开始利用区块链技术分析供应商以及组件源头，帮助公司减少了飞机零部件修复时间和费用。

在中国，区块链技术的许多应用场景已经落地，腾讯、蚂蚁金服、华为等企业在电子票据、版权保护、商品溯源等领域展开相关实践。

17.5　本章小结

第一，列出了影响因特网变化的新兴技术和发展趋势。

（1）软件，即服务一种软件的支付模式，用户可以按使用次数支付应用软件的费用，而不必完全买下软件。

（2）推送技术：企业和组织根据用户的个人信息，主动为用户提供服务或产品信息。

（3）网络电话协议：在因特网上发送语音通信并且免除正常支付给长途电信公司的通话费。

（4）Web 2.0：将重点放在在线合作的第二代网络，用户既是内容、动态定制化的信源及其他基于网络的相关服务的创造者又是其改进者。

第二，列出了朝着生理交互方式方向发展的各种技术。

（1）自动语音识别：一种不但能识别语音单词还能识别组成句子的词组的系统。

（2）虚拟现实：使用户身临其境的计算机三维空间模拟。

（3）触觉感应接口：运用技术将触觉添加到以前只有视觉和听觉的环境中去。

（4）生物测定学：利用生物特征，如指纹、视网膜的血管脉络、声音甚至呼吸进行识别。

第三，近距离无线通信——蓝牙和射频识别技术涉及无线领域时的发展趋势。

（1）蓝牙：以短距离无线电波的形式在 30 英尺的范围内传送信息的一种标准。

（2）射频识别技术：使用标签或商标上的条码存储信息，当标签或商标被正确频率的无线电波辐射到时，信息就被发送或者写入。

第四，叙述了能够且将会影响未来的纯粹技术发展新趋势。

（1）纳米技术：试图在原子级和次原子级控制物质以求制造相同级设备的学科。

（2）量子计算机：以量子力学为理论基础，以原子量子态为记忆单元、开关电路和信息储存形式，以量子动力学演化为信息传递与加工基础的量子通信与量子计算。

（3）多状态 CPU：处理两种以上状态表现的信息，可能是 10 个不同的状态，每个状态都表示着一个 0~9 的数字。

（4）全息存储设备：在具有许多正面和侧面的，像 3D 水晶一样的物质组成的存储媒介上储存信息的设备。

（5）区块链：分布式数据存储、点对点传输、共识机制、加密算法等计算机技术的新型应用模式。其本质是一个去中心化的数据库，一个使用密码学方法相关联产生的数据块，每一个数据块中包含了一次交易的信息，用于验证其信息的有效性和生成下一个区块。

17.6　本章关键术语

软件即服务（software-as-a-service，SAAS）
信息推送技术（push technology）
全息存储设备（holographic storage device）
多状态 CPU（multi-state CPU）
网络电话（voice over internet protocol，VoIP）
生物测定学（biometrics）
自动语音识别（automatic speech recognition，ASR）
触觉感应接口（haptic interface）
射频识别技术（radio frequency identification，RFID）
虚拟现实（virtual reality，VR）
区块链（blockchain）

参考文献

[1] 常晋义. 管理信息系统 [M]. 北京：清华大学出版社，2014.

[2] 陈平，王成东，孙宏斌. 管理信息系统 [M]. 北京：北京理工大学出版社，2013.

[3] 陈晓红. 管理信息系统 [M]. 北京：清华大学出版社，2014.

[4] 陈选文. 云计算和现代远程教育 [M]. 成都：电子科技大学出版社，2011.

[5] 程宏. 管理信息系统基础 [M]. 杭州：浙江大学出版社，2011.

[6] 帆软数据应用研究院. 商业智能（BI）白皮书1.0 [EB/OL]. 2019 - 12 - 10.

[7] 高学东. 管理信息系统基础教程 [M]. 北京：经济科学出版社，2007.

[8] 郭捷. 管理信息系统：管理视角 [M]. 北京：机械工业出版社，2018.

[9] 郝玉洁，吴立军，赵洋. 信息安全概论 [M]. 北京：清华大学出版社，2013.

[10] 黄梯云，李一军，叶强. 管理信息系统（第7版）[M]. 北京：高等教育出版社，2019.

[11] 姜婷. 管理信息系统（第2版）[M]. 合肥：合肥工业大学出版社，2014.

[12] [美] 肯尼斯·C. 劳顿. 管理信息系统（原书第15版）[M]. 机械工业出版社，2015.

[13] 李红等. 管理信息系统 [M]. 北京：电子工业出版社，2011.

[14] 李伟超. 计算机信息安全技术 [M]. 长沙：国防科技大学出版社，2010.

[15] 李卓伟. 管理信息系统（第2版）[M]. 北京：中国铁道出版社，2014.

[16] 刘爱菊. 管理信息系统 [M]. 郑州：河南大学出版社，2014.

[17] 刘兰娟，杨小平. 管理信息系统 [M]. 北京：清华大学出版社，2012.

[18] 栾志乾，汤谷良. 大数据、云计算环境对企业管理信息系统选择的影响机制研究——基于动态能力的视角 [J]. 现代管理科学，2014（5）.

[19] 马费城. 信息管理与信息系统研究进展 [M]. 武汉：武汉大学出版社，2010.

[20] 牟世超，刘军，马青. 管理信息系统 [M]. 北京：清华大学出版社，2015.

[21] 石昊苏. 管理信息系统［M］. 上海：复旦大学出版社，2012.

[22] ［美］斯蒂芬·哈格. 信息时代的管理信息系统（原书第9版）［M］. 机械工业出版社，2017.

[23] 孙细明. 管理信息系统［M］. 上海：上海财经大学出版社，2015.

[24] 万映红. 管理信息系统［M］. 西安：西安交通大学出版社，2014.

[25] 王恒山. 管理信息系统［M］. 北京：机械工业出版社，2015.

[26] 吴柏林. 管理信息系统［M］. 北京：北京交通大学出版社，2011.

[27] 吴洪波. 管理信息系统［M］. 北京：科学出版社，2011.

[28] 邢喜荣，田喜群，黄军仓，杨芳玲. 管理信息系统［M］. 北京：电子工业出版社，2010.

[29] 徐成俊. 云计算实用技术指南［M］. 兰州：甘肃人民出版社，2013.

[30] 徐国爱，陈秀波，郭燕慧. 信息安全管理［M］. 北京：北京邮电大学出版社，2011.

[31] 徐建平. 管理信息系统［M］. 上海：格致出版社，2010.

[32] 薛华成. 管理信息系统（第6版）［M］. 北京：清华大学出版社，2012.

[33] 杨文士. 管理学［M］. 北京：中国人民大学出版社，1994.

[34] 苑隆寅. 管理信息系统［M］. 北京：国防工业出版社，2015.

[35] 曾凡涛，李北平. 管理信息系统［M］. 武汉：武汉大学出版社，2010.

[36] 张为民. 云计算深刻改变未来［M］. 北京：科学出版社，2009.

[37] 赵鹏. 管理信息系统（MBA）［M］. 重庆：重庆大学出版社，2014.

[38] 赵霜. 信息安全概述［M］. 西安：西北工业大学出版社，2011.

[39] 赵天唯. 管理信息系统教程［M］. 北京：北京大学出版社，2011.

[40] 周继雄，张洪. 管理信息系统［M］. 上海：上海财经大学出版社，2011.

[41] 周三多. 管理学［M］. 北京：高等教育出版社，2000.

[42] 周学广，孙艳，任延珍. 信息安全内容［M］. 武汉：武汉大学出版社，2012.